Jean-Paul Sartre wurde am 21. Juni 1905 in Paris geboren. Mit seinem 1943 erschienenen philosophischen Hauptwerk *Das Sein und das Nichts* wurde er zum wichtigsten Vertreter des Existentialismus und zu einem der einflußreichsten Denker der ersten Hälfte des 20. Jahrhunderts. Seine Theaterstücke, Romane, Erzählungen und Essays machten ihn weltbekannt. Durch sein bedingungsloses humanitäres Engagement, besonders im französischen Algerien-Krieg und im amerikanischen Vietnam-Krieg, wurde er zu einer Art Weltgewissen. 1964 lehnte er die Annahme des Nobelpreises für Literatur ab. Er starb am 15. April 1980 in Paris.

Zu diesem Buch

Diese Sammlung von politischen Artikeln, Aufrufen und Pamphleten, die alle zum erstenmal auf deutsch erscheinen, dokumentiert Sartres leidenschaftliches Engagement in der Epoche des Kalten Krieges von 1948 bis 1956. Seine Hoffnung auf die Erhaltung des Friedens und den Aufbau eines demokratischen und sozialistischen Europas setzte er gleich nach dem Zweiten Weltkrieg in die von ihm mitgegründete Organisation «Rassemblement Démocratique Révolutionnaire», die eine neutralistische Politik zwischen den Blöcken und einen dritten Weg zwischen Kapitalismus und Kommunismus durchzusetzen versuchte. Als dieser Versuch schon sehr bald an der Frontenbildung des Kalten Krieges scheiterte, zog sich Sartre von dieser Gruppierung zurück und widmete sich ganz der Arbeit für seine Zeitschrift *Les Temps Modernes*. Er begrüßte die Gründung des Staates Israel und protestierte gegen den politischen Terror sowohl in der Sowjetunion wie in Franco-Spanien. Titos Bruch mit Stalin und das jugoslawische Experiment eines eigenen Weges zum Kommunismus fanden seine volle Sympathie, und in scharfsinniger und sarkastischer Weise zeigte er die Widersinnigkeit der stalinistischen Gegenkampagne auf, die den Titoismus als faschistisch brandmarkte. Als der Kalte Krieg 1952 in Europa besonders groteske und bedrohliche Formen annahm, schrieb Sartre den vielumstrittenen dreiteiligen Artikel *Die Kommunisten und der Frieden*, in dem er darlegte, daß die Erhaltung des Friedens für die Sowjetunion, im Gegensatz zu den USA, eine Überlebensnotwendigkeit sei und daß die Kommunistische Partei Frankreichs und der von ihr kontrollierte Gewerkschaftsbund CGT bei aller Kritik, die man an ihnen üben muß, in diesem historischen Moment die einzigen Organisationen für die politischen und sozialen Kämpfe der französischen Arbeiterschaft seien. Diese Einschätzung wurde von Sartre nach der Niederschlagung des Ungarn-Aufstands im Jahre 1956 mehr und mehr aufgegeben (siehe *Krieg im Frieden 2*). Dennoch sind Sartres Analysen des Verhältnisses von Masse, Gewerkschaft und Partei, von Spontaneität, Parteidisziplin und Opposition wichtige Vorarbeiten zu seiner *Kritik der dialektischen Vernunft*.

Jean-Paul Sartre

Gesammelte Werke in Einzelausgaben

In Zusammenarbeit mit dem Autor
herausgegeben von Traugott König

Politische Schriften
Band 3,1

Romane und Erzählungen
Theaterstücke und Drehbücher
Philosophische Schriften
Schriften zur Literatur
Schriften zu Theater und Film
Schriften zur bildenden Kunst und Musik
Politische Schriften
Autobiographische Schriften
Reisen

Jean-Paul Sartre

Krieg im Frieden 1

Artikel, Aufrufe, Pamphlete
1948–1954

Herausgegeben
von Traugott König
Übersetzt
von Eva Moldenhauer

rororo

Rowohlt

Bibliographische Hinweise
zu den in diesem Band enthaltenen Texten
siehe Seite 311
Umschlagentwurf Werner Rebhuhn

Veröffentlicht im Rowohlt Taschenbuch Verlag GmbH,
Reinbek bei Hamburg, Februar 1982

Weitere Angaben siehe Seite 311
Satz Aldus (Linotron 404)
Gesamtherstellung Clausen & Bosse, Leck
Printed in Germany
1280-ISBN 3 499 14904 4

Der Krieg und die Angst

Dieser Krieg wird der Krieg der Angst sein. In der Angst kündigt er sich an. Die Leute lassen ihn unmerklich herankommen – mit einer Art Ekstase. Sie glauben daran wie an das Handlesen, wie an den Beichtvater, wie an alles, das ihnen erspart, ihr Schicksal selbst zu gestalten; sie lieben ihre Angst, weil sie sie mit sich selbst versöhnt, sie unterdrückt die menschlichen Fähigkeiten wie ein Niesen oder einen Durchfall; und diese Gefahr, die über ihrem Haupt schwebt, verdeckt ihnen den leeren Himmel: sie ist ein Dach. Inzwischen belauern sich die vom Schrecken beherrschten Regierungen gegenseitig. Wenn ein Staat aus Nervosität eine allzu schroffe Geste macht, springen ihm die anderen aus Nervosität an die Gurgel.

Dann wird der abstrakte Massenmord beginnen. Früher riskierte man sein Leben gegen das der anderen, man sah den toten Feind von nahem, man konnte seine Wunden berühren: heute wird man ohne Risiko aus größter Entfernung schießen, man wird für nichts sterben. In Washington, in Texas bereiten Techniker die Leichenberge von Baku, von Leningrad vor, ohne sie zu sehen. Ja ohne sie sich vorzustellen. Keine Helden, keine Märtyrer: eine Katastrophe bricht über gehetzte Tiere herein.

Ich glaube nicht an das Ende der Welt, und ich weiß nicht einmal, ob ich an diesen Krieg glaube. Zwanzig Jahre, fünfzig Jahre werden vielleicht verstreichen, bevor er stattfindet. Aber wenn wir in dieser ganzen Zeit nur fortfahren, auf ihn zu warten, wenn man fünfzig Jahre lang in der Angst dahindämmern muß, wenn wir uns einreden, daß man, um das Leben in Angriff zu nehmen, auf das Ende des nächsten Konflikts warten muß, dann werden wir die Atombombe zu drei Vierteln überflüssig gemacht haben: es wird keine Menschen mehr zu töten geben, das wird bereits geschehen sein.

November/Dezember 1946

Aufruf des Komitees für das Rassemblement Démocratique Révolutionnaire

Wir sind Millionen in Frankreich, Millionen in Europa und auf der ganzen Welt.

Millionen, die denselben Weg suchen.

Der Hölle Entkommene, Überlebende der Résistance, Militante, Sympathisanten oder Weggenossen der großen Bewegungen, die sich auf die Emanzipation der Gesellschaft berufen, sind wir der Meinung, daß die Welt ihre Erlösung vom Hitlerismus teuer genug bezahlt hat, um – vom größten Unterjochungsversuch errettet, den die Geschichte je kannte – das Heil nur von der Achtung und Wahrung der Menschenrechte und in der Freiheit zu erwarten.

Wir glauben, daß zwischen dem Vorkommen der kapitalistischen Demokratie, den Schwächen und Mängeln einer gewissen Sozialdemokratie und der Beschränkung des Kommunismus auf seine stalinsche Form eine Vereinigung freier Menschen für die revolutionäre Demokratie in der Lage ist, den Prinzipien der Freiheit und der Menschenwürde ein neues Leben zu verleihen, wenn sie sie mit dem Kampf um die soziale Revolution verbindet.

Weder Gewalt gegen Gewalt noch die Illusion von Pufferorganisationen, noch die Doppeldeutigkeit einer verschwommenen dritten parlamentarischen Kraft ohne Ziel und ohne Basis im Volk können die großen Erwartungen Frankreichs und der Welt erfüllen.

Die Völker sind übersättigt von Blut, Tod, Leichenbergen, Foltern, Zuchthäusern, Gefängnissen, Kriegen, aber auch ratlos, angewidert vom Niedergang oder vom Bankrott der alten Systeme der kapitalistischen Herrschaft. Sollen wir die sich uns bietende Chance, die Prinzipien der politischen Demokratie mit den Erfordernissen der wirtschaftlichen Umgestaltung zu vereinen, verstreichen lassen, sollen wir es zulassen, daß die Neofaschisten uns zuvorkommen?

Es ist an der Zeit, den Sozialismus zu einer Realität zu machen, die die vorbehaltlose und furchtlose Zustimmung all derer findet, die die feigen Kompromisse der einen und den blinden Gehorsam der anderen ablehnen.

Wir wollen uns mit der Ungerechtigkeit und der Würdelosigkeit der heutigen Gesellschaft ebensowenig abfinden wie mit einem Gesellschaftssystem, das das Individuum hemmungslos unterdrücken würde. Die Mittel sind uns genauso wichtig wie der Zweck. Und der Zweck des Sozialismus duldet nicht den Gebrauch beliebiger Mittel.

Ebensowenig wie wir im Kampf das Doppelspiel zwischen der Partei der Henker und der Partei der Opfer akzeptiert haben, können wir jenes Doppelspiel akzeptieren, das darin besteht, in der Gegenwart schändliche Mittel anzuwenden, um in der Zukunft einen edlen Zweck zu erreichen.

Auf der Grundlage von Gerechtigkeit, moralischer und bürgerrechtlicher Gesetze, Garantien, die im Lauf der Jahrhunderte von allen Völkern im Kampf gegen die Tyrannei ertrotzt wurden, auf der Grundlage eines Erbes politischer Freiheiten, die allen zivilisierten Völkern gemeinsam sind, wollen wir die revolutionäre Demokratie definieren.

Demokraten, mit allem, was dieser Terminus stets an Volkssiegen einschließt, Siegen über die Willkür, die Staatsräson, den Obskurantismus von Menschen und Systemen.

Revolutionäre, weil die kapitalistische Demokratie nur noch Herrschaft der Reichen und Knechtschaft der Armen bedeutet, weil sie, immer hinfälliger, das, was von ihr noch übrig ist, dem Faschismus zu überantworten droht und damit für lange Zeit alle Hoffnungen auf die Zukunft begräbt.

Wir haben nicht die Absicht, irgendeine demokratische und proletarische Kraft zu spalten. Mögen viele Militante in ihrer Partei bleiben, andere sie verlassen, es kommt uns hier nicht zu, über sie zu urteilen oder sie zu kritisieren; wenn wir die einen wie die anderen aufrufen, in der Sammlungsbewegung der internationalen und revolutionären Demokratie zusammenzukommen, so deshalb, weil wir es für an der Zeit halten, sie aufzufordern, sich auf ein unmittelbares Programm der Verteidigung sowie der republikanischen und laizistischen Aktion zu einigen, die alle reformerischen oder revolutionären Erfahrungen der Geschichte wird nutzen können.

Aber auch all jenen Citoyens, Republikanern, Demokraten, Gewerkschaftern, Revolutionären in Frankreich und in der Welt, jenen Millionen Männern, Frauen und Jugendlichen, die sich schwer damit abfinden können, nirgendwo zu Hause zu sein, und die nicht mehr wählen wollen, jener ungeheuren Masse guten Willens rufen wir zu:

Nichts ist verloren, alles ist neu zu schaffen und zu schaffen.

Zusammen mit all denen, die an der Einheit Europas und der Welt arbeiten, müssen wir den Arbeitern und den freien Menschen ein größeres Feld öffnen, einen neuen Wind wehen lassen.

Es stimmt nicht, daß man eine Generation opfern muß, um die Produkte der Arbeit gerecht zu verteilen.

Es stimmt nicht, daß die Demokratie nicht von geschickten und kräftigen Händen neu angepackt werden kann, die fähig sind, in diesem Land die Voraussetzungen und die Mittel für die Mitbestimmung des Volkes in allen Bereichen der Wirtschaft und der Verwaltung zu schaffen.

Es stimmt nicht, daß die Politik der Blöcke der einzige Weg ist, den man den Menschen zeigen kann.

Es stimmt nicht, daß der Sozialismus ein blutleeres Gesicht oder eine barbarische Maske tragen muß.

Mit der französischen Republik von 1848, deren hundertjähriges Bestehen wir heute feiern, und mit der russischen Revolution ist die Idee des Sozialismus auf die Erde herabgestiegen.

Mit der Befreiung vom Naziregime haben sich die demokratischen Freiheiten als unersetzbar erwiesen.

Mit den Unzulänglichkeiten der kapitalistischen Demokratie werden die Verteidigung und das antifaschistische Bündnis erneut unausweichlich.

Mit dem Versagen der rein liberalen Hilfsmittel steht die sozialistische Lösung überall auf der Tagesordnung. Mit der Unterdrückung und dem Erwachen der kolonisierten Völker muß die Freiheit, die ganze Freiheit in der französischen Union verkündet und eingebürgert werden.

Mit der künstlichen Anstachelung der Nationalismen ist die Wiedererlangung eines internationalen Bewußtseins aller Völker geboten.

Das alles schließt die revolutionäre Demokratie in sich ein.

Frankreich kommt es zu, erneut den Hoffnungsschrei von Saint-Just in die Welt hinauszurufen: «Das Glück ist eine neue Idee in Europa.»

Und ihn zu ergänzen mit dem Aufruf von Marx von vor hundert Jahren:

«Proletarier und freie Menschen aller Länder, vereinigt euch!»

Damit 1948, wie 1848, von uns der Ruf nach einer erneuerten und in der sozialen Gerechtigkeit verankerten Freiheit komme.

Jean-Paul Sartre *Februar 1948*
David Rousset
Georges Altman
Jean Rous
Paul Fraisse

Hunger im Bauch – Freiheit im Herzen

Es gibt eine bestimmte beleidigende Art, über die Freiheit zu sprechen, die im Grunde nur dazu dient, diese Freiheit zu einer Waffe gegen konkrete Forderungen zu machen. Wenn beispielsweise ein sehr bekannter Mann im Zusammenhang mit den Lohnforderungen sagt, daß die Massen damit nur ihren schäbigen Materialismus zum Ausdruck bringen, dann liegt klar auf der Hand, daß dieser Mann aus den Werten, welche die Freiheit verleiht, die er unterstellt – denn er selbst ist nicht schäbig und glaubt an die demokratische Freiheit, eine Waffe gegen die Lohnforderungen macht.

Doch sprechen wir von diesen Forderungen selbst. Sehen wir, was die Beschwerden, die Forderungen eines unterernährten, schlecht bezahlten Menschen, der Hunger leidet, bedeuten. Geht es lediglich um ein Unbehagen, das er sich ersparen will, oder um die Angst zu sterben? Gewiß geht es auch darum, aber ebenso um die Furcht, von Kräften zu kommen, sich selbst als kraftlosen Menschen zu sehen, um die Wut, gegen den eigenen Willen gezwungen zu sein, nur noch an seinen Bauch zu denken, die Wut, in einer Sackgasse zu stecken, gejagt und in die Enge getrieben zu werden wie eine Ratte. Der Hunger ist ja als solcher schon die Forderung, etwas anderes zu sein als ein Bauch, ein Mensch zu sein. Außerdem hat man nicht allein Hunger; wenn dieser Mensch Hunger hat, dann hat er mit allen Kameraden seiner Klasse Hunger, mit allen, die bezahlt werden wie er; der Hunger eines Arbeitslosen ist gleichzeitig der Hunger aller anderen Arbeitslosen. Im Hunger selbst, in der Anstrengung, den Hunger loszuwerden, entsteht bereits Solidarität. Und da ist auch die Wut darüber, daß andere Leute zu essen haben – dieses Gefühl, das man herabzuwürdigen sucht und Neid, gemeine Eifersucht genannt hat, ist im Gegenteil ein Gefühl der Gleichheit, der Gerechtigkeit. Der Hunger, der einfache Hunger, der dazu treibt, eine Lohnerhöhung zu fordern, nichts weiter als das, ist bereits die Forderung eines Menschen, der verlangt, daß man ihn vom Bedürfnis befreie, von allem, was ihn daran hindert, ein Mensch zu sein.

Der Hunger ist bereits die Forderung nach Freiheit.

Nehmen wir ein anderes Beispiel, die Forderung nach Frieden.

Heute wollen alle Menschen, falls sie nicht irregeleitet werden, im Frieden arbeiten. Gewiß haben sie zunächst die richtige und gültige Idee, nicht zu sterben, nicht in blutige Abenteuer gerissen zu werden;

aber sie empfinden auch Haß, wenn sie sehen, daß ihr eigenes Schicksal, in dem sie durch die Arbeit, durch die gewerkschaftliche Organisation, durch eine bestimmte Lebensführung versuchen, gegen die schlimmsten Verhältnisse zu kämpfen, daß dieses Schicksal von Kräften hinweggefegt werden kann, die sie nicht kennen, die von anderswoher kommen und auf die sie keinen Einfluß haben. Auch hier besteht die Idee, daß man sein Schicksal in der Hand haben möchte.

Wenn daher die Arbeiter etwas fordern, so steckt in der besonderen Lohnerhöhung, die sie in einem Einzelfall verlangen, immer noch mehr, *nämlich die Idee des Werts der Arbeit und der Wunsch, an der Kontrolle und Leitung der Unternehmen, in denen ihre Arbeit produktiv ist, mitzuwirken.* Nehmen wir ein Beispiel: es wurde behauptet, daß die Novemberstreiks politische Streiks waren:[1] das ist falsch, was ihren Anfang betrifft. Die Novemberstreiks sind deshalb ausgebrochen, weil die Löhne um so viel niedriger waren als die Lebenshaltungskosten, daß die Arbeiterklasse überall an Unterernährung litt. Aber der politische Irrtum, der verhängnisvolle Irrtum, der zur Spaltung der Arbeiterklasse, zum Bruch der gewerkschaftlichen Einheit führte, war die Tatsache, daß man sich an den Buchstaben der Forderung gehalten hat, in dieser Forderung nur das Unmittelbare verfolgte, das heißt eine Erhöhung der Löhne, die zwangsläufig sofort von einer Verdoppelung der Lebenshaltungskosten überschritten wurde.

Zwar mußte auch die Lohnerhöhung erwähnt werden, aber die Forderung nach Lohnerhöhung enthielt auch die Idee des Werts der Arbeit, *die Idee, daß das Proletariat in der Volkswirtschaft ein Wort mitzureden hat, die Idee, daß jeder einzelne in der Lage sein muß, auf allen Ebenen der Produktion das Unternehmen zu kontrollieren.* Doch da diese Forderung nicht gleichzeitig mit der Lohnerhöhung zum Ziel genommen wurde, da man keine betrieblichen Kontrollkomitees verlangt hatte, sahen wir, wie die Arbeiterklasse angesichts der Vergeblichkeit seiner Bemühungen den Mut sinken ließ und sich in dem Augenblick spaltete, da der Faschismus Frankreich bedrohte.

Es geht also nicht darum, die Freiheit aufzugeben, nicht einmal darum, die abstrakten Freiheiten des Bürgertums aufzugeben, son-

1 Es handelt sich um die von Marseille bis nach Nordfrankreich reichenden Streiks vom November 1947. Nach deren erfolgloser Beendigung kommt es im Dezember 1947 zur Spaltung des Gewerkschaftsbundes CGT in eine «revolutionäre» Mehrheit (Kommunisten) und eine «reformistische» Minderheit (Sozialisten), die als CGT-FO (Force Ouvrière) einen eigenen Gewerkschaftsverband bildet. *Anm. d. Übers.*

dern ihnen einen Inhalt zu verleihen, sie an ihrer Quelle wiederzufinden, sie auch in den elementarsten Forderungen, den Forderungen des täglichen Lebens auftauchen zu sehen, so daß kein Unterschied besteht zwischen den formulierbaren Forderungen, die die Verteilung der Güter, den Konsum, einen besseren Lebensstandard betreffen, und dem tieferen Anspruch, der allem Sinn verleiht und bewirkt, daß ein Mensch das Recht hat, etwas zu fordern, nämlich dem Anspruch, ein freier Mensch zu sein.

Das erste Ziel des Rassemblement Démocratique Révolutionnaire besteht darin, *die revolutionären Forderungen mit der Idee der Freiheit zu verbinden*; aus diesem Grunde haben wir diesen Namen gewählt – weil es ein und dieselbe Sache ist. *Aus diesem Grunde sind wir ein Rassemblement*, ein Zusammenschluß; eine Partei ist nicht imstande, den tiefen und demjenigen, der fordert, oft unbekannten Ruf zu vernehmen, der in den Forderungen der Massen enthalten ist, ebensowenig wie eine Staatsbürokratie dazu in der Lage ist. Der Parteiapparat und der bürokratische Apparat können nur Losungen ausgeben. Jene revolutionäre und demokratische Forderung, die in euren Alltagsforderungen enthalten ist, ist nichts anderes als ihr selbst, ihr alle, und ihr könnt sie gemeinsam erkennen. *Daher ist es das erste Ziel des Rassemblement, tatsächlich ein Zusammenschluß von Menschen dieses Landes zu sein, als Konsumenten und als Produzenten, innerhalb von Stadtteilkomitees, Dorfkomitees, Fabrikkomitees*, in denen sie aus ihren konkreten Forderungen und dem Sinn, den sie haben, konkrete Mittel entwickeln werden, sie durchzusetzen, und in denen sie sich gemeinsam ihres demokratischen und revolutionären Humanismus bewußt werden können.

Mai 1948

Wir brauchen den Frieden, um die Welt zu erneuern

Die Dummköpfe halten es immer mit der Wut: lächerlich, wenn sie räsonieren, meinen sie, mit ihrem Geschrei einschüchtern zu können. Schreiend marschieren sie und rufen nach Gewalt, weil in Zeiten der Gewalt jeder ein Dummkopf ist. Wer ruhig bleibt, ist verdächtig: wer sich weigert zu schreien, tut es aus Angst. Wilhelm II. sagte einmal zu dem kriegslüsternen Franz Joseph: «Was für einen Krach du mit meinem Säbel machst.» Unsere Dummköpfe machen noch größeren Krach mit der Atombombe der Amerikaner. Wenn man ihnen erklärt, daß die Bomben als erstes auf uns fallen würden, sagen sie, daß man Angst hat.

Das Argument ist so alt wie die Welt. Man glaubt nicht an Gott, und der Christ sagt einem: du bist Atheist aus Hochmut. Man will keinen Krieg, und der Soldat sagt einem: du bist Pazifist aus Feigheit. Als käme es nie vor, daß einer aus Hochmut oder aus Feigheit glaubt; als käme es nie vor, daß man sich aus panischem Heldentum in den Krieg stürzt.

Unsere Angeber von heute ähneln jenen Kötern, die sich zwischen die Beine ihres Herrchens flüchten, um die Besucher anzubellen: unter den amerikanischen Röcken kleffen sie die Hosen der UdSSR an. Doch seit kurzem hat man das kriegerische Vokabular gewechselt. Wenn du den Frieden liebst, wenn du an ihm festhalten willst, sagt man nicht mehr, daß du ein Feigling bist, sondern man schimpft dich einen Münchner. Was zwar eine Torheit ist, die aber alle im Munde führen. Wir müssen uns also die Mühe machen, sie auseinanderzunehmen.

Was ist ein Münchner? Ein Franzose, der im Jahre 1938 der Kapitulation seiner Regierung in München zugestimmt hat. Im Jahre 1948 wird man also denjenigen Franzosen Münchner nennen, der dem Krieg die Kapitulation vorzieht. Der Münchner machte eine kurzfristige Politik, er sah nicht über seine Nasenspitze hinaus. Indem er den Krieg um ein Jahr hinausschob, hat er uns gezwungen, ihn unter weit schlimmeren Bedingungen zu führen: er hat die UdSSR verstimmt, die Festungen der Tschechoslowakei schleifen lassen, er hat Deutschland Zeit gegeben, seine Rüstung zu vervollständigen: mit einem Wort, er hat sein Land ausgeliefert.

Wenn also wir, die wir keinen Krieg wollen, Münchner sind, so heißt das, daß wir vorhaben, unser Land auszuliefern. Aber an wen?

An die UdSSR? An die Vereinigten Staaten? Man braucht nicht lange nachzudenken, um zu erkennen, daß sich die Situation seit 1938 umgekehrt hat. 1938 standen sich Deutschland und Frankreich gegenüber, Deutschland richtete seine Forderungen direkt an Frankreich. Auch wenn sich der Konflikt später auf die ganze Welt ausdehnte, war er doch zunächst nur eine Episode des Kampfs um die Hegemonie in Europa. Es galt, zu kämpfen oder sich zu unterwerfen.

Der Krieg, der heute droht, ist *von Anfang an* ein Weltkrieg. Wir haben nicht mehr die Initiative: auf der ganzen Erde prallen zwei Weltmächte aufeinander. Den Krieg akzeptieren heißt für uns die Vasallenschaft akzeptieren. Gerade im Krieg und durch ihn werden wir unsere Autonomie am sichersten verlieren: das Ausland wird unsere Armeen befehligen, es wird uns sogar unsere Waffen leihen.

Es ist schön, für die Unabhängigkeit zu sterben; aber es ist heller Wahnsinn, die Abhängigkeit zu wählen, um noch sicherer zu sterben. Wie einer, der seine Seele dem Teufel verkauft gegen den Strang, mit dem er sich aufhängt: unsere Kriegstreiber ähneln ihm. Nur im Frieden können wir unsere nationale Souveränität bewahren; und gerade weil wir für Unabhängigkeitskriege sind, wenn sie sich als notwendig erweisen, wollen wir heute die Unabhängigkeit durch den Frieden erringen.

Doch diese Umkehrung darf uns nicht überraschen: wir Münchner von 1948 waren gegen die Kapitulation von München. Und unsere Anti-Münchner von heute, was wollten sie denn damals? Die bedingungslose Kapitulation. Bei näherem Hinsehen ist das kein Widerspruch: sie wollten Frankreich Hitler ausliefern, heute wollen sie es den USA ausliefern, die übrigens gar keinen so großen Wert darauf legen. Krieg oder Frieden, das ist ihnen egal. Für sie geht es nur darum, die UdSSR zur Strecke zu bringen. Sie wollten nicht gegen das nationalsozialistische Deutschland kämpfen, weil sie kein Interesse daran hatten. In den Zeitungen von damals konnten wir hundertmal ihre Argumente lesen: «Sind wir die Besiegten, dann wird uns Hitler in der Hand haben; sind wir die Sieger, dann wird es Stalin sein.» Damals antworteten wir ihnen, daß die kampflose Kapitulation dem Deutschen Reich ein Ansehen verleihen würde, das eine ebenso schwere Niederlage für uns wäre wie ein verlorener Krieg. Doch das war ihnen völlig egal, denn sie hatten nur einen einzigen Feind: die UdSSR. Was ging sie Hitlers Hegemonie an: bereitwillig überließen sie ihm eine Freiheit, mit der sie nichts anfangen konnten, solange man ihnen nur ihre Güter ließ. Ihre Güter wollten sie verteidigen. Ihre Güter und das System des

Privateigentums. Gestern wollten sie den Frieden; heute wollen sie den Krieg. Aber das ist ganz folgerichtig. Wenn sie 1938 den Konflikt ablehnten, der der UdSSR von Nutzen sein konnte, so wollen sie zehn Jahre später denjenigen auslösen, der es ermöglichen wird, sie zu vernichten.

Wir aber, die wir die umgekehrten Positionen eingenommen haben, sind nicht weniger konsequent; auch wir sind nicht gegen jeden Krieg. Mit der Arbeiterklasse, *für* die Demokratie und *gegen* den Totalitarismus lehnen wir heute den Krieg ab.

Man fordert uns auf, gegen die Sowjets Krieg zu führen? Schön. Aber warum? Fragen wir es unsere Kriegstreiber. Auf die Antwort brauchen wir nicht lange zu warten: weil – so werden sie uns sagen – die Russen in unserem schönen Frankreich eine Armee von «Separatisten» unterhalten. Belassen wir es dabei: wer Frankreich in einen Konflikt mit der UdSSR ziehen will, ist gegen die Arbeiterklasse insgesamt. Ich behaupte nicht, daß die UdSSR überall und bedingungslos die Arbeiter schützt, ich behaupte auch nicht, daß alle Arbeiter Kommunisten sind oder daß das wünschenswert wäre: ich behaupte, daß diejenigen, die bereit sind, gegen die UdSSR Krieg zu führen, es in erster Linie darauf abgesehen haben, im eigenen Land Krieg gegen das Proletariat zu führen. Das haben wir ja erlebt, als die Truppe auf die Bergarbeiter schoß.[1] In einigen Zeitungen sahen wir das martialische Vokabular von 1914 wiederauftauchen. Es ging immer nur um Offensiven, Eroberungen, Siege wie in den Heeresberichten. Als unsere Anti-Münchner eine hungernde Bevölkerung, die Brot forderte, niederschlugen, bildeten sie sich ein, ganz Rußland zu vernichten. Wenn wir «Münchner» sind, so deshalb, weil wir meinen, daß es *in jedem Fall und gleich unter welchem Vorwand* ein Verbrechen ist, auf das Proletariat zu schießen.

Ebensowenig wollen wir auf seiten der UdSSR gegen Amerika stehen. Wir können uns nicht vorstellen, gegen ein demokratisches Volk zu kämpfen, das sehr oft einen ausgesprochenen Sinn für die Freiheit bewiesen hat. Es stimmt zwar, daß dieser Sinn dabei ist, sich zu trüben, aber das geschieht genau in dem Maße, wie die Vereinigten Staaten den Krieg fürchten und sich auf ihn vorbereiten. Uns ins andere Lager begeben hieße den Krieg beschleunigen und die Amerikaner veranlassen, sich in einem präventiven Faschismus einzukapseln. Im

1 Während der großen Streiks vom November 1947 hatten die CRS auf Bergarbeiter geschossen. *Anm. d. Übers.*

Gegenteil, alle, die den Frieden in Europa wollen, müssen in den Vereinigten Staaten, statt sie en bloc zu verwerfen, nach Verbündeten gegen die Internationale der Kriegstreiber suchen.

Wir wollen keinen Krieg, weil wir nicht direkt an ihm interessiert sind, weil wir zwischen einer kapitalistischen Demokratie und einem autoritären Sozialismus weder wählen können noch wollen, weil der Konflikt bei uns in einen Bürgerkrieg ausarten würde, weil unser Land auf jeden Fall geknechtet und ruiniert würde; wenn das heißt, Münchner zu sein, dann soll München hochleben!

Doch dieser Vergleich ist noch aus einem anderen Grund absurd: wer 1938 Münchner war, hatte nichts von der Geschichte begriffen; damals waren wir in einen doppelten Krieg verstrickt: der imperialistische Krieg überdeckte einen Bürgerkrieg. *Frieden schließen* war unmöglich. Und so *wollten* die Münchner ihn auch nicht schließen; sie wollten den Krieg hinauszögern, ihn von Tag zu Tag verhindern. Für sie ging es darum, durch die Aufschiebung des Konflikts so lange wie irgend möglich ein Gesellschaftssystem zu erhalten, dessen innere Struktur den Konflikt unvermeidlich machte. Es wäre naiv zu glauben, daß der Frieden lediglich die Abwesenheit von Krieg ist. Die Münchner wollten die vorläufige Abwesenheit von Krieg. Deshalb besaßen sie nur ein Mittel: nachgeben, einen Fußbreit um den anderen nachgeben und vom System retten, was noch zu retten war. Diesen negativen und unsicheren Frieden wollen *wir* nicht: er ist dem Krieg nicht vorzuziehen. Sich weigern, zwischen Rußland und Amerika zu wählen, heißt nicht einem von ihnen nachgeben, zwischen beiden hin und her schwanken. Es heißt vielmehr, eine *positive* Wahl treffen: nämlich Europa, den Sozialismus und uns selbst wählen. Den Frieden wollen heißt nicht retten wollen, was von einem System übrigbleibt, das zusammenzubrechen droht; es heißt dadurch den Frieden schaffen wollen, daß man das einzige System aufbaut, das eben durch seine Struktur befriedet ist: die sozialistische Demokratie. Wir sind keine Münchner, weil wir den Frieden nicht um jeden Preis bewahren wollen – und im übrigen sind wir nicht der Ansicht, daß dieser lange maskierte Krieg ein Frieden ist. Der Wille zum Frieden unterscheidet sich heute nicht vom revolutionären und demokratischen Willen. Wir sind keine Münchner, weil wir den Frieden nicht um der Güter willen wollen, die wir besitzen, sondern um der Aufgabe willen, die wir zu erfüllen haben.

Dezember 1948

Geburt Israels

Ich habe mir zwar immer gewünscht und wünsche es noch heute, daß das Judenproblem im Rahmen einer Menschheit ohne Grenzen seine endgültige Lösung findet, aber da keine gesellschaftliche Entwicklung das Stadium der nationalen Unabhängigkeit umgehen kann, muß man sich freuen, daß ein autonomer israelischer Staat die Hoffnungen und die Kämpfe der Juden aus aller Welt legitimiert. Und da das Judenproblem ein besonders beklemmender Ausdruck der Widersprüche ist, die die zeitgenössische Gesellschaft zerreißen, muß die Gründung des palästinensischen Staates als eines der wichtigsten Ereignisse unserer Epoche angesehen werden, eines der wenigen, die einen heute die Hoffnung bewahren lassen. Für die Juden ist es die Krönung ihrer Leiden und ihres heroischen Kampfes; für uns bezeichnet es einen konkreten Fortschritt hin zu einer Menschheit, in der der Mensch die Zukunft des Menschen sein wird.

Juni 1949

Die Tage unseres Lebens*

Es steht also fest, daß sowjetische Bürger, die unter Voruntersuchung stehen, ohne Urteil und ohne zeitliche Begrenzung zwangsverschickt werden können. Das Besserungsarbeitsgesetzbuch der RSFSR[1] sieht zwar den Grundsatz der amtlichen Verfügung nur für Besserungsarbeit ohne Freiheitsentziehung vor,[2] aber es erwähnt diese Verfügung sehr deutlich in Artikel 44 im Hinblick auf Freiheitsentziehung und Zwangsverschickung.[3] Man kann also unmöglich behaupten, wie Pierre Daix es tut,[4] daß diese Verfügung nur für den harmlosen Fall von Besserungsarbeit ohne Freiheitsentziehung Geltung hat.

* Anspielung auf das Buch *Les jours de notre mort* (Die Tage unseres Todes) von David Rousset. *Anm. d. Übers.*

1 *Recueil chronologique des lois et décrets du Présidium du Soviet suprême et Ordonnances du gouvernement de la RSFSR au 1er mars 1940.* Bd. 9, O. G. I. Z. (Vereinigte Staatsverlage Gospolitizdat, 1941).

2 Abteilung I des *Besserungsarbeitsgesetzbuchs*, Art. 8.

3 Abteilung II, Art. 44 (Freiheitsentziehung): «Folgende Personen können in die in Art. 28 des vorliegenden Gesetzbuches genannten Internierungsorte geschickt werden:

a) Personen, denen die Freiheit für nicht mehr als drei Jahre entzogen ist;

b) Personen, die auf Grund von Verfügungen hierzu bevollmächtigter Organe unter Voruntersuchung stehen (von uns hervorgehoben);

c) Personen, die zu Freiheitsentziehung über drei Jahre verurteilt sind ...»

Die in Art. 28 genannten Internierungsorte sind namentlich:

«a) Einschließungshäuser ...; b) Besserungsarbeitshäuser; c) Arbeitskolonien, landwirtschaftliche, handwerkliche und fabrikartige, Strafabteilungen», zu denen derselbe Artikel noch Anstalten medizinischen Charakters und Arbeitshäuser für nichtvolljährige Rechtsverletzer hinzufügt.

Nur Personen, die unter Voruntersuchung stehen, können in Einschließungshäusern festgehalten werden (Art. 29). Aber sie werden nicht notwendig dort festgehalten: sie tauchen erneut in Art. 31 auf, der sich auf die Besserungsarbeitshäuser bezieht: «Personen, denen die Freiheit entzogen wurde oder die unter Voruntersuchung und vor Gericht stehen, werden in den Arbeitshäusern von den Verurteilten getrennt.» Der Einschließung folgt nicht zwangsläufig das Erscheinen vor Gericht: «Diese Personen werden nur so lange in Einschließungshäusern festgehalten, bis das sie betreffende Urteil des Gerichts *oder der Beschluß anderer hierzu bevollmächtigter Organe rechtskräftig wird*» (von uns hervorgehoben).

4 Pierre Daix, *Pourquoi D. Rousset a-t-il inventé les camos soviétiques?, 6.*

Es steht außerdem fest, daß der Repressionsapparat in der UdSSR dahin tendiert, einen eigenen Machtbereich zu bilden. Eine Verordnung vom 27. Oktober 1934[5] überträgt dem NKWD die Leitung und Verwaltung der Besserungsarbeit, die bisher dem Volkskommissariat für Justiz unterstand. Das System hat seine eigenen Einnahmen, die aus der Arbeit der Häftlinge stammen und vornehmlich dazu dienen, den Verwaltungsapparat zu unterhalten.[6] Die Produktion wird durch Industrie- und Finanzpläne geregelt, die vom Direktorium der Besserungsarbeitsinstitutionen aufgestellt und vom Volkskommissariat für Justiz lediglich ratifiziert werden.

Es steht drittens fest, daß der geregelte Ablauf der Besserungsarbeit durch eine Übertragung von Befugnissen an die gemeinen Häftlinge gewährleistet wird[7] – eine Methode, die sich bewährt hat.

Schließlich ist es *wahrscheinlich* – da die offiziellen Verlautbarungen 127000 Häftlinge erwähnen, die nach der Fertigstellung des Weißmeer-Ostsee-Kanals und des Moskau-Wolga-Kanals auf Beschluß der Regierung freigelassen wurden, sowie in Anbetracht der Größe solcher Baustellen im gesamten Apparat –, daß die Gesamtzahl der Häftlinge in die Millionen geht: die einen sprechen von 10, die anderen von 15 Millionen.

Wenn man kein Schwärmer ist, wird man zugeben müssen, daß diese Fakten die Bedeutung des russischen Systems von Grund auf in Frage stellen. Wir wollen hier nicht das Prinzip von Péguy auf die UdSSR anwenden, der sagte, daß jedes Reich, das auch nur ein einziges individuelles Elend birgt, ein verfluchtes Reich ist: nach dieser Rechnung sind sie es alle, und es dürften keine Unterschiede zwischen ihnen gemacht werden. Wir sagen vielmehr, daß es keinen Sozialismus gibt, wenn sich jeder zwanzigste Bürger in einem Straflager befindet. Es nützt nichts, hier zu erwidern, daß jede Revolution ihre Verräter hat oder daß mit dem Aufstand der Klassenkampf noch nicht zu Ende ist oder daß die UdSSR sich nicht gegen den äußeren Feind zur Wehr setzen konnte, wenn es den inneren Feind schonte, oder daß Rußland nicht ohne Gewalt die Großindustrie in Angriff nehmen konnte. Solche Antworten sind hinfällig, wenn es um ein Zwanzigstel

5 *Recueil* ..., Zusatz zu Art. 129 des Besserungsarbeitsgesetzbuchs.

6 Ebd., Art. 139a.

7 Ebd., Art. 87: «Das Aufsichtskommando wird den sichersten Häftlingen – den Arbeitern – übertragen, Personen, die wegen gewöhnlicher Delikte in erster Instanz verurteilt wurden.»

der Bevölkerung geht – ein Zehntel der männlichen Bevölkerung –, nach einem Dritteljahrhundert. Wenn in der UdSSR auf zwanzig Einwohner ein Saboteur, ein Spion oder ein Faulenzer kommt, während bereits mehr als eine Säuberung das Land «gereinigt» hat, wenn man heute zehn Millionen Sowjetbürger «umerziehen» muß, wo doch die Säuglinge vom Oktober 1917 schon über zweiunddreißig Jahre alt sind, dann heißt das, daß das System selbst *seine* Opposition unaufhörlich von neuem schafft. Wenn permanente Repression herrscht und wenn der Repressionsapparat keineswegs abstirbt, sondern sich im Gegenteil verselbständigt, dann heißt das, daß sich das Regime im Ungleichgewicht etabliert, daß Produktivkräfte von den Produktionsformen erstickt werden. Wenn die gemeinen Häftlinge für das Regime zuverlässiger sind als die politischen Häftlinge, dann heißt das, daß ihm das «Lumpenproletariat» lieber ist als die «bewußten Proletarier».

Wenn man es ernst meint, muß man dieser permanenten Krise des russischen Regimes ins Auge sehen: hängt sie mit dem Prinzip der kollektiven Produktion selbst zusammen oder mit dem Staatseigentum und der in Rußland praktizierten Planungsweise? Rührt sie von der politischen Struktur der UdSSR her, und betrifft sie in diesem Fall nur die Stalinsche Phase, oder war sie schon in der bolschewistischen Organisation der Partei vorgeformt, und wenn ja, welche andere politische Form kann man sich vorstellen, welche Garantien gegen diese Entartung finden? Diese und viele andere Fragen lassen sich nicht umgehen. Vor zwei Jahren schrieb einer von uns in dieser Zeitschrift, daß die sowjetische Gesellschaft zwiespältig sei, daß in ihr sowohl Anzeichen des Fortschritts wie Symptome der Regression anzutreffen seien. Wenn sich 10 Millionen Menschen in Konzentrationslagern befinden – während am anderen Ende der sowjetischen Hierarchie Löhne und Lebensstandard um 15 bis 20 Prozent höher sind als bei freien Arbeitern –, dann schlägt die Quantität in Qualität um, dann kehrt sich das ganze System um und bekommt einen anderen Sinn, und trotz der Verstaatlichung der Produktionsmittel und obwohl in der UdSSR die private Ausbeutung des Menschen durch den Menschen sowie die Arbeitslosigkeit ausgeschlossen sind, muß man sich fragen, was uns noch dazu berechtigt, in bezug auf dieses Land von Sozialismus zu reden.

Mit dieser Frage müßte sich die extreme Linke Frankreichs und Europas befassen – statt ihre Zeit mit fruchtlosen Verteidigungsreden zu vergeuden. André Wurmser sagte vor ein paar Monaten, daß es in

Rußland keine Lager gebe; Pierre Daix vor einer Woche, daß die Lager «eines der größten Ruhmesblätter des sowjetischen Regimes» seien.[8]

Ja, die Frage wird immer dringlicher: wie konnte der Oktober 1917 zu der grausam hierarchisierten Gesellschaft führen, deren Züge sich nach und nach immer deutlicher vor unseren Augen abzeichnen? Weder bei Lenin noch bei Trotzki und noch weniger bei Marx finden wir ein Wort, das nicht richtig wäre, das nicht noch heute zu den Menschen aller Länder spräche, das uns nicht begreifen ließe, was bei uns geschieht. Und nach soviel Hellsichtigkeit, Opfern und Intelligenz nun die 10 Millionen sowjetischer Deportierter, die Dummheit der Zensur, die Panik der Rechtfertigungen.

Unsere Kommunisten wollen die Frage ignorieren, aber auch von ihren Gegnern wird sie nicht gestellt werden, und nichts von dem, was sie schreiben, gibt uns auch nur den Ansatz einer Antwort. Von Neurose zu reden ist keine Antwort: wer die Zeugnisse ehemaliger Häftlinge liest, findet in den sowjetischen Lagern weder den Sadismus noch die Religion des Todes, noch den Nihilismus, die – paradoxerweise mit präzisen Interessen vermischt, bald in Einklang, bald im Kampf mit ihnen – am Ende die Vernichtungslager der Nazis hervorgebracht haben. Ebensowenig ist es eine Antwort auf unsere Frage, wenn man die Bürokratie und deren Interessen vorschiebt: es gibt kaum Menschen, die sich einzig vom Interesse leiten lassen, immer legen sie sich Überzeugungen zu. Außerdem verstecken Interesse und Sadismus sich besser. Es wird nicht genügend beachtet, daß das Besserungsarbeitsgesetz, das der britische Delegierte vor der UNO und David Rousset im *Figaro littéraire* als Enthüllung vorlegten, in seiner englischen Version schon 1936 in London bei Smith & Maxwell, Chancery Lane, für 3 Shilling 6 Pence zu kaufen war. Die Freilassung von 127000 Häftlingen wurde in Moskau offiziell bekanntgegeben.[9] Es besteht heute die Wahrscheinlichkeit, daß die Entwicklung, die vom Oktober 1917 zu den 10 Millionen Sklaven führt und nach und nach, hinter der Beständigkeit der Formen und der Wörter,

8 Pierre Daix, a. a. O., 12.

9 Ein deutscher Nazigegner, der aus der Wehrmacht desertierte, um zu den Russen überzulaufen, und von diesen zur Zwangsarbeit geschickt wurde, erzählte uns, daß die Existenz der Lager sowie die jährlichen schweren Verluste der Leningrader Bevölkerung bekannt waren.

den Sinn des Systems verändert, sich allmählich und ohne Absicht, von Krise zu Krise, von Notbehelf zu Notbehelf vollzogen hat und daß sie in ihrer gesellschaftlichen Bedeutung ihren Urhebern entgeht. Vor die immer unausweichlichere Alternative gestellt, sie entweder zu verschärfen oder politisch zu verschwinden, machen sie weiter, ohne zu merken, daß sich das Unternehmen unter ihren Händen verändert. In Ermangelung eines Hintergrunds, auf dem sie es sehen könnten, wundern sich die Besten von ihnen zweifellos über dieses Haßgeschrei, das ihnen aus der kapitalistischen Welt entgegenschallt.

Sehen wir genau hin. Die Formulierungen des Gesetzes zur Besserungsarbeit entsprechen genau denen eines paradiesischen Sozialismus: es geht nicht mehr um Strafe, sondern um Umerziehung; die Verbrecher sind Blinde, man muß sie nur sehend machen; in einer Gesellschaft, aus der die Ausbeutung verbannt ist, sind Faulheit und Auflehnung Mißverständnisse; es gilt, den Asozialen vor dem tugendhaften Zorn des einmütigen Volkes zu schützen, während man gleichzeitig das Volk vor den Umtrieben dieses Rückständigen schützt; das Beste ist, ihn wieder an die Arbeit zu schicken und ihm mit unendlicher Geduld die Größe der neuen Gesellschaft zu erklären, woraufhin er, besänftigt und gerettet, seinen Platz im gemeinsamen Werk wieder einnimmt. Gedanken des 19. Jahrhunderts, die einen immer noch rühren und vielleicht tiefer sind, als man glaubt, da es ja bisher noch nie gelungen ist, die Menschen von Anfang an mit wirklich vergleichbaren Chancen auszustatten, da man sie noch nie mit dem Guten in Versuchung geführt hat. Und nun bekommen diese jugendlichen Ideen plötzlich Fratzen wie alte Männer, diese unschuldigen Gedanken werden zum Gipfel der Heuchelei und der Hinterlist, wenn in ihrem Namen jeder zwanzigste Bürger gefangengehalten wird, wenn sie Straflager schmücken, in denen die Menschen vor Arbeit und Hunger sterben, wenn sie die Repression einer grausam ungleichen Gesellschaft decken, wenn es unter dem Schein, die Verirrten umzuerziehen, darum geht, die Opponenten zu zerbrechen, wenn es unter dem Vorwand der Selbstkritik um Selbstverleugnung geht. Damit verwandelt sich ihre Tugend schlagartig in Gift. Doch das wird so deutlich nicht empfunden. Neben den Zynikern und den Perversen, die es überall gibt, ergreifen zweifellos auch viele junge Sowjethelden, die nie in einem Land ohne Lager gelebt haben, ohne den geringsten Skrupel Partei für den Anstand. Haben wir so etwas noch nie erlebt? Viele begabte und gut angeschriebene Funktionäre – wie Krawtschenko in seiner ersten Zeit es wohl gewesen war –, die Kritik und Diskussion im Geist von 1917 nie gekannt haben, meinen noch immer, daß die Häftlinge überspannte, asoziale, böswillige Menschen sind, bis zu dem Tag, da die Lust, in New York zu leben, ihnen Gelegenheit gibt, das alles zu überdenken.

Was die Überlebenden von 1917 betrifft, so sind es nicht die besten Köpfe des marxistischen Humanismus; schon immer haben sie dem Empirismus den Vorzug vor einer Situationsanalyse gegeben, schon immer haben sie mehr an den Apparat als an die Bewegungen der Massen geglaubt, schon immer hatten sie größeren Erfolg als Organisatoren denn als Volksredner, schon immer haben sie sich lieber auf das Manöver in der Partei als auf die Bewußtwerdung verlassen. In Lenins Gleichung – Sowjets plus Elektrifizierung – haben sie sich schon immer mehr für den zweiten Teil interessiert. Und da die UdSSR elektrifiziert, ohne in das System des individuellen Profits zurückzufallen, muß es ihnen scheinen, daß das Wesentliche der Oktoberrevolution gerettet ist. Man darf von ihnen nicht verlangen, daß sie Marx wieder zur Hand nehmen und sich klarmachen, daß bei Marx die Produktivkräfte die Basis sind, mit anderen Worten nicht nur die Ausrüstung und die produzierten Reichtümer, sondern die *arbeitenden Menschen*, eben wieder Menschen. Mit solchen Subtilitäten haben sie sich nie abgegeben, und ihr Materialismus ist immer sehr wenig dialektisch gewesen. Und außerdem ist das alles so weit weg, schon vor langem mußte man sich die Spontaneität der Massen aus dem Kopf schlagen. Koestler, so meinen sie, hat das sehr gut erklärt: das Gefühl muß man übergehen, denn wenn man ihm etwas gibt, nimmt es alles; man darf ihm also nichts überlassen. Denken wir nicht mehr daran. Der Weißmeer-Kanal wird gebaut werden. Die Grundlagen der kollektiven Produktion werden gefestigt. Und die Kommunisten der ganzen Welt erwarten, daß alle diese Kanäle, Fabriken und Reichtümer eines Tages, in einer Art magischer Emanation, den integralen Menschen hervorbringen werden, selbst wenn man dazu 10 Millionen Russen versklaven, ihre Familien – nochmals 20 oder 30 Millionen Russen – ins Elend stürzen, einen weiteren Teil der Bevölkerung in der Kunst des Bespitzelns und in der Denunziation schulen und die Armee der Funktionäre zur Unterwürfigkeit oder zum Egoismus erziehen muß. Das ist wohl der Grund, weshalb die besten Kommunisten kein Ohr für 10 Millionen Gefangene haben.

Wenn wir uns dem Ursprung des Systems der Konzentrationslager zuwenden, können wir die Illusion der heutigen Kommunisten ermessen. Aber diese Illusion verbietet es auch, Kommunismus und Faschismus gleichzusetzen. Unsere Kommunisten nehmen Straflager und Unterdrückung hin, weil sie davon durch das Wunder der Infrastrukturen die klassenlose Gesellschaft erwarten. Sie täuschen sich zwar, aber genau das denken sie. Zwar haben sie unrecht, wenn sie an die Finsternis glauben, aber sie tun es. Auch die Nazilager trugen die berüchtigte Losung der Umerziehung durch Arbeit, doch von dem Augenblick an, da die Gaskammern eingerichtet waren, konnte niemand mehr glauben, daß es sich um Umerziehung handelte, nicht einmal der Absicht nach. Bevor es die Gaskammern gab, waren die deutschen Lager eine Kopie der russischen Lager und ihre Losungen eine Kopie der sozialistischen Ideologie, so wie die Partei im faschistischen Sinn nach der Partei im bolschewistischen Sinn kopiert worden ist und der Faschismus vom Bolschewismus die Idee der Propaganda übernommen hat. Der Faschismus ist die Angst vor dem Bolschewismus, dessen äußere Form er übernimmt, um seinen Inhalt um so sicherer zerstören zu können: die internationalistische und proletarische *Stimmung* [deutsch im Original]. Wenn man daraus schließt, daß Kommunismus gleich Faschismus ist, erfüllt man nachträglich den Wunsch des Faschismus, der immer darin bestanden hat, die Krise des Kapitalismus und den humanen Gehalt des Marxismus zu verschleiern. Niemals hat sich ein Nazi mit Ideen abgegeben wie: Anerkennung des Menschen durch den Menschen, Internationalismus, klassenlose Gesellschaft. Es stimmt zwar, daß diese Ideen im heutigen Kommunismus nur noch einen ungetreuen Träger finden und daß sie ihm eher als Dekor denn als Motor dienen. Dennoch bleiben sie ihm. Man lehrt sie einen russischen oder französischen jungen Kommunisten. Während die Nazipropaganda ihre Zuhörer den Hochmut des deutschen Volkes, den Hochmut der Arier und das *Führerprinzip* [deutsch im Original] lehrte.

Das heißt, daß wir nichts mit einem Nazi gemein haben und daß wir dieselben Werte besitzen wie ein Kommunist. Ein Kommunist, wird man sagen, hat keine Werte. Er hat nur Loyalitäten. Darauf antworten wir, daß er tut, was er kann, um dahin zu gelangen, daß aber, Gott sei Dank, niemand leben kann, ohne zu atmen. Er hat Werte *wider Willen.* Wir mögen der Meinung sein, daß er sie kompromittiert, wenn er sie im heutigen Kommunismus verkörpert. Was nichts daran ändert, daß es die unseren sind und daß wir im Gegenteil mit vielen Gegnern des Kommunismus nichts gemein haben. Und das ist keine Gefühlssache. Wir meinen damit, je mehr wir uns geographisch und politisch von der UdSSR entfernen, desto mehr stoßen wir auf Kommunisten, die uns als Menschen immer näherstehen, und auf eine kommunistische Bewegung, die gesund ist. Sollte uns das Schicksal mit einem der künftigen Krawtschenkos bekanntmachen, von denen es in Rußland sicher wimmelt, so würde es zweifellos sehr wenig Brüderlichkeit zwischen uns geben: der Verfall der marxistischen Werte ist in Rußland selbst unvermeidlich, die Straflager zerstören die humanistische Illusion, die erlebten Tatsachen vertreiben die eingebildeten Werte, so wie das schlechte Geld das gute vertreibt. Wenn jedoch einer von uns mit einem Kommunisten aus Martinique über die Angelegenheiten von Martinique spricht, ist er ständig einer Meinung mit ihm. Ein Leser von *Le Monde* schrieb kürzlich an diese Zeitung, daß alle Verlautbarungen über die sowjetischen Arbeitslager durchaus wahr sein könnten, daß er jedoch ein mittelloser und obdachloser Arbeiter sei und bei den Kommunisten stets größere Unterstützung fände als bei anderen. Worauf *Le Monde* sofort zu einer Spendenaktion aufrief, damit es nicht hieße, er sei der Not gegenüber unempfindlich. Leider bedurfte es erst dieses Briefes, um solche Menschenfreundlichkeit wachzurufen. Wenden wir uns dem Kollektiv zu: es ist gut möglich, daß der chinesische Kommunismus auf lange Sicht der Linie des russischen Kommunismus folgt und am Ende eine hierarchisierte Gesellschaft mit einer neuen Ausbeutungsweise verwirklicht: trotzdem scheint er im Augenblick als einziger in der Lage zu sein, China aus dem Chaos und der malerischen Misere herauszuführen, in der der ausländische Kapitalismus es zurückgelassen hatte. Wie immer die gegenwärtige Sowjetgesellschaft aussehen mag, *grosso modo* befindet sich die UdSSR, bei Gleichgewicht der Kräfte, auf seiten derer, die die bei uns bekannten Formen der Ausbeutung bekämpfen. Aus dem Verfall des russischen Kommunismus folgt nicht, daß der Klassenkampf ein Mythos, daß das «freie Unternehmertum» möglich oder wünschenswert und daß ganz allgemein die marxistische Kritik hinfällig ist. Woraus wir nicht den Schluß ziehen, daß man mit dem Kommunismus Nachsicht haben muß, sondern daß man in keinem Fall mit seinen Gegnern paktieren darf. Die einzig gesunde Kritik ist demnach diejenige, die innerhalb und außerhalb der UdSSR auf die Ausbeutung und die Unterdrückung abzielt, und jede Politik, die sich gegen Rußland *definiert* und die Kritik auf Rußland begrenzt, ist eine Absolution der kapitalistischen Welt.

Aus diesem Grunde haben wir es immer abgelehnt, uns ihr anzuschließen. Wie oft haben uns nicht amerikanische Freunde, nachdem sie uns gefragt hatten, was wir vom Kommunismus hielten, die nächste Frage gestellt: «Warum seid ihr dann nicht auf unserer Seite?» Man müßte wissen, für wen oder für was sie selbst sind. Denn mit dem Stalinismus und dem Trotzkismus haben sie auch jegliche marxistische Kritik, jeglichen Radikalismus über Bord geworfen. Die Tatsachen der Ausbeutung in der ganzen Welt sind für sie lediglich zerstreute Probleme, die man eins nach dem anderen prüfen und lösen muß. Sie haben keine politische Idee mehr. Was die Vereinigten Staaten betrifft, so sagen sie allen Ernstes: «Bei uns gibt es keinen Klassenkampf», und vergessen über fünfzig Jahre amerikanische Geschichte, die Daniel Guérin in diesem Heft erzählen wird. «Partizipiert am amerikanischen Wohlstand», sagte schließlich einer von ihnen. Wie auf dem Boden der Welt sitzen sie auf dem amerikanischen Wohlstand, der viele Rückschläge erlebt hat und dabei ist, weitere zu erleben, nach dem Niedergang der Marshall-Politik und den Plänen zur Wiederherstellung des internationalen Gleichgewichts zu urteilen, und verlangen von uns, ihn zu etwas Absolutem zu machen. Und wenn wir ihnen erklären, daß sie im Begriff sind, diesem unsicheren Faktum jede politische Einschätzung zu opfern, und daß alles in allem die Anerkennung des Menschen durch den Menschen und die klassenlose Gesellschaft als Prinzipien einer Weltpolitik weniger verschwommen sind als der amerikanische Wohlstand, daß die historische Mission des Proletariats schließlich eine präzisere Idee ist als die historische Mission der Vereinigten Staaten, dann antworten sie uns, wie Sydney Hook in *Partisan Review*, daß es dringend nötig wäre, uns einige Meisterdenker seines Kalibers herüberzuschicken. «Da ihr euch über die Unterdrückung in der Sowjetunion und über die Gefahr einer militärischen Expansion des Kommunismus einig seid, wärt ihr bereit», so schlug ein anderer vor, «die UdSSR als *Feind Nr. 1* zu betrachten?» – Nein, natürlich nicht, denn diese Formulierung hat einen Folgesatz: im Augenblick gibt es keinen Feind außer der UdSSR; sie besagt also, daß man darauf verzichten soll, über die nicht-sowjetische Welt zu diskutieren.

Als das Problem der sowjetischen Lager vor der UNO zur Sprache kam, antwortete die sowjetische Delegation mit der Forderung, auch die Passiva des Kapitalismus zu untersuchen: die Arbeitslosigkeit, die Arbeitsbedingungen in den Kolonien, die Lage der Schwarzen in Amerika. Der Delegierte des Vereinigten Königreichs beschwerte sich über das Ablenkungsmanöver, wie er es nannte. Wir meinen, daß es kein Ablenkungsmanöver war. Eine Gesellschaft ist für alles verantwortlich, was sie produziert, und Marx hat dem liberalen Denken mit Recht als eindeutigen Betrug die Tricks vorgeworfen, mit denen es die Arbeitslosigkeit, die Arbeit in den Kolonien, die rassische Ungleichheit aus der Bilanz herausnimmt und sie entweder der Natur oder dem Zufall zuschreibt. Als Staatsbürger und auf der Ebene der rein politischen Rechte – abzüglich der Menschen in den Kolonien, der Arbeitslosen und der schlecht bezahlten Lohnempfänger – leben wir in voller Freiheit. Man hat den Kommunisten oft genug vorgeworfen, die 10 Millionen Lagerinsassen aus ihrer Bilanz zu tilgen, als daß man dasselbe Verfahren anwenden könnte, wenn es darum geht, den Kapitalismus zu beurteilen. Der Delegierte des Vereinigten Königreichs hat sich im übrigen verraten, so wie die Patienten von Freud, die im selben Augenblick, da sie leugnen, alles eingestehen: als er von den russischen Arbeitslagern sprach, hat er aus Versehen gesagt: «Es ist das Kolonialsystem der UdSSR.» Dann aber müßte man (mit den erforderlichen Nuancen) übereinkommen, daß die Kolonien die Arbeitslager der Demokratien sind.

Auf das, was wir hier sagen, gibt es eine und nur eine einzige Antwort (merkwürdigerweise hat sie uns niemand gegeben): die Kritik an sämtlichen Formen der Unterdrückung schwächt die Demokratien, da sie *hier* trifft, aber nicht im Ural. Wer so denkt, muß auch die Konsequenz sehen: die Gesellschaftskritik hat zu schweigen, bis das sowjetische System verschwunden ist, und wenn in Sibirien sich endlich die Lager öffnen werden, werden wir hier eine politisch ungebildete, vom westlichen Patriotismus und vielen Jahren antikommunistischer Propaganda verblendete Generation vorfinden. Was uns selbst angeht, so setzen wir zur Bewältigung dieser Aufgabe volles Vertrauen in die Regierungen und Generalstäbe. Alles weist darauf hin, daß es ihnen an Hilfskräften nicht mangeln wird. Um so dringender ist es, wenigstens einige Inseln zu erhalten, wo man die Freiheit anders als gegen die Kommunisten liebt und praktiziert.

Wir brauchen uns hier nicht ausführlich mit der Initiative von David Rousset auseinanderzusetzen, die der Anlaß dieses Leitartikels ist. Es war notwendig, das sowjetische Zwangsarbeitsgesetz zu veröffentlichen. Davon sind wir so sehr überzeugt, daß wir es gerade drucken wollten, als Rousset, der das Dokument aus anderer Quelle erhielt, den bekannten Gebrauch davon machte. Diesen Gebrauch mißbilligen wir aufs schärfste, und wir meinen, daß Rousset mit dieser Kampagne von seiner bisherigen politischen Linie abweicht und eine Propaganda einleitet, in die wir auf keinen Fall einbezogen werden wollen durch die Erinnerung an unsere frühere, heute aber endgültig beendete Zusammenarbeit mit ihm.

«... Um mit einiger Aussicht auf Wirksamkeit gegen die Ausbeutung des Menschen zu kämpfen, müssen wir unsere Schläge auf das System konzentrieren, das sie am unbarmherzigsten praktiziert, seine Angriffe am weitesten vorantreibt, jede freiheitliche Zukunft am unerbittlichsten versperrt. Wir sprechen nicht von der Ungerechtigkeit im allgemeinen, sondern von jener konkreten Ungerechtigkeit, die man die der Konzentrationslager nennt.»[10] Infolgedessen lehnt Rousset jede Untersuchung ab, die sich neben Rußland auch mit Spanien und Griechenland befassen würde.[11] Um so weniger würde er in seinen Protest die diffusen oder verschleierten Formen von Sklaverei einbeziehen: Zwangsarbeit in den Kolonien, Kolonialkriege, Lage der amerikanischen Neger. Wenn aber keine Rede davon ist, jedes Volk sowohl gegen die Unterdrückung im eigenen Land wie gegen die Unterdrückung in Rußland aufzurütteln, wenn es nur um die Unterdrücker in Sibirien und im Ural geht (wo der *Figaro littéraire* wohl auch ohne Eisernen Vorhang nur eine geringe Verbreitung hätte), dann kann dieses Verfahren nur *alle Revolten, die in der Welt bestehen mögen, auf das russische System umleiten und konzentrieren und überall die Vereinigung der Klassen gegen dieses System verwirklichen.* Weshalb sollte der Kampf «wirksamer» sein, weil die Ungerechtigkeiten, die nicht das sowjetische System betreffen, abgetrennt wurden? Zweifellos deshalb, weil er eine Zustimmung findet, die sich verlieren würde, wenn man die spanische oder die griechische Regierung, die Kolonialverwaltung Englands oder Frankreichs ins Spiel brächte. Von welchen zartbesaiteten Hörern ist denn die Rede? Etwa von den Völkern, insbesondere dem französischen Volk? Zollt es den Kolonialkriegen oder dem Francoregime wirklich so großen Beifall? Kurz, für wen schreibt Rousset? Für die ehemaligen kommunistischen Deportierten, wie er sagt? Doch indem er erklärt, daß er lediglich die UdSSR angreift, liefert er ihnen die einzige Entschuldigung, die sie finden können, um sich zu entziehen. Es kann sich also nur darum handeln, ein Publikum zu gewinnen, dessen Gewissen von

10 *Le Figaro littéraire* vom 12. November 1949.
11 *Le Figaro littéraire* vom 19. November 1949.

Lagern oder Gefängnissen nur dann gepeinigt wird, wenn es sich um sowjetische Lager oder Gefängnisse handelt. Die heilige Allianz gegen das russische System umwirbt alle diejenigen, die es aus schlechten oder guten Gründen verabscheuen. Hinter dem System der Konzentrationslager will sie jede sozialistische Tendenz treffen. Rousset schließt sich im Grunde dem oben erörterten Prinzip vom «Feind Nr. 1» an: zunächst gegen das russische System; in einem Regime, das die Zukunft nicht so versperrt wie dieses, wird man weitersehen. Aber entweder besagt die Reihenfolge der Dringlichkeit gar nichts, oder sie besagt, daß der Feind Nr. 2 im Augenblick kein Feind ist. Die Wahl einer Dringlichkeitsfolge ist die Wahl eines Publikums, die Wahl eines Verbündeten und letztlich ein Pakt mit allem, was nicht sowjetisch ist. Dieses Publikum, dieser Verbündete sind nicht die Völker. Hat Rousset demnach aufgehört, Marxist zu sein, während er noch in seinen jüngsten Artikeln dem Marxismus huldigt, wenn auch sehr diskret? Lenin sagte mit Recht, daß sich der wahre Revolutionär daran erkennen läßt, ob er die Ausbeutung und Unterdrückung in seinem eigenen Land anprangert. Unlängst erklärte Rousset, daß der Marxismus neu überdacht werden müsse, und er hatte recht. Allerdings muß man wissen, wenn man eine Revision des Marxismus vornimmt, was man übernimmt und was man beiseite läßt. Andernfalls gelangt man wie so viele amerikanische Intellektuelle, die alles hinter sich gelassen haben, zum politischen Nichts, und das Nichts ist ihre Regierung. Ja oder nein: glaubt Rousset noch, daß die einzige politische Kraft, um deren Unterstützung man sich bemühen muß, diejenige ist, die ihrer Stellung nach von nationalen, finanziellen und wirtschaftlichen Interessen ebenso unabhängig ist wie von den Spekulationen der Generalstäbe – das heißt das Volk? Glaubt er noch, daß diese Kraft das Bewußtsein von sich selbst verliert und sich auflöst, wenn man es mit der kolonialen und gesellschaftlichen Unterdrükkung Kompromisse schließen läßt? Angesichts seiner jüngsten Kampagne müssen wir es verneinen. Dann aber soll er es sagen. Er soll seine neue Position formulieren. Sie kann nur unannehmbar sein. Wenigstens wird sie nicht mehr zweideutig sein.[12]

Leicht ließe sich darauf erwidern, daß es so vieler Prinzipien gar nicht bedarf, um eine Ungerechtigkeit anzuprangern, und daß Rous-

12 Rousset klagt vor Gericht gegen die Beleidigungen der *Lettres Françaises*. Dabei weiß er durch den Krawtschenko-Prozeß ganz genau, daß derlei Auseinandersetzungen die Blöcke zusammenschweißen. Ist es das, was er will?

set nur sein Gewissen oder seine Erinnerungen als Deportierter zu befragen brauchte, um zu wissen, was er tun mußte. Die Erfahrung des Konzentrationslagers, das absolute Entsetzen, zwingt den, der sie gemacht hat, so wird man sagen, zuerst auf das Land zu sehen, das sie fortsetzt. Aber nicht wir verlangen, die Deportierten zu vergessen, sondern Rousset. Indem er seine Schläge auf das sowjetische Regime konzentriert, macht er es sich mit den Häftlingen Spaniens, den Deportierten Griechenlands leicht. Daß die Erfahrung der Lager, wenn man sie gemacht hat, auf immer verbietet, einem System zuzustimmen, das Lager unterhält, ist richtig. Sie verbietet es aber ebenso, mit den Gegnern zu paktieren, wenn diese Lager haben. Die Wahrheit ist, daß nicht einmal die Erfahrung eines absoluten Schreckens der Konzentrationslager eine Politik bestimmen kann. Die Tage des Lebens sind nicht die Tage des Todes. Wenn man, schlecht oder recht, ins Leben zurückkehrt, beginnt man von neuem zu denken, wählt seine Loyalitäten, und gegenüber denen, die man verläßt, erweckt man den Anschein, als sei man kalt, als würde man vergessen. Man vergißt immer den Tod, wenn man lebt. Daix vergißt die russischen Zwangsarbeiter. Rousset vergißt die griechischen Deportierten, die in diesem Augenblick auf den Inseln sterben, weil sie nur dann versorgt werden, wenn es dem Meer oder der Regierung gefällt.

Sie mögen sich hüten, um eine vergeßliche Politik zu rechtfertigen, ihre Treue als ehemalige Deportierte zu beschwören. Sie wären nur dann sich selbst treu, wenn sie nach einer Politik suchten, die sie nicht dazu zwingt, *ihre* Deportierten zu wählen.

M. Merleau-Ponty und J.-P. Sartre *Januar 1950*

«La fin de l'espoir»[1]

Eines Nachts während der Okkupation waren ein paar Freunde und ich in einem Hotelzimmer versammelt. Plötzlich schrie auf der Straße eine unbekannte Stimme um Hilfe. Der Klang dieser Stimme war so eindringlich, daß wir, ohne uns abzusprechen, die Treppe hinunterrannten: die Straße war leer, wir sind um den Häuserblock gelaufen und haben niemanden getroffen. Wir sind zu unserer Arbeit zurückgekehrt, doch die ganze Nacht über schrillte uns jene Stimme in den Ohren. Eine Stimme ohne Gesicht, ohne Namen, die für alle schrie: in jener Zeit der Angst erwarteten wir alle irgendeine Hilfe aus der Ferne, einen Beistand, der auf sich warten ließ, und jeder fragte sich, ob er nicht seine eigene Stimme gehört habe. Genau diese Stimme meinte ich wiederzuerkennen, als ich zum erstenmal *La fin de l'espoir* las; sie war es, die uns Ende Januar 1946 aus Madrid zurief: «Es ist fast zu spät»; und der Ruf erreicht uns erst jetzt, im Jahre 1950. Als wir ihn in *Les Temps Modernes* veröffentlichten, erhielten wir viele Briefe, in denen wir gefragt wurden: «Wer ist Hermanos? Wo befindet er sich?» Ich antwortete: «Ich weiß es nicht.» Sie boten Geld und Hilfe an; ich antwortete: «Es ist zu spät.»

Wenn man mit der Lektüre dieses Buchs beginnt, hat man den Eindruck, daß von einem selbst die Rede ist. Die Personen, die geheimen Verhaftungen, der illegale Kampf, die Verteilung von Flugblättern, die Angst, das bange Abhören des englischen Rundfunks: das alles haben auch wir erlebt. Der Autor hat sein Pseudonym gut gewählt: diese Spanier sind unsere Brüder[2]; inbrünstig warteten sie auf unsere Befreiung, denn unsere Befreiung war auch die ihre. Dann kam diese Befreiung, und es war nicht ihre Befreiung. Was wir in Freude erlebten, haben sie in Angst, Enttäuschung und Betäubung erlebt; und beim Umblättern der Seiten verwandeln sich unsere Erinnerungen in Gewissensbisse: wir haben unsere Brüder ausgeliefert. Die Stimme verändert sich, sie wird zur *Stimme eines anderen*, eines Menschen, den wir ermordet haben. Sie lebt noch, sie dringt zum erstenmal an

1 Vorwort zu Juan Hermanos, *La fin de l'espoir* (Das Ende der Hoffnung), Julliard, Paris 1950, Schriftenreihe *Les Temps Modernes* Nr. 1, 5–10. Vorabdruck in *L'Observateur* vom 27. April 1950. Es handelt sich um ein 1946 in Madrid geschriebenes und unter Pseudonym veröffentlichtes Zeugnis über die Verfolgung politischer Gegner des Francoregimes in Spanien.

2 Hermanos = Brüder. *Anm. d. Übers.*

unser Ohr, aber er ist aller Wahrscheinlichkeit nach tot. Gestorben in der Verzweiflung: begreift man noch, was diese Worte bedeuten? Zu sterben ist nicht schlimm: doch in der Schande, im Haß, im Entsetzen zu sterben, mit dem Bedauern, geboren zu sein? Das ist das radikale Böse, und man denke nur nicht, irgendein Sieg könnte es je auslöschen. Selbst wenn wir Spanien befreien könnten, würden wir von Barcelona bis Málaga vergeblich nach Hermanos und seinen Gefährten suchen: sie sind verschwunden; Spanien ist so leer von ihnen wie damals die ausgestorbene nächtliche Straße; wir können nichts mehr tun, nichts mehr auslöschen, nichts wiedergutmachen. Die letzten Worte des Buchs: «Das haben sie mit uns getan, alle diese Schweine, die Demokratien und die Blauhemden» sind die letzten Worte eines Sterbenden, und wir können keinen Buchstaben mehr daran ändern. *Es ist zu spät.*

Dennoch muß man ihn hören, diesen Schrei eures Opfers, diesen Schrei, der dem Gemetzel um eine Sekunde vorausgeht: den Schrei vom Ende der Hoffnung. Seit zwanzig Jahren ist diese Stimme nicht verstummt: es war die der deutschen Juden, dann der Österreicher, dann der Spanier, dann der Tschechen, dann der Polen: nacheinander sind sie gestorben, und als sie fielen, kamen andere, die ihre Stimme erhoben und ihrerseits schrien. Und wir hielten uns die Ohren zu. Nun ist das Buch da, die letzten Schreienden sind tot: es bleiben gedruckte Wörter. Man muß sie lesen, um zu erfahren, wie man das Ende der Hoffnung hinausschreit, weil wir bald selbst an der Reihe sein werden. Dann wird niemand mehr dasein, der schreit. Und niemand, der sich die Ohren zuhält.

April 1950

Falsche Wissenschaftler oder falsche Hasen[1]

Merleau-Ponty wäre gewiß geeigneter gewesen als ich, den Lesern Ihr Buch vorzustellen. Er hat *Humanismus und Terror*[2] geschrieben, um sich über die Natur und die Folgen des politischen Scheiterns Klarheit zu verschaffen. In einer stark integrierten Gesellschaft unternimmt eine Opposition den Versuch, die Macht zu ergreifen; ob sie gewinnt oder verliert, das Gesetz des historischen Handelns verlangt, daß sie sich verändert. Ist ihr Sieg endgültig, dann macht sie sich zum Maß der Geschichte und entscheidet durch den Aufbau der Zukunft über den Sinn der Vergangenheit. Im Fall einer Niederlage ist die Situation bereits komplexer. Was wird aus den Oppositionellen? Wer wird über sie urteilen? Im Namen welcher Prinzipien? Und wie werden sie über sich selbst urteilen? Werden sie die Normen ihrer Sieger akzeptieren? Mit einem Wort, das Problem, das Merleau-Ponty untersuchte, betrifft die Negation der Negation: was geschieht, wenn es dieser Negation nicht gelingt, die Rahmen zu sprengen, die sie einengen? Ihr Buch, mein lieber Dalmas, gibt ihm Gelegenheit, seine Studie mit einem Anhang zu versehen: die jüngsten Ereignisse in Jugoslawien zeigen uns, daß die Opposition einen umstrittenen, ungewissen Teilsieg errungen hat, den es zu festigen gilt. Nach welchen Prinzipien, welchen Werten wird man ihn beurteilen?

Tito hat noch nicht das Recht erworben, seine Maßstäbe an unsere Geschichte anzulegen, da er noch nicht ganz «Sieger» ist, aber er hat bereits das Recht, den Maßstab der anderen abzulehnen, da er nicht verloren hat. Der Westen kann die titoistische Bewegung nicht nach den Prinzipien des Liberalismus interpretieren: er darf Jugoslawien nur dann als Bresche im sowjetischen Bollwerk betrachten, wenn es ihm gelingt, sich zum Herrn der jugoslawischen Wirtschaft zu ma-

1 Vorwort zu Louis Dalmas, *Le communisme yougoslave depuis la rupture avec Moscou*, Sulliver, Paris 1950. Schriftenreihe *Terre des Hommes*, Reihe *Documents*, IX–XLIII; dt.: *Quo vadis Tito?*, Parma-Edition, Frankfurt 1952. Es handelt sich um ein dokumentiertes Zeugnis über das kommunistische Jugoslawien sowie um eine Stellungnahme zugunsten Titos, der damals von der Sowjetunion und den französischen Kommunisten hart angegriffen wurde.

2 Maurice Merleau-Ponty, *Humanisme et terreur. Essai sur le problème communiste*, Gallimard, Paris 1947; dt.: *Humanismus und Terror*, übers. v. Eva Moldenhauer, Syndikat, Frankfurt 1976.

chen. Da es andererseits die UdSSR nicht geschafft hat, diese Rebellion niederzuschlagen, sieht sie sich außerstande, sie nach ihren Wünschen zu erklären. Um beschließen zu können, daß Tito ein Verräter ist, müßte sie die Möglichkeit haben, ihn aufzuhängen. Schließlich befänden sich die in Europa versprengten Oppositionellen im Unrecht, wenn sie in der jugoslawischen Abspaltung das Vorzeichen einer konterrevolutionären Renaissance sähen: die jugoslawischen Führer haben es bereits mehrfach abgelehnt, eine internationale Desorganisation der Arbeiter vorzubereiten. Weder der bürgerliche Liberalismus noch der Stalinismus, noch der Trotzkismus besitzen in sich selbst den Schlüssel zu dieser zwiespältigen und schwankenden Realität, die Jugoslawien darstellt: das große Verdienst Ihrer Untersuchung besteht gerade darin, daß sie dieses Ereignis in all seiner Zwiespältigkeit beschreibt. Obwohl Sie Ihre Sympathien für das Tito-Regime nicht verhehlen – Sympathien, die ich teile –, verschweigen Sie uns weder die Gefahren eines Irrtums noch die Bedrohungen von außen. Denn Sie hüten sich, einen laufenden Prozeß anzuhalten und über ihn zu urteilen. Nicht nur, weil Sie heute noch nicht über alle Elemente verfügen können, die es Ihnen erlauben würden, ihn einzuschätzen, sondern vor allem, weil Sie der heute bei den Marxisten so seltenen Überzeugung sind, daß die Zukunft noch nicht fertig ist.

Dennoch ist Ihr Buch weder eine Reportage noch eine rein beschreibende Darstellung. Gewiß ist sie auch das. Sie sind einer der wenigen in Frankreich, die über Titos Abspaltung, über die jugoslawische Industrialisierung und über die Zunahme der landwirtschaftlichen Kooperativen usw. Dokumente aus erster Hand vorlegen. Gleichzeitig verstehen Sie es, Ihrer Darstellung bisweilen die lebendige und leidenschaftliche Beweiskraft des Augenzeugen zu verleihen. Sie haben Tito gesehen und führen ihn uns vor Augen. Sie haben mit ihm gesprochen und lassen uns an dem Gespräch teilhaben. Doch was dieser Arbeit einen außergewöhnlichen Wert verleiht, ist die Tatsache, daß sie einen ersten Versuch darstellt, die titoistische Abspaltung von Grund auf zu interpretieren. Sie sind ohne jedes apriorische Prinzip an dieses historische Ereignis herangegangen und haben es in der Perspektive der marxistischen Dialektik sich vor uns entwickeln lassen; doch statt es im Namen eines besonderen Marxismus gewaltsam zu erklären, haben Sie es als eine von der Geschichte realisierte Erfahrung betrachtet, die die Methode, die es zu deuten erlaubt, verifiziert, in einigen Punkten ergänzt und in anderen modifiziert. Dieser Versuch, ein Ereignis sich in aller Freiheit vor den Augen des Lesers entwickeln zu lassen und sich darauf zu beschränken, uns zu zeigen, wie die Tatsachen ihre eigene Dialektik erzeugen, ist ziemlich neu. Er könnte ein Vorbild sein.

Da nun ich es bin, der ein Vorwort zu Ihrem Buch schreibt, werde ich versuchen, die Wichtigkeit der titoistischen Bewegung zu bestimmen. Nicht ihre Wichtigkeit an sich, drüben am Rand des sowjetischen Glacis, sondern ihre Wichtigkeit hier, für uns Bürger der westlichen Demokratien. Nach dem Vorbild Ihrer Methode will ich versuchen, die Tatsachen sich selbst organisieren zu lassen. Dennoch werde ich mich, obwohl meine Sprache nicht ganz die von Merleau-Ponty ist, im Rahmen der Gedanken von *Humanismus und Terror* bewegen.

Dieselben Leute, die den Sinn der jugoslawischen Erfahrung *a priori* bestimmen wollten, haben versucht, *a priori* die Wichtigkeit festzulegen, die sie für uns anzunehmen hat. Die einen wollen in Tito nur einen Vasallen sehen, dessen einzige Funktion darin besteht, an der Flanke der UdSSR eine offene Wunde zu erhalten: weil sie bereits auf die amerikanische Stärke gesetzt haben, weil sie bereits den Krieg gewählt haben. Die anderen haben beschlossen, daß der Vorteil des Titoismus in dem Einfluß liegt, den er auf das westliche Proletariat ausüben könnte: aber wie Sie deutlich gezeigt haben, wäre es ein vergeblicher Versuch, die französischen Arbeiter für oder gegen Tito begeistern zu wollen. Bislang beschäftigte diese Frage lediglich die intellektuellen Kreise, die machtlos sind. Wenn wir dagegen versuchen, das jugoslawische Ereignis in seiner dialektischen Entwicklung und durch sie seine Wichtigkeit selbst festlegen zu lassen, so finden wir folgendes: allenthalben sind in linken Kreisen, vor allem seit der Befreiung, Proteste gegen den sogenannten stalinschen Objektivismus[3]

3 Nur ungern verwende ich diesen Ausdruck, da er zu Verwirrung Anlaß gibt. Die Anhänger Stalins nennen nämlich «Objektivismus» eine bestimmte Haltung der Philosophie und der bürgerlichen Geschichtswissenschaft, die vorgibt, die politischen und gesellschaftlichen Doktrinen sowie die historischen Kämpfe im Namen der absoluten Wahrheit «in aller Objektivität» zu betrachten. Diese idealistische Haltung findet in jeder Meinung eine gewisse Wahrheit, in jedem Verhalten einen gewissen Wert, bei jeder Gelegenheit versucht sie, sich «in die Lage des anderen zu versetzen» und seinen Gesichtspunkt besser zu verstehen, und sei es, um ihn wirksamer bekämpfen zu können. Dieser idealistischen Auffassung der Wahrheit an sich stellt der Marxismus die realistische Auffassung der kämpferischen Wahrheit und der Klassenideologie entgegen. Jede Ideologie spiegelt die Interessen der Klasse wider,

laut geworden. Naive Leute möchten, daß man die Subjektivität zu ihrem Recht kommen läßt, entweder indem man dem Bewußtsein der Massen wieder Vorrang gibt oder indem man in der Partei die Demokratie wiederherstellt. Diese Forderungen sind idealistisch, weil sie von isolierten, machtlosen Individuen erhoben werden – im allgemeinen von Intellektuellen – und weil sie einer Sehnsucht nach der Vergangenheit oder einem apriorischen Wertesystem entspringen, statt als Moment eines realen, historischen Prozesses zu erscheinen; die Anhänger Stalins können mit Leichtigkeit nachweisen, daß sie der Rückstand des alten bürgerlichen Subjektivismus sind. Der Titoismus ist nur deshalb von außergewöhnlicher Wichtigkeit für uns, weil er zur Subjektivität führt; doch taucht diese nicht als formelles Ideal

die sie hervorbringt, und kann mit anderen Ideologien nichts anfangen. Sie ergänzen einander nicht, sondern stehen einander entgegen. Logischerweise müßte man vermuten, daß der Stalinismus dem bürgerlichen Objektivismus einen Klassensubjektivismus gegenüberstellt.

Das ist jedoch keineswegs der Fall, denn die bürgerliche Ideologie ist heute die Ideologie einer absteigenden, ungewissen Klasse, die ihre eigenen Prinzipien verloren hat und morgen im Proletariat versinken wird: schon rutscht sie ab, ihre Positionen sind rein defensiv; das Proletariat als aufsteigende Klasse wird sie absorbieren und die klassenlose Gesellschaft verwirklichen, das heißt eine Gesellschaft, in der nur eine einzige Ideologie herrscht. Damit gewinnt die proletarische Ideologie, obwohl subjektiv, da sie den Gesichtspunkt der Arbeiterklasse ausdrückt, absolute Objektivität, weil sie später zum Gesichtspunkt des Menschen werden wird; schließlich wird sie die Geschichte schreiben. Die Subjektivität der aufsteigenden Klasse formuliert und definiert die Objektivität des historischen Prozesses. Deshalb können die russischen Führer behaupten, daß es eine strenge Geschichtswissenschaft gibt, und sich ihrerseits dem Vorwurf des Objektivismus aussetzen. In beiden Auffassungen des Wortes schließt «Objektivismus» das Setzen einer absoluten Wahrheit ein. Doch der Bürger sucht diese Wahrheit überall, und wenn er, mit Gide, diese Haltung bis zum Äußersten treibt, übernimmt er sogar die Ideen des Gegners, um sich zu bereichern, während der stalinsche Kommunist diese absolute Wahrheit zu besitzen meint, insofern er zu der Klasse gehört, die die Geschichte schreibt.

Somit wird die marxistische Interpretation der zeitgenössischen Geschichte durch einen Ideologen der Partei zu einem neuen Dogmatismus. Objektivismus nenne ich hier eine spezifisch stalinsche Haltung, die vorgibt, die menschliche *Praxis* in ihren Ursachen und Wirkungen in strengen Objektivitätsbegriffen zu interpretieren. Was darauf hinausläuft, die Subjektivität zu einer absoluten Wirkung zu machen, das heißt zu einer Wirkung, die sich niemals in Ursache verwandelt.

wieder auf: vom Objektivismus aus wird sie als wirksame Realität von der Bewegung der Geschichte selbst erzeugt. Sind die Oppositionellen die absoluten Sieger, dann entscheiden sie über die Objektivität; sind sie die Besiegten, dann werden sie von der Objektivität des Siegers vernichtet. Titos halber Sieg gibt den jugoslawischen Führern die Subjektivität zurück und steckt gleichzeitig die sowjetischen Führer damit an.

Man macht es sich ja allzu leicht, wenn man den Objektivismus der letzteren ihrer verstockten Bosheit anlastet. Es handelt sich vielmehr um ein komplexes Phänomen, das seine Wurzeln sowohl in einer objektiven Situation wie in einer subjektiven Einschätzung dieser Situation hat. Es ist sehr einfach und auch notwendig, der Subjektivität der Massen eine bestimmte Rolle zu geben, wenn sich in einem kapitalistischen und stark industrialisierten Land die Massen als Verkörperung der Widersprüche der ganzen Gesellschaft erweisen. Das war beispielsweise im Deutschland von Rosa Luxemburg der Fall. «Wenn das Proletariat», schreibt Marx[4], «die Auflösung der bisherigen Weltordnung verkündet, so spricht es nur das Geheimnis seines eigenen Daseins aus, denn es ist die faktische Auflösung dieser Weltordnung.» In dieser negativen Situation des Proletariats, das als solches «die Auflösung der Gesellschaft als ein besonderer Stand» ist, herrscht eine so große Übereinstimmung seiner unmittelbarsten Reaktionen mit seiner historischen Aufgabe, daß das Bewußtsein der Massen selbst das Beispiel des Radikalismus gibt. Ihre spontanen Forderungen beschleunigen die Auflösung der kapitalistischen Gesellschaft, während sie gleichzeitig den tiefen Charakter der Proletarier zum Ausdruck bringen. Die niedergedrückte Klasse besitzt «einen universellen Charakter durch ihre universellen Leiden»; sie ist eine Klasse, «welche sich nicht emanzipieren kann, ohne sich von allen übrigen Sphären der Gesellschaft und damit alle übrigen Sphären der Gesellschaft zu emanzipieren». Das Bewußtsein der Massen hat folglich eine praktische Wahrheit, weil es der notwendige Ausdruck einer Situation ist und weil seine Forderungen ihre eigene Überschreitung hin zu einer Gesellschaft einschließen, «welche den Menschen für das höchste Wesen des Menschen erklärt». Daher kann Marx zur Charakterisierung der Forderungen, die dem unmittelbaren Interesse ent-

4 *Zur Kritik der Hegelschen Rechtsphilosophie* in: Karl Marx/Friedrich Engels, *Werke* (im folgenden MEW), Dietz Verlag, Berlin 1956ff, Bd. 1, 390f.

springen, den ethischen Ausdruck der Pflicht verwenden: «Bei ihren Versuchen, den Arbeitstag auf seine frühern rationellen Ausmaße zurückzuführen oder, wo sie die gesetzliche Festsetzung eines Normalarbeitstags nicht erzwingen können, die Überarbeit durch Steigerung des Lohns zu zügeln ..., erfüllen die Arbeiter bloß ihre Pflicht gegen sich selbst und ihren Nachwuchs. Sie weisen bloß das Kapital mit seinen tyrannischen Übergriffen in seine Schranken zurück.»[5] Da die Situation des Proletariats die Erniedrigung ist, ist seine Reaktion Auflehnung oder Negation seiner Erniedrigung und Negation der kapitalistischen Gesellschaft. Das Proletariat ist dann Negation der Negation; seine Aktion, da zerstörerisch, ist stets alles, was sie sein kann, und erreicht stets ihr Ziel; es kann nicht leben, ohne zu fordern, da es aller Mittel entblößt ist, und kann nicht fordern, ohne zu zerstören, weil die bürgerliche Gesellschaft sich einzig durch die Niederdrükkung des Arbeiters konsolidiert. Eben deshalb insistiert Marx auf der Selbstemanzipation des Proletariats, und eben deshalb schreibt Rosa Luxemburg: «Die einzige Rolle der sogenannten ‹Führer› in der Sozialdemokratie besteht darin, die Masse über ihre historischen Aufgaben aufzuklären. Das Ansehen, der Einfluß der ‹Führer› in der Sozialdemokratie wächst nur ... in dem Verhältnis ..., wie sie sich selbst ihrer Führerschaft entäußern, die Masse zur Führerin und sich selbst zu Ausführern, zu Werkzeugen der bewußten Massenaktion machen.»[6]

Doch während in destruktiven Perioden Identität zwischen den unmittelbaren Reaktionen und den fernen Interessen des Proletariats besteht, so wird diese Identität in konstruktiven Perioden zerbrochen, das heißt, wenn das Proletariat die Macht ergriffen hat. Die Auffassung, die Rosa Luxemburg im kaiserlichen Deutschland vertrat, läßt sich 1917 in Sowjetrußland nicht mehr vertreten. In einem Land ohne Ausrüstung und ohne Kader wird es die erste Aufgabe der Führer sein, die materiellen Voraussetzungen für die Lösung der Probleme zu schaffen, die durch die Revolution entstanden sind. Sehr richtig weisen Sie darauf hin, daß «Marx die revolutionäre Veränderung in den fortgeschrittenen kapitalistischen Ländern voraussah» und daß «bisher alle Revolutionen in ‹zurückgebliebenen›, sprich ‹kolonialen› Ländern stattgefunden haben. Daraus folgt, daß das Bewußtsein der

5 Karl Marx, *Lohn, Preis und Profit* in: MEW Bd. 16, 144.
6 Rosa Luxemburg, *Geknickte Hoffnungen* in: *Gesammelte Werke*, Dietz Verlag, Berlin 1970, Bd. 1/2, 396.

revolutionären Bewegung der Wirtschaft des Landes voraus ist. Das Proletariat muß sich die Wirtschaft geben, die seiner Ideologie entspricht.» Freilich führt die Umkehrung des Problems zur Trennung der Bedürfnisse und unmittelbaren Interessen der proletarischen Klasse einerseits und zur Intensivierung der Produktion andererseits. Die konstruktive Politik kann sich nicht mehr von den spontanen Reaktionen der Massen leiten lassen, und umgekehrt laufen die spontanen Reaktionen Gefahr, den allgemeinen Bedürfnissen der Wirtschaft entgegenzuwirken. Vor der Revolution war eine auf einem Leiden oder einem besonderen Bedürfnis fußende Bewegung der Wut oder Verzweiflung gerade in dem Maße universell, wie sie individuell war; nach der Revolution bleibt dieselbe Bewegung individuell, widerspricht jedoch dem Universellen. Marx erklärt dazu vor allem, daß die revolutionäre Form der Arbeiterklasse in vorrevolutionären Perioden herrührt vom «Widerspruch ihrer menschlichen Natur mit ihrer Lebenssituation, welche die offenherzige, entschiedene, umfassende Verneinung dieser Natur ist».[7] Allerdings besteht dieser Widerspruch in den ersten Tagen der nachrevolutionären Periode fort. Zweifellos kann man ihm durch Propaganda neue Befriedigung verschaffen, ihn in irgendein «bereitwilliges Opfer» verwandeln, doch diese Idee ist dem Interesse aufgepropft, statt ihm zu entspringen. Im Augenblick einer Hungersnot, eines mit einem äußeren Krieg verbundenen Bürgerkriegs würde die spontane Bewegung des Arbeiters destruktiv zu werden drohen: er könnte die intensive Arbeit verweigern, eine Lohnerhöhung und eine Wohnungspolitik fordern usw. Besonders dann, wenn die allgemeinen Verhältnisse es notwendig machen, alle Kräfte des Landes zu mobilisieren, um eine Schwerindustrie aufzubauen, kann das Bewußtsein der Massen nicht mehr zu Rate gezogen werden, denn das Interesse der Arbeiter besteht darin, «den Widerspruch ihrer menschlichen Natur mit ihrer Lebenssituation» aufzuheben, das heißt, die Schaffung und Entwicklung von Konsumgüterindustrien zu verlangen. Es versteht sich von selbst, daß man sie überzeugen kann. Doch wer sie überzeugt, wird von der Erkenntnis der objektiven Notwendigkeit zur massiven Einwirkung auf das Klassenbewußtsein übergehen; anders gesagt, er wird von außen auf die Subjektivität der Massen einwirken. Der Spezialist gehört nicht mehr zur proletarischen Masse, er drückt sie nicht mehr aus, läßt sich nicht mehr von ihr leiten: er steht außerhalb, einzig mit

7 Karl Marx, Friedrich Engels, *Die Heilige Familie* in: MEW Bd. 2, 37.

Problemen befaßt, über die die Arbeiter absolut nicht entscheiden können.

Gerade weil die revolutionären Massen in der vorrevolutionären Periode der Wirtschaft voraus waren, bleiben sie durch eine teuflische Umkehrung nach der Revolution hinter ihr zurück.

Genau in diesem Augenblick kommt die subjektive Einschätzung ins Spiel und wählen die sowjetischen Führer eine Politik und eine Auffassung von Menschen. Selbst unter jenen schwierigen Umständen war es noch möglich, den Menschen als ein Wesen zu betrachten, das seiner Situation stets voraus ist, und aus dieser Überschreitung das Mittel zu schöpfen, um eine konstruktive Subjektivität zu begründen. Das war auch noch im Rahmen des Marxismus möglich. Denn in diesem Punkt ist Marx doppeldeutig. Zwar schreibt er: «Auch die Nebelbildungen im Gehirn der Menschen sind notwendige Sublimate ihres materiellen, empirisch konstatierbaren und an materielle Voraussetzungen geknüpften Lebensprozesses.»[8] Und das scheint ja zu bedeuten, daß das Bewußtsein, als reines inertes Produkt der materiellen Voraussetzungen, den gegenwärtigen Augenblick nicht überschreiten kann und sich darauf beschränken muß, ihn passiv widerzuspiegeln. Doch er schreibt auch: «Was aber von vornherein den schlechtesten Baumeister vor der besten Biene auszeichnet, ist, daß er die Zelle in seinem Kopf gebaut hat, bevor er sie in Wachs baut. Am Ende des Arbeitsprozesses kommt ein Resultat heraus, das beim Beginn desselben schon in der Vorstellung des Arbeiters, also schon ideell vorhanden war. Nicht daß er nur eine Formveränderung des Natürlichen bewirkt; er verwirklicht im Natürlichen zugleich seinen Zweck, den er weiß, der die Art und Weise seines Tuns als Gesetz bestimmt und dem er seinen Willen unterordnen muß.»[9] Doch statt die Marxschen Anregungen zu vertiefen, statt eine der neuen Phase der Revolution angemessene Theorie der Subjektivität zu entwickeln und zu bestimmen, in welchem Maße sich die Steuerung des Bewußtseins von außen mit der allmählichen Erhellung seiner verschwommenen Intentionen verbinden ließe, scheinen die sowjetischen Führer vor allem über den Abgrund bestürzt gewesen zu sein, der die Subjektivität des Volks von dem trennte, was Marx «das theoretische Verständnis der ganzen geschichtlichen Bewegung» nannte. Das theore-

8 Karl Marx, Friedrich Engels, *Deutsche Ideologie* in: MEW Bd. 3, 26. *Anm. d. Übers.*

9 Karl Marx, *Das Kapital* I in: MEW Bd. 23, 193.

tische und praktische Verständnis der geschichtlichen Bewegung wird zu einer Wissenschaft und einer Technik, für die Spezialisten herangebildet werden. So ist die Industrie eine Zeitlang der Wissenschaft vorausgeeilt: die Menschen bauten Schiffe, lange bevor Archimedes geboren wurde; Intuitionen ermöglichten es ihnen, die Theorie durch die Praxis zu überschreiten. Doch die fortschreitende Kompliziertheit der wissenschaftlichen Disziplinen hat sie schließlich von den mechanischen Künsten isoliert; obwohl theoretisch allen zugänglich, werden diese tatsächlich nur von einer sehr kleinen Aristokratie von Spezialisten betrieben; zwar können die Arbeiter noch basteln, aber die Erfindungen der Industrie sind notgedrungen das Werk einer von Wissenschaftlern ausgebildeten Gruppe von Technikern. Diese Trennung, die wir in den bürgerlichen Gesellschaften zwischen den Fachleuten der Objektivität (Wissenschaftlern, Ingenieuren, Statistikern) und der arbeitenden Masse finden, hat sich in der UdSSR zwischen den Ideologen und Führern einerseits und der Arbeiterklasse andererseits vollzogen. Daher kann Tschagin, Stalin kommentierend, schreiben: «Die wirksamste Waffe des Proletariats ... ist seine eigene revolutionäre Theorie. Wird diese in unauflöslicher Verbindung mit der revolutionären Bewegung der Arbeiterklasse entwickelt, dann ist die Partei des Proletariats in der Person ihrer Führer und ihrer Ideologen ihr eigentlicher Schöpfer.»[10] Rosa Luxemburg ereiferte sich bereits vor dem Ersten Weltkrieg gegen diese Tendenz und warf Lenin in einer merkwürdigen Umkehrung der Positionen seinen «Subjektivismus» vor: «In diesem ängstlichen Bestreben ..., die so hoffnungsvoll und lebensfreudig aufstrebende russische Arbeiterbewegung durch die Vormundschaft eines allwissenden und allgegenwärtigen Zentralkomitees vor Fehltritten zu bewahren, scheint uns übrigens derselbe Subjektivismus mitzureden, der schon öfters dem sozialistischen Gedanken in Rußland einen Possen gespielt hat.»[11] Doch der Vorwurf ist, wenn nicht ungerecht, zumindest verfrüht. Anders als sie meint, ist es nicht «das Ich, das Revanche nimmt». Ich und Subjektivität sind gemeinsam verschwunden.

Die arbeitenden Massen sind von ihrem spontanen Bewußtsein abgeschnitten und entdecken, daß es ihnen gegenübersteht, ebenso ob-

10 Boris Tchaguine, *L'Esprit du parti en philosophie*, Éditions sociales, Paris, 3.

11 Rosa Luxemburg, *Organisationsfragen der russischen Sozialdemokratie, Gesammelte Werke*, Dietz Verlag, Berlin 1970, Bd. 1/2, 443.

jektiviert und «verdinglicht» wie ihre Arbeitskraft in der vorrevolutionären Periode. Weit davon entfernt, es selbst zu entziffern, erfahren sie es von ihren Führern und erkennen sich selbst durch die Vermittlung dieser Führer zuerst als Objekte. Auch wenn ihre Arbeitskraft nicht mehr nur eine Ware ist, bleibt sie doch von ihnen getrennt, und was Marx über die bürgerliche Industrie sagte, gilt nach wie vor: «So muß es nicht mehr heißen, daß eine (Arbeits-)Stunde eines Menschen gleichkommt der Stunde eines andern Menschen, sondern daß vielmehr ein Mensch während einer Stunde soviel wert ist wie ein anderer Mensch während einer Stunde.»[12] Daraus darf man jedoch nicht schließen, daß die Subjektivität auf der Ebene der Führer existiert. Nach Marx hat Lukács gezeigt, daß, wenn eine gesellschaftliche Klasse entfremdet ist, die Entfremdung sich auf alle Stufen der Gesellschaft erstreckt. Sobald das Proletariat als Subjekt der Geschichte aus dem theoretischen und praktischen Bewußtsein dieser Geschichte herausfällt, wird es für sich selbst reine Materie der Geschichte, passives Objekt; doch die Führer, vom historisch Handelnden getrennt, wirken auf die Geschichte selbst nur noch von außen ein: sie wird zu einem Ding an sich, das man betrachten, erkennen und auf das man nach bestimmten Gesetzen von außen einwirken kann. Sie wirken also indirekt auf die Geschichte ein, indem sie den historisch Handelnden von außen als Objekt bestimmen, doch da sie kein Ausdruck des Massenbewußtseins mehr sind, hören sie auf, die Geschichte direkt zu machen. Sie sind also der Objektivität ebenso radikal unterworfen wie die arbeitenden Massen. Diese sind Objekt für die Führer, und «schlagartig» erkennen die Führer die Geschichte als ein ihnen äußerliches Objekt; sie stehen zu ihnen wie der Wissenschaftler des 19. Jahrhunderts zum experimentellen System: draußen. Während Bebel und Rosa Luxemburg in ihrer Erkenntnis und ihrer Aktion sich dem heutigen Wissenschaftler näherten, für den der Experimentator Teil des experimentellen Systems ist. Weil überdies die sowjetischen Führer das schöpferische Bewußtsein der Masse objektiviert haben und aus ihr herausgesprungen sind, hat ihre Subjektivität, da nicht von der der Masse getragen, keine Bürgschaft mehr: sie wird nicht mehr von dem noch schlammigen, aber mächtigen Strom des «Volksgeistes» gespeist, sie verkümmert, hält sich selbst für rechtlos und unbegründet. Und da ihre Situation als Führer sie von der proletari-

12 Karl Marx, *Das Elend der Philosophie* in: MEW Bd. 4, 85. *Anm. d. Übers.*

schen Situation losgelöst hat, hängen sie in der Luft: zwar können sie die objektiven Widersprüche der Situation entziffern, aber sie sind nicht durch sie konstituiert und können aus ihrer produktiven Kraft keinen Nutzen ziehen. Folglich sind sie nichts weiter als die reine Kenntnis des Objektiven, und der einzige Einfluß, den sie auf es ausüben, ist kombinatorisch. Das heißt jenem rationalen Kalkül sehr ähnlich, in dem Lukács die theoretisch-praktische Funktion der Industriebourgeoisie sieht. Damit wird die Masse zum passiven Objekt, das sich der historischen Widersprüche nicht bewußt ist, während die Führer und Ideologen reines abstraktes Bewußtsein dieser Widersprüche sind. Und da ihre einzige Aufgabe darin besteht, die objektiven Gegebenheiten zu kombinieren, erfassen sie den Ablauf der Phänomene und der Gesetze, die diesen Ablauf beherrschen, nur von außen.[13] Die Methode ist also nicht in ihnen, sie offenbart nicht ihr lebendiges Verhältnis zu ihrem Objekt; sie ist vielmehr eine objektive Regel der Objektivität. Sie erstarrt außerhalb, verknöchert, wird zur reinen unwandelbaren Regel der Veränderung. Der Marxismus stirbt ab und wird Scholastik. Im übrigen zerstört die Rückkehr zur bürgerlichen Analytik vollends, was ihm an Dialektik noch verblieb, und verwandelt ihn in eine Analyse der materiellen Bedingungen des historischen Prozesses. Es stimmt also nicht, daß die Subjektivität die letzte Instanz des sowjetischen Systems ist, zumindest wenn man es vor Titos Abspaltung betrachtet. Die Führer sowie die Bürokratie, die ihre Befehle ausführt, sind Opfer der Objektivität, so wie der Bour-

13 Das gespaltene Korea zum Beispiel ist ein reiner Widerspruch; zwischen dem Norden mit seiner geplanten Industrieproduktion und seinem Bemühen, ein sozialistisches System zu errichten, und dem Süden mit seiner rückständigen Wirtschaft, seiner Feudalordnung und seinem Großgrundbesitz mußte ein Konflikt ausbrechen. Doch die sowjetische Außenpolitik, die diesen Konflikt von außen betrachtet, aus der Perspektive der Verteidigung des sowjetischen Bollwerks, ihn als einen Faktor der Weltlage und ihrer Entwicklung ansieht, nach dieser Lage den Tag und die Stunde bestimmt, da eine Offensive des Nordens die größte Aussicht auf Erfolg haben würde, und in groben Zügen die beiden möglichen Haltungen der UdSSR festlegt – diese Außenpolitik benutzt sowohl im Fall des Erfolgs wie im Fall des Scheiterns die Unzufriedenheit der Bauern im Süden oder den revolutionären Eifer der Menschen im Norden als bloße Schachfiguren, so daß die Koreaner für sich selbst die bewußt Handelnden der Geschichte sind, für die sowjetischen Führer dagegen ein von außen manipuliertes Werkzeug. Das revolutionäre Bewußtsein der koreanischen Massen ist für die sowjetischen Führer zu einem objektiven Element ihrer Berechnungen geworden.

geois Opfer des Kapitals ist. Auf keiner Stufe des Systems existiert die Subjektivität. Oder besser, sie existiert überall, jedoch verschleiert, unsichtbar: sie existiert als Flucht vor sich selbst in die Objektivität. Dennoch hat man ihr einen Platz im System eingeräumt. Sie wird benannt und erscheint als eine bestimmte objektive Eigenschaft des Objekts. Diese Pseudosubjektivität entspricht genau dem, was Lukács in den bürgerlichen Gesellschaften als Subjektivität ansieht: «Infolge der Rationalisierung des Arbeitsprozesses erscheinen die menschlichen Eigenschaften und Besonderheiten des Arbeiters immer mehr als bloße Fehlerquellen dem rationell vorherberechneten Funktionieren dieser abstrakten Teilgesetze gegenüber.»[14] Was Wunder, daß Lenin, als erster Theoretiker des Zentralismus, die Theorie der Verdinglichung radikal vergißt (die ja zugibt, daß die Fabrik die Arbeiter organisiert, jedoch als Objekte) und folgende monströse Sätze schreibt: «(Die Iskra) ... wirft mir vor, daß ich mir die Partei ‹als eine ungeheure Fabrik› vorstelle, an deren Spitze als Direktor das Zentralkomitee steht ... Gerade die Fabrik, die so manchem nur als Schreckgespenst erscheint, ist die höchste Form der kapitalistischen Kooperation, die das Proletariat vereinigte und disziplinierte, die es lehrte, sich zu organisieren ... Gerade der Marxismus als Ideologie des durch den Kapitalismus geschulten Proletariats belehrte und belehrt die wankelmütigen Intellektuellen über den Unterschied zwischen der ausbeuterischen Seite der Fabrik (der auf der Furcht vor dem Hungertod beruhenden Disziplin) und ihrer organisierenden Seite (der auf der gemeinsamen, durch die Bedingungen der technisch hochentwickelten Produktion vereinigten Arbeit beruhenden Disziplin).»[15] Hier ist Lenin ein Mystifikator: die Disziplin der Fabrik drückt sich im Taylorismus sowie in allen Formen der Rationalisierung aus, sie vollendet die Verdinglichung des Arbeiters, indem sie ihn zwingt, am Fließband zu arbeiten, sein konkretes Verhältnis zum Produkt und zu sich selbst zerstört, ihn auf den Stand einer Maschine herabdrückt. Diese «auf ... der technisch hochentwickelten Produktion ... beruhende Disziplin» realisiert mit den Personen eine Organisation, die ebenso geregelt ist wie die einer Maschine. Der Nutzeffekt ist beträchtlich, und wenn man diese Organisationen auf das Feld der revolutionären Ak-

14 Georg Lukács, *Geschichte und Klassenbewußtsein*, Walite Verlag, Berlin 1923, 100. *Anm. d. Übers.*

15 W. I. Lenin, *Ein Schritt vorwärts, zwei zurück* in: *Ausgewählte Werke*, Dietz Verlag, Berlin 1966, Bd. I, 490.

tion überträgt, erzielt man erstaunliche Resultate. Doch der Organismus des Kampfs vollendet die von der Bourgeoisie begonnene Verdinglichung. Das mag ja noch angehen, wenn sich die bis zum Äußersten getriebene Verdinglichung gemäß dem von Marx vorausgesehenen dialektischen Umschlag verändern würde. Aber die Bourgeoisie ist verschwunden, und die radikale Entfremdung, die die bürgerliche Gesellschaft kennzeichnete, ist geblieben.

Das objektivistische System wird schließlich durch die sowjetische Armee vervollständigt. Die sowjetischen Führer mißtrauen den nationalen kommunistischen Parteien, weil diese, da im Schoß der bürgerlichen Gesellschaften geblieben, die negative Phase nicht hinter sich gelassen haben, die sich gerade durch den harmonischen Einklang von Objektivität und Subjektivität auszeichnet. In einer westlichen Demokratie würde jede Machtergreifung als beunruhigender Sieg der Subjektivität erscheinen. In dieser Perspektive werden die Führer die Aufgabe lokaler Revolutionen der Roten Armee anvertrauen. Auf diese Weise ersetzen sie eine dialektische und apokalyptische Aufstandsbewegung durch eine rein technische Operation, die in allen Punkten dem Aufstellen einer Apparatur ähnelt. Ihrem Wesen nach dem Land, das sie «befreit», äußerlich, ersetzt die Rote Armee die Woge des Volks durch eine geordnete Aktion, die von außen auf Objekte einwirkt; es handelt sich nur noch um eine Ingenieurstätigkeit, und die Techniker, die man an die Schaltstellen setzt, werden nicht von den Massen an die Macht getragen, sondern wegen ihrer Sachkenntnis von anderen Technikern ausgesucht. Man begreift, daß der Subjektivismus heute ein frommer Wunsch ist: in den Ländern, die außerhalb des Einflußbereichs der Roten Armee liegen, existiert die Subjektivität noch, wenn auch nur verhalten; aber auch die Proletariate, schlecht geschult und auf Grund ihrer Disziplinlosigkeit verachtet, werden vorläufig ihrem Schicksal überlassen: man bedient sich ihrer legitimen Forderungen, um in Europa eine wirre Agitation zu schüren, die die Produktion bremst und die Partei in Verruf bringt. Welcher Bürokrat in den Ländern des sowjetischen Glacis weiß noch, was Subjektivität ist?

Als Vermittler zwischen Moskau und seinen Mitbürgern weiß er, daß er für die sowjetischen Führer Objekt ist, und was die Situation betrifft, die er entschlüsselt und zubereitet, so erfaßt er sie nur, insofern sie im Rahmen der Weltlage bereits von ihnen objektiviert worden ist. Als objektiviertes Objekt paßt er die objektiven Strukturen der Region an die objektive Situation an, wie sie sich in den sowjetischen Ansprüchen widerspiegelt. Wenn die Handelsmissionen «Aufträge» erteilen, muß der Funktionär die lokale Produktion in der Weise steuern und aktivieren, daß die Lieferungen zum vorgeschriebenen Zeitpunkt erfolgen können. Und diese Organisationstätigkeit wirkt sich wiederum auf die Basis der Kalkulation und der Statistik aus.

Aus ebendiesem Grunde wäre es meiner Meinung nach ein schwerer Irrtum, die gescheiterten «Rebellionen» des Albaners Xoxe, des Polen Gomulka, des Ungarn Rajk, des Bulgaren Kostow als die Entdeckung und die Forderung der Rechte der Subjektivität zu interpretieren. Ausgangspunkt ist im Gegenteil, wie Sie betonen, in jedem Fall ein objektiver Widerspruch zwischen den sowjetischen Ansprüchen und den vom lokalen Sozialisierungsprozeß erforderten Aufgaben. Diese Widersprüche werden nicht zwangsläufig von den Massen empfunden, oder wenn die Bevölkerung darunter leidet, so entsteht die Revolte doch nicht aus diesem erlebten und erlittenen Konflikt: ein bürokratisches Bewußtsein stellt die Antinomie von außen fest, so wie ein Mathematiker in der Formulierung eines Problems Irrtümer entdecken kann. Die Unzufriedenheit der Bauern oder Arbeiter bleibt zwar nicht unbemerkt, doch wird sie als objektive Gegebenheit und als Ausdruck, als Zeichen des Widerspruchs gewertet. Als Kostow am 8. September 1947 in Sofia seine Rede hält, stellt sich dieser Widerspruch für ihn so dar, als sei er den Dingen eingeschrieben. Einerseits gibt es das Dogma der «permanenten Verteidigung des sowjetischen Vaterlandes»: wie läßt sich an seiner Objektivität zweifeln; denn gerade um die praktischen Konsequenzen daraus zu ziehen, hat die Bürokratie Kostow kooptiert, und Kostow kann sich selbst nur als dieses Objekt sehen, das beauftragt ist, eine prosowjetische Politik zu verfolgen, und als das abstrakte Bewußtsein, das die objektive Notwendigkeit dieser Politik erfaßt. Doch andererseits ist der Funktionär Kostow im Rahmen der Verteidigung des russischen Bollwerks damit beauftragt, schrittweise und nach bewährten Methoden die Sozialisierung Bulgariens zu verwirklichen. Nun macht aber die wirtschaftliche Ausbeutung Bulgariens durch die Sowjetunion diese Sozialisierung praktisch unmöglich. Und das ist der andere Aspekt der objektiven Situation: «Unter keinen Umständen werden wir eine ausländische Einmischung in unsere inneren Angelegenheiten dulden; das bulgarische Volk weiß, daß es ohne Unabhängigkeit und Souveränität keine Volksdemokratie, keine Industrialisierung und keine Elektrifizierung, kein Eigentum und kein glückliches Leben für das Volk geben kann.» Der Widerspruch führt jedoch zur Verwandlung des Funktionärs: dadurch, daß er sich als Konflikt der beiden Hauptaufgaben entpuppt, die ihn in seiner Realität definieren, verweist er ihn auf die Verpflichtung, eine Tätigkeit zu wählen, die ihn in seinem Sein definiert, unter Ausschluß jeder anderen, kurz, auf die Subjektivität.[16] Und der Widerspruch dringt in ihn ein, in Form eines Konflikts zwischen dem Objekt-Funktionär, der sich durch die Anwendung der sowjetischen Direktiven definiert, und dem abstrakten Bewußtsein, das deren objektive Unmöglichkeit widerspiegelt. Man darf jedoch nicht glauben, daß ihn die Entdeckung seiner Subjektivität mit Glück erfüllt. Im Gegenteil, sie beunruhigt ihn, und außerdem ist sie in das objektivistische System integriert, und er hat die Subjektivität stets als «Fehlerquelle» betrachtet. Daher ist der subjektive Faktor für ihn nur eine vorläufige Etappe, und seine «Revolte» hat das Ziel, den Widerspruch im Objekt zu beseitigen und damit das subjektive Moment in ihm verschwinden zu lassen. Wahrscheinlich bezweckten diese vermeintlichen Rebellionen lediglich, den Grund zu einer Politik der Festigkeit gegenüber der UdSSR zu legen, um von Moskau Erleichterungen zu erhalten, die es erlaubt hätten, die Sozialisierung fortzusetzen und gleichzeitig die Verteidigung des sowjetischen Bollwerks zu sichern. Auf diese Weise hätte der Bürokrat durch die Versöhnung seiner Aufgaben das Objektive reintegriert.

Doch in jedem Fall scheitert er, er wird verhaftet und verurteilt. Wie soll er sein Scheitern begreifen? Er hat nicht die Möglichkeit, das Subjektive vom Objektiven zu unterscheiden. Folglich kann er sich keiner subjektivistischen Interpretation bedienen: «Ich habe es verkehrt angefangen.» Denn gerade die Tatsache, daß er es verkehrt angefangen hat, bedeutet aus der Sicht des absoluten Objektivismus, daß man es nicht richtig anfangen konnte. Was soll er denn sagen? «Ich habe es zu spät angefangen» oder «zu früh»? Es ist ja die Objektivität selbst, die den Zeitpunkt des Unternehmens bestimmt: ohne Zweifel war es zu spät, als der Widerspruch sich enthüllte; doch bevor er offenbar wurde, war es zu früh, da er nicht erkennbar oder zumindest nicht besorgniserregend genug war, um eine Aktion zu rechtfertigen. Soll er sagen: «Andere werden es schaffen»? Doch alle, die es schaffen konnten und die sich an den Fingern abzählen lassen, sind mit ihm gescheitert: da sich der Bürokrat von der Masse abgeschnit-

16 Die partiellen Widersprüche, auf die er bei seiner täglichen Arbeit stößt, lösen sich im Objektiven und im Rahmen der konstituierenden Dogmen auf. Sie verweisen nicht auf das Subjekt.

ten hat, kann er zunächst nicht auf die Mitwirkung des Volks zählen, und seine Revolte nimmt anfangs die Form einer Verschwörung an: «Ich hatte recht? Ich habe recht noch in meinem Scheitern?» Das ist eine poetische Haltung: Mallarmé sinkt auf den Grund des Meeres, besiegt und triumphierend; doch der Funktionär einer Volksrepublik spielt nicht «Wer verliert, gewinnt». Einzig der Erfolg ist das Kriterium der Wahrheit. Also hat er unrecht: sein Unternehmen konnte sich nicht in die Maschen des Realen einflechten. Die objektive Vernunft hat seine Wahrheit, seine absolute Realität, die Notwendigkeit jeder seiner Bewegungen offenbart, als er an ihr zerschellte. Doch die Katastrophe versöhnt ihn mit sich selbst, weil das Scheitern ihm die wahre Bedeutung dieser Subjektivität enthüllt, die ihn noch immer umtreibt wie die Erinnerung an einen Traum: sie ist Nichts, Endlichkeit, Ohnmacht; was objektiv ist, ist real, und was real ist, ist objektiv. Seine Interpretation der konkreten Situation war falsch. Das heißt ein Nichts. Er wollte urteilen, ohne die Grundlagen zu besitzen, und diese Überstürzung rührt von einem Charakterfehler her. Die vollkommene Aktion ist ja eine vollkommene Anpassung an die Erfordernisse des Objekts, folglich kann die Subjektivität diese Anpassung nur verderben. Hochmut, Anmaßung, Borniertheit sind negative Kräfte oder vielmehr Abwesenheit von Sein. Wenn er dennoch einen Augenblick erfolgreich zu sein glaubte, wenn sein Plan in Ansätzen zur Ausführung kam, so deshalb, weil er die objektiven Regeln beachtet hatte; seine Wirksamkeit verdankt er dem Objektiven; doch diese Unterstützung verflüchtigt sich von selbst, sobald man die objektiven Kräfte gegen die Objektivität zu kehren versucht. Der in seiner ruhigen Kohäsion wiederhergestellte Objektivismus nähert sich hier der Moral von Claudel: «Das Schlimmste ist nicht immer sicher.» Der Funktionär wird somit zum Komplizen seiner Richter: sobald er die Subjektivität auf eine bloße Abwesenheit reduziert, stellen diese die Verschwörung, die er angezettelt hat, als das schädliche Resultat der subjektiven Haltung dar. In Übereinstimmung mit ihnen sieht er in der Subjektivität nicht eine bestimmte Interpretation des Objektiven, sondern die Negation dieser Objektivität: für ihn wie für sie ist sie das Nichts, das seine Kraft dem Sein entlehnt und sie gegen es kehrt; kurz, sie ist das Böse. Für ihn wie für sie liefert das schließliche Scheitern des Unternehmens den Beweis dafür, daß das Böse Ohnmacht ist, und bestätigt sie in ihrem terrorisierten Optimismus. Die Richter müssen noch weiter gehen: es sind Funktionäre, deren Amt darin besteht, den höheren Autoritäten Rechenschaft abzulegen.

Das Problem ist in allen Theodizeen dasselbe: Gott muß für unschuldig erklärt werden. Es genügt ja nicht, das Gute, das Wahre, die Ordnung, das Objektive, das Sein auf die eine Seite und das Böse, den Irrtum, das Subjektive, das Nichts auf die andere Seite zu stellen: es gilt auch, über das Nichts Rechenschaft zu geben; denn das Böse ist nicht, und dennoch gibt es Böses, und der Irrtum ist nichts, und dennoch täuscht man sich. Die Aufgabe des Ideologen besteht darin, darzutun, daß das Nicht-sein vom Sein kommt und nur durch das Sein Existenz hat, aber daß das Sein in keiner Weise dafür verantwortlich ist. «Die Führung lehnt jede Verantwortung ab ...» Für Descartes zum Beispiel kommt alles Positive in uns von Gott und das Negative aus uns selbst. Zumindest glaubte er an die Freiheit des Menschen; es war ein Erklärungsprinzip. Doch für den sowjetischen Ideologen, der nicht an den freien Willen glaubt, ist die Frage sehr viel heikler: die Person kann nicht mehr als Sündenbock dienen; es geht vielmehr um die Frage, wer für die Existenz der Person verantwortlich zu machen ist. Das Negative in mir kann weder aus dem historischen Prozeß noch aus mir selbst entstehen, insofern ich Produkt und objektiv Handelnder dieses Prozesses bin. Es kann auch nicht der Natur entspringen, von der Engels sagt, sie sei ein Prozeß, dessen Bewegung von universellen Gesetzen bestimmt wird. «... es ist nicht mehr notwendig das einzelne Individuum, das erfahren haben muß, seine Einzelerfahrung kann bis auf einen gewissen Grad ersetzt werden durch die Resultate der Erfahrung einer Reihe seiner Vorfahren. Wenn bei uns z. B. die mathematischen Axiome jedem Kinde von acht Jahren als selbstverständlich, keines Erfahrungsbeweises bedürftig erscheinen, so ist das lediglich Resultat ‹gehäufter Vererbung›.»[17]

Da weder die Gesellschaftsordnung noch die natürliche Ordnung verantwortlich sind für das Individuum als Endlichkeit und Fehlerquelle, muß man es demnach ihrem Zusammentreffen zuschreiben. Die Subjektivität ist ein Defekt, der sich, als natürliche Produktion betrachtet, streng durch die Gesetze und die Umstände erklärt und sich folglich dem Allgemeinen integriert, vom gesellschaftlichen Gesichtspunkt aus jedoch eine Ausnahme, eine Monstrosität wird. Der Verantwortliche ist der Zufall, das heißt das Aufeinandertreffen zweier unabhängiger Reihen. Und der Zufall bezeichnet ja gerade das Nichts – denn jede der Reihen, die durch sich selbst reine Positivität hervor-

17 Friedrich Engels, *Dialektik der Natur. Notizen und Fragmente* in: MEW Bd. 20, 529.

bringt, ist nur vom Gesichtspunkt des Anderen und in bezug auf den Anderen Ursache des Negativen – Nicht-Intelligibilität im Intelligiblen –, denn jedes Phänomen in jeder der Reihen ist vollkommen erklärbar, nicht aber das Aufeinandertreffen der Reihen, da dieses der Definition nach seine Ursache weder in der einen noch in der anderen, noch in einem dritten Glied hat, dessen Existenz die Unabhängigkeit der beiden Reihen beseitigen würde – Ohnmacht –, denn nach dem Gesetz der großen Zahl heben die Zufälle einander auf. Als reine Exemplifizierung der Naturgesetze ist das Individuum in der Natur nichts anderes als das Allgemeine; doch in der gesellschaftlichen Welt kann es die Ausnahme sein. Infolgedessen muß die Subjektivität als Defekt schon im Augenblick der Lieferung des Produkts existiert haben. Sie ist eine objektive Qualität des bürokratischen Objekts. Man muß sie fixieren und lokalisieren, denn was würde aus der Verwaltung, wenn die subjektive Krankheit in jedem beliebigen Augenblick die sowjetischen Funktionäre befallen könnte? Es kommt vor, daß man sie erst spät entdeckt; doch dann hatte der Kranke sie verborgen. Mit einem Wort, die Subjektivität ist ein Konstitutionsfehler, dessen anderer Name Verrat lautet. Bestimmte Personen werden subjektiv geboren, das heißt unglücklich und schuldig; sie sind fürs Schafott bestimmt. Bis dahin, bis zur Verurteilung, einschließlich der Hinrichtung, ist der Angeklagte Komplize seiner Richter: sein Scheitern hat ihn von seiner Besorgnis befreit. Aus seinem Gefängnis betrachtet er mit Gelassenheit das objektive Universum, das sich neu gebildet hat. Sein reines Gewissen nimmt ein neues Objekt mitten unter den anderen wahr: ihn selbst mit seiner Subjektivität. Diese, auf eine äußere Qualität reduziert, verwirrt ihn nicht länger; sie ist außerhalb wie die Farbe seiner Haare, wie sein Gewicht oder seine Größe. Sie ist nicht mehr jene unbekannte, hinterhältige Stimme, die ihm ins Ohr flüsterte und ihm einzureden versuchte, daß sie er selbst sei und nicht zur Welt der Dinge gehöre. Jetzt steht sie vor ihm, inert, vom historischen Prozeß sanft geschaukelt. Er ist nur noch ein abstrakter Blick, der einen Leichnam betrachtet. Gewiß, er ist ein Verräter gewesen: er mußte es sein. Der Verrat war vom Lauf der Welt erfordert; sein Konstitutionsfehler bestimmte ihn dazu, ihn zu begehen, und die historischen Umstände mußten ihn notwendig vereiteln. Der Angeklagte triumphiert: er wollte die Ordnung, er hat sie. Sogar die Verräter befinden sich in der Ordnung und tragen dazu bei, sie aufrechtzuerhalten; die Ordnung ist niemals gestört worden. Das anonyme Bewußtsein des Schuldigen ist eins mit dem anonymen Bewußtsein des

Richters. Er findet die Unschuld wieder, indem er sein Verbrechen im Namen der Objektivität verurteilt, der er stets gedient hat; er ist wieder ein Bürokrat geworden; mit den anderen Bürokraten versucht er, die objektive Tatsache seines Verrats maximal auszunutzen. Als Techniker der Propaganda arbeitet er mit seinen Kollegen die «sehr ausgeklügelten» Geständnisse aus, die er im Prozeß machen wird. Es wundert mich, daß soviel Lärm um diese Beichten und diesen Objektivismus gemacht wird. Wir kannten sie doch schon. Vor mehr als einem Jahrhundert hat Hegel die Theorie dazu geliefert: «Das Bewußtsein ... (hat) die Einzelheit in ihrer vollständigen Entwicklung oder die Einzelheit, die wirkliches Bewußtsein ist, als das Negative seiner selbst, nämlich als das gegenständliche Extrem gesetzt oder sein Fürsichsein aus sich herausgerungen und es zum Sein gemacht ...; darin ist für es auch seine Einheit mit diesem Allgemeinen geworden, welche ... an ihm [dem Bewußtsein] als solchem sein Wesen ist.»[18]

Man lese die dem Unglücklichen Bewußtsein gewidmeten Seiten nach. Die Diskussion über das Spiel der Einzelheit und des Allgemeinen im christlichen Bewußtsein gilt ebenso für den Konflikt zwischen dem Objektiven und dem Subjektiven im Bewußtsein des ungarischen oder bulgarischen Funktionärs. Doch die Perfektionierung der modernen Methoden, insbesondere die Technik der Geständnisse – der katholischen Beichte weit überlegen –, hat es ermöglicht, aus diesem neuen «Unglücklichen Bewußtsein» das Unglück zu vertreiben.

Doch das objektivistische System verlangt das Scheitern der Verschwörungen. Es verschlingt die Besiegten und nährt sich von ihrer Niederlage. Jeder Erfolg versetzt ihm einen empfindlichen Schlag: doch Tito hatte Erfolg. Er kann zwar morgen vernichtet werden, seine Regierung kann im Lauf eines neuen Weltkriegs verschwinden, innere Schwierigkeiten können sie untergraben, Jugoslawien kann im «Provinzialismus» verkümmern: Tatsache bleibt, daß er seine Abspaltung weiterführt und seine Truppen in der Hand hat. Der Objektivismus verfügt über keine Denkinstrumente, um diese partielle Geschichte erklären und bewerten zu können. Die UdSSR hat kein Mittel, Tito zu verurteilen. Denn wenn Subjektivität Ohnmacht ist, dann müßte Tito Rajk sein; der «historische Prozeß» durfte ihm

18 G. W. F. Hegel, *Phänomenologie des Geistes* in: *Werke* 3, Suhrkamp, Frankfurt 1970, 178.

nicht die geringste Chance lassen. Hier wendet sich der Marxismus gegen den Stalinismus und der Stalinismus gegen sich selbst.

Engels schreibt: «Daß ein solcher [sogenannter großer Mann] und gerade dieser zu dieser bestimmten Zeit in diesem gegebenen Lande aufsteht, ist natürlich reiner Zufall. Aber streichen wir ihn weg, so ist die Nachfrage da für Ersatz, und dieser Ersatz findet sich, tant bien que mal, aber er findet sich auf die Dauer. Daß Napoleon grade dieser Korse, der Militärdiktator war, den die durch eignen Krieg erschöpfte französische Republik nötig machte, das war Zufall; daß aber in Ermangelung eines Napoleon ein andrer die Stelle ausgefüllt hätte, das ist bewiesen dadurch, daß der Mann sich jedesmal gefunden, sobald er nötig war.»[19] Ersetzt man in diesem Text Napoleon durch Tito, dann findet der Titoismus seine absolute Rechtfertigung. Die ökonomische Ausblutung Jugoslawiens, die Ängste der Bauern, die Unzufriedenheit der Arbeiter, die Verschlechterung des Lebensstandards, der Stillstand der Industrialisierung machten den Bruch mit der UdSSR erforderlich, mehr noch, sie waren dieser Bruch selbst: in dem Sinne, in dem das Proletariat der Widerspruch der bürgerlichen Gesellschaft ist. Und dieser Bruch mußte sich vermittels einer Gruppe von Führern vollziehen, die sich gerade durch ihren Entschluß definierten, ihn zu vollziehen. Wenn man Engels und Stalin glaubt, wäre Tito das objektive Produkt der jugoslawischen Situation. Aber nein, wird man sagen, er herrscht durch Terror. Also kann man durch Terror gegen die Geschichte herrschen? Wer beweist mir dann, daß sich das Politbüro nicht gegen die Sowjetbevölkerung behauptet? Aber ich glaube nicht, daß diese Erklärung entscheidend ist: wem verdankt er die Kraft, die den Terror herrschen läßt? Der Armee, der Partei, den Kadern? Sie stehen also auf seiner Seite? Das geht nun weit über die These des subjektiven «Defekts» hinaus. Aber nein, antwortet ein anderer Stalinist, er stützt sich auf die reaktionären Elemente der Bevölkerung: auf die Bauernschaft, die Bourgeoisie. Nehmen wir das einmal an: dann haben diese Elemente also genügend Gewicht, ihre Politik durchzusetzen. In diesem Fall müßte die UdSSR die ihre modifizieren, zahlreichere Etappen auf dem Weg zum Sozialismus vorsehen, ihre Ansprüche auf ökonomischem Gebiet mäßigen. Mit einem

19 Friedrich Engels, Brief an W. Borgius vom 25. Januar 1894 in: MEW Bd. 39, 206f. Vgl. auch Karl Kautsky, *Die materialistische Geschichtsauffassung*, ²Berlin 1929, 703; Georgi Plechanow, *Grundprobleme des Marxismus*, Berlin 1973.

Wort, ihre Führer haben sich geirrt: die Subjektivität ist zu ihnen übergegangen. Man antwortet mir, daß sie sich nicht irren können und daß ihre Politik die objektiven Erfordernisse der Situation der UdSSR zum Ausdruck bringe. Vortrefflich. Dann ist die Theorie der Revolution widersprüchlich, da Lenin meinte, es sei für den Sozialismus notwendig, daß die ökonomische Einheit der Staaten, die sich auf dem Weg zum Sozialismus befinden, auf der Grundlage «einer uneigennützigen Hilfe ohne Herrschsucht» wiederhergestellt werden müsse, und da andererseits die sozialistischen Sowjetrepubliken durch ihre Situation genötigt sind, mit Jugoslawien kapitalistische Handelsbeziehungen aufzunehmen, die dieses Land benachteiligen. Man muß wählen: entweder ist die marxistische Geschichtsinterpretation falsch – da der historische Prozeß die sozialistischen Länder zwingen würde, das Gesetz des kapitalistischen Weltmarkts aufeinander anzuwenden –, oder die bürokratische Auffassung der Subjektivität ist ein monumentaler Irrtum. Mit anderen Worten: entweder erklärt sich Titos Erfolg aus den objektiven Bedingungen Jugoslawiens in den Perspektiven eines Objektivismus, der sich selbst zerstört, oder er erklärt sich aus politischen Irrtümern – seien sie von der UdSSR oder von den jugoslawischen Führern begangen –, dann muß man dem Subjektiven eine gewisse Wirksamkeit, eine gewisse Konsistenz zugestehen. Dieses abgespaltene Jugoslawien war unmöglich: unmöglich, weil sich der bürokratische Apparat der UdSSR in der Beurteilung objektiver Gegebenheiten nicht irren kann; individuelle Irrtümer sind sich häufende Zufälle; unmöglich auch, weil der Verrat ein ohnmächtiger alter Traum ist, der sich verflüchtigt, sobald er mit dem Realen in Berührung kommt. Doch diese objektive Unmöglichkeit blüht und gedeiht; der dialektische Blitz hat sie nicht in Asche verwandelt; sie entwickelt sich gegen jede Evidenz, und diesem unmöglichen Jugoslawien geht es sogar sehr viel besser als einem gewissen vorherigen Jugoslawien, dessen Realität von den Sowjets kontrolliert und abgestempelt wurde. Wissenschaftler, so heißt es in einem Chanson, machten einmal Experimente mit Hasen. Die objektiven Ergebnisse dieses Experiments waren durch strenge Beweisführung im voraus festgelegt worden. Die Hasen wußten bereits, was sie verifizieren sollten. Aber das Experiment hat die vorausgesagten Resultate nicht bestätigt. Angesichts dieser Absurdität begriffen nun die Wissenschaftler, daß die behandelten Hasen falsche Hasen waren. Ausgezeichnet: wir begreifen, daß Tito ein falscher Hase ist und Jugoslawien ein falsches Jugoslawien. Was aber ist ein falscher Hase? Im übrigen schließt dieses lügnerische Tier in jedem Fall einen Irrtum des Wissenschaftslers ein: entweder handelt es sich um einen wahren Hasen, den der Wissenschaftler für einen falschen hält, oder falls es ein falscher Hase ist, hat der Wissenschaftler den unverzeihlichen Fehler begangen, ihn für einen wahren zu halten. Die Kominformisten[20] erklären, daß Tito schon immer ein Faschist gewesen ist. Also schon immer ein falscher Tito. Doch dann liegt der Irrtum bei der UdSSR: wie lassen sich die Lobeshymnen auf den «Stalin Nr. 2» anders erklären? Wenn der Hase ein falscher Hase ist, dann ist der Wissenschaftler ein falscher Wissenschaftler. Der Wissenschaftler braucht nur zu erklären, daß ein wahrer Wissenschaftler sich nicht irren kann, um sich in eine Kette von Eseleien zu verstricken, die ihn den Kopf verlieren lassen: ein wahrer Wissenschaftler kann sich nicht irren, folglich sind seine Angaben über die Hasen wahr, doch da die vermeintlichen Hasen diese Angaben nicht bestätigten, sind es falsche Hasen, die der Wissenschaftler für wahre gehalten hat, folglich hat der Wissenschaftler sich geirrt, folglich ist er ein falscher Wissenschaftler, doch ein falscher Wissenschaftler sagt nicht die Wahrheit, folglich hat er sich geirrt, als er sagte, daß der wahre Wissenschaftler unfehlbar sei, folglich kann sich ein wahrer Wissenschaftler irren, folglich ist der falsche Wissenschaftler vielleicht ein wahrer Wissenschaftler, der sich irrt, und der falsche Hase vielleicht ein wahrer Hase. Die Objektivität ist nicht die bloße Einschätzung der gegenwärtigen Situation; sie ist auch und vor allem eine Vorhersage. Wenn die Entwicklung der Situation die Vorhersage nicht bestätigt, so deshalb, weil die Objektivität immer eine subjektive Seite hat. Und da die Vorhersage, ob wahr oder falsch, reale Folgen hat und da die UdSSR, ob sie sich nun in der Politik gegenüber den Volksdemokratien täuschte oder ob sie sich in der wahren Natur der Kommunistischen Partei Jugoslawiens täuschte, den Gang der Ereignisse beeinflußt hat, folgt daraus, daß die Realität nicht identisch ist mit der reinen Objektivität. Der sozialistische Realismus muß den subjektiven Faktoren Rechnung tragen. Er muß die neue Antinomie auflösen: These – das Subjektive ist eine sekundäre Struktur der Objektivität; Antithese – die Objektivität hängt von einer Subjektivität ab, die die Phänomene einschätzt und vorhersieht und sie gemäß ihren Einschätzungen verändert.

20 Anhänger des Kominform = Kommunistischen Informationsbüros, des Informationsbüros der kommunistischen und Arbeiterparteien, das im Oktober 1947 in Belgrad gegründet wurde und 1948 nach Titos Bruch mit Stalin seinen Sitz nach Bukarest verlegte. *Anm. d. Übers.*

Diese äußerste Verlegenheit, in der sich die sowjetischen Führer befinden, tritt in den Widersprüchen der kommunistischen Presse zutage: es gelingt ihr nicht, Tito zu definieren. Subjektiver Verräter? Objektiver Verräter? Ist er ein subjektiver Verräter wie Rajk, dann war er schon immer ein Verräter, und die Subjektivität als Defekt ist ein Konstitutionsfehler seiner Natur. Das setzt jedoch voraus, daß man einen psycho-physiologischen, von der historischen Dialektik unabhängigen Determinismus anerkennt. Statt die partielle historische Tatsache als Ausdruck der historischen Totalität zu betrachten, zerbröseln wir die Geschichte, begreifen das Ereignis als Resultat unabhängiger Kausalketten, die einander berühren: «Wäre Kleopatras Nase kürzer gewesen ...» und wäre Tito weniger boshaft gewesen oder wäre er an Nierensteinen oder an einer deutschen Kugel gestorben, dann sähe die Welt anders aus. Doch was wird aus der marxistischen Geschichtsauffassung? Zweifellos akzeptiert Marx den Einfluß des Zufalls: «Die Weltgeschichte wäre allerdings sehr bequem zu machen, wenn der Kampf nur unter der Bedingung unfehlbar günstiger Chancen aufgenommen würde. Sie wäre andrerseits sehr mystischer Natur, wenn ‹Zufälligkeiten› keine Rolle spielten. Diese Zufälligkeiten fallen natürlich selbst in den allgemeinen Gang der Entwicklung und werden durch andere Zufälligkeiten wieder kompensiert. Aber Beschleunigung und Verzögrung sind sehr von solchen ‹Zufälligkeiten› abhängig – unter denen auch der ‹Zufall› des Charakters der Leute, die zuerst an der Spitze der Bewegung stehen, figuriert.»[21] Doch der Kontext zeigt, daß es sich um Beschleunigung und Verzögerung in einem sich entwickelnden Prozeß handelt. Anders gesagt, die jugoslawische Abspaltung ist den Dingen eingeschrieben: hätte Tito nicht existiert oder wäre er anders gewesen, dann wäre der Bruch später erfolgt, aber Tito allein hätte weder die Voraussetzungen dieses Bruchs schaffen noch verhindern können, daß er erfolgt. Im übrigen ist der relativ gemäßigte Standpunkt von Marx von den stalinschen Ideologen aufgegeben worden. Der Objektivismus muß den Zufall zwangsläufig eliminieren. Daher konnte ein offizieller Historiker, Pokrowski, in seiner *Russischen Geschichte* schreiben, daß «die Berufung auf den Zufall ein Beweis für geistige Armut» sei. Anders gesagt, der Rückgriff auf den Zufall als Erklärungsprinzip ist legitim, wenn ein Unternehmen scheitert; ist es erfolgreich, dann sprengt es

21 Karl Marx, Brief an Kugelmann vom 17. April 1871 in: MEW Bd. 33, 209.

den Marxismus. «Aber noch ist nicht alles entschieden», wird der stalinsche Kommunist sagen, «warten Sie ein paar Jahre, und Jugoslawien wird seinen Tyrannen selbst stürzen, die titoistische Abweichung wird einer jener belanglosen Zufälle sein, die den Lauf der Geschichte lediglich verzögern, ohne ihn verändern zu können.» Vielleicht: doch zur Untermauerung dieser Voraussagen verfügen die Stalinisten nur noch über ihren Glauben. Und da sie sich in der Einschätzung der Kommunistischen Partei Jugoslawiens zwischen 1945 und 1948 geirrt haben, was beweist ihnen, daß sie sich heute nicht in ihrer Einschätzung der jugoslawischen Entwicklung irren?

Aus diesem Grunde räumen die meisten Stalinisten im privaten Gespräch lieber ein, daß Tito möglicherweise kein subjektiver Verräter ist. Seine Absichten stehen nicht zur Debatte. Aber objektiv begeht er Verrat, weil seine Abspaltung den Westmächten in die Hände arbeitet und die UdSSR zu schwächen droht. Und ich sehe ein, daß dieses Argument tatsächlich gültig wäre, wenn man es beispielsweise bei einem politisch ungeschulten Kleinbürger anwenden würde: dieser kann ja «edle Ideen», eine linke Sensibilität, ein fortschrittliches Ideal haben und doch unter bestimmten Umständen aus Unwissenheit der Reaktion in die Hände arbeiten. Doch in dem Fall, der uns hier beschäftigt, würde sogar ein Kind verstehen, in welche Gefahren die titoistische Politik die Sache des Sozialismus bringt. Wie könnte ich annehmen, daß geschulte Kämpfer, Führer, Theoretiker wie Baće oder Popović diese Gefahren nicht kennen? Wie die extreme Blindheit erklären, die ihnen die Folgen ihrer Handlungen verbarg? Selbst der unbedarfteste französische Kommunist sieht deutlich, daß Tito, wenn er das Dogma des «sowjetischen Bollwerks» aufgibt, gezwungen ist, sich ins amerikanische Lager zu begeben, und nur Tito sollte es nicht begreifen? Das ist unvorstellbar, besonders wenn man bedenkt, daß der Bruch nach monatelangen Diskussionen, Notenwechseln und Kompromißversuchen erfolgte und daß auf beiden Seiten alle Aspekte des Problems erörtert worden sind. Nein, Tito ist gebührend über die Gefahren seines Unternehmens aufgeklärt worden, er kann sie nicht ignorieren. Wenn er objektiv ein Verräter ist, muß er zuerst subjektiv einer gewesen sein. Oder umgekehrt, wenn er subjektiv keiner ist, kann er auch rein objektiv keiner sein. Das heißt: er hat die stalinschen Argumente nicht berücksichtigt, entweder weil er nicht mehr an die Theorie des sowjetischen Bollwerks glaubt oder weil er nicht glaubt, daß die jugoslawische Abspaltung zwangsläufig zur Preisgabe des Sozialismus und zur Anlehnung an den amerikanischen

Block führt. In diesem Fall muß man zugeben, daß zwei verschiedene Einschätzungen ein und derselben Situation gleichzeitig möglich sind: Subjektivität gegen Subjektivität.

Doch der Titoismus wäre lediglich von zweitrangigem Interesse, wenn er nur dazu diente, die Theoretiker und Journalisten der KP in Verlegenheit zu bringen. Was ihm seine außergewöhnliche Bedeutung verleiht, ist die Tatsache, daß er für die jugoslawischen Führer mit der Wiederentdeckung des Subjektiven einhergeht. Anfangs ist Tito so wie Rajk, ja objektivistisch. Unwichtig, ob ihm auf Grund seines Charakters oder seiner Erfahrung als Partisan der Gehorsam besonders schwerfällt: Tatsache ist, daß er sich, als lokaler Führer, in das riesige und strenge bürokratische System integriert, das die UdSSR errichtet hat; Tatsache ist, wie Sie, lieber Dalmas, betonen, daß «keines der Elemente, die ein Marxist am Ursprung der sowjetischen Bürokratie erkennen kann ..., in Jugoslawien fehlt». Und wie Rajk und Kostow ist auch Tito durch die bloße objektive Betrachtung der Situation zur Revolte gekommen. Seine Reden, die mit geringen Veränderungen auch Kostow oder Rajk hätten halten können, legen den Schwerpunkt auf die objektiven Zusammenhänge und den ökonomischen Realismus: er unterstreicht die objektive Notwendigkeit, die Volkswirtschaft dem Einfluß des ausländischen Kapitals zu entziehen, eine vom Krieg verwüstete Industrie wiederaufzubauen und die Industrialisierung voranzutreiben, um dem Aufbau des Sozialismus eine materielle und technische Grundlage zu geben. Der Bruch erfolgte zum Teil, weil das objektive Dogma vom «sowjetischen Bollwerk» bei den Sowjets den Plan nach sich zog, Jugoslawien zur Kornkammer der UdSSR zu machen. Es handelt sich anfangs also um zwei Konzeptionen der Objektivität, die aneinandergerieten. Der Mechanismus des Bruchs ist identisch mit dem, den wir oben bei Rajk oder Kostow geschildert haben. Es geht darum, Druck auf die UdSSR auszuüben, damit sie ihre Politik modifiziert. Und wenn es stimmt, daß Titos Widerstand schon vor 1948 bestand, dann muß man zugeben, daß die UdSSR es war, die die Initiative ergriff und den Konflikt publik, den Bruch endgültig machte.

Um diesen Bruch und seine Folgen zu verstehen, ist es wichtig, den Titoismus durch das andere Ende des Fernglases zu betrachten, das heißt vom Gesichtspunkt der sowjetischen Politik. Jugoslawien ist das einzige Land des sowjetischen Glacis, wo eine kommunistische Partei sofort und allein die Macht ergriffen hat, das einzige, wo sofort schrittweise, aber rigorose Sozialisierungsmaßnahmen geplant wurden. Diese KPJ ist also zwangsläufig eine Partei von «Falken». Sie hat es nicht nötig, abzuwarten, auf bürgerliche Widerstände Rücksicht zu nehmen; sie geht vorwärts, hat Erfolg, bezichtigt die kommunistischen Parteien der westlichen Demokratien des Opportunismus. Als Molotow und Wossnessenski in der UdSSR ihren harten Kurs durchsetzen, wenden sie sich ganz selbstverständlich an Tito und finden in ihm ihren besten Verbündeten. Und diese Molotow-Tito-Politik zeichnet sich durch ein Höchstmaß an Objektivismus aus: eine ökonomische Analyse der Situation der USA erlaubt es, mit Sicherheit vorauszusagen, daß der amerikanischen Produktion eine Krise von beträchtlichem Ausmaß blüht. Woraus man mit strenger Konsequenz den Schluß zieht, daß der Krieg unvermeidbar ist. Vor dem Hintergrund dieser objektiven Gegebenheiten entscheidet man sich für eine Politik der Unnachgiebigkeit, die sogar so radikal ist, daß sie eine Strategie genannt werden darf. Die Verbindung einer radikalistischen Ideologie, die einen raschen Sozialisierungsprozeß notwendig begleiten mußte, und einer auf «wissenschaftlichen» Voraussagen gründenden Politik sollte die KPJ zum Vorkämpfer des Objektivismus machen. Doch die sowjetischen Führer registrieren das Scheitern dieser Politik, was in der objektivistischen Welt bedeutet, daß sie einen Personalwechsel vornehmen. Nachdem Molotow in Ungnade gefallen war, erfährt die KPJ, die sich «an der Spitze» befand, plötzlich eine radikale Metamorphose, die von außen kommt, ohne daß sich an ihrer Haltung irgend etwas verändert hätte. Ihr Radikalismus wird Linksabweichlertum; die Widerstände, die sie den wirtschaftlichen Forderungen der UdSSR aus dem einzigen Grunde entgegensetzte, daß diese Forderungen die Sozialisierung zu hemmen drohten, werden nun zum Zeichen einer nationalistischen Abweichung. Die Kommunistische Partei Jugoslawiens ist häretisch geworden, der Titoismus ist geboren. Zweifellos würde es genügen, sich zu verleugnen, sich dem Richtungswechsel der sowjetischen Politik anzupassen, sich rasch dem Kern der kommunistischen Seele anzuschließen. Doch hier kommt eine andere objektive Unmöglichkeit ins Spiel: die Sozialisierungsbewegung ist zu weit fortgeschritten, die Kampfideologie zu stark in den Massen verwurzelt, das Steuer läßt sich nicht mehr herumreißen. Auf diese Weise blockieren schließlich zwei objektive Faktoren die jugoslawischen Führer in einer subjektiven Haltung; sie müssen wählen: entweder unter dem Namen «Nationaltrotzkisten» Verräter werden oder die Risiken der Situation allein auf sich nehmen. Doch kaum haben sie beschlossen standzuhalten, enthüllt sich, ihnen selbst zum Trotz, die Subjektivität in all ihrer Monstrosität.

Gewiß verlangt die schlichte Notwendigkeit, der UdSSR ihren Vorwurf des Abweichlertums zurückzugeben, von ihnen einen Mut, in den sich zwangsläufig Besorgnis mischt: ein kleines, ökonomisch rückständiges Agrarland hat die Stirn, eine Nation von 150 Millionen Einwohnern, eine riesige Industriemacht, die seit dreißig Jahren ihre Sozialisierung betreibt, der Abweichung zu bezichtigen! Doch vor allem wächst die Bestürzung angesichts der Folgen ihrer Politik. Sie waren Lenin- und Stalinanhänger, sie sind es noch immer, die Prinzipien des Stalinismus bevölkern noch ihre Köpfe, so wie die Statuen von Stalin noch ihre Parks bevölkern. Sie wollten bis ans Ende gehen, sie wollten, daß die Revolution überall ausbricht, sie beschuldigten die Führer der Kommunistischen Partei Frankreichs des Opportunismus. Und nun sind sie plötzlich gezwungen, nur weil sie einen härteren, heftigeren Kampf gegen den Kapitalismus gefordert hatten, sich dem kapitalistischen Westen zuzuwenden und ihn um die wirtschaftliche Hilfe zu bitten, die es ihnen ermöglichen soll, ihn zu bekämpfen. Mehr noch, wie ein anderer Beobachter des jugoslawischen Problems sagte, diese Stoßtrupps des Kommunismus haben sich objektiv als «dritte Kraft» konstituiert: «Die Existenz der amerikanischen Militärmacht garantiert die nationale Unabhängigkeit Jugoslawiens, doch das politische Gewicht der UdSSR verhindert, daß das jugoslawische Regime von der Weltbourgeoisie überrannt wird.»[22] Diese «Falken» können sich von ihrer Überraschung kaum erholen: weil sie eine kompromißlose Politik wollten, sind sie plötzlich genötigt, Winkelzüge zu machen, auf zwei Felder zu setzen, Kunstgriffe zu gebrauchen, Zugeständnisse abzuwägen; weil sie sich ohne Zögern einem der beiden feindlichen Lager angeschlossen haben, befinden sie sich plötzlich in einem Niemandsland, und ihre Existenz wird sowohl von der UdSSR als auch von den USA garantiert; weil sie sich vorbehaltlos und ohne strategische Frist für die Revolution in jedem Land erklärt haben, sehen sie mit einemmal, daß die Bourgeoisie ihnen zulächelt und die Revolutionäre sie verurteilen. Diese Widersprüche schaffen eine tragikomische Situation, die sich nicht nur in Begriffen der Subjektivität verstehen und überschreiten läßt.

Doch gerade weil Tito standhält, weil er unter dem Tadel des Kominform nicht zusammenbricht, nimmt er die Subjektivität auf sich. Zunächst kann er, wie wir sahen, seine Politik nur dadurch verteidigen, daß er die sowjetischen Führer des Abweichlertums anklagt. Er

22 Claude Bourdet, *Le schisme yougoslave*, Paris, 110.

schiebt also zunächst die ganze Subjektivität dem Gegner zu. Sie ist noch immer eine bloße «Fehlerquelle», sie ist noch negativ. Doch als Tito auf den sowjetischen Fehlern beharrt, muß er die Möglichkeit einräumen, daß er sich irrt. Mit einemmal befinden wir uns auf einem neuen Gebiet, wo die Einschätzungen einer ökonomischen und politischen Situation bloß wahrscheinlich sind; vom dogmatischen Objektivismus sind wir zum Probabilismus übergegangen. Doch das ist nicht alles: eine Nation von 150 Millionen Einwohnern kann, sobald sie ihre Politik gewählt hat, stolz verkünden, daß diese Politik die einzig richtige ist. Ihre Macht gestattet es ihr zu glauben, daß sie sie durchsetzen wird, vor allem bei ihren schwachen Nachbarn. Aber die Führer eines kleinen Landes ohne Industrie müssen in jedem Augenblick den äußeren Kräften Rechnung tragen, die ihre Bemühungen zunichte machen können. Ihr Schicksal liegt nur zum Teil in ihrer Hand; sie müssen Listen gebrauchen, Zeit gewinnen, die Klippen umschiffen und die Konflikte ausnutzen, die die Großmächte lähmen, und selbst die geschickteste Politik kann außerstande sein, eine Katastrophe abzuwenden, die in anderen Gegenden der Welt entstehen und sich bald über die ganze Erde ausbreiten wird. Damit taucht eine neue Form von Subjektivität auf; der Führer geht Risiken ein, wägt sie ab, nimmt sie auf sich. Sie sagen sehr richtig, lieber Dalmas: «Jugoslawien ist doppelt bedroht: so wie es vor den USA kapitulieren und sich dem imperialistischen Block anschließen kann, kann es auch den revolutionären Atem verlieren und in einen Polizeistaat ausarten.» Risiken innen, Risiken außen: sie liegen so offen zutage, daß man ohne weiteres annehmen darf, daß Tito sie alle kennt. Dennoch hat er sich nicht gebeugt, er setzt den Kampf fort. Das heißt also, daß die Energie, das Bewußtsein, die Aufrichtigkeit, das Geschick der Führer in gewissem Maße imstande sind, die Frist zu verlängern, das Schlimmste zu verhüten, einen Ausweg zu finden aus einer Situation, die hoffnungslos zu sein scheint, und, wer weiß, vielleicht den Sieg davonzutragen. Ohne absolutes Vertrauen in die Fähigkeiten des Menschen ist Titos Unternehmen eine unvorstellbare Absurdität. Wie Popović sagt, muß man «unerschütterlich und ungeachtet aller Schwierigkeiten durchhalten». Aber selbst dann ist der Zusammenbruch möglich. Wir müssen verstehen, daß der Titoismus ständig zwei Möglichkeiten vor Augen hat: die eine ist der Sieg, die andere die radikale Vernichtung und der Tod. Doch gerade weil ihre Position den absoluten Objektivismus ausschließt, identifizieren sie den Erfolg nicht mehr mit der Wahrheit, das Scheitern nicht mehr mit dem Irrtum. Man kann besiegt werden und trotzdem recht haben. In diesem Fall wird sogar das Scheitern vereinnahmt: ein kleines Land, das verschwindet, weil es unbeirrt und kompromißlos gekämpft hat, wird zum Vorbild. Tito hat es mit eigenen Worten gesagt. Und er konnte sich bei dieser Gelegenheit auf die Autorität von Marx berufen, denn für diesen bleibt die Pariser Kommune von 1871, obwohl besiegt, ein Sieg des Proletariats und ein Vorbild. Möglichkeiten, Wahrscheinlichkeiten, Entscheidungen, übernommene Risiken, Willenskraft, Hinnahme sogar des Scheiterns: wir finden hier alle Züge eines tragischen Humanismus wieder, der lange Zeit der der Arbeiterklasse war.

Aber die Subjektivität ist unteilbar. Wenn die Führer die ihre wiederentdecken, werden sie zugleich die der Massen entdecken, die sie lenken. In der objektivistischen Hypothese lassen sich die Massen steuern. Die Gewißheit des Führers erlaubt es ihm, sie als Objekt zu behandeln. Doch wenn der Führer sich irren kann, wenn der Erfolg lediglich möglich ist, wenn Schwächen seine Aktion kompromittieren können, wenn er umgekehrt seine positiven Eigenschaften bis zum Äußersten treiben muß, um die Aktion zu Ende zu führen, dann werden die Massen erneut zum Hauptfaktor des gesellschaftlichen Kampfes. Je nachdem, ob sie die Ziele des Unternehmens klar erkennen oder nicht, ob sie diesen Zielen zustimmen oder nicht, ob sie alle ihre Energie aufbieten, um sie zu verwirklichen, oder ob sie sich passiv führen lassen, besteht mehr oder weniger Aussicht, daß die Ziele erreicht werden. Wenn die Zukunft Jugoslawiens bereits feststeht, dann ist die Politik Sache der Techniker; wenn nicht, dann hängt sie in erster Linie von den Massen ab. Deshalb haben die Reden der jugoslawischen Führer mitunter eine merkwürdige Ähnlichkeit mit den Aufsätzen von Rosa Luxemburg: «Wir glauben nicht», schreibt Kardelj, «daß man arbeiten kann, ohne Irrtümer zu begehen, aber wir halten die Irrtümer, die begangen werden, wenn die Initiative von unten frei zur Geltung kommt, für weniger gefährlich als die Irrtümer jener Bürokraten, die sich in den Kopf gesetzt haben, daß sie unfehlbar sind und daß nichts geschehen darf, was sie nicht abgesegnet haben.» Und Rosa Luxemburg schrieb gegen Lenin: «Fehltritte, die eine wirklich revolutionäre Arbeiterbewegung begeht, sind geschichtlich unermeßlich fruchtbarer und wertvoller als die Unfehlbarkeit des allerbesten ‹Zentralkomitees›.»[23]

23 Rosa Luxemburg, *Organisationsfragen der russischen Sozialdemokratie*, a. a. O., 444.

Von daher kann man sich vorstellen, wie sich die notwendige Diktatur des Proletariats mit der Ausübung einer sozialistischen Demokratie versöhnen läßt: «Mit der Revolution ist nicht zu spaßen», sagt Tito. Das bedeutet, daß eine sich sozialisierende Gesellschaft die in ihr verbleibenden reaktionären Elemente lahmlegen und die Auflösung dieser Elemente beschleunigen muß. Doch da diese kein anderes Ziel haben, als sich den sozialistischen Maßnahmen zu widersetzen, ist diese Diktatur nur ein negatives Moment: sie stellt die Negation der Negation dar. Der positive und konstruktive Aspekt der Sozialisierung bleibt frei, das heißt, er wird nicht von außen gebremst. Wenn sie sich gegen ihn stellte, würde die Negation selbst abstrakt und reaktionär werden. Wie schon Rosa Luxemburg bemerkte: «Die Rolle der sozialdemokratischen Leitung ist dabei wesentlich konservativen Charakters, indem sie erfahrungsgemäß dazu führt, das jedesmalige neugewonnene Terrain des Kampfes bis in die äußersten Konsequenzen auszuarbeiten und es bald in ein Bollwerk gegen eine weitere Neuerung größeren Stils umzukehren.»[24] Mit einem Wort, der Staatsapparat spielt die Rolle der hegelschen Vernunft; er analysiert, präzisiert, klärt, doch ebenso bestimmt und begrenzt er auch. Gegen diese Begrenzung muß die Bewegung der konkreten Kollektivität unablässig angehen; sie muß die Rahmen sprengen – und jedesmal für ihre konkreten Organe eine größere Anzahl von Befugnissen fordern, die der Staat sich zugeschrieben hatte; nur auf diese Weise kann es allmählich zu jenem Absterben des Staates kommen, das Lenin selbst forderte: nicht indem man von außen eine Menschheit schmiedet, die so folgsam, so «wohlerzogen» ist, daß sie sogar ohne einen Herrn gehorcht, wie jene *Petites Filles Modèles*, die auch in Abwesenheit ihrer Gouvernanten artig bleiben, sondern indem man im Gegenteil die Massen anspornt, sich vom Gehorsam loszureißen, das heißt, indem man überall Initiativen entfaltet. Solange der Staat sich für einen Diktator hält, werden wir in der theologischen Periode steckenbleiben.

Aber sehen Sie denn nicht, so wird man uns vorhalten, daß sich das unmittelbare Interesse der Massen den Notwendigkeiten der Sozialisierung widersetzen kann und daß die Regierungspropaganda Gefahr läuft, dem Interesse die Idee überzustülpen, statt sie von ihm abzuleiten? Das ist richtig, jedoch nur in einer bestimmten marxistischen Perspektive, die die Idee zur bloßen Widerspiegelung der materiellen

24 Ebd., 432f.

Tätigkeit und nicht zur Überschreitung dieser Tätigkeit und der Bedürfnisse macht. Wenn der Mensch seiner materiellen Situation stets voraus ist, wenn das Bedürfnis sich unablässig auf die Forderung und diese auf allgemeine Ansprüche und Werte hin überschreitet, die eine bestimmte Auffassung vom Menschen und vom Humanismus implizieren, dann wird man die Idee dem Interesse nicht überstülpen, sondern das Interesse von seiner Idee entbinden. «Man muß erklären», sagt Tito, «unaufhörlich erklären.» Das ist richtig unter der Voraussetzung, daß man die Erklärung nicht wie ein Heftpflaster auf das Bewußtsein klebt, sondern dafür Sorge trägt, daß dieses Bewußtsein sie selber findet, unter der Voraussetzung, daß das aufgeklärte und sich seiner Implikationen bewußt gewordene Interesse nicht ein Stabilisierungsmittel in den Händen der Führer, sondern ein Sprungbrett für künftige Ansprüche ist: unter der Voraussetzung, daß das Dogma der bürokratischen Unfehlbarkeit durch eine ständige Selbstkritik der Führer ersetzt wird. War es nicht Marx, der der Kommune von 1871 jenes Lob spendete: «Die Kommune machte keinen Anspruch auf Unfehlbarkeit, wie dies alle die alten Regierungen ohne Ausnahme tun. Sie veröffentlichte alle Reden und Handlungen, sie weihte das Publikum ein in alle ihre Unvollkommenheiten.»[25] Die Chance des Titoismus, der aus einem Irrtum, einem Konflikt zwischen zwei einander widersprechenden Unfehlbarkeiten entstand, besteht gerade darin, daß er sich nicht für unfehlbar erklären kann. Die einzige Art und Weise, mit der er sich in den Augen der jugoslawischen Massen gegen die UdSSR verteidigen kann, ist nicht, dem einen Dogmatismus einen anderen gegenüberzustellen – denn wenn Dogmatismus herrscht, wie läßt sich dann beweisen, daß das wahre Dogma nicht das des anderen ist? –, sondern gegen jeglichen Dogmatismus das Recht des Führers auf Irrtum in Anspruch zu nehmen und den Aufbau des Sozialismus als ein Risiko darzustellen. Doch das kann nicht geschehen, solange man nicht allen Mitgliedern der Gemeinschaft dieselben Rechte zubilligt, solange man ihnen nicht erlaubt, dieselben Risiken einzugehen. Mehr noch: die politische Veränderung der KPJ könnte eine Umwälzung ihres Menschenbilds zum Ausdruck bringen: denn wenn der Überbau die epiphänomenale Folge der «materiellen Objektivität» und diese nur eine Summe bedingter Reflexe ist, dann hat keiner ein Recht, die Führer ebensowenig wie die anderen, und der Titoismus ist im Unrecht.

25 Karl Marx, *Der Bürgerkrieg in Frankreich* in: MEW Bd. 17, 348.

Und wie sieht es aus? wird man fragen. Bestätigen die Tatsachen die Theorie? Gibt es in Jugoslawien eine sozialistische Demokratie? In diesem Punkt sind Sie recht zurückhaltend, lieber Dalmas; Bourdet ist da kategorisch: «In Jugoslawien gibt es keine Demokratie, sondern eine Volksregierung, die sich bemüht, unter den Bedingungen militärischer Disziplin in aller Eile ein modernes Land aufzubauen.»[26] Doch Bourdet konstatiert selbst, daß «sich der Zwang seit dem Bruch mit Moskau wahrscheinlich langsam gelockert hat», und er bietet für diese Lockerung eine Erklärung an, die das Bild verändert, daß nämlich «die Partei ... genötigt ist, den Wünschen der Bevölkerung stärker Rechnung zu tragen ...» Er fügt hinzu, daß «die Arbeiter wirklich die Möglichkeit haben, auf ihr eigenes Leben Einfluß zu nehmen». Aber man kann sich vorstellen, daß die Emanzipation der arbeitenden und vor allem der bäuerlichen Klassen in einem rückständigen Land langsamer und mühevoller vonstatten geht, als es beispielsweise in Deutschland der Fall gewesen wäre. Und vor allem befinden wir uns erst am Anfang: die Jugoslawen sind gerade erst dabei, ihre merkwürdige Lage zu entdecken und aus dem stalinschen Traum zu erwachen; sie stellen sich ihre ersten Fragen in einer Art Schwindelgefühl. Einer von ihnen sagte beispielsweise zu Bourdet: «Aber dann ... auch die Moskauer Prozesse? ...» Sie sehen noch nicht ganz klar, denn einerseits entrüsten sie sich über den Rajk-Prozeß, während sie andererseits die Anklagen nachplappern, die Moskau gegen Kostow erhebt. Weil ihnen noch die theoretischen Instrumente fehlen, die es ihnen erlauben würden, die gegenwärtige Situation zu beurteilen. «Sie stehen am Anfang eines langen Denkprozesses», sagt Bourdet, «bei dem sie nur langsam vorankommen, da sie noch die geistigen Scheuklappen des allerengstirnigsten orthodoxen Kommunismus tragen.» Und Sie, lieber Dalmas, Sie berichten uns, daß Tito und die Ideologen der KPJ, die nicht mehr zögern, die «stalinsche Abweichung» aufs schärfste zu verurteilen, in größte Verlegenheit geraten, wenn es darum geht, sie zu erklären. Sie weichen der Frage aus, weil sie nicht bereit sind zu antworten: es fehlt ihnen die Theorie, und sie fürchten, den Leninismus, und über Lenin hinaus, das marxistische Dogma selbst verurteilen zu müssen. Mit einem Wort, der Druck der objektiven Umstände sowie die Widersprüche des Objektivismus selbst haben sie gegen ihren Willen dazu gebracht, die Subjektivität aufzuwerten; doch diese Aufwertung wiederum verlangt eine theoretische Umarbeitung; es

26 Claude Bourdet, *Le schisme yougoslave*, a. a. O., 66.

gilt, den Marxismus zu überdenken, es gilt, den Menschen zu überdenken.

Wir können den Schluß ziehen: Titos halber Sieg hat uns von selbst gelehrt, wie wichtig er in unseren westlichen Augen sein sollte. Es geht nicht darum, eine neue Internationale zu gründen oder Belgrad zu einem neuen «Mekka der Arbeiter» zu machen. Die bloße Existenz eines sozialistischen, vom Kreml unabhängigen Jugoslawien muß von innen her auf das Bewußtsein unserer aktiven Kommunisten einwirken und sie ihre Subjektivität wiederentdecken lassen. Man darf nicht glauben, daß sie die stalinsche KP verlassen werden oder daß es in Frankreich oder Italien wegen der jugoslawischen Affäre zu einer Spaltung kommen könnte, man sollte es sich nicht einmal wünschen. Ich sage auch nicht, daß die aktiven Kommunisten je Sympathie oder Verständnis für die titoistische Bewegung werden zeigen können, sondern lediglich, daß eine sozialistische Gesellschaft, wenn sie gegen die sowjetischen Führer und das Kominform aufgebaut wird und Bestand hat, zwangsläufig die westlichen Kommunisten über die Natur ihrer Tätigkeit aufklären muß. Wie Sie richtig sagten, lieber Dalmas, «wenn es nichts anderes gibt», kann man nicht einmal behaupten, daß ein Arbeiter der KP beitritt; man müßte eher sagen, daß er in ihr geboren wird, denn Proletarier sein und Stalinanhänger sein ist ein und dasselbe. Aber wenn es etwas anderes gibt, und sei es nur ein schwacher, sehr ferner Schimmer, eine zwiespältige Bewegung, an deren Ursprung ein recht fragwürdiges Schisma steht, die jedoch andauert, sich behauptet, den sowjetischen Drohungen nicht nachgibt und sich vom amerikanischen Gold nicht korrumpieren läßt, dann spürt der Arbeiter von selbst, daß seine Parteizugehörigkeit nicht rein automatisch ist oder, besser gesagt, daß sie, falls sie es war, nun zu einer Wahl wird. Nicht, daß er sie verleugnet, ganz im Gegenteil, er erneuert sie, begreift jedoch, daß er Risiken eingeht, daß er sich vielleicht täuscht und daß man wetten muß, und seine Treue selbst wird menschlich; sie beruht nicht mehr auf der Unmöglichkeit, aus der KP auszutreten, sondern auf dem Willen, in ihr zu bleiben. Von diesem Augenblick an können sich andere Beziehungen zwischen den Massen und den Verantwortlichen, zwischen den Aktiven und den Führern herstellen; das Klassenbewußtsein kann wieder ein Bewußtsein werden. Ebendarin besteht der Nutzen eines Buches wie des Ihren. Ich weiß sehr wohl, daß man es nicht in der großen Öffentlichkeit verbreiten wird, daß die Parteizeitungen es anschwärzen oder verschweigen werden, aber es ist da, es existiert, es ist ein Zeugnis, jeder kann sich darauf berufen, es beurteilen, sich mit ihm auseinandersetzen. Und sollte es nur wenige Kreise von Intellektuellen vor die Frage stellen, es hätte seine Aufgabe erfüllt. Denn es gibt eine Frage, und sie ist ebenso die unsere wie die der Jugoslawen: wenn genau in dem Augenblick, da die Welt des Menschen in der absoluten Objektivität ertrinkt, plötzlich das Subjektive neu entdeckt wird, wie muß man dann die Geschichte und die politische Aktion denken, um sowohl die revolutionäre Bewegung als auch die Subjektivität zu retten?

Niemand kann vorhersagen, wie es mit dem Titoismus weitergehen wird; niemand kann heute seine wahre Bedeutung erfassen. Deshalb muß man auf ihn setzen. Wenn das Spiel aus ist, ist alles zu spät, der Mensch verschwindet. Die menschliche Größe eines Unternehmens läßt sich daran ermessen, ob man bis zum Schluß für oder gegen seinen Erfolg eine Wette eingehen kann.

August 1950

Sind wir in der Demokratie?

Es war absurd, für Danzig zu sterben; es soll vernünftig sein, für die Demokratie zu sterben: zumindest wiederholt man uns das alle Tage. Das Prinzip bestreite ich nicht: wenn man sein Leben nicht für «etwas» hingibt, wird man es am Ende für nichts hingeben. Doch bevor ich für die Demokratie sterbe, möchte ich wissen, ob ich in ihr lebe. Sie scheint die Regierungsform meines Landes zu sein: gut, aber wenn ich Beweise dafür suche, merke ich, daß sie alle auf Zeugnissen aus zweiter Hand beruhen. Auf Briefmarken und auf den Giebeln der Rathäuser habe ich *gelesen*, daß der französische Staat sich Republik nennt; ich kann die Verfassung, das Grundgesetz, die Gesetzbücher *lesen*; aber die Historiker wissen seit langem, daß das Studium der geschriebenen Gesetze nichts über das reale Funktionieren der Institutionen aussagt. In meiner Kindheit wurde mir eine optimistische Geschichtsauffassung beigebracht, die auf dem Mythos des Fortschritts beruhte. Nach dieser ganz offiziellen Auffassung haben die Leiden und Mühen unserer Vorfahren, von Cro-Magnon bis Valmy, die Gattung Mensch zu dem heiligen Augenblick geführt, da endlich die Bourgeoisie die Macht ergriff. Von diesem Optimismus habe ich mich nicht gänzlich befreit, und da man mir eingeredet hat, daß jede historische Epoche in bezug auf die vorhergehende einen Fortschritt darstellt und die künftigen Fortschritte im Keim in sich trägt, neige ich zu dem Glauben, daß die Vierte Republik zwangsläufig demokratischer ist als die Dritte und diese demokratischer als die Zweite. Doch leider öffnet dieser Schlüssel keine Tür mehr: während des Aufstiegs der Bourgeoisie war der Fortschritt die allgemeine Erklärung. Heute, während ihres Abstiegs, hat man alle Schlösser ausgewechselt, und die Verwirrung der Geister ist so groß, daß die Bourgeoisie die faschistischen Regierungen *rückschrittlich* nennt, obwohl sie aus ihrem Schoß hervorgegangen sind, und daß die Volksparteien, die den optimistischen Mythos der Evolution durch den tragischen oder katastrophischen Glauben an die Revolution ersetzen, fortschrittlich genannt werden. Doch wenn ich nicht mehr an den Fortschritt glaube, wer garantiert mir dann, daß die Demokratie nicht im Niedergang begriffen ist? Weiß ich, wie sie in Algier, in Gao oder ganz einfach im Creusot funktioniert? Kurzum, ich kenne die Regierungsform Frankreichs, wo ich lebe, ebenso nur vom Hörensagen wie das Bodenprofil Afghanistans, wo ich nie gewesen bin.

Viele Leute jedoch behaupten von sich, sie hätten eine ständige und praktische Intuition unserer Institutionen. Für sie ist die Demokratie eine Evidenz; sie werden sich bei der Ausübung ihrer Funktionen täglich ihrer bewußt, wenn sie ihre Rechte geltend machen und sogar wenn sie ihre Pflichten erfüllen. Jeder kann kommen und gehen, denken und sagen, was er will, er kann wählen, er wird von einer unabhängigen Presse über die Ereignisse informiert, vor der Willkür des Staates sowie vor der einzelner geschützt: das ist Demokratie.

Aber für mich ist das alles nicht so klar. Ich sehe durchaus, daß wir, wie übrigens jedes beliebige Mitglied einer beliebigen nationalen Gemeinschaft, bestimmte Rechte und bestimmte Pflichten haben. Doch sobald ich mich vergewissern möchte, ob ich wirklich die Rechte habe, die man mir zugestanden hat, trübt sich alles. Gewiß habe ich das Wahlrecht. Aber weiß ich mit Sicherheit, daß meine Stimme nicht eskamotiert wird? Nehmen wir einmal an, die Nation, der ich angehöre, wäre gezwungen, ihre Außenpolitik nach der eines mächtigen Landes auszurichten, das sie «beschützt»: was besagt es dann, daß mein Stimmzettel dazu beiträgt, diese oder jene Partei an die «Macht» zu bringen? Was besagt es, da es ja keine Macht mehr gibt und alle Regierungen dieselbe Politik machen werden? Wenn ich wissen will, ob ich *wirklich* das Wahlrecht habe, ist es erforderlich, daß ich zunächst bestimme, ob Frankreich seine Souveränität behalten oder verloren hat. Ein anderes Beispiel: ich schlage jeden Morgen die Zeitung auf, um ihr wahre Informationen über das zu entnehmen, was tags zuvor geschehen ist. Ich habe Vertrauen zur Presse, weil ich weiß, daß sie «frei» ist. Das bedeutet, daß sie keiner Zensur unterliegt und daß die Regierung meines Landes keine Möglichkeit hat, direkten Druck auf sie auszuüben. Doch nehmen wir einmal an, die Situation Frankreichs und der Welt erlaubten es dieser Presse nicht, die ökonomischen und gesellschaftlichen Voraussetzungen zu erfüllen, die ihr ihre konkrete Freiheit garantieren; nehmen wir an, die großen Tageszeitungen wären durch die historischen Umstände gezwungen, von sich aus auf ihre Unabhängigkeit zu verzichten, selbst ohne sich zu verkaufen; nehmen wir an, sogar die Begriffe von Wahrheit und Objektivität verlören ihren Sinn in einer vom Klassenkampf zerrissenen Gesellschaft und in einer in zwei antagonistische Blöcke geteilten Welt. Würde mir das schlagartig klar, dann schwände mein schönes Vertrauen dahin: ich fände mich plötzlich von einer Mauer der Lüge umgeben. Das *Ideal* der Presse wäre dann die Objektivität; ihre *Realität* jedoch die permanente Mystifizierung. Wir kaufen weiterhin jeden

Morgen die Zeitung, weil wir uns prinzipiell weigern, die Frage zu stellen. Kurz, wir meinen, unsere Freiheiten und unsere Rechte in jedem Moment zu spüren, weil man uns eingeredet hat, daß wir in einem demokratischen System leben. Wenn ich jedoch, statt mein Wahlrecht tatsächlich auszuüben, nur an der lachhaften Zeremonie der Wahlzelle und des Stimmzettels teilnähme, wenn sich meine *Handlungen* als Staatsbürger insgeheim in Gesten verwandelten, so würde ich es gar nicht merken, so gut bin ich indoktriniert worden. Und auch wenn ich an einem vagen Unbehagen spürte, daß nicht alles so ist, wie es sein sollte, würde ich eher den Menschen als dem System die Schuld daran geben.

Es stimmt, daß ich gewisse reale Möglichkeiten habe. Doch woher soll ich wissen, ob sie mir von der Verfassung gegeben wurden oder ob sie von der Tatsache herrühren, daß ich der privilegierten Klasse angehöre? Mir steht es frei, ins Ausland zu reisen, den Sowjetbürgern nicht. Zugegeben. Aber auch den französischen Arbeitern nicht. Sie haben zwar das abstrakte Recht, die Grenzen zu überschreiten, doch kann man sie sich als Touristen vorstellen? Und wenn sie auswandern wollen, befinden nationale und internationale Organe über ihren Fall. Kurz, jeder hat dieselben Rechte, aber nicht jeder hat das Recht, sie wahrzunehmen. Das System, unter dem ich lebe, ist *für mich* weit demokratischer als für einen Hilfsarbeiter; ist das nicht in anderer Form die alte Teilung der freien Staatsbürger in passive und aktive? Wir neigen in der Tat dazu, Gesetze nach unseren Vorurteilen zu bewerten. Mir sind sehr kluge Köpfe begegnet, die das Gesetz der *Wahlbündnisse* für höchst demokratisch hielten. Soll doch die KP (oder die MRP), wenn sie nicht zufrieden ist, ein Bündnis schließen, sagten sie. Sie schienen zu glauben, daß an der Isolierung der Kommunisten ihr Trotz schuld sei. Wenn man ihnen das Gegenteil nachwies, zuckten sie die Achseln: Gaullisten und Stalinisten sind Aufrührer; ein Gesetz, das die Demokratie schützt, kann nicht antidemokratisch sein. Dennoch akzeptierten sie leichten Herzens, daß man die Gewichte und Maße fälschte; mit einem Federstrich war verfügt worden, daß eine für diese Parteien abgegebene Stimme weniger wert sein sollte als eine andere, man hatte beschlossen, daß bestimmte Meinungen ein geringeres Recht haben, vertreten zu werden, sie nannten sich Demokraten und waren zufrieden.

Aus diesen und vielen anderen Gründen schien es uns an der Zeit, den Versuch zu machen, uns zu entmystifizieren. Von der heutigen Nummer an nehmen wir eine Untersuchung über das tatsächliche

Funktionieren der französischen Demokratie in Angriff. Erlauben die historischen Umstände unter ihrem gesellschaftlichen, wirtschaftlichen und internationalen Aspekt das freie Spiel der demokratischen Prinzipien? Wie groß ist in den wichtigsten Bereichen (Presse, Kolonialverwaltung, Justiz, Polizei, Parlamente usw.) die Kluft zwischen dem Recht und den Tatsachen? Ist Frankreich noch eine souveräne Nation? Ist das allgemeine Wahlrecht der *reale* Wahlmodus? Hält sich die Verwaltung in den Kolonien an die von der Regierung geschlossenen Verträge? Besitzen wir tatsächlich die Garantien, die man *Habeas corpus* nennt? Natürlich ist es zu früh, die wahre Struktur der heutigen französischen Gesellschaft genau zu bestimmen (die ganz gewiß weder eine Demokratie noch ein verkappter Totalitarismus ist). Aber schon heute halten wir es für möglich, *Bilanz zu ziehen*. In einer Artikelserie wollen wir versuchen, jenes komplexe Gemisch aus Tatsachen und Werten, Mythen und Realitäten, Rückschritten und Fortschritten, Mystifikationen und Wahrheiten zu entwirren. Dabei wird die Mithilfe unserer Leser nicht überflüssig sein: an sie wenden wir uns, denn dieses Unternehmen hat nur dann einen Sinn, wenn es kollektiv ist. Falls es die Leser interessiert, mögen sie uns also alles mitteilen, was uns hilfreich sein könnte (in der einen oder anderen Hinsicht, wir sind nicht voreingenommen). Wir werden alle Kritiken und Anregungen berücksichtigen, und sollte ihre große Anzahl es uns nicht erlauben, sie *in extenso* zu veröffentlichen, so werden wir sie in jedem Fall gesondert kommentieren.

Ein letztes Wort, um Mißverständnissen vorzubeugen: die Meinungsverschiedenheiten, die wir möglicherweise werden feststellen müssen, lassen sich unterschiedlich interpretieren. Man kann beispielsweise behaupten, daß in einem platonschen Himmel eine ideale Republik bestehe, die lediglich auf Grund der Unzulänglichkeiten der menschlichen Natur auf Erden nicht zu verwirklichen sei. Man kann auch behaupten, daß das normale Spiel der demokratischen Institutionen durch *äußere* Ereignisse verfälscht wurde und daß es möglich sei, die Maschine zu reparieren. Schließlich kann man behaupten, daß die Demokratie ihr goldenes Zeitalter schon hinter sich habe; dann wäre der Zerfall des Systems lediglich der Vorbote jenes Cäsarismus, der, nach Meinung der vergleichenden Geschichtswissenschaft, regelmäßig auf das Zeitalter der Republiken folgt.

Wir vertreten keinen dieser Standpunkte, und im übrigen haben wir hier nicht vor, über die Geschichte zu philosophieren. Für uns ist die Demokratie eine bürgerliche Staatsform, und die Widersprüche, die wir darin feststellen können, sind der bürgerlichen Gesellschaft inhärent. Es gibt keine ideale Demokratie; es gibt ein liberales System, das von Anfang an Widersprüche erzeugte, weil es das Problem für gelöst hielt: denn man leugnete – auf dem Papier – die Realität der Klassen und des Klassenkampfs; man gab vor, nur den isolierten und abstrakten Staatsbürger in seinem Verhältnis zum Staat oder zu anderen isolierten Staatsbürgern in Betracht zu ziehen. Wenn es je ein goldenes Zeitalter des politischen Liberalismus gegeben hat und wenn einige Naive meinen, sich heute darauf berufen zu können, um das «Verfaulen» unserer Institutionen zu verurteilen, so deshalb, weil das Zensussystem oder die Niederdrückung eines noch schlecht organisierten Proletariats durch die Armeen der Bourgeoisie eine Zeitlang die sichtbaren Äußerungen des Klassenkampfes beseitigt hatten. Stumm oder ratlos, zeigte sich das Proletariat damals nicht als historisch Handelnder, so daß die Regierung, die Kammern sowie die Organe der richterlichen Gewalt in der Tat als Emanationen einer klassenlosen Gesellschaft erschienen: einzig die bürgerliche Klasse erzeugte, kontrollierte und benutzte sie zu ihrem Vorteil; sie konnten also nicht die Widersprüche einer Gesellschaft widerspiegeln, die sie nicht vollständig zum Ausdruck brachten. Wir werden sehen, daß die in einigen Bereichen immer größer gewordene Kluft zwischen den Tatsachen und den Prinzipien im Gegenteil die Widerstandskraft des *Realen* manifestiert, das heißt sowohl der Niedergang Europas und seiner Bourgeoisie als auch, innerhalb der Nation, das Auftauchen einer organisierten und selbstbewußten Arbeiterklasse. Die Instabilität der Regierung, das ständige und vergebliche Ringen um eine parlamentarische Mehrheit entspringen nicht, wie man auf seiten der Rechten versichert, der Perversität unserer Abgeordneten, sondern indem sich der Klassenkampf auf der parlamentarischen Ebene widerspiegelte, hat er einen Organismus zerrüttet, der ausdrücklich geschaffen war, die Harmonie der gesellschaftlichen «Milieus» widerzuspiegeln und es ihnen zu ermöglichen, ihre Interessen aufeinander abzustimmen. Gleichzeitig werden wir feststellen, daß in anderen Bereichen die demokratischen Errungenschaften einen «Fortschritt» in bezug auf die Vorkriegszeit bedeuten; aber wir werden auch sehen, daß ebendieser Fortschritt durch die Folgen, die er hervorbringt dazu beiträgt, das System zu zerstören, das ihn realisiert hat; so als müßte die vollständige Verwirklichung der bürgerlichen Demokratie mit ihrer totalen Zerstörung zusammenfallen. Es besteht kein Anlaß, sich darüber zu wundern; genau in dem Maße, wie das liberale Denken die Existenz der Klassen leugnete, mit der kaum verhohlenen Absicht, das wahre Problem zu verschleiern, mußte es die deutliche Vorstellung einer klassenlosen Gesellschaft erzeugen, die die *Wahrheit* der bürgerlichen Demokratie wäre und zu ihrem Untergang beitrüge.

April 1952

Die Kommunisten und der Frieden

Vorbemerkung des Herausgebers:

Anlaß für die Ereignisse, die in Sartres Artikelfolge kommentiert werden, war die Benennung von US-General Mathew B. Ridgway, der vom 11. bis 28. April 1952 Oberbefehlshaber der UN-Streitkräfte in Korea gewesen war und den die Kommunistische Partei Frankreichs für den Einsatz von bakteriologischen Waffen verantwortlich machte, zum Nachfolger Dwight D. Eisenhowers als Chef des Supreme Headquarter of the Allied Powers in Europe *(SHAPE) in Paris.*

Am 25. Mai 1952 wurde André Stil, der Chefredakteur der kommunistischen Tageszeitung Humanité, *verhaftet und in Handschellen abgeführt, weil er in einem Artikel zu einer bis dahin noch nicht verbotenen Kundgebung gegen Ridgway aufgerufen hatte.*

Am 28. Mai 1952 folgten nur wenige dem Aufruf zu der inzwischen verbotenen Kundgebung gegen Ridgway. Es kam zu schweren Zusammenstößen zwischen einem großen Aufgebot an Polizei und Mobilgarden einerseits und militanten Demonstrantengruppen andrerseits.

Eine halbe Stunde nach Beendigung dieser Zusammenstöße wurde Jacques Duclos, der Vorsitzende der kommunistischen Fraktion der Nationalversammlung, verhaftet. Nach den ersten offiziellen Informationen der Polizei sei er am Ort der Zusammenstöße in flagranti überrascht worden, in seinem Wagen hätten sich eine geladene Pistole, ein Gummiknüppel, ein Funkgerät und zwei Brieftauben gefunden. Das Funkgerät sei zum Abhören des Polizeifunks und zur Übermittlung von Instruktionen an die kommunistischen Kommandos bestimmt gewesen, während die Brieftauben Nachrichten vom Ausgang der Schlacht nach Moskau hätten bringen sollen. Diese Information wurde zunächst von einem großen Teil der in- und ausländischen Presse übernommen.

Bald stellte sich jedoch heraus, daß die Pistole und der Gummiknüppel dem Chauffeur und Leibwächter von Jacques Duclos gehörten und daß es sich bei dem Funkgerät um ein normales Autoradio handelte. Was die Brieftauben angeht, so handelte es sich um zwei tote Tauben, die zum Essen bestimmt waren.

Abgesehen von den 718 Personen, die am Abend nach den Zusam-

menstößen verhaftet wurden, kam es in den nächsten Tagen zu einer Verhaftungswelle unter kommunistischen Funktionären und zur Beschlagnahme kommunistischer Zeitungen und anderer Schriftstücke bei der Durchsuchung von kommunistischen Parteibüros. In Toulon wurde nach offiziellen Angaben der Polizei eine «gigantische kommunistische Spionageorganisation» entdeckt.

François Mauriac und zahlreiche andere Intellektuelle, darunter entschiedene Antikommunisten, protestierten gegen diese Polizeimethoden von Innenminister Brune und Polizeipräfekt Baylot, die teilweise mit den Machenschaften der Nazis nach dem Reichstagsbrand verglichen wurden.

Die Kommunistische Partei Frankreichs und der ihr nahestehende Gewerkschaftsbund CGT riefen für den 4. Juni 1952 zu einem Generalstreik auf, dem sich jedoch nur eine geringe Zahl von Arbeitern anschloß.

Verteidigungsminister Pleven erklärte in einem Kommuniqué, daß die in Toulon beschlagnahmten Dokumente keinerlei militärisches Geheimnis enthielten.

Anfang Juli wies die Anklagekammer alle gegen Duclos erhobenen Anklagen zurück und ordnete seine sofortige Freilassung an.

Zur Entstehung von Sartres Artikelfolge siehe Jean-Paul Sartre, Freundschaft und Widersprüche *in: Jean-Paul Sartre,* Sartre über Sartre, *Rowohlt Verlag, Reinbek 1977, rororo 4040, 61–128.*

Als die CRS mit Waffengewalt gegen die Bergarbeiter vorgingen gab die rechte Presse Siegesmeldungen heraus, was mich glauben ließ, daß der *Figaro* die Arbeiter nicht mochte. Doch ich täuschte mich. Ich bitte alle vielmals um Entschuldigung, insbesondere Herrn Robinet. Denn Herr Robinet vergöttert die Arbeiter. Er wollte es nicht eingestehen – aus Schamhaftigkeit, nehme ich an. Doch nach der Schlägerei in den Renault-Werken hat er nun endlich sein edles Gefühl bekanntgegeben. Ich muß gestehen, daß ich zunächst überrascht war, als ich in großen Lettern folgende Schlagzeile las: «Sieg der Arbeiter». Denn *über wen*, so fragte ich mich, hat die Arbeiterklasse diesen Sieg wohl davontragen können, wenn nicht über die Unternehmer und die Mobilgarde, also über die Leser des *Figaro*? Weit gefehlt! Nein, das Proletariat hat nicht die Bullen besiegt. Auch nicht die Bourgeoisie. Es hat über die Kommunistische Partei triumphiert – die einzige politische Organisation, die es in der Nationalversammlung vertritt – sowie über die CGT – seinen größten und ältesten Gewerkschaftsbund. Kurz, es hat sich entblößt, es hat seine Waffen weggeworfen; man erwartet von ihm noch eine letzte Anstrengung: daß es seine Gewerkschaften auflöst, daß es bei den Nachwahlen für die Unabhängigen stimmt; dann würde es den allerschönsten Sieg erringen, den über sich selbst. Ja, so liebt man die Arbeiter: ohne Waffen, mit nackten Händen und offenen Armen. Wie schön war doch das Volk am 1. Mai 1891 in Fourmies:[1] damals gab es keine Stoßtrupps, keine paramilitärischen Organisationen, nur Leute auf den Straßen, viele Leute: in Unordnung. Kinder, Maiglöckchen, ein junges Mädchen trug einen Mistelzweig. Die Soldaten des Kommandanten Chapuis konnten in aller Ruhe zielen und aus nächster Nähe feuern.

Vielleicht werden diese Annehmlichkeiten einmal wiederkehren, und ich verstehe, daß man sich darüber freuen kann: das Massaker von Fourmies gehört bestimmt zu jener Kategorie von Schauspielen, die Herr Mauriac «skandalös, aber im besten Sinne» nennt. Was jedoch über meinen Verstand geht, ist die schwachsinnige Genugtuung, die gewisse Leute und gewisse Zeitungen «der Linken» an den Tag legen. Arme Menschen, wieder einmal ist der KP ihr Coup gelungen; sie liebten sie, nur ungern haben sie sie verlassen, sie hat sie mit Dreck beworfen, nun verabscheuen sie sie. Eine Herzensangelegenheit. Zuweilen begegne ich diesen Ausgeschlossenen; sie haben ihr zartes Lächeln bewahrt, aber ihr Blick ist etwas starr: der Widerspruch unserer Zeit hat sich in ihnen eingenistet. Wie könnt ihr an die historische Aufgabe des Proletariats und *gleichzeitig* an den Verrat der Kommunistischen Partei glauben, wenn ihr feststellen müßt, daß das eine für die andere stimmt? Sie machen sich trotzdem einen Vers darauf, wenn auch mühsam; jeder durchläuft in kürzerer oder längerer Zeit die vier schicksalhaften Etappen. Erste Etappe: «Ja, die KP irrt sich, aber *trotzdem* kann man nicht gegen das Proletariat sein.» Zweite Etappe: «Die Arbeiterklasse ist noch immer eine alte Liebe von mir; aber *trotzdem*

1 Am 1. Mai 1891 schoß in der nordfranzösischen Arbeiterstadt Fourmies Militär auf Demonstranten. Es gab neun Tote, von denen acht jünger als einundzwanzig Jahre waren; mehr als dreißig Menschen wurden lebensgefährlich verletzt. *Anm. d. Übers.*

muß man zugeben, daß sie nicht sehr scharfsichtig ist. Seht euch die deutschen Arbeiter an: sie sind auf Hitlers Schwindel hereingefallen.» Dritte Etappe: «Die Arbeiterklasse interessiert mich nicht mehr, seit sie ohne Empörung die sowjetischen Konzentrationslager duldet.» Vierte und letzte Etappe, die Apokalypse: «Wir schließen ein Bündnis mit den Vereinigten Staaten. Stop. Wir atomisieren Rußland. Stop. Wir hängen alle Kommunisten. Stop. Und auf den Trümmern bauen wir den wahren, den internationalistischen, demokratischen und reformistischen Sozialismus auf.» Kein Zweifel, den schönsten Sieg der Arbeiterklasse werden die amerikanischen Truppen über die Truppen der UdSSR erringen; doch um es laut zu sagen, muß man entweder ein absoluter Verräter oder verbittert sein, was auf dasselbe hinausläuft. Im allgemeinen begnügt man sich mit Zwischentönen und treibt sich in den reaktionären Salons herum, um den Feind aus größerer Nähe zu sehen; oder man wägt ab: man ist für die Indochinesen und die spanischen Republikaner, gegen die Chinesen und die Griechen; für Lenin, den großen Liberalen, und gegen Stalin, den Autokraten. Das hat zwar weder Hand noch Fuß, man weiß es und sagt immer wieder zu sich selbst: «Wenn diese gottverdammte Arbeiterklasse sich doch bloß entschließen könnte, die KP fallenzulassen, ein für allemal.» Seht euch zum Beispiel Herrn Altman an. Ich kenne ihn gut: er ist kein Verräter, nicht mal ein schlechter Mensch. Aber die Kommunisten haben ihn nach der Technik von Charles Boyer in *Gaslight* behandelt: man redet dem Patienten mit Hilfe wiederholter Kniffe ein, daß er verrückt und bösartig sei. Nach drei Jahren solcher Behandlung ist Herr Altman schon mehr als zur Hälfte überzeugt. Und so schreibt er am 29. Mai 1952 in *Franc-Tireur*: «Die Hetze gegen alles, was ‹amerikanisch› ist, hat mittlerweile die Form einer mörderischen Tobsucht angenommen. Man darf durchaus die amerikanische Politik kritisieren, wenn man es für richtig hält. Aber darf man zu erkennen geben, daß man mit allen Mitteln, von der Verleumdung bis zur Sabotage, nicht mehr zulassen wird, daß Menschen, Verbündete auf unserer Seite stehen, um eine eventuelle Aggression abzuwehren? ... Darf man Männer, Frauen und Kinder mit Parolen auf die Straße schicken, die schlicht und einfach an Rassismus erinnern? Es geht hier nicht einmal mehr um Kommunismus, sondern um Russismus ... Alles, was nicht Stalins Rußland dient ..., alles, was für die Freiheit ist, so wie sie diesseits des Eisernen Vorhangs noch existiert, das alles soll für null und nichtig erklärt werden, bevor man es ausrottet ...»

Habt ihr bemerkt: «... wenn man es für richtig hält». Wieviel Feinsinn, wie viele Hintergedanken und Anspielungen in diesen sechs Wörtern, so als würde man von Herzen gern für die Sprache und die Kultur sterben, die solche Nuancen ermöglichen. Wenn man es für richtig hält: das klingt, als wolle er einfach sagen: «Wenn das eure Meinung ist.» Aber damit würde man die leichte Mißbilligung überhören, die dem Ausdruck anhaftet: «Da ihr es für richtig gehalten habt, mich zu verpflichten, ohne mich um meine Meinung zu fragen ...» Ihr habt verstanden: kritisiert eure amerikanischen *Verbündeten*, wenn ihr es für richtig haltet; Herr Altman hält es nicht für richtig, und wenn er euch die Freiheit läßt, so mit der diskreten Warnung, daß ihr Torheiten begehen werdet. Leider befürchte ich, daß diese Subtilitäten für die Katz sind: die Amerikaner, die den Artikel lesen werden, sind noch nicht mit allen Wassern gewaschen, sie gebührend zu würdigen. Jedenfalls sind es unsere *Verbündeten*: da nimmt Herr Altman kein Blatt vor den Mund. Im übrigen hat er recht, vollkommen recht: die französische Regierung – welche eigentlich? – hat den Nordatlantikpakt unterzeichnet. Kurz, der Arbeiter ist im Besitz der demokratischen Freiheiten: er kann denken, reden, wählen. Wozu also muß er auf die Straße gehen und sich prügeln wie ein Strolch? Ach so, der Stalinist hetzt ihn auf! Jener Stalinist, sein böser Geist, heute *Russist*, vorgestern *Boche*, der ewige Aufwiegler, der 1789 mit dem englischen Gold und 1840 bereits mit dem russischen Gold um sich warf, den Unmut der Massen schürte und ihn sich zunutze machte, um sie in die Politik zu treiben. Von seinen heimtükkischen Reden fanatisiert, verlassen sie die Legalität und sind selbst die ersten Opfer ihrer Gewalt. Er war es, wie wir heute wissen, der die Kanaille zum Sturm auf die Bastille anstiftete, er, der den Unwillen einiger, vielleicht zu hart bestrafter schwarzer Sklaven benützte, um uns Santo Domingo verlieren zu lassen; der die Verschwörung der Vier Sergeanten, die Juni-Tage von 1848, die zahllosen Streiks um die Jahrhundertwende und schließlich die Meutereien von 1917 finanzierte. Wie seine Listen durchkreuzen? Wie ihn endlich kaltstellen? Herr Altman sagt es uns: «Wäre eine beherzte Sozialdemokratie imstande, dem Stalinismus das Monopol der Verteidigung der Arbeiter zu entreißen, dann stünde es anders um uns.» Daran sehen wir, daß wir nicht mehr die Jüngsten sind. Seit hundertzweiundsechzig Jahren hat sich weder die Arznei noch die Krankheit verändert. Und die demokratische Beherztheit von Herrn Altman erinnert durchaus an den vorsichtigen Progressismus jenes Grafen Morny, der bereits im

Januar 1898 in der *Revue des Deux Mondes* schrieb: «Der Kommunismus untergräbt insgeheim die Grundlage der Gesellschaften und der Regierungen. Werden maßvolle Zugeständnisse, intelligente Reformen, eine gewissenhafte Untersuchung der finanziellen und sozialen Fragen, der fromme Pflichteifer der reichen Klassen zugunsten der armen Klassen sowie ein mutiger Widerstand gegen die Parteicliquen die Übel abwehren können, die uns bedrohen? Das ist die eigentliche Frage.»

Eine beherzte Sozialdemokratie, meinetwegen: maßvolle Zugeständnisse an die Gewerkschaften, frommer Pflichteifer der Unternehmer zugunsten der Arbeiter, beherzter Widerstand gegen die *separatistischen* Parteicliquen. Doch wo sind die Elemente dafür? Wo ist die politische Mannschaft, die das Programm in die Tat umsetzt? Wo die Mehrheit, die diese Mannschaft an die Macht bringt? Herr Altman macht sich nichts vor: er weiß genau, daß es Jahre braucht, bis eine politische Gruppe genügend Einfluß gewinnt, um in der Nationalversammlung vertreten zu werden. Aber er ist davon überzeugt, daß *morgen* Krieg herrscht, ein von den Russen provozierter Krieg und ein verlorener Krieg, wenn kein Mittel gefunden wird, die Massen *schon heute* dem Einfluß der Partei zu entziehen. Armer Herr Altman, er kennt sie weiß Gott, die Kommunisten, schon seit dreißig Jahren; er weiß genau, daß sie die Beute nicht fahrenlassen werden. Und so dreht sich sein Lieblingsargument mitunter ganz allein in seinem Kopf, und er sagt sich: da die BSD-Partei (Beherzt, Sozial, Demokratisch) noch nicht an der Macht ist, müßte man dann nicht zugeben, daß die KP im gegenwärtigen Zeitpunkt der einzig *mögliche* Repräsentant der Arbeiterwähler ist? An solchen Tagen, das sage ich euch gleich, hat Herr Altman einen leichten Schlaf! Denn er gehört einer ziemlich umfangreichen Gruppe an, die sich zum nächsten Krieg etwa so verhält, wie sich der Verein Ehemaliger Frontkämpfer zum Krieg von 1914 verhielt: als Verein Künftiger Füsilierter. Sie haben mich oft zu ihren Banketten eingeladen, aber ich konnte es nicht über mich bringen, hinzugehen und ihren männlichen und makabren Frohsinn zu teilen. «Kommen Sie doch«, sagten sie, «Sie sind einer der Unseren!» Aber wenn der nächste Krieg ausbricht, sehe ich so viele Gründe, die dafür sprechen, daß wir alle dabei draufgehen werden, daß ich meine Zeit nicht damit vergeuden möchte, meine persönlichen Gründe aufzuzählen.

Daraufhin schmettert es am 4. Juni 1952 aus tausend Trompeten: das Verhältnis der Streikenden liegt bei 2 Prozent. Herr Altman frohlockt, er fühlt, daß er auflebt. 2 Prozent! Endlich hat der Arbeiter begriffen, er ist es leid, für die UdSSR die Kastanien aus dem Feuer zu holen und zeigt der Partei sein Mißtrauen, die ihn gegen die republikanischen Institutionen aufhetzen wollte; er hat die Gewalt satt und kehrt zu seinem Schrebergarten zurück, zu der ach so gepriesenen Sanftmut seiner Sitten. Und alsbald bietet alle Welt sich an, ihn zu leiten. Die FO öffnet ihm die Arme, und Herr Altman fragt sich allen Ernstes, ob er ihm nicht seine BSD andrehen könnte.

Schöne Kinder, liebe klebrige Ratten, ihr rennt in den Krieg! Ihr könnt es mir glauben. Denn eine klebrige Ratte spricht zu euch. Ihr rennt in den Krieg und zieht uns mit hinein. Die Gleichgültigkeit der Arbeiter kann nicht verhindern, daß wir ins Massaker schlittern: sie beschleunigt es; sollte sie endgültig sein, dann könnt ihr einpacken. Die ständige Suche nach den Läusen der Kommunistischen Partei hat euch die Augen verdorben; und ihr klagt so oft darüber, daß die KP das «Monopol der Verteidigung der Arbeiter» hat, daß ihr schließlich glaubt, dieses Privileg sei ihr ganz zufällig in den Schoß gefallen. Es ist die Partei, sagt ihr, Hysteriker, Mörder und Lügner; sie schürt den Haß, und ihre Tricks sind so plump, daß eure Zeitungen sie jeden Morgen mühelos entlarven. Demnach muß das Proletariat insgesamt kriminell, verlogen und hysterisch sein. Wie sonst ließe sich erklären, daß es kommunistisch bleibt? Liegt es vielleicht an Stalins Nase? Wenn sie kürzer gewesen wäre?

Wollte man diesen verstörten Seelen ihre feige Erleichterung vergällen, dann müßte man sie zur Zurückhaltung ermahnen und ihnen einige unangenehme Wahrheiten in Erinnerung rufen: daß man die Arbeiterklasse nicht bekämpfen kann, ohne ein Feind der Menschen und sein eigener Feind zu werden, doch daß die Arbeiterklasse, wenn es der KP gefällt und ohne daß ihr den kleinen Finger zu heben braucht, gegen euch sein wird; daß es, um Verräter zu werden, nicht genügt, daß die Kommunisten einen des Verrats beschuldigen; sondern daß man einen klaren Kopf behalten muß, denn der Ärger, der Haß, vielleicht die Angst und das Lächeln von rechts können einen von heute auf morgen in den Verrat treiben; und schließlich, daß man nicht mit der Auflösung der KP rechnen kann. Zwar stimmt es, daß das Proletariat in letzter Zeit ein wenig mit ihr schmollt, aber das ist eine Kleinigkeit, die sie unter sich ausmachen werden, das Zentralkomitee hat bereits die Lehre daraus gezogen. So ist die Lage: ihr könnt nichts daran ändern, ich auch nicht. Wenn sie euch zu hart ist, dreht den Gashahn auf oder geht angeln; aber fangt nicht an, falschzuspielen, sonst werdet ihr am Ende, wie einer, den ich kenne, in Carnegie Hall den Krieg predigen und sogar die Amerikaner anwidern. Als ihr von der Demonstration gegen Ridgway erfuhrt, habt ihr eine grenzenlose Empörung an den Tag gelegt: da war wirklich alles zu sehen! Alle die unerträglichen Untugenden der Kommunisten: die Illegalität, die Gewalt und jene unselige Manie, die gewerkschaftlich organisierten Arbeiter mit politischen Losungen zu mobilisieren. Nun gut, ich habe Angst, daß ihr falschspielt; und ich frage mich, ob dieses unheilbare Laster, das ihr der KP vorwerft, nicht ganz einfach die besondere Natur des Proletariats ist.

Die Tatsachen stehen fest: die Demonstration, der darauf folgende mißlungene Streik, die Nachwahlen zuerst bei Renault, dann in der Nationalversammlung. Etwas verschwommene, scheinbar widersprüchliche Linien. Einerlei, lassen wir sie sprechen. Sie werden euch vielleicht sagen, ob ihr Verräter oder einfach klebrige Ratten seid.[3] Mit anderen Worten, sie werden euch sagen, inwiefern die KP der *notwendige* Ausdruck der Arbeiterklasse ist und inwiefern sie ihr *exakter* Ausdruck ist.

3 Die klebrige Ratte hat nicht verraten. Aber die Partei ist sicher, daß sie es hätte tun können, wenn Gelegenheit dazu gewesen wäre. Kurz, es ist ein Wort, das eine bestimmte – in unserer Gesellschaft leider weit verbreitete – Kategorie von Individuen bezeichnet: den Schuldigen, dem man nichts vorwerfen kann.

I. Die Demonstration vom 28. Mai 1952

1. *Für die UdSSR die Kastanien aus dem Feuer holen*

«Der Arbeiter ist es leid, Moskaus Spielzeug zu sein. Er hat sich geweigert, an der Demonstration teilzunehmen, weil er deren Prinzip mißbilligte.» Woher wißt ihr das? Habt ihr *mit eigenen Ohren* gehört, daß er sich beklagte? *Wir* sind es, die überall Moskaus Hand im Spiel sehen. Ich behaupte nicht, daß wir immer unrecht haben, aber der Arbeiter ist anders gebaut als wir. Wie der Bourgeois ist er ein «großer Deuter», doch sein Manichäismus ist umgekehrt: er sieht hinter allen unseren Gesten das Gold Amerikas. Wer sagt, er habe *gemerkt*, daß man ihn mißbrauchte, setzt voraus, daß unser Interpretationssystem an die Stelle des seinen getreten ist. Hat Herr Robinet *gemerkt*, daß er der Spielball der Vereinigten Staaten ist? Und Herr Altman? Im übrigen hat die KPF nie einen Hehl daraus gemacht, daß sie ihre Politik nach einer allgemeinen Politik orientiert, deren Richtlinien in der Komintern und später im Kominform erarbeitet wurden. In den Thesen, die der III. Weltkongreß der III. Internationale verabschiedet hat, kann man nachlesen, daß «die Partei in ihrer Gesamtheit unter der Führung der Kommunistischen Internationale steht» und daß «die Beschlüsse der Kommunistischen Internationale sowohl für die Partei wie für jedes ihrer Mitglieder bindend sind». Nun bestand aber zu jener Zeit (1921) das fünfköpfige «Präsidium des Exekutivkomitees» aus drei Russen, einem Deutschen und einem Ungarn. Was jedoch, nach dem Kongreß von Tours[4], 130000 französische Sozialisten nicht daran hinderte, die Kommunistische Partei zu bilden, während 30000 andere weiterhin zu Blum hielten. Im übrigen beweisen die tiefgreifenden Unterschiede zwischen der italienischen und der französischen KP, daß den regionalen Führern ein breiter Spielraum zugestanden wird. Ihr meint, daß diese Politik ausschließlich den Interessen der UdSSR dient. Aber ihr macht es euch zu leicht. Man muß nämlich sehen, daß die III. Internationale aus einem Be-

4 Auf dem Kongreß von Tours vom 25. bis 30. Dezember 1920 akzeptierte die Mehrheit der sozialistischen Partei die von der (kommunistischen) III. Internationale für die Aufnahme beschlossenen 21 Bedingungen und konstituierte sich als Parti Communiste Français (PCF). Die reformistische Minderheit konstituierte sich als Section Française de l'Internationale Ouvrière (SFIO). *Anm. d. Übers.*

dürfnis nach Autorität entstanden ist. Das Scheitern der Friedensbewegung von 1914, die Ohnmacht der Arbeiter und das Zusammengehen der sozialistischen Führer mit der bürgerlichen Regierung der nationalen Vereinigung brachten die Militanten zum Rigorismus. Die Kongresse der II. Internationale «waren nichts weiter als akademische Versammlungen, die mit wertlosen Resolutionen endeten»; auf allen Ebenen der SFIO herrschte Anarchie. Doch die meisten Militanten waren davon überzeugt, daß «der Klassenkampf in seine Bürgerkriegsphase eintrat». Daher hatten sie den Wunsch, eine neue Partei zu schaffen, die eine Waffe sein sollte. Autorität, Effizienz, Hierarchie, genau das verlangten sie von der III. Internationale; und ohne Zweifel zogen sie es vor, den Anweisungen von Ausländern zu folgen, die die Bourgeoisie ihres Landes besiegt hatten, statt Franzosen zu gehorchen, die mit der französischen Bourgeoisie kollaboriert hatten. Was die 130000 Mitglieder der KP wollten und was sie verwirklichten, war die *demokratische Zentralisierung*, so etwas wie eine totale und permanente Mobilisierung, die jedem einzelnen ein Höchstmaß an Effizienz sicherte. Seit dieser Zeit hatten sich die Führer jener beiden Vorwürfe zu erwehren, die ihnen unaufhörlich gemacht wurden: «Die Zentralisierung muß in der Weise durchgeführt werden, daß sie für die Mitglieder der Partei eine Stärkung ihrer Tätigkeit bedeutet. Andernfalls würde sie den Massen als bloße Bürokratisierung der Partei erscheinen.» Und «das Geschrei über die Diktatur Moskaus ist ein einfaches Ablenkungsmanöver».[5] Doch der so konzipierte Apparat ist seinem Wesen nach zweideutig. Denn wenn die Aktion der Arbeiter auf internationaler Ebene von einer zentralisierten Partei konzipiert und geleitet wird, wirken die Losungen, gleich welches Ziel sie haben, in diesem oder jenem lokalen Sektor wie abstrakte Imperative; jedes regionale Proletariat wird als Mittel zu jenem unbedingten Zweck behandelt, der die Weltrevolution ist, und mangels einer genauen Kenntnis aller Ereignisse – die nur dem Historiker rückblikkend möglich ist – kann allein das Vertrauen entscheiden, ob man nicht getäuscht worden ist und ob die gebrachten Opfer vertretbar waren. Wie immer sagen die Tatsachen weder ja noch nein: nach Pearl Harbour verlangte die Kommunistische Partei der Vereinigten Staaten von ihren schwarzen Mitgliedern, ihre antirassistische Kampagne zu dämpfen, um der Nazi-Propaganda keine unnötige Nahrung zu

5 W. I. Lenin, *Brief an die deutschen und französischen Arbeiter* in: *Werke*, Dietz Verlag, Berlin 1959, Bd. 31, 269.

geben. Viele Schwarze waren in die Partei eingetreten, weil sie die einzige war, die sie verteidigte: sie hielten sich für verraten und verkauft und traten aus. Man kann es ihnen nicht übelnehmen: welches Endziel verfolgte die Losung? Hatte sie lediglich die Interessen der UdSSR oder diejenigen Europas und der Welt im Auge? Um das entscheiden zu können, müßte man zunächst unterstellen, daß der Konflikt von 1940 nichts anderes als ein imperialistischer Krieg war. Das ist tatsächlich die Meinung der Trotzkisten, und sie sind konsequent, denn 1942 verurteilten sie die Résistance. Doch den linken Widerstandskämpfern würde es schlecht anstehen, ihnen zu folgen. Jedenfalls kann man die Frage erst dann entscheiden, wenn man zu weit umfassenderen Fragen Stellung bezogen hat, nicht zuletzt zu der nach dem Wert der russischen Revolution und des Marxismus.

Das hat man 1921 gesehen. Nach dem Krieg hatten die französischen Sozialisten die Tendenz, zu jenem absoluten Pazifismus zurückzukehren, der trotz dem Scheitern von 1914 in der französischen Tradition fortlebte. Lenin wollte, daß sie einen Unterschied machten zwischen imperialistischen Kriegen und revolutionären Kriegen. Die Anarchisten der extremen Linken sträubten sich lange dagegen: da sie uneingeschränkte Pazifisten waren, forderten sie das Recht, «Nieder mit allen Armeen, auch mit der Roten Armee!» zu schreien. Wer hatte recht? Das hängt natürlich davon ab, welchen *Wert* die UdSSR für die Revolution hat, folglich welchen Wert die Revolution in der UdSSR hat. Und ihr könnt, je nach euren Überzeugungen, aufzeigen, daß Lenins Forderung eine im sozialistischen Leben Frankreichs tief verwurzelte Tradition zerstört, daß sie gewaltsam eine absurde Ausnahme in ein kohärentes System einführt oder daß die Situation, die den absoluten Pazifismus der Vorkriegszeit rechtfertigte, seit der Oktoberrevolution längst überholt war. Man könnte meinen, man sei in eine der endlosen Diskussionen zwischen den optimistischen Philosophen und den Schülern von La Rochefoucauld verwickelt: man läßt die menschlichen Handlungen Revue passieren, und jeder erklärt sie gemäß seinen Ansichten; der eine durch altruistische Beweggründe, der andere durch eigennützige Motive. Wenn diese Streitenden sich nicht einigen können, so deshalb, weil sie a *priori* eine Entscheidung über den Wert des Menschen getroffen haben. Und wenn ihr euch mit den Kommunisten nicht einigen könnt, so deshalb, weil ihr euch *a priori* eine Meinung über den Wert des russischen Experiments gebildet habt.

Im Januar 1918 schreibt Lenin: «Das Beispiel der sozialistischen

Sowjetrepublik in Rußland wird als lebendiges Vorbild vor den Völkern aller Länder stehen, und die propagandistische, revolutionierende Wirkung dieses Vorbilds wird gewaltig sein.»[6] Und im März 1923: «Aber uns interessiert nicht jene Unausbleiblichkeit des Endsiegs des Sozialismus. Uns interessiert die Taktik, die wir, die Kommunistische Partei Rußlands, wir, die Sowjetmacht Rußlands, befolgen müssen, um die konterrevolutionären westeuropäischen Staaten zu hindern, uns zu erdrücken.»[7] Das ganze Problem ist in diesen beiden Texten enthalten. Für einen überzeugten Kommunisten muß der Sozialismus notwendig siegen, da der Kapitalismus seinen eigenen Tod in sich trägt. Das heißt, daß Rußland nicht der einzige Weg ist, um dieses Endziel zu erreichen. Aus Antagonismen entstanden, die den Ersten Weltkrieg verursachten, kann Rußland verschwinden: die Antagonismen werden überleben und die kapitalistischen Nationen am Ende zusammenbrechen. In diesem präzisen Sinne ist die Rettung der UdSSR nicht die *notwendige* Voraussetzung für die Weltrevolution. Doch diese Überlegungen sind nicht *historisch*: historisch ist die UdSSR die Chance des Proletariats, sein «Vorbild» und die Quelle der «revolutionierenden Wirkung». Darüber hinaus ist sie *an sich selbst* ein zu verteidigender historischer Wert, der erste Staat, der, obwohl er den Sozialismus noch nicht verwirklicht, «dessen Prämissen enthält». Aus diesen beiden Gründen muß der Revolutionär, der in unserer Zeit lebt und dessen Aufgabe darin besteht, mit den vorhandenen Mitteln und in der historischen Situation, die ihm zugefallen ist, die Revolution vorzubereiten, ohne sich in apokalyptischen Hoffnungen zu verlieren, die ihn letztlich von der Aktion ablenken, die Sache der UdSSR unauflöslich mit der des Proletariats verbinden. Das zumindest meinte Lenin, was deutlich aus den beiden Texten hervorgeht. Doch andererseits erscheint die UdSSR als die *historische Chance* der Revolution und nicht als deren *notwendige* Voraussetzung (im mathematischen Sinn). Jedenfalls sieht es so aus, als könne die UdSSR anders sein, als sie ist, ohne daß die Zukunft der Revolution auf dem Spiel stünde, als könne sie beispielsweise den Demokratien des Ostens *weniger* Opfer abverlangen. Je gefahrvoller ihre Situation sein wird, desto notwendiger wird *für sie* die Hilfe sein, um die sie das europäi-

6 W. I. Lenin, *Zur Geschichte der Frage eines unglückseligen Friedens* in: *Ausgewählte Werke*, Dietz Verlag, Berlin 1966, Bd. II, 609. *Anm. d. Übers.*

7 W. I. Lenin, *Lieber weniger, aber besser* in: *Ausgewählte Werke*, a. a. O. Bd. III, 889. *Anm. d. Übers.*

sche Proletariat bittet; doch je härter ihre Forderungen sein werden, desto stärker wird sie den Volksdemokratien und Proletariaten als beliebige besondere Nation erscheinen. So wird, im günstigsten Fall, die Identifizierung der UdSSR mit der Sache der Revolution niemals vollständig sein, und die Antikommunisten werden dem französischen Arbeiter immer vorhalten können, daß «er für Moskau die Kastanien aus dem Feuer holt». Aber umgekehrt wird er den Beweis dafür nur *in einem einzigen Fall* erbringen können: wenn er nachweisen kann, daß die sowjetischen Führer nicht mehr an die russische Revolution glauben oder daß sie der Meinung sind, das Experiment sei gescheitert. Es versteht sich von selbst, daß, auch wenn das wahr wäre, was ich sehr bezweifle, der Beweis dafür heute nicht möglich wäre.[8] Bei jeder anderen Hypothese kann das Politbüro sich täuschen, einen falschen Weg einschlagen, tödliche Irrtümer begehen (die Revolution ist unausbleiblich, aber die UdSSR kann verschwinden); was immer es tut, es wird den Arbeiter nicht der *russischen Nation* opfern.

In der Demonstration vom 28. Mai 1952 finden wir eine ausgezeichnete Veranschaulichung des unüberbrückbaren Meinungsstreits zwischen Antikommunisten und Kommunisten; die einen wie die anderen sind immun gegen die Erfahrung, weil ihr Entschluß bereits gefaßt ist, doch die ersten, die auf das vergossene Blut empfindlich reagierten, sahen nur eine Art grausamer und kriegerischer Gewalt; die anderen mochten sie für unzweckmäßig und ungeschickt halten: dennoch bleibt sie in ihren Augen ein Moment der großen Schachpartie, die das Proletariat gegen den internationalen Kapitalismus spielt.

2. *«Moskau will den Krieg»*

Das wahre Problem liegt jedenfalls woanders, und diejenigen, die von Moskau sprechen, wollen uns irreführen. Denn gewiß war es nicht die UdSSR, die diese Demonstration angeordnet hat. Mag sein, daß sie die Politik der nationalen Parteien inspiriert, jedoch in einem sehr breiten Maßstab. Nach seiner Rückkehr aus Moskau schrieb Billoux[9] einen Artikel, in dem er den Bruch der KPF mit «der Bourgeoisie»

8 Ich werde im zweiten Teil darauf zurückkommen.
9 In der Tat sollte er im Bericht von Fajon am schärfsten verurteilt werden.

ankündigte, «die das Land der Kolonisierung des neuen Besatzers ausliefert». Doch selbst wenn man annimmt, er wäre ihm diktiert worden – was mir einfältig erscheint –, sind die Taten, die er ankündigt, weitaus gravierender als ein simpler Aufmarsch, und sei er mit Schlägereien verbunden; die Demonstration muß vom Politbüro mit den laufenden Geschäften beschlossen worden sein und unter seiner Verantwortung.

Und was ist eigentlich ihr Ziel? Denn die Presse spricht von Störungen, von Unordnung, von Haß, ohne jedoch den Grund für all den Krawall zu nennen. «Ihr Ziel?» – der Antikommunist ergötzt sich an meiner Naivität –, «was für eine Frage! den Krieg vorbereiten!» Offensichtlich! Daß ich daran nicht gedacht hatte: Die Kommunistische Partei und die Friedenskämpfer fordern die Pariser Bevölkerung auf, gegen den Krieg zu demonstrieren: das ist der eklatante Beweis dafür, daß die UdSSR uns angreifen will. In der Tat eklatant für den, der sich auf die Doktrin unserer Minister beruft: *si vis pacem para bellum* (Wenn du Frieden willst, bereite Krieg vor), woraus man messerscharf schließt: *si vis bellum para pacem* (Wenn du Krieg willst, bereite Frieden vor). Seit der Unterzeichnung des Nordatlantikpakts werden mit dem Anblick eines Soldatenrocks gemeinhin Bilder ländlicher Ruhe verbunden, und die unverhoffte Begegnung mit einem Kampfwagen wirkt auf Nervenleidende wie ein Beruhigungsmittel. Der Zivilist dagegen ist verdächtig, da er keine Uniform trägt. Will er etwa nicht den Frieden? Doch, er fordert ihn mit großem Geschrei: kein Zweifel mehr, er ist ein Aufrührer. Es liegt auf der Hand, daß er seine Kleidung gewählt hat, um uns das entmutigende Bild der Entwaffuung vor Augen zu führen; und seine Aufrufe zur Eintracht haben kein anderes Ziel, als die Verteidigung durcheinanderzubringen. Erinnert ihr euch an unser Unbehagen, als uns der kalte Krieg von Zeit zu Zeit eine Atempause gönnte? Man fragte sich: was steckt dahinter? Und erst gestern noch wurde General Clark von Angst gepackt, als er sah, daß an der Koreafront keine Kämpfe mehr stattfanden; es bedurfte fünf schwerer Bombenangriffe, um ihn zu beruhigen. So gibt es seit einiger Zeit merkwürdige Windstillen, die die Welt erzittern lassen. Ob Kommunist oder nicht, der Mensch, der den Frieden will, bleibt für uns mit diesem Unbehagen verbunden: er steht notgedrungen im Dienst des Feindes. Was wäre, wenn sein Verhalten von eben der Gewalt beeinflußt würde, die er ablehnt? Und ich gebe zu, daß die KP eine laute Stimme hat: sie schreit ihren Friedenswillen so laut hinaus, daß jeder glaubt, seine letzte Stunde habe geschlagen.

Aber ihr, die ihr die Entrüsteten spielt, was macht ihr anderes? Behauptet ihr nicht ebenfalls, daß ihr den Frieden wollt? Doch wenn ich nach euren Ölzweigen Ausschau halte, sehe ich nur Bomben. Ihr zeigt eure Stärke, so sagt ihr, um euch ihrer nicht bedienen zu müssen. Aber wer seine Stärke zeigt, übt bereits Gewalt aus. Um die Unterwerfung eines Negerfürsten zu erzwingen, überzieht ihr den Himmel Afrikas mit euren Bombern; diese weiße Gewalt ist schlimmer als die andere: er wird sich beugen, ohne daß ihr einen Schuß abgebt, aber ihr habt seinen Willen mit Terror gebrochen. Seht euch doch das Ergebnis eurer ach so friedfertigen Drohungen an: sie rufen sehr friedfertige Antworten hervor, die Massaker sind. Ihr veröffentlicht das Ergebnis eurer Atomversuche und brüstet euch, Moskau innerhalb von vierundzwanzig Stunden ausradieren zu können: im Interesse des Friedens natürlich und um den möglichen Angreifer einzuschüchtern. Aber auch die sowjetische Regierung will den Angreifer einschüchtern: sie schießt ein schwedisches Flugzeug ab, um zu zeigen, daß ihr Luftraum unverletzlich ist. Von einer vereitelten Aggression zur nächsten sterben jeden Tag Menschen in Griechenland, in Berlin, in Korea, sogar in Paris; und das ist euer Frieden: Frieden durch Angst. Hätte die UdSSR genausoviel Angst wie ihr, wäre aus eurem Frieden bereits Krieg geworden.

Denn die UdSSR will den Frieden und beweist es täglich. Eure amerikanischen Verbündeten wiederholen dauernd, man könne den Konflikt nur dadurch vermeiden, daß man bis zum Äußersten aufrüstet. «Die UdSSR kann uns nicht mehr beunruhigen, wenn wir stärker sind als sie.» Stärker, das heißt imstande, sie zu vernichten, wenn sie aufmuckt. Angenommen, ihr hättet diesen Grad an Stärke erreicht: wer entscheidet darüber, ob sie aufgemuckt hat? Wo liegen die Grenzen eurer Geduld? Muß sie ein alliiertes Land überfallen, oder genügt es, wenn ein Satellitenstaat einen Kardinal gefangensetzt? Die amerikanische Regierung versichert, sie werde nicht ohne schwerwiegende Gründe angreifen. Ich möchte es gerne glauben. Aber die Russen? Wie sollen sie es glauben? Wie den Versprechungen einer demokratischen Regierung trauen, die nicht einmal in der Lage ist, ihren Generälen in den Arm zu fallen, und die in sechs Monaten vielleicht einer republikanischen Regierung Platz machen wird? Gewiß zweifle ich nicht an der Reinheit der amerikanischen Absichten, aber leider weiß ich, daß eine Veränderung des militärischen Potentials notwendig eine Veränderung in den Köpfen zur Folge hat. Man braucht nicht die marxistischen Analysen zu Hilfe zu nehmen, um zu wissen, daß jede Nation die Außenpolitik hat, die ihrer Rüstung entspricht: sie liegt noch gar nicht weit zurück, jene vielbeweinte Zeit, da die Amerikaner den Krieg verabscheuten, weil sie keine Kanonen hatten. Aber ihr behauptet, daß die sowjetischen Führer Ungeheuer sind, die das menschliche Leben für nichts halten und mit einem Fingerschnipsen den Krieg auslösen können. *Warum greifen sie dann nicht an?* Warum greifen sie nicht an, solange noch Zeit dazu ist, solange ihre Luftwaffe der des Feindes überlegen ist und ihre Armeen nur acht Tage brauchen, um Europa zu überrennen! «Weil sie Angst vor unseren Atombomben haben», sagt ihr. Ich verstehe: sie warten, bis sich deren Bestand verdreifacht hat und die nordatlantische Armee bereitsteht. Was für eine wunderbare Rechnung! Die UdSSR will Krieg führen, in drei Jahren muß sie ihn verlieren, und sie führt ihn nicht, solange sie ihn noch gewinnen kann. Die Leute da drüben müssen verrückt sein. Es sei denn, sie wollen ganz einfach den Frieden.

Den Frieden? Ich sehe, daß ihr ein Lächeln unterdrückt: noch so ein Neutralist, der an den Weihnachtsmann glaubt. Gut, ihr seid Realisten. Während des Zweiten Weltkriegs nannte man diejenigen Franzosen *Realisten*, die mit der deutschen Wehrmacht kollaborierten; heute ist derjenige Franzose ein *Realist*, der glaubt, daß die UdSSR der Teufel ist, und der sich schreiend unter die Röcke Amerikas flüchtet. *Ihr wißt* also, daß die Mitglieder des Politbüros tollwütige Hunde sind. Und wer hat es euch gesagt? Was habt ihr für Beweise? Ich wähle den feinsinnigsten Berichterstatter des *Figaro*, Herrn Raymond Aron, und lese folgendes: «Der Neutralist ... stellt sich gerne eine Sowjetunion vor, die strikt in der Defensive bleibt, sich über die amerikanische Aufrüstung Sorgen macht und einzig bestrebt ist, ihre Sicherheit zu gewährleisten. Es genügt, sich in Erinnerung zu rufen, welche Diplomatie die Sowjetunion zwischen 1943 und 1947 betrieb, als der Westen sich so sehr um Zusammenarbeit bemühte, um zu begreifen, auf welcher Illusion die neutralistische Haltung beruht.»[11] *Es genügt*, ihr habt richtig gelesen. Das sind die Argumente, die man uns vorsetzt. Natürlich meint Herr Aron es nicht ernst: denn sosehr ich mir, auf seine Aufforderung hin, die sowjetische «Diplomatie» betrachte, es gelingt mir nicht, mich von meinen Illusionen zu trennen. Sie ist nicht höflich, diese Diplomatie; sie ist brutal, skrupellos,

11 Raymond Aron, *Les deux tentations de l'Européen* in: *Preuves*, Juni 1952.

sie atmet Mißtrauen und Haß. Offensichtlich hat die UdSSR, zweifellos schlecht informiert, die europäischen Bemühungen um Zusammenarbeit nicht ernst genommen. Sie verlangt Garantien, wann immer sie kann, zuweilen auf die Gefahr hin, die internationale Spannung zu erhöhen.[12] Nein, ich werde der UdSSR keinen Tugendpreis verleihen. Aber sie war in Europa unbesiegbar, die amerikanische Aufrüstung hatte noch nicht begonnen – wie Aron selbst zugibt –, und *niemals* hat sie eine Geste gemacht, die geeignet gewesen wäre, den Krieg auszulösen. Im übrigen arbeitete die Kommunistische Partei mit den bürgerlichen Parteien der westlichen Demokratien zusammen, und ihre Parole hieß: *produzieren*. Wenn ihr die UdSSR beschuldigt, *seit 1947* den Wiederaufbau Europas sabotiert zu haben, dann gebt wenigstens zu, daß sie ihn *vorher* befördert hat. Und wenn ihr in dieser Sabotage einen Beweis für ihre kriegerischen Absichten seht, dann seht aber auch, der Logik zuliebe, im Stachanowismus von Marcel Paul einen Beweis für ihre friedlichen Absichten.

Mir scheint vielmehr, daß die augenblickliche Haltung der UdSSR, ihr Zögern und die Doppeldeutigkeit ihrer Diplomatie bereits vor dreißig Jahren im voraus völlig klar definiert worden sind in einem Artikel von Lenin, der am 4. März 1923 in der *Prawda* erschien:[13]

«... bis zum Sieg der sozialistischen Revolution in den höherentwickelten Ländern durchzuhalten ist für uns nicht leicht ... Es hat sich jetzt ein solches System internationaler Beziehungen herausgebildet, daß in Europa ein Staat von den Siegerstaaten geknechtet ist, nämlich Deutschland. Ferner befinden sich mehrere Staaten, und zwar die ältesten Staaten des Westens, infolge ihres Sieges in einer Lage, in der sie diesen Sieg dazu benutzen können, ihren unterdrückten Klassen eine Reihe unwichtiger Zugeständnisse zu machen, die immerhin die revolutionäre Bewegung in diesen Ländern hinauszögern und eine Art ‹sozialen Friedens› schaffen.

Gleichzeitig wurde eine ganze Reihe von Ländern – der Orient, Indien, China usw. – gerade infolge des letzten imperialistischen Krieges endgültig aus dem gewohnten Geleise geworfen. Ihre Entwicklung hat endgültig die allgemein-europäische kapitalistische

12 Ich denke vor allem an die Iran-Affre.

13 W. I. Lenin, *Lieber weniger, aber besser*, a. a. O., 886. *Anm. d. Übers.*

Richtung genommen. In diesen Ländern hat die gleiche Gärung wie in ganz Europa begonnen. Und jetzt ist es aller Welt klar, daß sie von einer Entwicklung erfaßt sind, die zwangsläufig zu einer Krise des gesamten Weltkapitalismus führen muß.

Wir stehen somit gegenwärtig vor der Frage: Wird es uns gelingen, angesichts unserer klein- und zwergbäuerlichen Produktion, angesichts der Zerrüttung unserer Wirtschaft so lange durchzuhalten, bis die westeuropäischen kapitalistischen Länder ihre Entwicklung zum Sozialismus vollenden werden? Aber sie vollenden diese Entwicklung nicht so, wie wir es früher erwartet haben. Sie vollenden sie nicht dadurch, daß der Sozialismus in diesen Ländern gleichmäßig ‹ausreift›, sondern auf dem Wege der Ausbeutung der einen Staaten durch die anderen, auf dem Wege der Ausbeutung des ersten während des imperialistischen Krieges besiegten Staates, verbunden mit der Ausbeutung des gesamten Ostens. Der Osten andererseits wurde ... endgültig in den allgemeinen Strudel der revolutionären Weltbewegung hineingerissen.

Welche Taktik wird nun durch eine solche Lage der Dinge für unser Land vorgeschrieben? Offenbar die folgende: Wir müssen die größte Vorsicht walten lassen, um unsere Arbeitermacht zu behaupten, um unsere Klein- und Zwergbauernschaft unter der Autorität und Führung der Arbeitermacht zu behalten ... Aber wir haben auf unserer Seite das Minus, daß es den Imperialisten gelungen ist, die ganze Welt in zwei Lager zu spalten, wobei diese Spaltung noch dadurch kompliziert wird, daß es für Deutschland, ein Land von wirklich fortgeschrittener, kultureller kapitalistischer Entwicklung, jetzt im höchsten Grade schwierig ist, sich wieder aufzurichten ... Und andererseits ist der ganze Osten in Verhältnisse versetzt, wo seine physischen und materiellen Kräfte absolut keinen Vergleich mit den physischen, materiellen und militärischen Kräften irgendeines der viel kleineren westeuropäischen Staaten aushalten.

Können wir uns vor dem kommenden Zusammenstoß mit diesen imperialistischen Staaten retten? Besteht für uns die Hoffnung, daß die inneren Widersprüche und Konflikte zwischen den erfolgreichen imperialistischen Staaten des Westens und den erfolgreichen imperialistischen Staaten des Ostens uns ein zweites Mal eine Atempause gewähren werden, wie sie es das erste Mal getan haben, als der Feldzug der westeuropäischen Konterrevolution, gerichtet auf die Unterstützung der russischen Konterrevolution, infolge der Gegensätze im Lager der Konterrevolutionäre des Westens und des Ostens, im Lager der östlichen und der westlichen Ausbeuter, im Lager Japans und Amerikas scheiterte?

Diese Frage, scheint mir, wird dahin zu beantworten sein, daß die Entscheidung hier von allzu vielen Umständen abhängt und der Ausgang des Kampfes sich im großen und ganzen nur auf der Grundlage voraussehen läßt, daß die gigantische Mehrheit der Erdbevölkerung schließlich durch den Kapitalismus selbst für den Kampf geschult und erzogen wird.

Der Ausgang des Kampfes hängt in letzter Instanz davon ab, daß Rußland, Indien, China usw. die gigantische Mehrheit der Erdbevölkerung stellen ... In diesem Sinne ist der endgültige Sieg des Sozialismus vollständig und unbedingt gesichert.

Aber uns interessiert nicht diese Unausbleiblichkeit des Endsieges des Sozialismus. Uns interessiert die Taktik, die wir, die Kommunistische Partei Rußlands, wir, die Sowjetmacht Rußlands, befolgen müssen, um die konterrevolutionären westeuropäischen Staaten zu hindern, uns zu erdrücken. Damit unsere Existenz gesichert ist bis zum nächsten kriegerischen Zusammenstoß zwischen dem konterrevolutionären imperialistischen Westen und dem revolutionären und nationalistischen Osten, zwischen den zivilisiertesten Staaten der Welt und den orientalisch zurückgebliebenen Staaten, die jedoch die Mehrheit ausmachen – muß es dieser Mehrheit gelingen, sich zu zivilisieren. Uns mangelt es ebenfalls an Zivilisation, um unmittelbar zum Sozialismus überzugehen, obwohl wir die politischen Voraussetzungen dafür haben ...»

(Es folgt ein Gesamtplan für die innere Wirtschaft der UdSSR.)

Was hat sich seit diesem bewundernswert scharfsichtigen Text verändert?

– Die UdSSR hat sich industrialisiert. Doch die ungeheure Anstrengung der USA geht dahin, die Kluft zwischen der Produktion des Westens und der des Ostens aufrechtzuerhalten.

– Die revolutionäre Bewegung Chinas hat mit einer Revolution geendet. Doch die Industrialisierung Chinas hat noch nicht einmal begonnen. Indien ist von der Bewegung nicht erfaßt worden: hier können von einem Tag auf den andern Konflikte entstehen, die der UdSSR von Nutzen sind. Doch soweit ist es noch nicht.

– Im Jahre 1952 kann man nicht, wie nach 1918, von «Erfolg» sprechen. Auch nicht von sozialem Frieden. Die Arbeiterklasse ist vielmehr auf dem Rückzug, und die bürgerlichen Regierungen sind fest entschlossen, die sozialen Unruhen mit allen Mitteln zu unterdrükken. Die zentralisierende Wirkung des amerikanischen Imperialismus verhindert vorläufig, daß die nationalen und internationalen Konflikte sich verschärfen. Es sieht so aus, als hätten die Russen mit einer Wirtschaftskrise der USA gerechnet, die noch nicht eingetreten ist.

Im großen und ganzen besteht weiterhin ein reales Mißverhältnis zwischen dem östlichen und dem westlichen Block. Obwohl sich die USA und China praktisch im Kriegszustand befinden, ähnelt dieser Krieg zwischen einem wirtschaftlich noch sehr rückständigen Land und dem «zivilisiertesten» der kapitalistischen Staaten in keiner Weise dem Krieg, den Lenin voraussagte und von dem er erwartete, daß er dem Kapitalismus entscheidende Schläge versetzen würde. Mit einem Wort, wenn man sich unter Berufung auf diesen Artikel vorzustellen versucht, was sein Autor über die Politik schreiben würde, die die UdSSR heute verfolgen müßte, so scheint es nahezuliegen, daß er die Schlüsselsätze daraus wiederholen würde: «Wir müssen die größte Vorsicht walten lassen ... Können wir uns vor dem kommenden Zusammenstoß mit diesen imperialistischen Staaten retten? Besteht für uns die Hoffnung, daß die inneren Widersprüche und Konflikte zwischen den erfolgreichen imperialistischen Staaten ... uns ein drittes Mal eine Atempause gewähren werden? ... Die Entscheidung hängt von allzu vielen Umständen ab ... Aber der Ausgang des Kampfes ist gesichert ...»

Ich sehe nicht, daß Stalin eine andere Politik verfolgt hat. Man sieht, daß die Sowjetregierung den Völkerbund zunächst verachtet, jenes Instrument des bürgerlichen Imperialismus, und sich dann, als Japan und Hitlerdeutschland sie allmählich beunruhigen, dem Völkerbund annähert, in Genf die Theorie des unteilbaren Friedens vertritt und sich, gegen die «proletarischen» Nationen, auf die Seite der «konservativen» Nationen schlägt. Es war die Zeit, da Stalin erklärte: «Wir begehren keinen Fußbreit des Territoriums anderer, und wir werden es niemandem erlauben, sich einen Fußbreit unseres Territoriums anzueignen.» Die UdSSR ging sogar so weit, mit Frankreich einen gegenseitigen Beistandspakt zu unterzeichnen. Bis München spielte sie das Spiel der Demokratien und beschränkte sich darauf, ihnen mehr Entschlossenheit zu raten. Die Haltung der KPF im Zusammenhang mit der Außenpolitik der UdSSR ist sehr bezeichnend. Von 1928 bis 1930 stellt sie ihr Programm des Kampfs gegen den imperialistischen Krieg auf, da sie einen Angriff der kapitalistischen Mächte auf Sowjetrußland befürchtet, und definiert die wichtigsten Maßnahmen, die im Konfliktfall zu ergreifen wären. Ab 1935 und bis 1938 wird angesichts der inneren und äußeren Bedrohung durch den Faschismus die Aktionseinheit mit den Sozialisten ins Auge gefaßt und dann verwirklicht. Wir kennen die Wut und die Befürchtungen der UdSSR nach München, über «den Versuch der Reaktionäre Englands und Roms, sich auf Kosten der Sowjetunion mit den deutschen und italienischen Faschisten zu verbünden». Es steht fest, daß die UdSSR Angst vor der Umzingelung und vor dem Krieg hatte. Vergeblich bemühen sich 1938/39 die englische und die französische Regierung angesichts der unmittelbaren Gefahr um ein Bündnis mit Rußland. Das Mißtrauen der Sowjets ist nicht zu zerstreuen: sie sind der Überzeugung, daß Deutschland am Weg lauert und sich, gemäß dem Spiel der Bündnisse, auf seinen westlichen oder östlichen Nachbarn stützen wird. Ribbentrop und Molotow unterzeichnen den deutsch-sowjetischen Nichtangriffspakt. Über dieses Verfahren ist bereits alles gesagt worden, und gewiß mangelt es ihm an Feinfühligkeit: doch wer kann leugnen, daß Rußland, in Ermangelung des Weltfriedens, *seinen* Frieden bewahren wollte? Deutschland mußte es 1941 erst angreifen, und die ersten Operationen scheinen darauf hinzudeuten, daß die sowjetische Armee auf den Zusammenstoß nicht ganz vorbereitet war. Nach 1944 lebt mit dem Zusammenbruch Deutschlands der Alptraum des antisowjetischen Kreuzzugs wieder auf. Die UdSSR versucht sich mit allen Mitteln und jeder Politik zu schützen. Ab 1947 werden die kommunistischen Parteien Europas von den Kommandostellen entfernt; abermals verhärten sich die Sowjets. Trotz aller Suche kann ich in den letzten drei Jahrzehnten keinerlei Aggressionswillen bei den Russen entdecken; ich sehe eine mißtrauische und gehetzte Nation, die sich noch an die Intervention der Alliierten von 1918 und an die darauf folgende Quarantäne erinnert, eine Nation, die der Vernichtung alles vorziehen wird, sogar einen Weltkrieg, die jedoch mit allen Mitteln versucht, sich diesen Krieg zu ersparen, eine rüde Nation, gewiß, mißtrauisch und reizbar, gelegentlich sogar bösartig; aber wenn es auch stimmt, daß die revolutionären Parteien, die sich auf sie berufen, kaum dazu beitragen, die Geister zu beschwichtigen, so konnten doch umgekehrt die Beschimpfungen, mit denen man sie in den bürgerlichen Demokratien überhäufte, die polizeilichen Repressionen und, in den faschistischen Ländern, die systematische Ausrottung der kommunistischen Führer die Spannung nur verschärfen. Denn in den Kommunisten verabscheuen die Bourgeois gleichzeitig die UdSSR und in der UdSSR die Kommunisten. Jedenfalls besteht kein Zweifel daran, daß unsere panische Angst vor der russischen Aggression genau der russischen Angst vor der Umzingelung entspricht.

Man täusche sich nicht: sollte die UdSSR eines Tages jede Hoffnung verlieren, den Krieg zu vermeiden, dann würde sie selbst den Konflikt entfesseln. Und wer könnte ihr das verübeln? Aber ihre Führer sind genauso gespalten wie die unseren. Schon 1946 hielt Molotow den Krieg für unvermeidlich. Die jugoslawische Affäre hat gezeigt, daß er seine Kollegen nicht völlig überzeugt hatte, denn einige von ihnen sind, so scheint es, der Meinung, daß der Konflikt sich so lange hinausschieben lasse, bis eine entscheidende Krise die westliche Welt erschüttert; die deutschen Widerstände, die englische Zurückhaltung, die schwankende Meinung in Frankreich und Italien, die Verstrickung der Amerikaner in Korea, die Unruhe in der arabischen Welt, der Krieg des Vietminh, das alles sind Karten, die noch ausgespielt werden können. Je nach der internationalen Lage und vielleicht auch den Kräfteverhältnissen innerhalb des Politbüros herrscht die eine oder die andere dieser Auffassungen vor, stets durch die der Minderheit gedämpft.

Dieses Wechselspiel spiegelt sich in der Politik der KP wider, und in diesem Klima muß auch die Demonstration vom 28. Mai gesehen werden. Man hat sie oft mit dem Artikel in Zusammenhang gebracht, den Billoux nach seiner Reise in die UdSSR veröffentlichte. Doch dieser Artikel kündigte weniger eine «Kehrtwende» der Partei an, wie Gilles Martinet im *Observateur* richtig gezeigt hat, als vielmehr eine Rückkehr zur Linie von 1950. In jenem Jahr prangerte Thorez auf dem XII. Parteitag die «marshallisierten» Regierungen an, die «den amerikanischen Kapitalisten hörig sind ... und sich gegen die Arbeiterklasse der Methoden des Mords und des Terrors bedienen». Im September 1951 erklärte dagegen Jacques Duclos in der Sitzung des Zentralkomitees: «Unternehmer und Arbeiter können bei der Wiedererringung der französischen Unabhängigkeit durchaus im selben Lager stehen.» Und im Mai 1952 greift Billoux die Themen von Thorez wieder auf: «Die Verteidigung der französischen Industrie kann nicht in einer ‹nationalen Vereinigung› der Arbeiter, der Mittelschichten und der Industriellen erfolgen.» So kehrte man einfach zur Unnachgiebigkeit von 1950 zurück, um sich einen Monat später, mit dem Bericht von Fajon vor dem Zentralkomitee (19. Juni 1952), erneut der Duclos-Richtung anzuschließen: die Unternehmerschaft ist nicht homogen, vielen französischen Industriellen droht durch die Rüstungspolitik der Ruin; der Artikel von Billoux ist falsch verstanden worden, das Sektierertum muß aufgegeben werden, man muß den bäuerlichen Massen, den Mittelschichten, den Intellektuellen die Hand reichen sowie «denjenigen Unternehmern, die die amerikanische Vorherrschaft benachteiligt». Diesmal schlägt das Pendel rascher und weiter aus: Billoux war weiter gegangen als Thorez, Fajon geht weiter als Duclos. Das Pendel scheint verrückt zu spielen. Es wurde gesagt, daß seine Perioden dem Rhythmus der internationalen Situation entsprächen, doch das stimmt nicht ganz: zwar erklärt Thorez im April 1950, daß «der Frieden nur an einem Faden hängt», aber der Koreakrieg war noch nicht ausgebrochen (wußte er, daß er bevorstand?), und die amerikanische Wiederaufrüstung begann erst im folgenden Herbst; im September 1951 ist im Vergleich zum Januar eine leichte Entspannung zu verzeichnen, obwohl dieselben Drohungen auf der Welt lasten: die Wiederbewaffnung Deutschlands ist beschlossene Sache, die Waffenstillstandsverhandlungen in Korea ziehen sich hin, der Sieg der Konservativen bei den englischen Wahlen gilt als sicher, die Konferenz von Ottawa steht vor der Tür. Was die beiden letzten Pendelbewegungen betrifft, so finden sie in derselben bedrohlichen und gespannten Atmosphäre statt, und auf diesen doppelten Theaterdonner folgt keinerlei spürbare Veränderung der sowjetischen Haltung, die recht zweideutig bleibt. Im übrigen würde man in Italien zur selben Zeit nichts Vergleichbares finden, und es fällt auf, daß Togliatti, einige Tage nach der Veröffentlichung des Artikels von Billoux, De Gasperi durch Nenni vorgeschlagen hat, eine gemeinsame Front gegen die Monarchisten und Neofaschisten zu bilden. Dies allein würde ausreichen, den Gedanken an eine Gleichschaltung der nationalen kommunistischen Bewegungen auszuschließen.[14] Die Schwankungen der kommunistischen Politik in Frankreich sind ein Merkmal der französischen KP, die aus Gründen, die ich weiter unten erläutern werde, die russischen Schwankungen reproduziert und verstärkt: ihr Rhythmus, ihre Periodizität, ihr Umfang hängen mindestens von drei Faktoren ab: von der internationalen Lage, vom inneren Zustand des Politbüros, vom inneren Zustand des französischen Zentralkomitees.

14 In seiner Juni-Rede hat Togliatti, unter dem Vorwand, De Gasperi anzugreifen, der KPF einen groben Verweis erteilt. «So dumm sind wir nicht», sagte er im Kern. «Sie haben Ihre Polizei und Ihre Truppen in den Straßen von Rom zusammengezogen, aber wir sind nicht in die Falle gegangen und haben Ihre Provokationen nicht beantwortet.» Daraus läßt sich ohne weiteres schließen, was er von der Demonstration vom 28. Mai hält.

Die Demonstration vom 28. Mai wird in einem Klima des Pessimismus beschlossen. Es ist eine letzte Anstrengung zugunsten des Friedens; aber man glaubt schon nicht mehr daran, woraus sich der Wille zum Mißerfolg und die Zuflucht zur Gewalt erklärt. Die KP ist auf das Schlimmste gefaßt: «Kein kapitalistisches Land», sagte Stalin 1927, «kann sich in einen großen Krieg stürzen, ohne zuvor sein Hinterland gesichert zu haben, ohne seine Arbeiter, ‹seine› Kolonien ‹niedergeknüppelt› zu haben.» Da die Partei davon überzeugt ist, daß man sie auflösen wird, erwägt sie bereits, wieder in den Untergrund zu gehen. Der Bericht von Fajon spielt ausdrücklich auf diesen Defätismus an: «Alle Aktiven der Partei müssen in aller Öffentlichkeit ihre Massenarbeit fortsetzen», sagt er, so als wolle er die Militanten beruhigen und gleichzeitig allzu voreiligen Schlußfolgerungen entgegentreten. Als das Politbüro die Demonstration beschließt, liegt ihr wenig daran, ob die Pariser Bevölkerung daran teilnimmt; sie weiß bereits, daß der Aufruf nicht befolgt werden wird:[15] «Es war eine konzertierte Aktion von Kommandos», schreibt Pierre Thibault in *France-Soir*, «die auf Befehl in eine im voraus verlorene Schlacht zogen.» Eine im voraus verlorene Schlacht: es stimmt, die Demonstration *mußte scheitern.* Aber es stimmt ebenfalls, daß die Siege des Proletariats langfristig sind und häufig aus im Augenblick verlorenen Schlachten erwachsen. Was wir Bourgeois, die wir nur die Erinnerung an unsere halben Siege bewahren wollen, kaum begreifen können, ist die große Geduld des Arbeiters und jene Mischung aus Fatalismus, Verzweiflung und Mut, die ihn unter dem Druck einer unerträglichen Situation zuweilen einen Kampf beginnen läßt, von dem er fast sicher weiß, daß er ihn verlieren wird. Als die KP ohne jede Chance diesen absurden Aktionstag beschloß, ließ sie sich trotz allem von der Tradition der Arbeiter leiten.

Doch vor allem *deutete* sie den grundlegenden Pazifismus der Massen, und ihr lügt bewußt, wenn ihr den Arbeiter dazu beglückwünscht, daß er sich nicht für Interessen hat einspannen lassen, die nicht die seinen sind. Eines der tiefsten und einfachsten Gefühle des Proletariats, eine der unmittelbarsten Gegebenheiten seines Klas-

15 Wie sollte sie es nicht wissen, da sie, wie Duverger sagt, eine wissenschaftliche Methode entwickelt hat, die es ihr erlaubt, «das Ohr an den Massen» zu haben? Es heißt, daß die lokalen Führer die höheren Führer schlecht informieren. Mag sein: in diesem Fall wäre die Wahrheit entstellt, aber nicht völlig verborgen.

senbewußtseins ist jenes Erfassen seiner selbst als reines *Da-sein* ohne solidarische Beziehung zum gesellschaftlichen Ganzen. Er ist in die Gesellschaft nicht integriert, er *lebt neben ihr*, in einer halben Segregation, die ihm aufgezwungen wird und die er schließlich beansprucht. In Zeiten internationaler Spannung lockern sich seine gesellschaftlichen Bindungen noch mehr, während sie überall sonst fester werden; wie könnte er sich auf die Ebene der psychischen und gesellschaftlichen Spannung des Kleinbürgertums begeben, das ihn umgibt? Dieser Gegensatz zwischen mangelndem Interesse und allgemeiner Überreiztheit bringt ihn zum Pazifismus. Und umgekehrt ist der Pazifismus *zuerst* die erneute Bekräftigung der Einsamkeit des Arbeiters in einer Gesellschaft der *Ausbeutung* und *erst danach* eine Erklärung der Solidarität mit der Arbeiterklasse der feindlichen Nation. Während die anderen Klassen ihre eigene Gesellschaft auf die andere Seite der Grenze projizieren, jedoch mit veränderten Vorzeichen und als das diabolische Bild der Gesellschaft schlechthin, projiziert der Arbeiter sich selbst und ohne veränderte Vorzeichen, denn die Negation seiner selbst ist die bürgerliche Klasse seines Landes. Daher ist die einfachste, der Spontaneität am nächsten kommende Haltung diejenige, die sein Gefühl am besten zum Ausdruck bringt, der Internationalismus. Die ältesten Arbeiter erinnern sich vielleicht noch an den Aufruf, den das Bundeskomitee der CGT im Januar 1906 erließ: «*Krieg dem Krieg*. Arbeiter ..., der kleinste Zwischenfall kann den Krieg auslösen. Die Presse weiß es ... und schweigt. Weil man das Volk zwingen will, zu marschieren, indem man die nationale Ehre, den unausweichlichen, weil defensiven Krieg vorschützt. Aber das Volk will keinen Krieg ... Die Arbeiterklasse hat keinerlei Interesse am Krieg. Sie allein trägt die Kosten – sie zahlt mit ihrer Arbeit und mit ihrem Blut. Folglich ist es an ihr, laut und deutlich zu sagen, *daß sie den Frieden will.*»

Wie wir sahen, hat die Konstituierung der russischen Revolution als *Nation* die Dinge ein wenig kompliziert. Als die KP das Proletariat aufforderte, in seinem Antimilitarismus eine Ausnahme zu machen, führte sie einen Widerspruch ein, der letztlich alle Karten durcheinanderbringen und das spontane Gefühl seines Ausdrucks berauben mußte. Ab 1928 wollte man die *heilige* Kraft bestimmter Wörter, bestimmter Situationen auf die UdSSR umleiten. Statt dem Arbeiter die Bande seiner wahren und unverbrüchlichen Solidarität mit der UdSSR zu erklären, machte man die UdSSR zum sozialistischen Vaterland des Arbeiters und den Arbeiter zum Soldaten der UdSSR, der hinter den Linien kämpft. Gleichzeitig vervollkommneten sich die Techniken des Kampfs gegen den Krieg und militarisierten sich dadurch: an die Stelle des feierlichen und vagen «Generalstreiks» wollte die KP, eingedenk des Mißerfolgs von 1914, Sabotageakte sowie eine defätistische und illegale Propaganda usw. setzen. Bereits um 1928/30 schien die Arbeiterklasse verwirrt zu sein, und der «Internationale Rote Antikriegstag» wurde ein Mißerfolg (1. August 1929), ähnlich wie der 28. Mai 1952. Wie zu erwarten, ist heute der Internationalismus, der das anorganische Nebeneinander der Massen voraussetzt (sie leben *nebeneinander*, durch die Grenzen getrennt, keine hat Befehlsgewalt, die Versammlungen ihrer Repräsentanten sind parlamentarisch), unter der Wirkung der *Zentralisierung* zerbrochen. Das Prinzip der 57. «These vom September 1921» – «Das Führungskomitee der Partei ist dem Parteitag *und* der Führung der Kommunistischen Internationale verantwortlich» – ließe sich symbolisch durch folgenden Satz ausdrücken: Der Arbeiter hat zwei Vaterländer, das seine und die Republik der russischen Sowjets. Im Grunde besiegelt das Auftauchen der Vaterländer die vertikale Abschottung. Auf internationaler Ebene gibt sich die KP eine Gliederung, die ebenso straff ist wie in jedem einzelnen Land: die Nationen kommunizieren ebensowenig miteinander wie die Zellen, außer über die höhere Ebene. Doch jenseits dieser Abschottungen, die dazu bestimmt sind, die Bindungen zu festigen und die Autorität der zentralen Macht zu stärken, bleibt das Interesse des Proletariats mit dem der UdSSR identisch: man beraubt sich der Argumente von Griffuelhes, die den Syndikalisten so ans Herz griffen («Den Boden des Vaterlands verteidigen? Ich habe nichts dagegen, vorausgesetzt, der Verteidiger ist Eigentümer dieses Bodens.» Untersuchung der sozialistischen Bewegung, August 1905). Aber man muß auch zugeben, daß die neue Propaganda darauf abzielt, den Arbeiter zu emanzipieren, ihm unverzüglich ein Mittel der Selbstbefreiung, ein Band der Transzendenz mit dem Anderen zu liefern – leider in Form des Kantschen Imperativs und der militärischen Pflicht. Sogar die verwendete Sprache ist militärisch: «[Dieser Tag von 1929] wird den Übergang des Proletariats zur Gegenoffensive auf der internationalen Front markieren ...» Doch hinter dieser Kommuniquésprache wird mit Worten, die der Propaganda der Nationalisten entlehnt sind, eine Art unterschwelliges Gespräch zwischen einem Proletariat, das zutiefst pazifistisch geblieben ist – einfach weil seine Situation darin besteht, pazifistisch zu sein –, und Militanten fortgesetzt, die hinter ihrem ideologischen und verbalen Apparat vielleicht ebenfalls pazifistisch geblieben sind. Kurz, es ist eines der ernsten Symptome der Aphasie als internationalen Phänomens: man kommuniziert mittels der Sprache; doch gegen diese verwenden die Kader und die Truppen Wörter, die lügen, jedoch insgeheim verstanden werden, so daß sich die Wahrheit wiederherstellt. Man erzählt den alten Syndikalisten von einer Gegenoffensive des Proletariats, und sie hören eine alte Stimme von vor 1914, die ihnen zuflüstert: «Arbeiter ... In Deutschland wie in Frankreich herrscht in diesem Punkt ausdrückliche Übereinstimmung: das Proletariat beider Länder weigert sich, Krieg zu führen. Zwingen wir also durch unsere gemeinsame und gleichzeitige Aktion unsere jeweiligen Regierungen dazu, unseren Willen zu berücksichtigen.» Die Demonstration vom 28. Mai 1952 – die weit mehr das Werk geschulter Militanter als eine spontane Demonstration war – hatte in gewissem Sinn das Ziel, den Massen eine tragische Darstellung ihrer tiefen Bestrebungen zu geben, etwa wie für Nietzsche die «bildliche» Darstellung in der griechischen Tragödie die tiefsten Instinkte des Chors widerspiegelt.

Kurz, unsere feinen Herren müssen sich überzeugen: das Proletariat hat keinen Grund, sich zu schlagen. Ihr erklärt dem Arbeiter tagtäglich, daß die UdSSR die Revolution verraten habe; er ist überrascht, denn er dachte nicht, daß euch das soviel Kummer macht; aber damit ihr es wißt, er glaubt euch kein Wort. Wenn der *Figaro* amtlichen Klatsch über die rumänische Botschaft veröffentlicht, so ergötzt das sicherlich einige Witwen von Stande, doch nur deshalb, weil sie Kammerdiener lieben. Die Arbeiter lieben sie nicht besonders. Und selbst wenn es vorkommen sollte, daß ein Arbeiter in einem Anfall von Verrücktheit dieses Blatt regelmäßig läse und sich vom sowjetischen Verrat überzeugen ließe, so wäre das für ihn vielleicht ein Grund, nicht in den Reihen der Roten Armee zu kämpfen, aber sicherlich keiner, gegen sie zu kämpfen. Aber ja! werdet ihr sagen: um das unglückliche russische Proletariat zu befreien. Nun, ich habe den Eindruck, daß eure Propaganda noch nicht ganz auf dem neuesten Stand ist, und ich glaube nicht, daß ihr viele Leute gewinnen werdet, wenn ihr von ihnen verlangt, sie sollten den antibolschewistischen Kreuzzug, den Hitler predigte, wiederaufnehmen und sich auf die Seite von Tschiang Kai-schek gegen die Chinesen von Mao Tse-tung schlagen, auf die Seite Francos gegen die spanischen Republikaner, auf die Seite von Syngman Rhee gegen das koreanische Volk, auf die Seite der Mörder von Beloyannis gegen die Väter und Brüder der

Deportierten von Makronissos, auf die Seite der Oligarchie von Kolonisten gegen die Tunesier, Madegassen und Vietnamesen.

Ihr werdet wohl gemerkt haben, daß das etwas viel verlangt war, und habt es aufgegeben, die Leute zu indoktrinieren. Wenn ihr trotz allem, zur Beruhigung eures Gewissens, einige Gründe anführen wollt, aus denen es sich lohnt, für die Vereinigten Staaten zu sterben, dann organisiert ihr Kunstausstellungen, Vortragsreihen und Konzerte, kurz, ihr veranstaltet das, was man seit kurzem eine «kulturelle Schlacht» nennt. Aber ihr achtet streng darauf, die Eintrittspreise zu verdoppeln: um wenigstens sicher zu sein, daß man «unter sich bleibt». Oder ihr schickt eine Riege bleicher und lammfrommer Intellektueller von Paris nach London und Berlin, die auswendig gelernte Komplimente über die Kultur und die Freiheit aufsagen. Aber wen soll diese Frauenkapelle denn überzeugen außer den Lesern der *Annales*? Die Kultur ist mausetot, wenn die Schriftsteller anfangen, sie zu *verteidigen*, statt sie zu *machen*. Dem Arbeiter jedenfalls ist sie schnuppe. Damit er sich für sie interessieren könnte, hätte man sie ihm zuerst einmal geben müssen, und dann hätte sie von dem sprechen müssen, was ihn interessiert. Eine Plattengießerin, die in einer Raffinerie arbeitet, muß eine Gruppe von vier Maschinen bedienen, von denen jede in zweieinhalb Minuten dreißig Platten füllt; eine Platte wiegt achthundert Gramm. Die Arbeiterin transportiert also alle zwei Minuten hundert Kilo, etwa zwanzig Tonnen pro Tag. Bittet sie doch, euch ihren Mann und ihren Sohn zu schenken, erklärt ihr, es sei zur Befreiung der armen sowjetischen «Plattengießerinnen», die nicht das Recht haben, ihre Meinung über die abstrakte Malerei oder die Theorien von Lyssenko zu äußern; macht ihr begreiflich, daß die Vereinigten Staaten eine Wasserstoffbombe entwikkeln und heimlich die Aufnahme Spaniens in die UNO betreiben, damit die «Plattengießerinnen» der westlichen Demokratien weiterhin in völliger Unabhängigkeit denken und ihre Gedanken ausdrükken können. Keine Bange: sie wird euch nicht verprügeln; dazu ist sie zu erschöpft. Ihr selbst werdet euch gegen sie empören und darüber klagen, daß in Europa der Sinn für die Freiheit verlorengegangen ist. Dabei sehnt auch sie sich nach Befreiung. Doch die Freiheit, die sie fordert, hat keine Ähnlichkeit mit der euren, und ich glaube, sie würde gern auf die Freiheit des Ausdrucks verzichten, von der in der Salle Gaveau so schöner Gebrauch gemacht wird, wenn man sie von dem schmerzhaften Rhythmus der Maschinen, von der Fremdbestimmung ihrer Aufgaben, von der Kälte, den tristen Mauern der Fabrik befreien würde. Damit sie sich frei fühlen könnte, freier, als sie je war, würde es – vorläufig – ausreichen, daß sie in derselben Zeit und zum selben Lohn nur noch zehn statt zwanzig Tonnen schleppen müßte. Worauf wartet ihr? Ihr würdet euch um die Kultur verdient machen. Ihr sagt, daß ihr nicht könnt, daß man Geduld haben muß und daß der technische Fortschritt die Enkel der Plattengießerin befreien wird? Gut: wenn ihr Krieg führen wollt, dann wartet, bis sie geboren sind. Und glaubt nur nicht, ihr könntet ihre künftige Großmutter überzeugen, indem ihr ihr die hohen amerikanischen Löhne und den besseren Lebensstandard in den USA anpreist. Was kümmern sie die ständigen Vergleiche zwischen der UdSSR und den USA? Denn für sie geht es nicht darum, in Stalingrad oder in Chicago zu arbeiten, sondern in Frankreich, ob es sich nun im Frieden oder im Krieg befindet. Ihr Schwachköpfe habt so große Angst vor dem Sowjetregime, daß ihr alles tut, seine Absichten zu ergründen. Denn heute herrscht Frieden, die Amerikaner sind bei uns und die Russen in Rußland, aber wenn morgen Krieg herrscht, werden die Amerikaner in Amerika sein und die Russen bei uns. Die Arbeiter wissen es: sobald die Feindseligkeiten beginnen, werden sie auch noch jenen Hungerlohn verlieren, den man «Existenzminimum» nennt; sie haben kein Interesse daran, «besetzt» zu werden, nicht einmal von der Roten Armee; sie wollen, daß die Russen in der UdSSR bleiben und die Amerikaner in den USA. Wenn sie sich am 28. Mai nicht gerührt haben, so deshalb, weil sie – aus Gründen, die ich später untersuchen werde – der Meinung waren, daß das Spiel die Mühe nicht lohnte; doch die Uneinigkeit bezog sich nie auf das Prinzip der Demonstration. Ihr könnt sicher sein, daß sie weder für Ridgway noch für irgendeinen anderen Amerikaner besondere Zuneigung empfinden. Denn ihr wißt es, ihr klebrigen Ratten, und sogar der *Figaro* beginnt es zu ahnen: die Amerikaner sind ausgezeichnete Propagandisten, doch ihre beste Propaganda machen sie für die Russen.

3. «Die KP und die CGT zermürben die Arbeiter, indem sie ihnen politische Demonstrationen aufzwingen»

Doch nun wird uns ein neues Argument aufgetischt: die Arbeiter werfen der KP angeblich vor, ihr einziges Verteidigungsinstrument verfälscht zu haben, weil sie es zu etwas gebrauchten, wozu es nicht geschaffen ist; sie sollen gesunden Menschenverstand bewiesen und den «russistischen» Agitatoren klargemacht haben, daß sie an der Trennung von Politik und Wirtschaft festzuhalten gedenken.

Wenn ihr die Wahrheit sagt, haben sie den Unternehmern das allerschönste Geschenk gemacht: denn den Unternehmern ist an dieser Trennung sehr gelegen; vielleicht noch mehr, als den Männern von 1789 an der Gewaltenteilung lag. Als die Puritaner Handel und Industrie verweltlicht hatten, mußte in diesem Sektor an die Stelle Gottes ein ehernes Gesetz treten: da unerbittlich, gab dieses Gesetz den Ausbeutern ihre Unschuld zurück; da göttlich, rechtfertigte es den Erfolg; mit ihm ließ sich nachweisen, daß der Reiche gut und der Arme schlecht war.

Es handelte sich um das Gesetz von Angebot und Nachfrage, «ein wahrhaft regulierender Mechanismus, der den Preis abstimmt, einige Verkaufswillige und einige Kaufwillige ausschaltet ..., die Produktion in Zeiten des Mangels ankurbelt, sie in Zeiten des Überflusses drosselt».[16] Es erlaubte, wieder optimistisch zu sein, darzulegen, daß der Reichtum im Verhältnis zum gesellschaftlichen Nutzen steht und daß der beste Kaufmann derjenige ist, der am billigsten verkauft, folglich der Auserwählte Gottes und der Wohltäter der Menschheit. Das Gesetz ließ sich vorzüglich auf die Beziehungen zwischen Arbeitgeber und Arbeitnehmer anwenden: die Arbeit war eine Ware und der Lohn ihr Preis. Keiner konnte die Unternehmer tadeln: der Lohn war in jedem Augenblick das, was er *sein konnte*, nicht höher und nicht niedriger, da er sich automatisch regulierte. Damit wurde das Reich der Wirtschaft zum Reich der Notwendigkeit, während das Reich der Politik das der Freiheit blieb. Alles klappt wunderbar, solange die beiden Reiche getrennt bleiben; allenfalls wäre es denkbar, daß die Wirtschaft Einfluß auf die Politik haben kann, doch ein Einbruch der Politik in die Wirtschaft verwirrt die Gemüter und erregt Anstoß: die Aktion des Politikers beweist tendenziell, daß die Notwendigkeit des Ökonomischen vielleicht nicht autonom ist und daß man seinen Lauf verändern kann, indem man auf andere Faktoren einwirkt. Einige Theoretiker machten den Vorschlag, das Politische auf das Ökonomische zu reduzieren, doch die Bourgeoisie winkte ab; sie zieht die strikte Trennung vor. Teilen, um zu herrschen. Man nahm einfach die Gewohnheit an, jedes Zugeständnis, das die Politik den armen Klassen machte, ohne daß es ihr abgerungen worden war, Demagogie zu nennen. Großzügigkeit ist prinzipiell *falsche* Großzügigkeit. «Die

16 Robert Mossé, *Les salaires*, Rivière, Paris 1952, 40.

scheinbar großzügige Reform ...» Das heißt, daß jeder Versuch, die mechanische Ordnung durch eine menschliche Ordnung zu ersetzen, zum Scheitern verurteilt ist. Es gibt nur eine Art, gut zu sein: sich der natürlichen Ordnung anzupassen, das Gesetz zu befolgen, jeden soviel wie möglich arbeiten zu lassen und ihn so gering wie möglich zu bezahlen; man dient der ganzen Gesellschaft, wenn man zum niedrigsten Preis produziert. Dieses löbliche Bemühen, den Profit zu rechtfertigen, steht am Ursprung einer recht komischen Theorie: der Theorie der *schrecklichen Güte*, die man bei Claudel und bei den Hitleranhängern findet. Wenn der Arbeiter seine gewerkschaftlichen Rechte dazu nutzt, Wirtschaft und Politik zu vermengen, wird er am Ende die ganze harmonische Maschinerie zerstören. Alles klappt wunderbar, solange er die gewerkschaftliche Aktion auf die Verteidigung seiner Interessen beschränkt. Im Grunde muß man zugeben, daß die Marktschwankungen die Tendenz haben, den Durchschnittslohn etwas von dem zu entfernen, was man im 18. Jahrhundert fromm den *natürlichen* Lohn nannte, den Turgot als das definierte, «was der Arbeiter für seinen Lebensunterhalt benötigt». Die Gewerkschaft greift nur insofern ein, als sie mehrere Verkäufer durch einen einzigen Vertragspartner ersetzt. Die ewigen Gesetze der Wirtschaft kann sie zwar nicht verändern, doch es fällt ihr insofern eine gewisse Macht zu, als sie ganz einfach wie ein Monopol funktioniert. Sie wird diese Macht also dazu nutzen, den Bruttolohn, der sich einzig dem Spiel der wirtschaftlichen Kräfte verdankt, zu modifizieren und ihn soweit wie möglich dem natürlichen Lohn anzugleichen.

So beschreibt die klassische Nationalökonomie, was geschehen würde, wenn die Beziehungen zwischen den Menschen streng mit den Beziehungen zwischen den Dingen gleichsetzbar wären. Oder, wenn man lieber will, sie stellt die Gesetze eines Universums auf, in dem der Mensch absolut unmenschlich für den Menschen ist. Die Gewerkschaft ist tragbar, solange sie sich als Sonderfall (ein einziger Verkäufer und mehrere Käufer) im Rahmen dieser strengen Gesetze bewegt. Sie wird untragbar, sobald sie sich vornimmt, sie zu humanisieren. Aber obwohl der bürgerliche Standpunkt an sich sehr klar ist, verstehe ich ihn nicht mehr, wenn ich versuche, die Dinge mit den Augen des Lohnarbeiters zu betrachten; dann wird nämlich die Trennung von Wirtschaftlichem und Politischem so flüchtig und vage, daß es mir schwerfällt, an ihre Existenz zu glauben. Zunächst einmal weiß ich nicht recht, was gemeint ist, wenn man verlangt, der Arbeiter solle sich darauf beschränken, seine Interessen zu verteidigen. Gibt es überhaupt ein Interesse des Arbeiters? Ich habe eher den Eindruck, daß das Interesse des Arbeiters darin besteht, nicht länger Arbeiter zu sein. Wie Marx sagt: «Der Proletarier hat die wirkliche Aufgabe, seine Verhältnisse zu revolutionieren.» Schon sehe ich den Antikommunisten die Achseln zucken: es scheint, daß ich es an Ernst fehlen lasse und daß derlei spitzfindige Scherze Frankreich 1939 zu Fall gebracht haben. Also gut, seien wir ernst. Es gibt ein Interesse des Arbeiters *als Arbeiter.* Das heißt, daß er *als erstes* seine Lage insgesamt akzeptieren muß; danach gesteht man ihm das Recht zu, sie in Einzelheiten zu verbessern. Und daher lautet die bürgerliche These (sowohl in der etwas derben Form der klassischen Ökonomie als auch in der modernen Form der Klassenkollaboration), daß der Arbeiter Arbeiter bleiben muß. Kein Wunder, da er ja dazu geschaffen ist, Arbeiter zu sein, so wie der Unternehmer dazu geschaffen ist, Unternehmer zu sein. Man sagt, daß ein Streik subversiv ist, wenn den Forderungen der Streikenden ein bestimmtes Menschenbild zugrunde liegt. Wenn der Unternehmer erklärt, daß der Proletarier von Geburt an Proletarier ist und bleiben muß, macht er keine Politik: er setzt die Prinzipien der Ökonomie. Der Arbeiter dagegen macht Politik, wenn er das Proletariat abschaffen möchte. Die ganze Geschichte der Arbeitergesetzgebung zeigt das Bemühen der bürgerlichen Justiz, zwischen guten und schlechten Streiks zu unterscheiden. Schon 1872 erklärte Depeyre, als er vor der Nationalversammlung eine Gesetzesvorlage verteidigte, die die Mitgliedschaft in der Internationale unter Strafe stellte, daß es die Absicht des Gesetzgebers gewesen sei, «die arbeitende Bevölkerung zu schützen» vor jedem Streikversuch, der «das Resultat eines bösen Gedankens, einer Verschwörung gegen die Gesellschaftsordnung» sei. Und noch heute übernimmt das Arbeitsgericht des Departements Seine, in abgeschwächteren Worten, die Theorie des «mißbräuchlichen Streiks» (Beschluß vom 26. März 1947): «Dieses Recht (zum Streik) ist unter Berücksichtigung des absoluten Prinzips anzuwenden, daß die Ausübung eines Rechts durch den Mißbrauch, der mit ihm getrieben werden kann, eingeschränkt ist; daß ein Recht in einer geordneten Gesellschaft tatsächlich niemals unbegrenzt ist; daß es, sofern keine Sonderregelung besteht, in den Rechten anderer Menschen und der Gemeinschaft seine natürliche Grenze hat ...» Goldene Worte: mißlich ist nur, daß die «geordnete Gesellschaft», in der der Arbeiter lebt und deren Gesetze er zu achten hat, ausgerechnet die kapitalistische Gesellschaft ist, die ihn unterdrückt. Damit ist die bürgerliche Entscheidung, das Streikrecht auf berufsbezogene

Forderungen zu begrenzen, *bereits politisch* und beruht auf einer ganz bestimmten Weltanschauung und auf einem ganz bestimmten Menschenbild.

Doch selbst wenn ich diese Anschauung akzeptiere, selbst wenn ich *mit* den Unternehmern die Interessen des Arbeiters definiere, vermag ich noch immer nicht zu begreifen, was seine Interessen sind. Eine Fabrik stellt ihrer Belegschaft ein Waschbecken zur Verfügung: das *Interesse* der Belegschaft besteht darin, daß der Abfluß nicht verstopft ist. Das Heimatland dieser Arbeiter wird durch eine schwachsinnige Politik in den Krieg getrieben: ihr *Interesse* ist es, daß der Krieg nicht stattfindet. Zwischen dem ersten und dem zweiten Beispiel hat das gesamte gesellschaftliche Leben Platz. Ihr sagt, das zweite sei *politischer* Art? Ist das so sicher? Im Fall eines Konflikts liefert die Bauernklasse das «Menschenmaterial» und profitiert dafür von den steigenden Lebensmittelpreisen; kurz, man kauft ihm das Blut literweise ab. Die Situation des Proletariats ist genau umgekehrt: seine Verluste an Menschenleben sind geringer, dafür leidet es *ökonomisch*. Nicht sofort, sondern erst später, wenn die Hypertrophie der Schwerindustrie sowie die Schwierigkeiten der Umstrukturierung zu Krisen und Arbeitslosigkeit führen. 1938 war die Lohnsumme doppelt so hoch wie das Steueraufkommen, 1950 war das Steueraufkommen der Lohnsumme gleich. Mit Recht könnte der Arbeiter erklären, daß die militärischen Konflikte ihn in seinen materiellen Interessen schädigen. Mehr noch: wenn ihr sagt, der Krieg sei eine politische Tatsache, lehnt ihr die sozialistische Erklärung des Kriegs ab und damit den Teufelskreis: Überproduktion – Suche nach Absatzmärkten – Konflikte. Ich behaupte weder, daß ihr unrecht habt, noch, daß diese Theorie richtig ist: darauf kommt es hier nicht an. Ich behaupte lediglich, daß ihr in eure Definition dessen, was politisch und was nicht politisch ist, Werturteile, Voraussetzungen, eine Ideologie einfließen laßt. Gewiß, die Marxsche Theorie der zyklischen Krisen oder Lenins Thesen über den kapitalistischen Imperialismus sind wahr oder falsch; doch die Beweisführung ist Sache der Spezialisten. Die meisten Leute weisen sie zurück oder stimmen ihnen zu, ohne sie zu kennen, und es würde ihnen schwerfallen, darüber zu streiten. Dennoch erklärt Merrheim in einer Resolution, über die er 1908 in Marseille abstimmen läßt, daß «jeder Krieg nichts anderes ist als ein Attentat auf die Arbeiterklasse, ein schreckliches und blutiges Mittel, um von ihren Forderungen abzulenken», und alle Gewerkschafter sprechen ihm die Formel nach, *als ob sie sie verstünden*. Woraufhin die Nationalisten diese «Defätisten» beschuldigen, sich an den Feind verkauft zu haben, *als ob sie es wüßten*. Hier prallen zwei Weltanschauungen aufeinander, die eher erlebt und empfunden als durchdacht sind. Eine Versöhnung zwischen beiden erscheint unmöglich: besonders der «Reformismus» bringt die Forderungen der Arbeiter zu einem plötzlichen und freiwilligen Stillstand, der vollkommen ungerechtfertigt erscheint. Man erinnere sich, was 1908 passierte: zwei Jahre zuvor hatte ein Kongreß eine Resolution verabschiedet, der «die antimilitaristische und antipatriotische Propaganda» befürwortete. Niel, ein reformistischer Gewerkschafter und Führer der Minderheit, legt in Marseille seinen Standpunkt dar: er ist gegen den Antipatriotismus, da er die Militanten *politisch* zusammenschließt. Janvion vertritt denselben Standpunkt: ein mühelos siegendes Deutschland würde ein Bußgeld verlangen, das hauptsächlich die Arbeiter zahlen müßten. Man könnte also meinen, daß sich beide Redner *aus denselben Gründen* gegen den Antimilitarismus aussprechen werden. Keineswegs: Niel zufolge bleibt der Antimilitarismus auf gewerkschaftlichem Boden, «da er das Ziel verfolgt, gegen das Eingreifen der Armee bei Streiks zu kämpfen». Was weder abstrakt noch absurd erscheint, wenn man sich an die Massaker von Fourmies (1891), Martinique (1900), Châlons-sur Marne (1900), Raon-l'Étape (1907), Draveil-Vigneux und Villeneuve-Saint-Georges (1908) erinnert. Man mußte gegen die Armee kämpfen, denn die Armee war die Unterdrückung. Nichtsdestoweniger ist die Argumentation unhaltbar: das Militär zum Ungehorsam anstiften ist eine politische Aktion. Und wenn die antimilitaristische Strömung stark genug ist, droht sie, die nationale Verteidigung zu schwächen, Deutschland zum Sieg zu verhelfen und die Arbeiter der Gefahr auszusetzen, jenes hohe Bußgeld zu zahlen, das Janvion ihnen ersparen wollte.

Nein, man muß zu der Überzeugung kommen, daß der Syndikalismus nur zwei kohärente Positionen hat: entweder er beschränkt sich darauf, die unmittelbaren Forderungen zu unterstützen, oder er muß die Arbeiter in allen nationalen Tätigkeitsbereichen verteidigen. Doch der Arbeiter, der bei den elementaren Forderungen stehenbleibt, muß wissen, daß er *bereits* eine politische Haltung eingenommen hat: er lehnt nicht nur die Revolution ab, sondern beispielsweise auch Solidaritätsstreiks; er findet sich mit seinem Schicksal ab und verrät die Arbeiterklasse.

Die Wahrheit ist, daß man nicht bei unmittelbaren Forderungen stehenbleiben *kann*: Marx hat es sehr gut gesagt: «... ein Ringen um

Lohnsteigerung [geht] nur als Nachspiel vorhergehender Veränderungen vor sich ... und [ist] das notwendige Ergebnis von vorhergehenden Veränderungen im Umfang der Produktion, der Produktivkraft der Arbeit, des Werts der Arbeit, des Werts des Geldes, der Dauer oder der Intensität der ausgepreßten Arbeit, der Fluktuation der Marktpreise, abhängend von den Fluktuationen von Nachfrage und Zufuhr und übereinstimmend mit den verschiedenen Phasen des industriellen Zyklus – kurz, als Abwehraktion der Arbeit gegen die vorhergehende Aktion des Kapitals.» Doch in diesem Fall greift der Arbeiter *zu spät* ein, und «in 99 Fällen von 100 [sind] ihre Anstrengungen, den Arbeitslohn zu heben, bloß Anstrengungen zur Behauptung des gegebenen Werts der Arbeit ...»[17] Damit das Proletariat sich verteidigen kann, müßte die Gewerkschaft also eher die *Ursachen* als die Wirkungen beeinflussen können. Wenn ihr ihm das Recht verweigert, auf die *Konjunktur* mit all ihren politischen und wirtschaftlichen, nationalen und internationalen Implikationen Einfluß zu nehmen, dann setzt ihr seine Forderungen auf blinde Triebe herab, dann nehmt ihr ihm die *menschliche* Möglichkeit der Vorausschau und der Vorsorge. Ihr macht aus dem Arbeiter einen hungrigen Bauch und einen schreienden Mund. Mit einem Wort, die Gewerkschaft «hat die wirkliche Aufgabe», auf betrieblicher Ebene das Recht auf Mitbestimmung zu fordern und durchzusetzen, und auf nationaler Ebene das Recht, die wirtschaftlichen Folgen der Regierungspolitik zu kontrollieren. Und zwar einerlei, ob sie reformistisch oder revolutionär ist, das heißt einzig vom Standpunkt der Interessen «des Arbeiters als solchen».

Weil nämlich das *ökonomische Faktum*, ebenso wie der *homo oeconomicus*, eine Abstraktion ist. Oder besser, es symbolisiert auf korrekte Weise einige Grenzsituationen, in denen der Unterdrücker in der Lage ist, den Unterdrückten wie einen Stein zu behandeln. In Französisch-Westafrika zum Beispiel schaffen der Rassismus sowie die Unzulänglichkeit der schwarzen Gewerkschaftsbewegung ein eingeborenes Subproletariat, das in allen Bereichen systematisch auf einem Lebensstandard gehalten wird, der niedriger ist als der des benachteiligsten Weißen.[18] Damit wird «in der Praxis der Lohn tenden-

17 Karl Marx, *Lohn, Preis und Profit*, in: MEW Bd. 16, 146f, 151.

18 Die Familienbeihilfen werden wie folgt verteilt:
Europäer: 1. Kind 175, 2. Kind 550 ... usw., 6. Kind 2350 Francs.
Afrikaner: 1. Kind 93,72, 2. Kind 137,50 ... 6. Kind 597 Francs.

Die Franzosen erhalten für jede Art von Unfall eine Entschädigung; die

ziell von Angebot und Nachfrage bestimmt».[19] Anders gesagt, die Rassenideologie ermöglicht es, den eingeborenen Arbeiter auf das Niveau des reinen ökonomischen Faktums herabzusetzen. Jedoch nicht ganz: aus naheliegenden Gründen kommt es vor, daß die Verwaltungsbehörde den Mindestlohnsatz festlegt. Auf diese Weise verbinden sich die politische Ideologie des Rassismus (mit ihrer ökonomischen Basis) und die politische Ideologie des Paternalismus (Mutterlandbürokratie), um den Lebensstandard zu bestimmen, der für einen Schwarzen als «gerecht» und «ausreichend» gilt. Nun sind aber im Mutterland die bürgerlichen Ökonomen davon abgekommen, die Theorie des Lohns auf das Gesetz von Angebot und Nachfrage zu gründen. «Die Arbeit», schreibt Mossé, «ist keine Ware. Der Lohn ist kein Preis, der sich auf dem Markt bildet ... Man kann unmöglich sagen, ob und was für eine Beziehung zwischen dem Lohn eines Arbeiters und seiner Produktivität, zwischen dem allgemeinen Lohnniveau und der Beschäftigung, der Produktion, den Preisen, dem Geld usw. besteht.» Heute sind sie der Ansicht, daß das Problem der Löhne zu einem Problem der Verteilung des Nationaleinkommens auf die Personen und gesellschaftlichen Gruppen geworden ist. Und wer legt die Sätze fest? Ein komplexes Ensemble von Faktoren, in die die kollektiven Vorstellungen und die Werte, die Ideologien, die Kräfteverhältnisse zwischen den Gruppen und die rein ökonomischen Gegebenheiten einfließen. «Der Lohn ist weniger ein Preis», schreibt Mossé, «als vielmehr der *Anteil* an einem Gesamtergebnis, bei dem eine Aufgliederung der Elemente, die diesem oder jenem Faktor zuzuschreiben sind, unmöglich ist. Oder er ist vielleicht eine *Abgabe*, durch seinen Festlegungsmodus und seine Auswirkungen einer Steuer vergleichbar. Oder auch die *Quelle*, die die individuellen und familiären Bedürfnisse speist. Wenn dem so ist, dann wird das Problem der Löhne ein Problem der menschlichen Beziehungen, der Psychologie, der Kräfteverhältnisse: *mit einem Wort, ein politisches Problem, das von Ideologien, von Anschauungen in bezug auf Gerechtigkeit, Gleichheit, gesellschaftliche Hierarchie be-*

Schwarzen nur dann, wenn der Unfall von einem Sprengkörper oder von einer Maschine verursacht wurde, «die nicht durch die Kraft von Menschen oder Tieren bewegt wird». Für 1 Kilo Weißbrot muß der Hilfsarbeiter in Dakar 1 Stunde und 27 Minuten arbeiten, der Pariser Hilfsarbeiter 25 Minuten. Für 1 Ei arbeitet der Schwarze in Dakar 29 Minuten, der Pariser 11 Minuten.

19 William Top, *Valeur du travail des salariés africains* in: *Le travail en Afrique noire. Présence Africaine* Nr. 13, 252.

herrscht ist.»[20] Die Ökonomen sind gerührt: «Wir sind von der Neutralität zum Humanismus übergegangen», sagt einer von ihnen, und ein anderer: «Von der objektiven Ökonomie zur normativen, politischen Ökomonie.» Was ist geschehen? Einfach dies, daß das Proletariat in die Gattung Mensch eingebrochen ist. Bis 1848 ist der isolierte Arbeiter der Manufakturen für eine Kraftprobe nicht reif. *Folglich* ist er nur ein Tier; sein Verhältnis zur Unternehmerschaft ist tendenziell mit der reinen ökonomischen Beziehung identisch. Im Laufe der zweiten Hälfte des 19. Jahrhunderts entwickelt sich das Proletariat zu einer unabhängigen gesellschaftlichen Kraft. Damit *erkennt* das Bürgertum dem Arbeiter menschliche Würde *zu*. Von da an wird der *Humanismus*, auf den es so stolz war, von folgendem Widerspruch heimgesucht: der Arbeiter ist Mensch, weil er angst macht, aber die Gesellschaftsordnung verlangt, daß er in seiner tierischen Lage gehalten wird. Der Widerspruch, den das Proletariat lebt und erleidet, wird zum Widerspruch des bürgerlichen Denkens. Jeder steuert seine Lösung bei. Und jeder sucht, im Namen eines der Humanismen, von denen es wimmelt, (Reformismus, Klassenkollaboration, Korporativismus, Radikalismus, christlicher Sozialismus usw.), nach Maßnahmen, die es der bürgerlichen Gesellschaft ermöglichen, ihr Proletariat zu verdauen. Das Problem war einfach, aber es war schwer zu lösen: welche Bedingungen muß ein Geschöpf von menschlicher Gestalt erfüllen, damit wir ihm den Titel *Mensch* geben und es gleichzeitig als Tier behandeln können? Die Lösung ist noch nicht gefunden. Allein durch ihre stumme Gegenwart, durch die stille Bedrohung, die ihre strenge und bejahte Ordnung für die bestehende Ordnung darstellt, durch ihren Blick stiften diese Menschen, die plötzlich als Gesellschaft in der Gesellschaft auftauchen, Verwirrung im Paradies und sprengen den Humanismus: ein *politischer Akt*, nicht wahr, und vielleicht der bedeutendste seit 1789. Es ist leicht einzusehen, daß jede gemeinsame Aktion der Unterdrückten, selbst wenn sie sich strikt im Rahmen der berufsbezogenen Forderung hält, *durch sich selbst* und wie ein bestimmtes Ereignis, das in einer bestimmten Gesellschaft stattfindet, eine politische Aktion ist: denn sie offenbart den Grund des Zusammenhalts der Arbeitertruppen, ihr moralisches Klima, die Kraft und das Ausmaß der Bewegung, und je nach dem Ausgang der Schlacht wird diese Kraft zunehmen, indem sie sich ihrer selbst bewußt wird, oder abnehmen, werden die Bande, die die Gewerkschafter vereinen,

20 Robert Mossé, a. a. O., 128. Hervorhebungen von mir.

sich straffen oder lockern, die Beziehungen zwischen Unternehmerschaft und Arbeiterschaft sich in die eine oder in die andere Richtung entwickeln. Die Arbeiter sind sich dieser tiefen Beziehung, die sie an die gesamte Arbeiterklasse bindet und sie der bürgerlichen Klasse entgegenstellt, zutiefst bewußt. Daher wird jeder Streik immer etwas mehr und etwas anderes sein als ein Streik. Ein großer Arbeiterverband beschränkt sich nicht darauf, den Industriebossen entgegenzutreten: er befaßt sich auch mit den Verbrauchern, mit dem *Publikum*. Es kommt darauf an, es auf seine Seite zu ziehen, sich nicht unpopulär zu machen, klarzustellen, welche Rolle er in der Volkswirtschaft spielt, die Öffentlichkeit dazu zu bewegen, daß sie Druck auf die Unternehmer ausübt. Sehr häufig ist die Verbesserung der Lebensbedingungen nicht das Ziel *an sich* bei der gewerkschaftlichen Aktion: man möchte um des Prestiges willen gewinnen, um die Mitglieder zu behalten, ihre Zahl zu erhöhen. Was den Streikenden selbst betrifft, so geht es für ihn *in jedem Fall* um mehr und um anderes als um sein unmittelbares Interesse: mehr als Not und Elend bestimmen ihn die Wut, das Vertrauen in die Führer, das Bedürfnis, denjenigen, die ihn als Sache behandeln, ins Gesicht zu sagen, daß er ein Mensch ist. Der Syndikalismus ist eine *Art, Mensch zu sein*.

Objektiv ist der Syndikalismus politisch. Er nimmt die Totalität des *Arbeiterfaktums* selbst in die Hand; den Einschränkungen, die man ihm aufzwingt, liegt ausnahmslos ein politischer Hintergedanke zugrunde. Ganz unverkennbar ist der Reformist zaghaft, konservativ, insgeheim der Bourgeoisie verfallen: die Grenzen, die er der gewerkschaftlichen Aktion vorschreibt, müssen von geheimen Kompromissen herrühren, da sie in keinem Fall durch die objektive Situation zu erklären sind; und es liegt auf der Hand, daß Niels Widerwillen gegen jedwede antipatriotische Demonstration in einem uneingestandenen Chauvinismus wurzelte. Doch wir müssen hinzufügen, daß sich die militanten Gewerkschafter der *politischen* Rolle der Gewerkschaft stets bewußt waren. Natürlich haben sie in den heroischen Zeiten des Anarchosyndikalismus den Parteien gegenüber Mißtrauen an den Tag gelegt, doch der Grund dafür war «ein Gefühl heftiger Opposition gegenüber der Bourgeoisie». Griffuelhes sagt, sie «wollen auf *Biegen und Brechen* von Arbeitern geführt werden». Sie wollen es genau deshalb, weil Reaktionäre und Sozialisten in ihren Augen Marktschreier vom selben Schlag sind; sie *werden die Revolution aus eigener Kraft machen*. Derselbe Kongreß fordert 1888 die Arbeiter auf, «sich von den Politikastern zu trennen, die sie hintergehen», und ihre

Hoffnungen in den Generalstreik zu setzen, der allein «sie zu ihrer Emanzipation führen kann». In der Folgezeit ist innerhalb der CGT ein gewisser Wechsel zwischen Reformismus und revolutionärem Syndikalismus festzustellen. Doch die Militanten der einen wie der anderen Seite sind sich darin einig, die gewerkschaftliche Aktion *in alle Richtungen* zu entfalten. Für den Revolutionär ist der Arbeiter als solcher der Hauptwiderspruch der bürgerlichen Gesellschaft, er ist die Negation des Systems des Eigentums. Seine Forderungen haben ein doppeltes Ziel: sind sie erfüllt, so werden sie sein Los verbessern, indem sie die kapitalistische Ordnung allmählich ins Wanken bringen. Der Generalstreik wird ihr den Rest geben. Der Reformist will im Grunde dasselbe erreichen, jedoch durch einen kontinuierlichen Fortschritt. Jedenfalls wird er überall zugegen sein, «wo es um die Interessen der Arbeiter geht», und «an jedem Ort die direkte Beteiligung am ökonomischen Faktum» fordern.

Beide Tendenzen hätten *vorbehaltlos* dem Programm der CGT, dem sogenannten «Programm von 1949» zugestimmt, in dem es insbesondere heißt: «Die Grundvoraussetzung wird von der Erfahrung mit dem ersten Modernisierungs- und Ausrüstungsplan diktiert sowie davon, was durch den Eingriff des Marshallplans aus ihm geworden ist. Wir müssen den Marshallplan loswerden . . ., die Militärabkommen des westlichen Blocks anprangern, wieder normale Beziehungen zwischen den Staaten herstellen, fordern, daß uns die Reparationen geliefert werden . . . *Lauter Bestimmungen, von denen das Inangriffnehmen des Gewerkschaftsprogramms zum wirtschaftlichen und gesellschaftlichen Wiederaufbau abhängt, von dem wiederum ihre vollständige Verwirklichung abhängt . . .*»

Denn euer Haß auf den Kommunismus, ihr lieben klebrigen Ratten, hat euch vergessen lassen, daß er gemessen an den Agitationskampagnen jener Zeit *auf dem Rückzug* ist. Zwischen 1905 und 1910 lebten eure Väter in der Furcht vor einem Gewaltstreich. Als der 1. Mai 1906 nahte, entschwanden ihre Kapitalien dorthin, wohin heute die euren entschwinden. Um das Gold und das Vertrauen zurückzugewinnen, mußte man eine Verschwörung erfinden und ein paar Gewerkschafter einsperren. Unsere Kommunisten sind Nationalisten, vergeßt das nicht. Sie sind gegen *eine bestimmte Politik*, aber nicht gegen die nationale Verteidigung. Wir stecken Henri Martin für fünf Jahre ins Gefängnis, weil er Flugblätter verteilt hat, in denen die abscheuliche Dummheit des Vietnamkriegs angeprangert wurde: aber er stiftete die Soldaten nicht zum Ungehorsam an. Dagegen stand in den ersten Jahren dieses Jahrhunderts die antimilitaristische Propaganda auf der Tagesordnung. Es hat großes Geschrei gegeben, als einige Führer der kommunistischen Partei öffentlich erklärten, das Proletariat würde nicht gegen die UdSSR kämpfen. Doch die französischen Gewerkschafter, die sich mit den deutschen Arbeitern in Übereinstimmung glaubten, hatten ebenfalls öffentlich erklärt und dem Land durch Plakate mitgeteilt, daß sie zum Generalstreik greifen würden, um den Krieg zu verhindern. Und wenn man sich einen Augenblick lang vorstellt, obwohl derlei Phantasien kaum von Nutzen sind, ein Griffuelhes und ein Merrheim befänden sich in einer Situation ähnlich der unseren, so wird man nicht daran zweifeln, daß sie den Gewerkschaftskongreß veranlaßt hätten, jeden antisowjetischen Kreuzzug von vornherein zu verurteilen. Unsere braven Zeitungen träumen also, wenn sie wehmütig von einem goldenen Zeitalter reden, da die Gewerkschaften den Unternehmern ihre Forderungen wie einen Neujahrsglückwunsch darbrachten. Sie wollen die Tatsache der Ausbeutung vertuschen, die die militanten Gewerkschafter niemals aus den Augen verlieren; für sie ist der Syndikalismus eine Waffe, die die Unternehmerschaft freiwillig den Arbeitern gegeben hat, damit Diskussionen von gleich zu gleich stattfinden konnten. Die Arbeiter dagegen wissen sehr wohl, daß ihre Organisationen verboten und verfolgt worden sind; sie wissen, daß die Gewerkschaft, mit oder ohne Hilfe der KP, das ursprüngliche Ziel hat, «die Welt zu verändern». Und dieses offenkundige Mißverständnis verleiht dem gewerkschaftlichen Faktum seine Doppeldeutigkeit. Aber die Unternehmer lassen sich nicht täuschen, und sie verstehen es, in zwei ganz verschiedene Hörner zu blasen. Wenn die Organisationen der Arbeiterklasse Miene machen, sich der Wiederaufrüstung oder einer Kriegspolitik zu widersetzen, heben sie schmerzlich erstaunt die Augenbrauen. «Das also ist euer Dank?» sagen sie. «Politik hat nichts mit Syndikalismus zu tun.» Aber wenn ein Streik sie beunruhigt oder stört, und sei es ein rein ökonomischer Streik, trachten sie im Namen der Politik danach, ihn zu brechen. Im Jahre 1910 legen die Eisenbahner die Arbeit nieder. Briand läßt das Streikkomitee verhaften. Von den Sozialisten zur Rechenschaft gezogen, erklärt er: «Es gibt ein Recht, das höher steht als alle anderen, nämlich das Recht einer nationalen Gemeinschaft, in Unabhängigkeit und Würde zu leben. Ein Land kann nicht mit offenen Grenzen leben, nein, das ist unmöglich ... Wenn es für die Erhaltung der Sicherheit nötig gewesen wäre, zur Illegalität zu greifen, hätte ich nicht gezögert.» Das Prinzip ist aufgestellt: jeder Streik kann im Namen höherer Interessen verboten werden. Die Gewerkschaften haben nicht das Recht, sich dem Krieg zu widersetzen; aber im Namen der Notwendigkeiten des Krieges kann man die Gewerkschaften abschaffen. Am 13. Januar 1915 erklärt Millerand der Metallarbeiterdelegation: «Es gibt keine Arbeiterrechte, keine gesellschaftlichen Rechte mehr, es gibt nur noch den Krieg.» So werden im Namen des Krieges, den abzulehnen die Gewerkschaften nicht das Recht haben, die gewerkschaftlichen Rechte abgeschafft.[21]

«Sie hatten das Recht dazu», sagt mir entrüstet der Antikommunist. «Sie hatten das Recht dazu. Konnten sie wählen, ja oder nein?» Das Argument wird in bestem Glauben, dessen bin ich sicher, von Herrn Thibault aufgegriffen, dem politischen Redakteur der Zeitung *France-Soir*: «Freie Wahlen, von denen die moskauhörigen Paradiese weit entfernt sind, finden seit der Unterzeichnung des Nordatlantikpakts in allen westeuropäischen Ländern statt. Die Mehrheit der Wähler hat überall deutlich ihren Willen geäußert, und es ist eine Lüge, wenn die kommunistischen Agitatoren behaupten, im Namen des französischen Volkes zu sprechen, das seine Position klar definiert hat.»

Ich weiß nicht recht, ob ich diese Dialoge von Schwerhörigen für komisch oder schlimm halten soll, die die Blöcke und die Klassen seit sieben Jahren führen und die fast alle Menschen in sich selbst wiederfinden, wenn sie ihre Zeitungen gelesen haben. Denn schließlich kann Herr Thibault nicht hoffen, einen Marxisten mit dieser Beschwörung des allgemeinen Wahlrechts zu verwirren. Falls er sein Argument wirklich für unwiderlegbar halten sollte, erinnere ich ihn an folgenden Text von Lenin, den ich auf gut Glück unter hundert ähnlichen ausgewählt habe: «Ist es denkbar, daß der gelehrte Kautsky nie davon gehört hat, wie Börse und Bankiers sich die bürgerlichen Parlamente um so vollständiger unterwerfen, je stärker die Demokratie entwickelt ist? Daraus folgt nicht, daß man den bürgerlichen Parlamentarismus nicht ausnutzen soll (und die Bolschewiki haben ihn so erfolgreich ausgenutzt wie kaum eine andere Partei in der Welt ...). Daraus folgt aber, daß nur ein Liberaler die historische *Beschränktheit* und *Bedingtheit* des bürgerlichen Parlamentarismus vergessen

21 Wir müssen hinzufügen: wenn es schon in der *liberalen* Wirtschaft absurd ist, die Gewerkschaftstätigkeit auf die Verteidigung der Berufsinteressen zu beschränken, so ist es schlechterdings idiotisch, diese Einschränkungen noch heute aufrechterhalten zu wollen, wo der Staat neue wirtschaftliche und gesellschaftliche Funktionen übernommen hat. Wie läßt sich das Politische vom Wirtschaftlichen trennen, wenn der Arbeiter es *mit dem Staat* zu tun hat?

kann ... Auf Schritt und Tritt stoßen die geknechteten Massen auch im demokratischsten bürgerlichen Staat auf den schreienden Widerspruch zwischen der von der ‹Demokratie› der Kapitalisten verkündeten *formalen* Gleichheit und den Tausenden tatsächlicher Begrenzungen und Manipulationen, durch die die Proletarier zu Lohnsklaven gemacht werden.»[22]

Zwischen 1944 und 1947 hat die KP der bürgerlichen Klasse geholfen, ihren Staatsapparat wiederaufzubauen: sie wollte sich des Parlamentarismus bedienen, um die Macht zu ergreifen und ihn dadurch zu verändern; doch sie blieb der Leninschen Doktrin treu, nach der sich die Stärke der Arbeiterklasse wirklich nur auf dem Feld des Klassenkampfes erweist. Ab 1946 war sie zwischen ihrer parlamentarischen Politik und den sozialen Konflikten hin und her gerisssen: im bürgerlichen Staat fungierten ihre Minister als Geiseln, und die Partei fand in ihrem Schoße, in Form einer wachsenden Spannung zwischen ihren Abgeordneten und ihren Militanten, den Konflikt der besitzenden Klassen und des Proletariats wieder. Nachdem sie aus der Regierung verdrängt worden war, fällt der Staatsapparat gänzlich in die Hände der Bourgeoisie, die an allen Schalthebeln die Kommunisten durch ihre eigenen Kreaturen ersetzt; alle republikanischen Institutionen arbeiten gegen die Partei. Also muß sie sich auf anderem Terrain zum Interpreten des Volkswillens machen, auf dem der Straßendemonstration.

So zumindest würde ein Kommunist antworten. Doch diese Antwort würde Herrn Thibault ebensowenig befriedigen, wie seine Frage Herrn Fajon verwirrt hätte. Ich will versuchen, die Tatsachen ganz unsystematisch darzulegen und so einfach wie möglich zu erklären, warum ein Arbeiter, wenn er für die Kommunisten stimmt, heute berechtigt ist, seinen Stimmzettel für null und nichtig zu halten.

Ich erinnere nebenbei daran, was ihr aus ihm gemacht habt: einen Staatsbürger zweiter Klasse. Kaum hat er beschlossen, die KP zu wählen, schon hat seine Stimme eine geheimnisvolle Entwertung erfahren, sie hat *ipso facto* ein geringeres Wahlpotential als die seines Nachbarn. Um 103 Kommunisten ins Parlament zu entsenden, bedarf es 5 Millionen Stimmen wie der seinen; um 104 Sozialisten zu entsenden, bedarf es nur 2750000 Stimmen, das ist geschenkt, und für 95 MRP-Leute 2300000. Wenn die Partei 400000 Stimmen verliert,

22 W. I. Lenin, *Die proletarische Revolution und der Renegat Kautsky* in: *Werke*, Dietz Verlag Bd. 28, 244f. *Anm. d. Übers.*

verliert sie 79 Sitze; die sozialistische Partei gewinnt 5 Sitze, wenn sie 600000 Stimmen verliert. Grob gesagt: die Stimme des Dockers ist halb soviel wert wie die des Apothekers oder halb soviel wie die des Kirchendieners oder halb soviel wie die seines Schwagers, der Stadtdirektor ist. Zwar muß man einräumen, daß auch RPF-Leute nicht gut dastehen; aber mit 900000 Stimmen weniger als die KP haben sie immerhin 15 Sitze mehr als sie: gar kein so schlechtes Geschäft. Die Operation gegen die beiden Extremismen ist glänzend geführt worden, doch einer der beiden ist extremistischer als der andere. «Ich bin also ein Untermensch?» fragt unser Docker. Nun ja, er ist ein «politisch Schwacher». Und ganz zufällig zeigt sich, daß er ein Arbeiter ist. O ja, ich weiß: das ist legal, nichts dagegen einzuwenden. Immerhin mußte ein Wahlgesetz gemacht werden, nicht wahr? Und überhaupt, die KP hätte ja bloß ein Wahlbündnis einzugehen brauchen. Der Schlußantrag des MRP-Parteitags erklärt es ganz offen: «Diejenigen, die den demokratischen Regeln und den verschiedenen politischen Gruppen den Respekt versagen, schließen sich selbst aus dieser Vereinigung aus und tragen die Verantwortung dafür.» Kurz, wenn einer schmollt, um so schlimmer für ihn! Doch *mit wem* hätte die KP ein Wahlbündnis eingehen sollen? Mit dem MRP? Mit dem RGR? Und was eine Annäherung an die SFIO betrifft, so hat Guy Mollet ihr ins Gesicht gesagt: Mit einer *französischen* kommunistischen Partei – Aktionseinheit. Sofort. Mit der russischen Partei, niemals! Kurz, der Coup ist gelungen: im Rahmen der allgemeinen Institutionen der Demokratie hat man vollkommen legal für ein antidemokratisches Gesetz gestimmt, das ausdrücklich eine ganz bestimmte Partei betrifft. Unter uns gesagt, es besteht reichlich Anlaß, auf die Straße zu gehen und ein paar Scheiben oder Fressen einzuschlagen. Vor fast genau einem Jahrhundert, am 31. Mai 1850, wurden die Docker von damals mit einem ähnlichen Trick hereingelegt. Man schaffte das allgemeine Wahlrecht nicht ab, o nein, man verlangte nur, daß der Wähler seit drei Jahren in der Gemeinde ansässig war. Da die Arbeiter in den Krisenjahren 1847–49 auf der Suche nach Arbeit häufig ihren Aufenthaltsort wechselten, lief diese Maßnahme darauf hinaus, das Industrieproletariat seines Wahlrechts zu berauben. Mit einem Federstrich wurden 2600000 Wähler ausgelöscht. Die Methode von 1951 ist weit besser entwickelt: zwar werden ebenfalls zweieinhalb Millionen Wähler ausgelöscht, da es 5 Millionen kommunistischer Stimmen bedarf, um 103 Abgeordnete zu wählen; nur weiß keiner dieser 5 Millionen Menschen, wer diejenigen sind, die zum ungültigen

Stimmzettel verurteilt sind. Auf zwei kommunistische Wähler kommt immer einer, der nicht zählt, aber man weiß nicht, welcher. Und außerdem ist das Proletariat nicht durch äußere Merkmale gekennzeichnet: die KP kennzeichnet sich selbst als die Partei der Bösewichte, wenn sie sich weigert, ein Wahlbündnis einzugehen, und der Wähler kennzeichnet sich selbst als Proletarier, wenn er kommunistisch wählt.

Der Docker hat noch ein wenig Hoffnung. Immerhin ist die KP die stärkste Partei Frankreichs. Vielleicht werden ihre 103 Abgeordneten gute Arbeit leisten. Zwar werden sie nie in eine Regierungskoalition eintreten, aber auch die Opposition hat ihre Rolle zu spielen: sie kritisiert, bremst oder treibt voran, sie hat Einfluß. Vielleicht wird sie der Regierung den Mut geben, Washington manchmal nein zu sagen. Leider geht es der Opposition wie den Mitgliedern der KP: es gibt zwei Oppositionen im Parlament, die eine zählt, und die andere zählt nicht. Der RPF wirkt aus der Ferne ein – auf die Indochinapolitik beispielsweise –, die KP hat keine Wirkung. Die Stimmen ihrer Abgeordneten sind praktisch neutralisiert: die Regierung bezieht sie als negative Konstante in die Berechnung ihrer Mehrheit ein. Sie komplizieren das parlamentarische Spiel ein bißchen, und man muß Vorsichtsmaßnahmen treffen, bevor man die Vertrauensfrage stellt, aber das ist alles: statt der klassischen Billardpartie spielen unsere Champions Cadre-Billard. Wenn Herr Brune also Herrn Duclos vorwirft, zur Agitation zu greifen, statt seine Meinung dem Parlament darzutun, und wenn Herr Bony in *L'Aurore* lauthals verkündet, daß jeder französische Staatsbürger das Recht hat zu überzeugen, dann belieben sie wohl zu scherzen. Man sage mir doch, *mit wem* Jacques Duclos in der Nationalversammlung diskutieren könnte! Angenommen, ein Geniestreich würde ihn auf die Rednerbühne bringen. Er spricht, gerät in Eifer, verteilt Hiebe, rührt die Galerie zu Tränen. Was weiter? Er erntet den monotonen Beifall seiner Anhänger und die noch monotoneren Beleidigungen seiner Gegner! Hat er die Abgeordneten denn nicht erreicht? Nicht einen einzigen: sie hörten gar nicht zu. Es ist in der parlamentarischen Geschichte schon vorgekommen, daß die Rede eines Oppositionspolitikers einen Minister gestürzt hat. Doch da glaubte man noch, daß ein Oppositionspolitiker die Wahrheit sagen konnte. Heute *weiß* man, daß der Oppositionspolitiker lügt: er ist ja Kommunist! Die größte Partei Frankreichs ist von den anderen Parteien durch eine unsichtbare Mauer getrennt; die Abgeordneten des Proletariats versäumen zwar niemals, über die laufenden Geschäfte ihre Meinung zu äußern, doch das ist eine reine Zeremonie. Von den beiden Dockern, die auf den Kaianlagen von Le Havre herumlaufen, hat der eine nicht das Recht zu wählen, und der andere hat umsonst gewählt. Glaubt ihr wirklich, die kommunistische Partei sei sehr weit davon entfernt gewesen, die Meinung ihrer Wähler auszudrücken, als sie am Tag nach den Wahlen implizit die Demonstration vom 28. Mai ankündigte, indem sie sagte: «Die Partei wird zu anderen unerläßlichen Aktionsformen greifen müssen, um gegen eine erzreaktionäre Mehrheit zu kämpfen.» Um diese Abgeordneten zweiter Klasse zu bestrafen, beschloß die Mehrheit, ihnen die parlamentarische Immunität zu entziehen.

Aber unser Docker ist noch nicht am Ende. Fünfzehn Jahre zuvor konnte er noch hoffen, daß seine Regierung, in einer plötzlichen Anwandlung von Unabhängigkeit oder Stolz, einen Augenblick lang vom englischen Kurs abweichen würde. Heute weiß er mit Bestimmtheit, daß die «Kontinuität unserer Politik» die ungestörte Kontinuität der Knechtschaft bedeutet. Unnachgiebig zeigen wir uns nur gegenüber den Madegassen und den Tunesiern. Bestochen? Nein, nicht einmal das, noch schlimmer. Die Amerikaner haben uns umsonst gekriegt. Wenn er sich in diesem Moment an Lenins Satz erinnert: «Auf Schritt und Tritt stoßen die geknechteten Massen auch im demokratischsten bürgerlichen Staat auf den schreienden Widerspruch zwischen der von der ‹Demokratie› der Kapitalisten verkündeten *formalen* Gleichheit und den Tausenden tatsächlicher Begrenzungen und Manipulationen, durch die die Proletarier zu Lohnsklaven gemacht werden» und wenn er sich dann sagt: «Wieder einmal hat Lenin recht», wer ist dann schuld daran, o große Familie der Petsche, Bidault, Lussy, Pinay und Anverwandte? Eines Tages wird er die Schnauze voll haben und sein Kumpel ebenfalls. Zu zweit werden sie die amerikanischen Maschinengewehre ins Wasser werfen, statt sie zu löschen. Und die Bullen, die sie verhaften werden, werden empört zu ihnen sagen: «Schweinebande! Hättet ihr nicht sagen können, daß ihr gegen den Nordatlantikpakt seid? Statt das Material zu beschädigen. Bei uns ist jeder frei. Jeder darf wählen.»

4. *«Die KP treibt die Arbeiter auf den Weg der Illegalität und der Gewalt»*

Die Demonstration vom 28. Mai war wissentlich auf unverschämte Weise illegal: mit welchem Hochmut hat man es nicht verschmäht, die Genehmigung einzuholen! Am Mittwoch, dem 27., gab die Präfektur eine Meldung an die Zeitungen: «Da keine Genehmigung eingeholt wurde, bleibt jede Ansammlung auf öffentlichen Verkehrswegen verboten.» Zur selben Stunde forderte die KP durch Plakate die Pariser seelenruhig auf, «dem Aufruf des Friedensrats massenhaft zu folgen».

Soll ich sagen, daß diese ausdrückliche Mißachtung des Gesetzes mich wenig beunruhigt? Ein solches Geständnis würde einigen Berufsdenkern der Vereinigten Staaten das Herz brechen, falls sie es läsen. «Nachlassen des demokratischen Bewußtseins bei den europäischen Intellektuellen», würden sie diagnostizieren. Doch stände es einem schlecht an, von den französischen Intellektuellen zu verlangen, sie sollten sich über die illegalen Umtriebe der KP wundern, wo doch die III. Internationale schon 1920 in der «Adresse vom 26. Juli an die Mitglieder der sozialistischen Partei Frankreichs» gefordert hat, daß die Propaganda «dort, wo sie infolge der Ausnahmegesetze schwierig ist, illegal betrieben werden muß». Im Text hieß es weiter: «Sich dagegen zu sträuben wäre Verrat an der revolutionären Pflicht.» Damals waren die Sozialisten weder über das Wort noch über die Sache entsetzt. Und Léon Blum machte auf dem Kongreß von Tours zu diesem Thema eine kuriose Unterscheidung: «Gewiß gibt es keinen einzigen Sozialisten, der damit einverstanden wäre, sich in die Legalität einsperren zu lassen ... Aber die Illegalität ist eine Sache, die Klandestinität eine andere.»[23] Soweit sehe ich kein Problem: eine Partei erklärt, daß sie notfalls zur Illegalität greifen wird. Die Demokratie toleriert es im Namen der Freiheit des Denkens. Diese Partei organisiert eine verbotene Demonstration. Die Polizei geht gewaltsam gegen sie vor und verhaftet die Demonstranten, die ihr Widerstand leisten. Das alles ist *normal*, und Herr Cachin war noch nicht geboren, als sich der erste Zusammenstoß zwischen Demonstranten und den Bullen der Zweiten Republik ereignete. Dagegen wird man mich schwerlich dazu bewegen, daß ich die Illegalität der kommuni-

23 Leider läßt sich die Illegalität nicht *aufrechterhalten*, ohne daß die Beschlüsse in der Klandestinität gefaßt werden. Wie dem auch sei, in dem Fall, der uns beschäftigt, stützte sich die Illegalität nicht auf Klandestinität: im Gegenteil, sie war öffentlich und gewollt.

stischen Demonstration aufrichtig beklage, ohne gleichzeitig die Willkür der Unterdrückung anzuprangern, die ebenso offenkundig ist. Was rechtfertigt die Festnahme von Duclos? Die frische Tat der Verschwörung gegen die Sicherheit des Staates? So etwas gibt es nicht. Und selbst wenn es denkbar wäre, wie könnte es zwei Stunden nach der Demonstration eine frische Tat geben? Dann vielleicht verbotener Waffenbesitz? Was für ein Geständnis: ein Abgeordneter besitzt in seinem Auto einen Knüppel und einen Revolver; wegen dieses Vergehens verhaftet ihr ihn trotz seiner parlamentarischen Immunität, werft ihn ins Gefängnis, haltet ihn dort fest und gesteht ihm noch nicht einmal die vorläufige Freilassung zu. Ach was! Ihr habt Herrn Duclos verhaftet, weil er der Generalsekretär der Partei ist und weil die Partei die Demonstration organisiert hatte: die Regierung hat alle Vorsichtsmaßnahmen fahrenlassen, die seit hundertfünfzig Jahren von Richtern und Juristen ergriffen wurden, um die öffentliche Rache zu rationalisieren, und ist zum grobschlächtigsten Begriff der Verantwortung zurückgekehrt. Noch beunruhigender ist, wie wenig Sorgfalt sie darauf verwendet, ihre Handlungen zu rechtfertigen: sie wußte, daß die öffentliche Meinung ihr Komplize sein würde. Nein, nicht der westliche Intellektuelle hat den Geschmack an der Republik verloren, sondern die ganze Gesellschaft. Daß die kommunistische Partei seit dreißig Jahren ihre Verachtung für die bürgerliche Legalität bekundet und es ungestraft tut, das ist ein Beweis für die Stärke unserer Institutionen; je nach Geschmack mögt ihr das zum Anlaß nehmen, die Größe der Demokratie zu bewundern oder ihre Widersprüche anzuprangern. Daß ein Herr Pinay etwas brutal mit den republikanischen Institutionen umspringt und sie zu zerrütten droht, ist noch nicht so schlimm: dieser Herr ist ein Niemand; erst vor wenigen Wochen ist er aus dem Schatten getreten; man wird den Regierungsapparat wieder reparieren, sobald er ins Dunkel zurückgekehrt sein wird. Aber daß Frankreich seinen Ministerpräsidenten auf der frischen Tat des Rechtsbruchs ertappt und sich nicht gerührt hat, das könnte ein Beweis dafür sein, daß die Republik arg heruntergekommen ist. Und was für Argumente werden nicht vorgebracht, um diese Verhaftung zu rechtfertigen! Seht euch die Herren Robinet und Brisson an: Herr Duverger erklärte in aller Ruhe in *Le Monde*, daß es vielleicht nicht dringlich sei, die KP aufzulösen. Woraufhin die beiden Herren die Geduld verloren und zubissen: «Eine Verschwörung? Was für eine Verschwörung? Die ganze KP ist eine Verschwörung! Seit dreißig Jahren prahlt sie damit! Was wollen Sie noch?» Aber diese hohen

Persönlichkeiten, so wird man einwenden, sind dazu angehalten, den Antisowjetismus auf die Spitze zu treiben. Mag sein. Doch wie wir aus einem anderen seiner Artikel erfahren, hat Herr Duverger eine große Anzahl von Antworten erhalten, die beweisen, daß die allgemeine Meinung der friedfertigen Leser von *Le Monde* vollkommen antidemokratisch ist. «Worüber beklagen Sie sich? Hindern Sie die Regierung nicht daran, ihre Politik zu machen: sie schafft uns Duclos vom Hals.» Oder: «Die Chefs müssen ebenso zahlen wie ihre Truppen.» Oder: «Pinay hatte recht, denn die Kommunisten haben sich nicht gerührt.» Oder: «Keine Illegalität, wo es sich um Gesetzlose handelt.» Herr Duverger zitiert zwar die Antworten nicht mit *diesen* Worten: ich habe sie formuliert, weil ich sie bekommen habe und sie in seinem Artikel wiedererkannte. Ernste Warnung an die Kommunistische Partei: das alles beweist, daß sie das Kleinbürgertum und die Mittelklassen erschreckt hat. Man kann sich ja denken, daß die Industriebosse sich wenig um die demokratischen Freiheiten scheren: was sollen sie mit der Freiheit des Denkens schon anfangen. Wenn sie sie haben, kommen sie ebensowenig in ihren Genuß wie die Plattengießerin einer Raffinerie: sie bezahlen Narren, die sie an ihrer Statt genießen; die einzige Freiheit, auf die sie Anspruch erheben, ist, die Produktionsschlachten nach eigenem Gutdünken zu führen: sie heißt Liberalismus. Für sie ist Pinay insofern vorteilhafter als de Gaulle, als er die Freiheiten wegzaubert, ohne den Liberalismus anzutasten, während die Gaullisten, Herrn Vallon zufolge, mit dem Gedanken spielen, «eine blinde Ökonomie durch eine bewußte Ökonomie zu ersetzen». Zwischen dem Großbürgertum, das die konkrete Macht fordert, zu schaffen, zu erwerben, sich den Profit anzueignen, und dem Proletariat, das in erster Linie das Recht auf Leben fordert, verteidigt gewöhnlich nur das Kleinbürgertum die formellen Freiheiten unserer Demokratien: gewiß sind sie negativ und einschränkend; sie trennen die Menschen mehr, als daß sie sie vereinen; doch gerade deshalb sichern sie den *status quo* und gestatten eine gewisse Vorausschau, sorgen für eine Art Aufgliederung in einer täglich stärker integrierten Gesellschaft. Es war das Kleinbürgertum, das die Einführung des allgemeinen Wahlrechts beschleunigte, das in seiner Mehrheit im Zweiten Kaiserreich der Opposition die Führungskräfte und nach 1880 der radikalen und radikalsozialistischen Partei die Mitglieder stellte. Diese Klasse hat die Republik geschaffen, man verletzt die republikanischen Institutionen vor ihren Augen, und sie schweigt. Hat sie so große Angst? Wir werden darauf zurückkommen. Jedenfalls scheint klar zu sein, daß das demokratische System heute nur noch eine Fassade ist: alle wirklichen Konflikte spielen sich außerhalb von ihm ab. In seinem jüngsten Artikel stellt Duverger die Frage sehr richtig: in statistischen Begriffen. Wenn die KP, so sagt er, ein Fünftel oder ein Viertel der Wählerstimmen gewonnen hat, können sich ihre Gegner noch den Faschismus ersparen: man kümmert in der Republik dahin. Wenn sie jedoch 50 bis 51 Prozent der Stimmen erhält, dann «geht es nicht darum, die Demokratie zu erhalten, sondern nur darum, zwischen den Systemen zu wählen, die folgen werden». In Frankreich erhält die KP hauptsächlich Arbeiterstimmen: die Natur des politischen Systems hängt also einzig und allein von der Bedeutung ab, die die Organisationen des Proletariats im Leben der Nation gewinnen können. Hier wird ein Bridge mit «Gefahrenzonen» gespielt: ist eine gewisse Grenze überschritten, dann kommt die Reaktion und der Faschismus. Wird die «Gefahrenzone» jedoch rasch überwunden, dann ergreifen die Arbeiterparteien die Macht und bilden eine «Volksdemokratie». Wie man sieht, trifft der Vorwurf der Illegalität nicht den Kern der Frage. Wir befinden uns einfach an der Schwelle der Gefahrenzone, und jene Scharmützel um die alte Legalität sind gleichzeitig die ersten Vorboten einer neuen Legalität, ob sie nun auf der Souveränität der Massen, der Notabeln oder der Partei fußt.

Die Wirklichkeit, die sich hinter diesen Entrüstungsschreien verbirgt, ist der Klassenkampf. Wenn ihr das begriffen habt, wird es euch vielleicht schwerfallen, der Kommunistischen Partei ihre Gewalt und die Illegalität ihrer Handlungsweisen vorzuwerfen: heute geht alle Gewalt, direkt oder indirekt, vom Proletariat aus, das uns zurückzahlt, was wir ihm gegeben haben. Alle Arbeiterrechte, sogar die «freiwillig zugestandenen», mußten in hartem Kampf ertrotzt werden; unter den schmucken Rechten der bürgerlichen Jurisprudenz nehmen sie sich wie Parvenus aus, man hält sie in Quarantäne, und die Puristen gehen sehr vorsichtig mit dem Streikrecht um, obwohl die Verfassung von 1946 es ausdrücklich anerkennt. Worauf wollt ihr es gründen? Auf die Vortrefflichkeit der menschlichen Natur? Dann wäre es überflüssig. Auf die Freiheit? Doch der Streikende übt einen Zwang aus. Dann vielleicht auf die Gleichheit? Aber es ist doch gerade die stillschweigende Anerkennung der Ungleichheit. «Der Definition nach hat der Streik das Recht zu schaden; er ist mehr als ein Recht, er ist eine Waffe.» Ihr gebt also einigen Menschen das Recht, anderen zu schaden? «Es ist das auf eine Gruppe bezogene Recht auf Notwehr.» Ein Vertrag ist demnach eine Aggression? Unsere Gesellschaft kann den Streik nicht rechtfertigen, ohne zuvor ausdrücklich anzuerkennen, daß sie eine Gesellschaft der Unterdrückung ist. «Seit einem halben Jahrhundert ist die Reglementierung des Streikrechts bei jeder Woge sozialer Konflikte aktuell.» Ach so! Man hat diese Praxis anerkannt, um sie besser kanalisieren, eindämmen zu können. Schließlich gesteht ein Jurist seufzend ein, daß «die Tatsache des Streiks ein ähnliches Phänomen ist wie ein Vulkanausbruch ... von Natur aus fügt er sich nicht in die Ordnung der Rechtsnormen». Merkwürdige Funktion des Arbeiters: er ist die illegale Quelle einer Legalität. Im Mai 1936 erklärte Blum: «Ich halte die Fabrikbesetzungen nicht für etwas Legales ... Sie entsprechen nicht den Regeln und Prinzipien des französischen Zivilrechts.» In Wahrheit sind sie eine Verletzung des Eigentumsrechts. Worauf Thorez sehr richtig antwortete: «Sie sprechen von Illegalität. Nein! Es ist eine neue Legalität, die sich herausbildet.» Freilich könnte man ihm entgegenhalten, daß diese neue Legalität in keinem System denkbar ist: sie widerspricht dem Grundprinzip der bürgerlichen Gesellschaft und hat in einer sozialistischen Gesellschaft keine Berechtigung mehr. Da sie irrational ist und die Praxis der Arbeiter überstürzt sanktioniert, hat sie nur in unserer Welt des Übergangs und der Widersprüche einen Sinn; sie ist das Bild des Arbeiters als Negation seiner selbst und der Gesellschaft, deren *reale* Funktion darin besteht, die Ordnung, die ihn erdrückt, dadurch zu zerstören, daß sie seine Lage als Proletarier zerstört. Auch wenn ein Arbeiter nicht erwägt, die Arbeit niederzulegen, weiß er, daß er streiken *kann*, und diese permanente Drohung wirkt sich wie ein regulierendes Element auf die Löhne aus. Er selbst ist diese Drohung, und er spürt ihre Gewalt: in einer Gesellschaft, die auf der Unterdrükkung beruht, will eine himmelschreiende Ungerechtigkeit, daß die Gewalt zuerst vom Unterdrückten ausgeht. Wie klarer wäre alles, wenn man sich gegen die Unterdrücker auf ihre eigene Gerechtigkeit berufen könnte. Aber nein: der Unterdrücker ist gelassen und stark, er stellt seine Stärke in den Dienst des Gesetzes; wenn er tötet, dann legal. Fürwahr: er ist es, der die Gesetze macht. Und wie Engels richtig zeigte, hat die Bourgeoisie die Erzeugung des Proletariats fertiggebracht «ohne irgendwelchen Gewalthokuspokus, auf rein ökonomischem Wege». Und er fügte hinzu: «Selbst wenn wir ... annehmen, daß alles Privateigentum ursprünglich auf eigner Arbeit des Besitzers beruhe und daß im ganzen fernern Verlauf nur gleiche Werte gegen gleiche Werte ausgetauscht werden, so kommen wir dennoch bei der Fortentwicklung der Produktion und des Austausches mit Notwendigkeit auf die gegenwärtige kapitalistische Produktionsweise, auf die Monopolisierung der Produktions- und Lebensmittel in den Händen der einen, wenig zahlreichen Klasse, auf die Herabdrückung der andern, die ungeheure Mehrzahl bildenden Klasse zu besitzlosen Proletariern.»[24] Kurz, der Arbeiter läuft große Gefahr, geprellt zu werden. Er ist unterdrückt, er leistet Mehrarbeit; doch wenn er über die Verkettung der Ursachen nachdenkt, findet er weder Diebstahl noch Zwang: alles ist friedlich zustande gekommen. Mehr noch: er hat seine Lage sogar *akzeptiert*, wenigstens eine Zeitlang: «Solange eine Produktionsweise sich auf dem aufsteigenden Ast ihrer Entwicklung befindet, so lange jubeln ihr sogar diejenigen entgegen, die bei der ihr entsprechenden Verteilungsweise den kürzern ziehn. So die englischen Arbeiter beim Aufkommen der großen Industrie.»[25] Wenn die Krise kommt und die Verteilungsweise plötzlich ungerecht erscheint, *wer denn* ist dafür verantwortlich? Soweit der Arbeiter in die Vergangenheit zurückblickt, immer sieht er sich *bereits verwickelt* in eine Gesellschaft, die ihre Gesetze und ihre Gerichtsbarkeit, ihre Regierung und ihren Begriff von gerecht und ungerecht hat und, was noch schwerwiegender ist, deren Ideologie er spontan teilt.[26] Man bürdet ihm ein Schicksal auf, setzt ihm Schranken; man weist ihm systematisch bruchstückhafte und halbautomatische Aufgaben zu, deren Sinn und Gesetzmäßigkeit ihm entgehen, fügt ihm Berufskrankheiten zu. Durch Ermüdigung und Verelendung, indem man ihn zwingt, tausendmal am Tag denselben Handgriff zu verrichten, nimmt man ihm den Mut, seine menschlichen Eigenschaften zur Geltung zu bringen, man sperrt ihn in die schale Welt der Wiederholung ein; nach und nach wird er zum *Ding*. Aber wenn er nach den Verantwortlichen sucht, findet er keinen: alles geht gerecht zu, man hat ihm gezahlt, was ihm zustand. Im Jahre 1930 weigerten sich viele amerikanische Arbeiter, sich in die eilig improvisierten Arbeitslosenkassen einzuschreiben: sie schämten sich, arbeitslos zu sein, und hielten sich für schuldig. Der aufgewecktere europäische Arbeiter lebt diese unerträgliche Situation im Zwiespalt: zwar lehnt er sie mit allen Kräften ab, akzeptiert sie jedoch gegen seinen Willen, weil er in ihr geboren

24 Friedrich Engels, *Anti-Dühring* in: MEW Bd. 20, 153, 151f. *Anm. d. Übers.*

25 Ebd., 138. *Anm. d. Übers.*

26 «Die spontane Entwicklung der Arbeiterbewegung führt eben zu ihrer Unterordnung unter die bürgerliche Ideologie.» W. I. Lenin, *Was tun?* in: *Ausgewählte Werke*, Dietz Verlag, Berlin 1966, Bd. I, 175.

wurde und gerade weil er einfach versucht, sie zu verbessern. Der angelernte Arbeiter erhöht sein Tempo, um den Verdienst des Facharbeiters einzuholen, also um die demütigenden Ungleichheiten wettzumachen und sich mehr als Mensch zu fühlen, aber es gelingt ihm nur dadurch, daß er sich immer mehr zum Ding macht. Vielleicht wird er die Arbeit am Fließband bevorzugen, den Gewerkschaftsgruppen, die versuchen, das Arbeitstempo zu begrenzen oder zu regeln, seine Unterstützung versagen. Und wenn er an seinen Arbeitsplatz zurückgekehrt ist, erschöpft, Gesetzen unterworfen, die von außen kommen, dann stößt seine spontane, unformulierte, aber ständige Weigerung, zur Maschine herabgewürdigt zu werden, auf seinen Willen, eine Produktionsweise beizubehalten, die ihm mehr einbringt. Kurz, er weiß zunächst nicht, ob er nicht verantwortlich ist für diese Gesellschaft, in der er geboren wurde, die keine Institutionen hat, die ihn schützen, und kein Wort, um das Unrecht zu benennen, das ihm geschieht. Die anderen Klassen ertragen tapfer sein Elend und erklären ihm, daß es für das kollektive Gleichgewicht notwendig sei. Er wird vom Staat umsorgt, der ihm Beihilfen zahlt; dennoch kann er sich nicht davon überzeugen, daß er voll und ganz mit einer Gemeinschaft solidarisch ist, die im geheimen täglich Todesurteile aus ökonomischen Gründen fällt und für ein einziges Kind reicher Leute zwei Kinder von armen Leuten sterben läßt.[27] Halb Komplize, halb Opfer, solidarisch und Märtyrer, will er, was er nicht will, und verweigert mit seinem ganzen Körper, was er mit all seinem Lebenswillen akzeptiert; er verabscheut das Monstrum, zu dem die Mechanisierung ihn macht, und weiß doch, daß er nichts anderes sein kann, ohne die Welt zu verändern. Der Widerspruch liegt nicht nur in ihm: er wird ihm aufgezwungen, die Massenproduktion verlangt, daß er widersprüchlich ist. Mensch und Maschine zugleich: man greift auf seine Dienste immer dann zurück, wenn es zu schwierig oder zu kostspielig ist, eine Maschine mit automatischer Kontrolle zu konstru-

27 *Kindersterblichkeit im Jahre 1939:*

	Sterblichkeitsrate pro 1000 lebend geborener Kinder unter 1 Jahr
a) Großbourgeoisie, hohe Beamte, Führungskräfte	26,8 %
b) Landwirte, Angestellte, mittlere Beamte, Kleinhändler	34,4 %
c) Handwerker, Facharbeiter	44,4 %
d) Angelernte Arbeiter	51,4 %
e) Hilfsarbeiter	60,1 %

ieren; die Fortschritte der Kybernetik werden ihn überflüssig machen. Daher verlangt man von ihm, daß er sein Urteilsvermögen mit einer gewissen diffusen Wachsamkeit verbindet und zugleich anwesend und abwesend ist. Mensch *bis zu einem bestimmten Punkt*: denn die Industriellen scheuen sich nicht, euch zu sagen, daß Allgemeinbildung die Leistungsfähigkeit des angelernten Arbeiters beeinträchtigt, dennoch können seine menschlichen Augen noch nicht durch fotoelektrische Zellen ersetzt werden. Daher ist die ursprüngliche Gewalt nicht die Unterdrückung, denn diese verschmilzt ja mit der Gerechtigkeit und der Ordnung; es ist die *verinnerte Unterdrückung*, die als innerer Konflikt *erlebte* Unterdrückung, als Zwang, den die eine Hälfte von einem selbst auf die andere Hälfte ausübt. Die primäre Gewalt übt der Arbeiter in dem Maße gegen sich selbst aus, in dem er sich zum Arbeiter *macht*. Der Hunger oder die Angst des Arbeitslosen sind noch keine erlittenen Gewalttätigkeiten: sie werden es, wenn er sie *auf sich nimmt* und sich zu ihrem Komplizen macht, um sich dazu zu zwingen, eine Arbeit anzunehmen, die unter Tarif bezahlt wird. Ein Unternehmer braucht eine Stenotypistin; schon ist die Krise da: dreißig Personen bewerben sich, alle gleich tauglich, mit den gleichen Zeugnissen. Er lädt sie alle zusammen vor und bittet sie lediglich, ihm mitzuteilen, welches Gehalt sie wünschen. Dann kommt es zu einem abscheulichen Wettstreit im Unterbieten: der Unternehmer hat – scheinbar – nur das Gesetz von Angebot und Nachfrage spielen lassen; aber jede Stenotypistin, die *das niedrigste* Gehalt verlangt, tut den anderen und sich selbst Gewalt an und trägt gedemütigt dazu bei, den Lebensstandard der Arbeiterklasse noch ein wenig mehr zu senken. Schließlich wird diejenige eingestellt, die, da sie geringfügige Bezüge hat (eine Witwenrente – oder es handelt sich um ein junges Mädchen, das noch bei ihren Eltern lebt), ein Gehalt verlangt, das *unter* dem Existenzminimum liegt, das heißt diejenige, die auf sich selbst und alle anderen die destruktive Wirkung ausübt, die der Unternehmer selbst auszuüben sich hüten würde. Arbeiter sein heißt *sich zwingen, es zu sein*, indem man die Lage des Arbeiters für sich und für alle anderen immer unerträglicher macht. Man tut so, als glaubte man, daß die Gewalt mit einem Schlag entsteht, im Augenblick des Aufstands oder des Streiks: aber nein, in Krisenzeiten *entäußert* sie sich, das ist alles; der Widerspruch kehrt sich um: der gehorsame Arbeiter lehnte das Menschliche in sich ab; der revoltierende Arbeiter lehnt das Unmenschliche ab. Diese Ablehnung ist selbst ein Humanismus, sie enthält die Forderung nach einer neuen Gerechtigkeit. Doch da die Unterdrückung kein sichtbares Delikt ist, da die Ideologie der herrschenden Klasse definiert, was gerecht und was ungerecht ist, da nichts erreicht wird, wenn man eine heilige Ordnung nicht mit Gewalt zerbricht, erweist sich für den Arbeiter die Behauptung seiner eigenen Realität als Mensch als eine Äußerung der Gewalt. Kaum hat er übrigens den Finger gerührt, mobilisiert die Gesellschaft ihre Polizeikräfte; man verändert die Szenerie um ihn herum, man *präpariert* ihm seine Gewalt, man richtet es so ein, daß er sie zum Äußersten treibt. Seine Unzufriedenheit *muß* zum Streik werden, sein Streik zur Schlägerei und die Schlägerei zum Mord. Wenn er in die Falle gegangen ist und sich bestürzt fragt, wieso die politische Forderung nach seinen Menschenrechten ihn dazu hingerissen hat, zuzuschlagen, Menschen zu töten, beginnt die Repression von neuem. Und die Rückkehr zur Ruhe wird keine Besänftigung sein, sondern eine Rückkehr zur anfänglichen Gewalt. Der ursprüngliche Widerspruch taucht in verschärfter Form wieder auf: der Streikende hat die Gegengewalt der Gesellschaft erfahren, sie wirkt in ihm fort, und er reagiert mit zwei gegensätzlichen Gefühlen darauf, mit Furcht und mit Haß; gleichzeitig hat er sich selbst entdeckt und weiß nun, daß die Gewalt das Gesetz seiner Aktion ist. Die Bourgeoisie dagegen betrachtet diese plötzliche Explosion, in der sich letztlich die Unterdrükkung widerspiegelt, die sie ausübt, mit Furcht und Abscheu; dieser sehr politischen und sehr zivilisierten Klasse kommt es so vor, als ob die Gewalt dem Unterdrückten *entspringt* und von seiner Barbarei herrührt; für sie wird der Arbeiter zur unergründlichen, *Objekt gewordenen* Gewalt. Dem Arbeiter ist das nicht unbekannt, er weiß, daß er den Bürgern angst macht, und in einer neuen Reaktion auf die «projektive Persönlichkeit», die man ihm verleiht, nimmt er diese Gewalt, die man ihm anlastet, stolz für sich in Anspruch. Diese Bemerkungen sollten die zwiespältige Lage des Arbeiters zeigen: denn das Proletariat handelt nach einem historischen Recht, das noch nicht existiert und vielleicht nie existieren wird; vom Gesichtspunkt einer künftigen Gesellschaft, die dank seiner Anstrengungen entstehen wird, ist seine Gewalt ein positiver Humanismus;[28] in unserer heutigen Gesellschaft ist sie zum Teil ein Recht (Streik), zum Teil ein Verbrechen. Tatsächlich sind Humanismus und Gewalt die beiden un-

28 Nicht ein Mittel, zum Humanismus zu gelangen. Nicht einmal eine notwendige Bedingung; sondern dieser Humanismus selbst, insofern er sich gegen die «Verdinglichung» behauptet.

trennbaren Aspekte seiner Anstrengung, die Lage des Unterdrückten zu überwinden.
Die klebrigen Ratten haben ein liebenswürdiges Naturell, und Gewalt ist ihnen ein Greuel: was nicht verwundern kann, da sie ja Bourgeois sind. Mißlich ist nur, daß sie eine ausgeprägte Zuneigung zur Arbeiterklasse haben. Um sich aus der Klemme zu ziehen, haben sie den Mythos vom Leid der Arbeiter erfunden: die Gewalt ist mit der III. Internationale in die Welt gekommen. Merkwürdige Perversion: denn schließlich liegt es offen zutage, daß die Gewalt der Arbeiter gerade die Substanz und die Stärke der KP ausmacht; sie hat diese Gewalt eingefangen, sie nährt sich von ihr, und ihre Führer werden von den Arbeitern verstanden, weil sie in ihrer Sprache zu ihnen sprechen. Gewiß, mit der Partei verliert diese Gewalt den Charakter einer *unmittelbaren* Eruption: sie ist «vermittelt», bewußt, sie wird bestimmt durch die Darstellung ihrer selbst; die KP ist der *manifestierte* hypostasierte Wille. Gleichviel: auch wenn zwischen der Manifestation der Gewalt und der ursprünglichen Gewalt, der sie entspringt, eine gewisse Kluft bestünde, *erkennt sich* die Arbeiterklasse nichtsdestoweniger in den Kraftproben, die die KP in ihrem Namen durchführt.

Was wollte ich beweisen? Daß die Demonstration vom 28. Mai geschickt, wirkungsvoll, lobenswert war? Nein. Sondern ganz einfach, daß sie sich im Rahmen der Volksdemonstrationen bewegt. «Weshalb hat man die Kommunistische Partei nicht aufgelöst», sagtet ihr, «dann hätten wir eine ‹wahre Linke› an ihre Stelle gesetzt, eine umgängliche, höfliche, zu Differenzierungen und subtilen Vorbehalten bereite Linke, die zwar den Kapitalismus bekämpfen würde, den Personen jedoch Gerechtigkeit widerfahren ließe, die Gewalt zwar nicht ablehnte, sie jedoch nur als letztes Mittel einsetzen würde, und die hingebungsvolle Begeisterung der Proletarier zwar zu schüren wüßte, sie aber notfalls vor deren Auswüchsen bewahren würde.» Ein wunderbares Programm: doch falls man euch eine solche Linke aus dem Hut zaubern würde (denn ich kann mir nicht vorstellen, wie ihr sie anders bekommen könntet), gebe ich ihr keine acht Tage, bis sie platzt: einige ihrer Mitglieder würdet ihr in der sozialistischen Gruppe der Nationalversammlung oder in der Redaktion von *Franc-Tireur* wiederfinden, während die anderen auf den Straßen gegen Ridgway demonstrieren würden.

«Ihre Argumentation», werdet ihr sagen, «ist ja sehr schön; aber sie hat einen schwachen Punkt, denn am 28. Mai hat die Arbeiterklasse keinen Finger gekrümmt, und die Massendemonstration hat ohne die Massen stattgefunden.» Und die klebrigen Ratten lachen sich ins Fäustchen. Nun denn, blicken wir zurück.

Juli 1952

II. Der Streik vom 4. Juni 1952

Am 28. Mai und am 4. Juni hat die Kommunistische Partei jeweils eine Demonstration organisiert. Was versprach sie sich davon? Was war ihre wirkliche Bedeutung? Wenn es stimmt, daß sie Mißerfolge waren, woran sind sie gescheitert? Wie ist diese doppelte Niederlage zu bewerten? Was sind ihre Folgen? Und falls es sich herausstellen sollte, daß sie für die Arbeiterklasse, für die französische Gemeinschaft insgesamt sowie für den Frieden verhängnisvoll sind, gibt es Mittel, dem abzuhelfen? Dieses Knäuel von Fragen möchte ich zu entwirren versuchen.

Was konnte sich die Kommunistische Partei vom 28. Mai versprechen? Was kann, wenn die Polizei in der Übermacht ist, eine Menschenmenge anderes demonstrieren als ihre *Passion* in allen Bedeutungen des Wortes? Da die Macht es verbietet, aufzumarschieren, wozu sollte man dann aufmarschieren, wenn nicht, um die Macht zu ergreifen? Das ist schon vorgekommen: große Empörungen haben die Pariser Bevölkerung auf die Straße getrieben, sie marschierte und bemächtigte sich im Vorbeiziehen mitunter eines Gebäudes; die Februarrevolution von 1848 legte die Regierung erneut in die Hände einer angstbesessenen Bourgeoisie. Heute hat man Vorsorge getroffen, um Schicksalsschläge zu vermeiden: das politische Leben ist so seriös geworden, daß eine Partei es sich nicht mehr erlauben kann, sich gegen ihren Willen an die Macht bringen zu lassen. Im Jahre 1952 kann eine Straßendemonstration *allenfalls* das Signal für einen Aufstand geben – unter der Voraussetzung, daß es zuvor vereinbart wurde –, ihn aber nicht unverhofft auslösen. Diese unterbrochenen Prozessionen, immer auf halbem Wege zwischen Aufstand und Zeremonie, Martyrium und Herausforderung, rufen Gewalt hervor, doch nur, um sie zu erleiden; es sind Verhaltensweisen des Scheiterns, Gesten, die wirkungslos sein wollen und deren Unwirksamkeit etwas *bezeugt*; man zeigt den Massen ihre ungeheuren Kräfte und ihre vorläufige Ohnmacht: indem diese explosiven Feste ihnen Erholung von der geduldigen Arbeit der *Organisation* bringen, führen sie ihnen vor Augen, wie notwendig diese ist; kurz, es ist das «Theater auf der Straße», das Artaud sich wünschte: die Rolle der Pariser Bevölkerung spielt dabei gewöhnlich die Pariser Bevölkerung selbst; sie übernimmt es, sich selbst ihr glorreiches Schicksal und vor allem ihre verlorene Spontaneität vor Augen zu führen; alles ist dazu angetan, daß sie sich in der Illusion wiegt, noch immer jene uralte Menge zu sein, die sich im ganzen letzten Jahrhundert stampfend über unsere Boulevards wälzte; und sie ist es tatsächlich, nur mit dem Unterschied, daß die Demonstranten zusammengerufen, aufgestellt und geführt werden und daß es ihnen untersagt ist, Fensterscheiben einzuschlagen und im Vorbeiziehen irgend etwas zu erstürmen, und sei es die Bastille.

Zwangsläufig endet eine verbotene Demonstration mit einem Mißerfolg, was jedoch nicht heißt, daß sie auch damit beginnen muß; nun sahen aber die Organisatoren eine empfindliche und keineswegs symbolische Niederlage voraus: sie wußten, daß die Massen keinen Finger krümmen würden. *Sie wußten es:* seit zwei Jahren signalisiert und kommentiert die gesamte Presse, von den Tageszeitungen bis zu den Periodika, von den großen Presseorganen der Rechten bis zu den Blättern der Arbeiteropposition, die «Entmutigung der Arbeiter», und nur das Politbüro sollte sie nicht bemerkt haben? Blättert doch einmal im Notizbuch von Jacques Duclos:[29] gewiß, nichts wird klar und deutlich gesagt, aber ihr werdet sehen, daß hundertmal das Wort «erklären» vorkommt – den Marseiller Dockern *erklären* ..., den Arbeitern *erklären* ..., es wurde nicht genügend *erklärt* –, und spüren, wie die Besorgnis und der Wille wächst, den Kampf gegen eine gewisse Unschlüssigkeit der Arbeiter zu intensivieren; ihr könnt beobachten, wie diese Leute immer wieder auf dieselben Sorgen, dieselben Themen zurückkommen: sie sind sich ihrer Schwierigkeiten voll und ganz bewußt. Weshalb wählen sie unter diesen Umständen, so werdet ihr fragen, ausgerechnet diesen Zeitpunkt, um die Pariser Bevölkerung zu einer politischen Demonstration aufzurufen? Ich antworte: weil sie dazu *gezwungen* waren. Wenn ein Umzug seit langem angekündigt worden ist, fällt es einem Festkomitee schwer, ihn abzublasen, selbst wenn das Wetter schlecht wird. Und die Demonstration gegen Ridgway war seit vielen Monaten angekündigt: genau gesagt, seit der Demonstration gegen Eisenhower. Mit ihrem Protest gegen diesen General war die Partei die stillschweigende Verpflichtung eingegangen, gegen alle seine Nachfolger zu protestieren. Eine Massen-

29 Bei der Verhaftung von Jacques Duclos am Abend des 25. Mai 1952 war mit anderen Papieren auch ein Notizbuch beschlagnahmt worden, das anschließend an eine amerikanische Nachrichtenagentur verkauft wurde. Kurz darauf wurde sein Inhalt in einer rechten französischen Zeitung veröffentlicht. *Anm. d. Übers.*

partei kann sich nicht damit begnügen, die öffentliche Meinung zu erkunden: sie muß deren schwankende Tendenzen verstärken, präzisieren und zutage fördern; sie muß sie schließlich in der Öffentlichkeit widerhallen lassen, und welcher Lautsprecher wäre besser geeignet als die Massen selbst? Sie wird also die Massen dazu bringen, sich die objektive Darstellung ihres Willens zu geben, ihn ganz und gar in die Taten zu legen, die ihn überschreiten und noch weiter treiben; wenn die Pariser Bevölkerung gegen den Nordatlantikpakt ist, muß sie sich dieser Gegnerschaft bewußt werden: doch nur eine gewalttätige und riskante Aktion kann sie ihnen zur Kenntnis bringen. Die Pariser sind in diesem Moment nicht sehr eifrig? Ein Grund mehr, die Volksdemonstration zu beschließen. Wie jede *reale* Beziehung ist auch die Verbindung einer Partei zu den Massen zwiespältig: einerseits richtet sie sich nach ihnen, andererseits «organisiert» sie sie und ist auf ihre «Erziehung» aus; und da es nicht darum geht, sie zu ändern, sondern ihnen zu helfen, daß sie werden, was sie sind, ist die Partei sowohl ihr bloßer *Ausdruck* als auch ihr *Vorbild.* Wenn sie sich in ihren Manifesten an die Massen wendet, benutzt sie bald den Imperativ, bald das Futur, bald den Indikativ Präsens zur Bezeichnung derselben Realität: der Bewegung, die Faktum und Wert zugleich ist: «Die französischen Arbeiter werden sich zu erinnern wissen ..., die werktätigen Massen lassen sich von diesem plumpen Manöver nicht täuschen ... Arbeiter, fordert die Befreiung von ...» usw. Was die Partei in den Augen der Massen repräsentiert, sind ihre Bestrebungen, ihre Tendenzen, ihr Wille, jedoch zur *Weißglut,* das heißt auf die höchste Stufe der *Wirksamkeit,* gebracht. Zuweilen folgen sie ihr und reißen sie mitunter sogar mit, aber es kann auch vorkommen, daß sie zurückbleiben. Wie dem auch sei: wenn die Partei sicher ist, in ihrem Namen zu sprechen, wenn sie meint, daß nur ein Zufall sie daran hindert, ihr zu folgen, dann geht sie voran: sie handelt für sie und in ihrem Namen. Die Massen sind Aktion und Passion zugleich: am Ende werden sie die Welt verändern, doch im Augenblick erdrückt sie die Welt; ihre Stoßkraft mag zuweilen unaufhaltsam sein, doch Kälte, Hunger und polizeiliche Unterdrückung können zeitweilig die Oberhand gewinnen: die Partei dagegen ist *reine Aktion*; sie muß vorwärtsgehen oder verschwinden; sie ist die Kraft der Arbeiter, die am Ende ihrer Kräfte sind, und die Hoffnung derer, die verzweifeln. Auf die Demonstration vom 28. Mai zu verzichten wäre «ein Schritt zurück» gewesen: sie konnte auf die Erschöpfung der Arbeiter keine Rücksicht nehmen, ohne daß sie Gefahr lief, sie zu verstärken und der

Resignation Vorschub zu leisten. Vielleicht hat man im Politbüro schon zu diesem Zeitpunkt begriffen, daß es nötig wäre, bald die Taktik zu ändern: aber das konnte erst *nach* der Demonstration geschehen. Die Massen werden ihre Mattigkeit nicht erfahren: sie werden durch Mittelspersonen Zeugnis ablegen; man wird ihre Schwäche mit der Gewalt der Schlägereien kaschieren, man wird ihnen ihre Aktion zeigen, *wie sie hätte sein sollen.* Man wird geschulte Mannschaften beauftragen, ihnen die Gesten der Gewalt vorzuführen, und sie werden ihre eigene Gewalt sehen, lebendig und von ihnen losgelöst; in ihren Vorstädten werden sie der Schlacht der Demonstranten gegen die Bullen, das einfache Symbol des Klassenkampfs, beiwohnen.

Was also wollte die Partei, als sie ihre Militanten auf die Place de la République losstürmen ließ? Die Macht ergreifen? General Ridgway entführen? Die Regierung zu Fall bringen? Nichts von alledem: sie wollte ganz einfach auf sich aufmerksam machen. Was riskierte sie? Wäre alles wie gewöhnlich verlaufen, dann hätte die bürgerliche Presse die Ereignisse kühl und gelassen kommentiert, und rasch wäre wieder Ruhe und Ordnung eingekehrt.

Herr Pinay war auf diesem Ohr taub. Also glaubte er an die Verschwörung? Ach was! Er folgte dem Beispiel jener großen Minister, die die Nation grundlos in Angst versetzten, um sich dann mühelos rühmen zu können, sie beruhigt zu haben. Um die Anleihe zu lancieren, bedient sich die Regierung eines klassischen Tricks: sie wendet die Propaganda des Konkurrenten zu ihrem Vorteil. Seht nur, wie sie den Streit anheizt, wie sie die Polemiken schürt, indem sie grundlos das Theaterstück von Vailland verbietet.[30] Dieses Klima der Gewalt wurde von geheimnisvollen Personen geschaffen, die mit amerikanischen Schlagringen auf die Schauspieler einschlugen. Alsbald munkelt man, der Minister habe dem Druck der amerikanischen Botschaft nachgegeben: ausgezeichnete Werbung; die künftige Kundschaft der Anleihe sieht gern den Finger Gottes im Detail: wenn die Vereinigten Staaten uns schon in so kleinen Dingen vor unserer sträflichen Toleranz zu schützen geruhten, was werden sie dann erst in den großen tun? Die Erregung ist am Abklingen, als der Besuch von Ridgway der zweiten Werbekampagne ihren Aufhänger liefert. Man beginnt damit, André Stil zu verhaften. Der Witz ist, daß die Verhaftung ganz

30 Im Frühjahr 1952 war die Aufführung des gegen den Korea-Krieg gerichteten Theaterstücks *Le colonel Foster plaidera coupable* von Roger Vailland Gegenstand einer polizeilichen Provokation, in deren Anschluß sie verboten wurde. *Anm. d. Übers.*

offenkundig willkürlich erfolgt: das französische Großbürgertum verabscheut die Republik und mißtraut dem Faschismus, aber es schwärmt für die Willkür, die es für aristokratisch hält und die ihm sowohl das Bild der Anarchie bietet, deren es sich erfreut, als auch das der Autorität, von der es für die anderen träumt; es hebt den Kopf und fragt sich gedankenvoll, ob es nicht jenen seltenen Vogel erwischt hat: einen Liberalen mit eiserner Faust. Dann kommt der Tag der Demonstration; Herr Baylot und die Regierung organisieren die Panik: ersterer versichert, daß die Massen sich nicht rühren werden, letztere, sie sei einem Komplott auf der Spur, dessen Gefährlichkeit wir an der Zahl der Polizisten ermessen könnten, die beauftragt sind, es zu vereiteln. Das Ziel der Verschwörer? Woher soll man das wissen, da doch die Wachsamkeit des Kabinetts ihre Pläne durchkreuzt hat. Herrn Pinay lacht das Glück. Alles nützt ihm, sogar das vergossene Blut. Bekanntlich schossen die Beamten in die Luft. Eine Kugel prallte vom Himmel ab und fiel in die Menge: würde sie einen Franzosen treffen? Nein, der Finger Gottes lenkte sie gerade noch rechtzeitig auf einen Nordalgerier. Ihr wißt, welchen Vorteil man daraus zog: *also* befanden sich *bicots* [Schimpfwort für Araber] in den Reihen der Separatisten! Und was taten sie da? Daß man afrikanische Regimenter einsetzt, um die Madegassen niederzuknüppeln, bravo: da stehen Eingeborene gegen Eingeborene. Aber man muß wirklich ein Feind Frankreichs sein, um Araber in Streitereien zwischen Franzosen hineinzuziehen. Kurz, als es dunkel wurde, hatten die Ordnungskräfte die Partie gewonnen. Eine winzige Partie, ein winziger Sieg: eine einzige Leiche und zwei verprügelte Priester – das hat noch nie ausgereicht, um eine Anleihe zu lancieren.

Die Demonstration ist zu Ende; die Leute kehren nach Hause zurück, wütend, müde, leicht enttäuscht; in den Arbeitervierteln sind die Nachrichten schon bekannt: wieder eine Niederlage. Man schweigt, verbirgt seine Bitterkeit und Traurigkeit hinter schlechter Laune. Das ist für Herrn Pinay der richtige Moment, einen Kommunistenführer auf offener Straße verhaften zu lassen. Wir alle kennen die fromme Legende, die die Presse am nächsten Morgen verbreitete: Duclos wird auf frischer Tat ertappt; einen Augenblick erschrokken, denken die Beamten an die vielleicht unabsehbaren Folgen seiner Verhaftung; dann entschließen sie sich, aus staatsbürgerlichem Pflichtgefühl, aus selbstloser Liebe zur Legalität, ihn festzunehmen. Es hätte klappen können, wenn es Gesetze zu schützen gegeben hätte, doch es gab keine: es gab nur einen Staatsbürger, der im Auto nach Hause fuhr und den die Umstände *gesetzlich* unantastbar machten. Seltsame Liebe zum Gesetz, die es unter dem Vorwand schändet, es sei soeben verletzt worden. Verstehen Sie doch, flüstert man uns zu, es war Gefahr im Verzug; man hat die Legalität ausgesetzt, weil sich die Republik in Gefahr befand. Eine Verschwörung! Ihr könnt euch denken, wie Herr Pinay dran glaubt, an diese Verschwörung! Und erst Herr Pleven! Und die rechte Presse! Fragt sie doch mal, um *welche* Verschwörung es sich handelt, laßt nicht locker und verlangt Beweise oder wenigstens Hinweise: man wird euch vornehm antworten, daß die Kommunistische Partei eine *permanente* Verschwörung ist und daß man sie gleich nach dem Kongreß von Tours hätte auflösen sollen. Nein, das Manöver stinkt zum Himmel: anders als Lyautey hat sich die Regierung ihrer Stärke bedient, um sie zeigen zu können. Und wem zeigte sie sie? Ihrer künftigen Wählerschaft natürlich.

Wenn man die Operation Pinay unvoreingenommen betrachtet, ist sie äußerst verwirrend: daß sie ein Akt der Gewalt ist, der letztlich der Sache schaden muß, die zu retten er vorgibt, daran zweifelt niemand: die Bourgeoisie stützt ihre ganze Propaganda auf die formellen Freiheiten; was will sie verteidigen, wenn sie sie mit eigenen Händen zerstört? Untersucht man jedoch die Umstände der Festnahme im einzelnen, so gerät alles durcheinander. Es ähnelt einem Drehbuch, das zwei Autoren gemeinsam verfaßt hätten, von denen der eine sehr gewitzt, der andere schwachsinnig wäre. Wenn die Regierung ihre Stärke zeigen wollte, wer hinderte sie daran, Duclos sofort nach dem gescheiterten Streik freizulassen? War es wirklich notwendig, ganz Europa die schallenden Ohrfeigen hören zu lassen, die die Richterschaft auf die ministeriellen Backen verteilte? Wozu die Lügen über den Zeitpunkt der Verhaftung? Über den Radiosender? Wozu das alberne Geschwätz über die Brieftauben? Und weshalb zu dem ehrwürdigen – hundertzehn Jahre alten – Gefasel von der Verschwörung Zuflucht nehmen? Die liberale Presse schien für diese Widersprüche nicht empfänglich zu sein: damals hielt sie Herrn Pinay noch für Parzival. Doch wenn ihr diese Meinung nicht teilt, werdet ihr vielleicht das Gefühl haben, daß den Ministern ihr Beschluß von irgendeinem Machiavelli eingeblasen wurde, daß sie ihn falsch verstanden und glücklos ausgeführt haben und daß sie sich schließlich mit Folgen konfrontiert sahen, denen sie nicht gewachsen waren. Für die Existenz eines Machiavelli kann ich mich natürlich nicht verbürgen: bei dieser ebenso geschickten wie gedankenlosen Operation liegt die Gedankenlosigkeit bei den Ministern und das Geschick woanders; vielleicht nur in den Umständen.

Herr Pinay hing seiner Idee nach, und seine Idee war die Anleihe. Ein paar Tage später bemerkte eine Zeitung mit großem Scharfsinn: «Die Demonstration endet mit einem Mißerfolg, und die Anleihe verspricht, ein Erfolg zu werden: auf welcher Seite stehen die guten Franzosen?» Das ist deutlich: die guten Franzosen zeichnen die Anleihen und treiben sich nicht auf der Straße herum: Herr Pinay erwartete seine Belohnung nicht von der Straße, sondern vom Handel, von den Banken und von der Nationalversammlung. Was er so beharrlich vorbereitete, war nicht die Auflösung der KP, sondern das Auseinanderbrechen des RPF; er versuchte, die linke Opposition niederzuknüppeln, um der rechten das Maul besser stopfen zu können, und er hielt seinen lästigen Gefangenen hinter Schloß und Riegel, einfach um seine Kollegen zu erpressen: wir sahen es deutlich, als er der schreckensbleichen Nationalversammlung das Vertrauen abnötigte: «Mein Platz steht Ihnen zur Verfügung. Doch wer ihn einnimmt, muß auch meinen Gefangenen nehmen.» An jenem Tag rettete Herr Duclos das Kabinett.

Kurz, man hat uns den Streich der roten Gefahr gespielt: einen Streich, der nicht erst von gestern stammt, aber immer noch zieht. Nur hat ihn Herr Pinay nicht in seiner klassischen Form gespielt, und den Experten zufolge war es sogar eine Häresie, ihn unter diesen Umständen versucht zu haben: damit der Streich verfängt, hält man es gemeinhin für unerläßlich, daß eine rote Gefahr *nicht besteht*. Seht euch die Amerikaner an: was für ein angeborener Sinn für Propaganda und was für eine großartige Kenntnis des menschlichen Herzens waren nicht nötig, um dieses etwas plumpe Verfahren, das aus Europa kam, zur Vollendung zu bringen! Glaubt ihr etwa, sie hätten jenes herrliche Propagandawerkzeug, den *Antikommunismus*, schmieden können, wenn es in den USA Kommunisten gäbe? Wenn einem jeden Tag oder auch nur jeden Monat Militante der KP begegnen, wie kann man da glauben, daß sie kleine Kinder fressen? Wenn man jedoch nie welche gesehen hat, wie soll man beweisen, daß sie keine fressen? Außerdem wird Personal eingespart: wenn keiner «Stalinist» *ist*, steht jeder im Verdacht, einer zu sein; der *average man* spielt beide Rollen: Denunziant mit allen; denunziert, sobald er allein ist. Natürlich werden die Opfer niemals ihre Unschuld beweisen, da die Anklage nicht weiß, was sie ihnen vorwirft. Als Herr Pinay das Verfahren ganz unbesonnen anwandte, riskierte er, zu seinem Schaden zu merken, daß es in Frankreich Kommunisten *gibt*.

Aber nein, alles verlief so, als ob es keine gäbe. Soll man wirklich glauben, daß ein Machiavelli die Regierung berät? Die Erklärung ist plausibel, aber nicht zwingend. Diese kurzfristige Operation kam zur rechten Zeit in einer Schlacht, die seit der Befreiung andauert und in der die französische Bourgeoisie die Initiative an sich zu reißen und zu behalten verstand. Der Machiavellismus liegt in der Natur der Dinge: was immer Herr Pinay machte, seine Tat, die von anderen, weniger sichtbaren und tiefer liegenden Manövern getragen, befördert, umgeben, genährt wurde, mußte eine geborgte Intelligenz widerspiegeln; ist in einem bestimmten Moment der Schlacht einer der Gegner im Vorteil, so gereicht ihm alles zum Nutzen, sogar der Zufall wendet sich zu seinen Gunsten. Herr Pinay verhaftet gedankenlos Duclos just in dem Augenblick, da es klug ist, ihn zu verhaften. Der «Coup vom 28. Mai» hat einen *objektiven* Sinn, der *vielleicht* keinem seiner Urheber aufgefallen war, der jedoch nachträglich in die Augen springt: er wird zum Symbol einer Strategie, die ich im folgenden Kapitel zu definieren versuchen werde.

So gesehen ist Duclos' Verhaftung illegal, *weil sie illegal sein mußte.* Die legale Partei behielt sich eine Hintertür offen: sie konnte mit Hilfe ihrer Presse und auf Versammlungen gegen die *Absicht* protestieren und gleichzeitig erklären, daß sie sich der formalen Legalität der *Tat* beuge. Mit der Verhaftung von Duclos vermauert der Minister alle Ausgänge: er fordert die Kommunisten öffentlich heraus, er attackiert sie *am Mißerfolg* der Demonstration, und wenn sie sich mitten im Rückzug befinden, zwingt er sie, eine Kraftprobe anzunehmen, zu einem Zeitpunkt und auf einem Terrain seiner Wahl, und die ganze Welt ist Zeuge. Protestieren? Der Regierung die Verfassung entgegenhalten? Das ließe sich machen, und es wurde gemacht: Duclos hat Anzeige wegen Verletzung der Amtspflicht erstattet. Natürlich haben unsere rechtschaffenen Blätter weidlich gespottet: «Wenn unsere Gesetze gegen Sie gemacht sind, warum protestieren Sie, wenn man sie übertritt? Sie, der Sie sie täglich brechen, mit welchem Recht schreien Sie auf, wenn wir es sind, die sie verdrehen? Je nach Ihrem momentanen Interesse sind Sie für oder gegen die Republik, und Sie berufen sich nur deshalb auf unsere Gesetzbücher, um uns mit Vorschriften zu knebeln, an die Sie sich nicht halten!» Dieses Argument taugt nichts, und wir werden noch Gelegenheit haben, auf das Verhältnis der KP zur Demokratie zurückzukommen. Aber auch wenn sie nur das Ziel hätte, sie zu zerstören, so bleibt es doch eine Tatsache, daß die Bourgeoisie selbst es war, die den Partikularismen des Ancien régime die Allgemeinheit des Gesetzes entgegenstellte: warum sollten die Kommunisten es sich versagen, den Gegner im Namen seiner eigenen Prinzipien anzuklagen? Also verteidigen Sie Maurras? Keineswegs: Maurras war ein Bourgeois, der alle seine Ressourcen aus der bürgerlichen Gesellschaft schöpfte; er besaß die Bildung und den Wohlstand, die den formellen Freiheiten einen wahren Inhalt verleihen; er verriet seine Klasse zugunsten einer kleinen Bürgerminderheit. Die Kommunisten sprechen im Namen des Proletariats, das am wirtschaftlichen Leben des Landes teilhat, ohne an seinem gesellschaftlichen Leben teilzuhaben: auch wenn es vorkommt, daß der Arbeiter einen kleinen Vorteil aus den bürgerlichen Gesetzen zieht, sind es trotzdem nicht *seine* Gesetze: denn sie begünstigen diejenigen, die ihn ausbeuten. Doch die Partei konnte sich nicht mit einer legalen Aktion begnügen: denn als die Regierung das Gesetz verletzte, hat sie die Massen auf ihrem ureigenen Feld aufgesucht, auf dem der Illegalität; indem sie ihrer Partei einen öffentlichen Schimpf antat, hat sie sie herausgefordert: «Seht nur, was ich mit eurem Führer mache, und wenn es euch nicht gefällt, um so schlimmer für euch.» Die Massen müssen die Herausforderung also *auf diesem Feld* beantworten: im Fall von Henri Martin mag die Partei den Grund der Verfolgungen für absurd und den Urteilsspruch für ungerecht halten; sie bestreitet jedoch nicht das Recht, einen Soldaten oder Matrosen zu verhaften und zu bestrafen, der beim Flugblattverteilen erwischt wurde: sie wird sich darauf beschränken, in ihrer Presse, auf Versammlungen oder durch Petitionen die Wiederaufnahme des Verfahrens zu fordern; wenn umgekehrt eine Regierung mit faschistischen Tendenzen den Vertreter einer bürgerlichen Partei verhaftet, dann kann diese Partei den Rechtsweg beschreiten: denn sie wird beweisen wollen, daß die demokratischen Gesetze ausreichen, uns vor der Diktatur zu schützen. Doch wenn man einer gewalttätigen Partei Gewalt antut, ist die einzige Antwort Gewalt.

In unseren Gesellschaften verdanken Regierung und Parlamente ihre Macht mindestens ebensosehr den Institutionen wie dem Willen des Volks, zum einen, weil die Institutionen es sind, die den Wähler definieren, zum anderen und vor allem, weil die Macht auch dann legitim bleiben kann, wenn sie den Wünschen der Mehrheit nicht mehr entspricht, unter der einen Voraussetzung, daß sie gesetzlich verankert ist. Nach den Gemeindewahlen von 1947 konnte eine Regierung, die vom halben Land verurteilt wurde, an der Macht bleiben, das Abebben der gaullistischen Bewegung abwarten und ein Wahlgesetz fabrizieren, das derselben Mehrheit die Rückkehr ins künftige Parlament sicherte.

Die KP genießt eine Autorität, die der einer Regierung gleichkommt; doch da sie keine *Institutionen* hat, kommt ihre Souveränität von den Massen selbst. Ihr sagt, daß sie Moskau hörig ist? Daß es innerhalb der Bewegung keine Demokratie gibt? Das ist durchaus möglich: was jedoch nicht ausschließt, daß sie, wenn die Massen ihr plötzlich die Gefolgschaft versagten, alles verlieren würde; so mächtig sie sein mag, sie ähnelt Antäus, der stark nur war, wenn er die Erde berührte. Die fünf oder sechs Millionen Stimmen, die der Partei alle vier Jahre zufallen, besiegeln ihre Bedeutung bei Wahlen, ohne ihre revolutionäre Aktion zu legitimieren: die Wähler mißbilligen weder Demonstrationen noch politische Streiks, aber ihr Stimmzettel gibt keinen Aufschluß darüber, ob sie sich daran beteiligen. Die KP mißt ihre Kräfte auf der Straße; der Umfang der Massendemonstrationen *legitimiert* ihre Autorität. Hier sehen wir also, gegenüber dem abstrakten und höchst vernünftigen Wahlsystem, eine öffentliche Übertragung von Vollmachten, die zwar dunkel, gefährlich, anfechtbar ist, die uns jedoch zum Ursprung der Souveränität führt. Allein, es verhält sich mit diesen Plebisziten wie mit der göttlichen Schöpfung bei Descartes: sie gelten nur für den Augenblick und müssen immer wieder erneuert werden; auch wenn gestern ganz Frankreich gestreikt hätte, läßt nichts die Behauptung zu, daß es morgen abermals streiken wird. Es gibt keine *Institution*, die das Ergebnis dieser Volksbefragungen über den Tag hinaus verlängern könnte, an dem sie stattgefunden haben: und das ist begreiflich, da die Sturmflut der Demonstranten, gerade durch ihre Gewalt, eine Art *konstituierenden* Willen ausdrückt, der die bestehenden Gesetze außer Kraft setzt. Der Bourgeois hat sich nie darin getäuscht: seine Intrigen mögen Kabinette umbilden, aber es sind die Massen, die die *wahre* Macht verleihen; was er am «Pöbel» fürchtet und verabscheut, ist die wilde Souveränität. Doch da das Verhältnis der Menge zu ihren Führern ständig wechselt, zögert er nicht, die Kommunisten beim Wort zu nehmen und sie zu zwingen, sich vom Volk bestätigen zu lassen, wenn die Umstände für sie ungünstig sind. Spricht das Ergebnis gegen sie, so wird man es veröffentlichen. Vergeblich werden sie erklären, daß es sich um eine vorübergehende Schwäche handelt: eine Wahlpartei kann ihre Niederlagen überstehen, aber eine revolutionäre Partei unterscheidet sich nicht vom revolutionären Schwung ihrer Truppen. Der Minister zahlt es den Kommunisten mit gleicher Münze heim: sie riefen der Bourgeoisie ihre eigenen Prinzipien ins Gewissen; im Namen der ihren zwingt man sie, ihre Karten auf den Tisch zu legen. Die wilde Souveränität des Volkes belustigt Herrn Pinay ein wenig: er weiß genau, daß die Mehrheit des Landes nicht hinter ihm steht, aber solange ein Wahlgesetz sie nicht definiert, hat die Mehrheit nur das Recht zu schweigen. Andererseits weiß er auch genau, daß eine revolutionäre Partei nicht *nachgeben* darf: er verhaftet Herrn Duclos und wartet ab; die Herausforderung wird bestimmt angenommen. Tatsächlich hat das Politbüro die Falle gesehen (und falls nicht, haben die Widerstände und Ausflüchte der CGT es wohl aufgeklärt), aber es wird blindlings in sie hineinlaufen: besser, der Militante erinnert sich an eine Niederlage als an ein feiges Kneifen. Der Streikaufruf wird erlassen, die Regierung ist gewappnet: wenn die Massen sich rühren, geht man gegen sie vor; aber man glaubt zu wissen, daß sie sich nicht rühren werden. Für den 4. Juni wie für den 28. Mai stimmen die Voraussagen des Politbüros und die der Regierung völlig überein.

Kurz gesagt, man erwartete *nichts*, es geschah *nichts*, und auf dieses Nichts baute Herr Pinay seinen Ruhm. Der 4. Juni ist insofern ein historischer Tag, als er allen anderen gleicht. In den Zeitungen vom nächsten Tag lasen wir, daß die Straßen ihr übliches Bild boten, daß die Metro wie gewöhnlich funktionierte; es war einer jener Werktage, die eine besondere Gnade in den Augen der Ordnungsliebenden in kirchliche Feiertage verwandelt.

Ich befand mich im Ausland, meine Beziehungen zu den Kommunisten waren gut, aber keineswegs herzlich: sie sagten zwar nicht mehr, ich würde den Menschen auf allen vieren kriechen lassen, aber sie beschuldigten mich noch immer, die Résistance für die faschistische Bourgeoisie bespitzelt zu haben.[31] Schließlich hatte ich die Demonstration vom 28. Mai für inopportun gehalten, ich fürchtete neue Zusammenstöße, sinnlose Tote. Alles Gründe, das Scheitern des Streiks mit Gleichgültigkeit, ja sogar mit Erleichterung aufzunehmen. Nun hat aber die Nachricht in mir den gegenteiligen Effekt hervorgerufen: dem Protest der rechtschaffenen Blätter gelang es nicht, das befremdliche Schweigen Frankreichs zu übertönen, und ich hatte das Gefühl, daß mir eine kleine Niederlage des Menschen mitgeteilt worden sei. Damals wußte ich noch nicht, daß sehr viele von uns die Dinge so sahen. Später schrieb die bürgerliche Presse, daß wir Schiß

31 Seit 1941 beschuldigten die Kommunisten Sartre mehrfach, sich seine Entlassung aus dem deutschen Gefangenenlager durch Kollaboration erkauft zu haben. *Anm. d. Übers.*

gehabt hätten. Warum eigentlich nicht? Meinetwegen Schiß: eines der wenigen Wörter, die unsere Zeitungen verstehen können. Doch Schiß *wovor*? Vor dem sich abzeichnenden Polizeistaat? Vor dem amerikanischen Einfluß? Vor der Hexenjagd? Vor dem drohenden Krieg? Lauter bange Fragen, die ich für sehr vernünftig halte. Aber weit gefehlt: wir haben angeblich Angst, weil die Arbeiterklasse der Kommunistischen Partei eine Absage erteilt hat. Wenn es weiter nichts ist, hört auf, euch zu grämen; denn wir sind unbesorgt: so schnell wird die Partei nicht verschwinden, und es stimmt nicht, daß ihr die Arbeiterklasse eine Absage erteilt hat: am 4. Juni ist *nichts* demonstriert worden, und es *gab keine* Arbeiterklasse; wenn ihr es wissen wollt, genau das hat uns angst gemacht; und ich schreibe diesen Artikel, um herauszufinden, warum Frankreich schweigt.

Anscheinend schweigt es gar nicht, sondern schreit Herrn Pinay seine Verachtung ins Gesicht; kurz, das «angebliche» Scheitern des Streiks soll von der KP bestritten werden, und wir hätten umsonst Angst gehabt. Ich müßte mich darüber freuen, statt dessen bin ich in neuer Sorge: jetzt bekümmert mich meine Taubheit. Ich sehe Herrn Caillois lächeln: soweit kann es mit einem kommen, wenn man sich darauf einläßt, die Kommunisten außerhalb ihrer Prinzipien zu verteidigen. Glaubt Sartre etwa, ihnen zu gefallen, wenn er laut über eine Niederlage jammert, die sie nicht eingestehen? – Nein, das glaube ich nicht. Wer könnte so verrückt sein, Militanten gefallen zu wollen, seien es nun Kommunisten oder nicht? Und warum sollte man auch? Wenn ich mir diese Mühe machte, was würde mir das einbringen? Den verstohlenen Händedruck eines «Krypto»? Ein bleiches Lächeln auf den Lippen eines «Weichen»? Nichts, was mein Herz höher schlagen ließe. Nein, eine Massenpartei bekämpft man, man tritt ihr bei oder einigt sich von außen mit ihren Vertretern über gemeinsame Ziele. Um so besser, wenn die Aktion über die Gefühle entscheidet: der bürgerliche Individualismus reduzierte sie auf Launen; kehren wir dazu zurück, den ganzen Menschen in seinen Werken zu lieben oder zu hassen. Ja, es ist das Ziel dieses Artikels, meine Übereinstimmung mit den Kommunisten in genau umrissenen und begrenzten Punkten zu erklären, indem ich von *meinen* Prinzipien, nicht von den *ihren* aus argumentiere; man wird sehen, warum. Seit dem Parteitag von Tours ist es hundertmal vorgekommen, daß einzelne oder Gruppen der «Linken» ihre faktische Übereinstimmung mit der KP verkünden und gleichzeitig ihre prinzipiellen Divergenzen betonen. Und wenn ihre Mitwirkung der Partei wünschenswert erscheint, akzeptiert sie dieses Bündnis *trotz* den Divergenzen. Heute scheint sich die Lage für sie wie für uns derart verändert zu haben, daß sie solche Bündnisse teilweise *wegen* der Divergenzen wünschen muß.

Was das Faktum selbst betrifft: kann man sagen, daß die KP es bestreitet? Ja und nein. Sie räumt ein, daß der Streik kein Erfolg war, aber ihre Hauptsorge scheint darin zu bestehen, die Arbeiterklasse aus dem Spiel zu lassen, und daher zögert sie nicht, alle Schuld auf sich zu nehmen. Überstürzung, schlechte Übermittlung der Parolen, mangelnder Zusammenhalt, überspitzter Ton: wir wissen, was sie sich alles vorwirft. Im Grunde heißt das sich auf menschliche Schwächen herausreden. Der Gegner erklärt die Ereignisse vom 4. Juni durch das Wesen: die bösartige Natur der KP mußte die Arbeiterklasse schließlich anwidern; die KP erkennt die Fakten an, erklärt sie jedoch durch den Zufall: die Arbeiterklasse hat ihre Kampfkraft bewahrt; doch *Individuen* haben Irrtümer begangen und es nicht verstanden, sie rechtzeitig einzuberufen. Auf der letzten Sitzung des Zentralkomitees sagte Duclos: «Die Arbeiterklasse war das entscheidende Element des Sieges. In ihrer großen Mehrheit stand sie gegen die Verschwörer auf der Seite unserer Partei. Das heißt jedoch nicht, daß diese Stellungnahme immer und überall in Streiks, Demonstrationen oder Petitionen zum Ausdruck gekommen ist. Der Irrtum der Regierung und ihrer Agenten war, zu glauben, daß dort, wo es weder einen Streik noch eine Demonstration gibt, die Arbeiterklasse gleichgültig sei. Die Arbeiter haben begriffen, daß die antikommunistische Verschwörung das Vorspiel zu heftigen Angriffen auf ihre Lebensbedingungen, auf ihre verbrieften Rechte, auf die demokratischen Freiheiten und auf den Frieden war. Und es steht außer Zweifel, daß die Aktion der Arbeiterklasse sehr ernste Entwicklungen genommen hätte, wenn die Volksbewegung mit den Freilassungen vom 1. Juli den Verschwörern nicht einen ersten schweren Schlag versetzt hätte.»[32]

In einem Punkt bin ich mit der KP einer Meinung: das Schweigen der Massen läßt sich unmöglich als Zustimmung zur Repression deuten. «Mag sein», antwortet man mir, «doch aus denselben Gründen können Sie es auch nicht als Mißbilligung ausgeben.» Da bin ich nicht so sicher: natürlich ist ein negatives Zeichen schwierig zu entziffern. Aber es fällt schwer zu glauben, daß eine Gewalt, die dem Führer einer Arbeiterpartei nach einer – und sei es unpopulären – Demonstration angetan wurde, die Massen gleichgültig läßt. Die Arbeiter

32 *La nouvelle critique* Nr. 39, September/Oktober 1952, 38.

leben unter der ständigen Drohung dreier Geißeln: sie heißen Preissteigerung, Arbeitslosigkeit und Repression. Wie immer die ferne Zukunft aussehen mag, von der sie träumen oder die sie vorbereiten, ihre nahe Zukunft ist stets düster: sie kennen die Feindseligkeit der herrschenden Klassen, sie wissen, daß sie Abmachungen treffen, deren Folgen für das Proletariat meist unheilvoll sind, aber sie kennen die Machenschaften nicht im einzelnen, und die Wirkungen treffen sie oft, ohne daß sie die Ursachen ahnten. In diesem Halbdunkel, in dem alles, was sie *erleiden*, von selbst immer schlimmer wird, verheißen plötzliche Veränderungen nichts Gutes. Erinnert euch an jene Jahre der Wende, da man ahnte, daß Deutschland sich auf den Krieg vorbereitete, ohne seine Rüstungsanstrengungen ermessen zu können, erinnert euch auch an unsere ständige Besorgnis und an den grausigen Geschmack jener Tage: von Zeit zu Zeit machte Hitler eine Geste, hielt eine Rede, und jedesmal spürten wir, daß der Krieg ein wenig nähergerückt war. Gewiß, ein Vergleich ist kein Beweis, aber wenn ich, ein vor Krisen relativ geschützter Bürger, das Klima der Arbeitervorstädte, diese drückende Atmosphäre, diese verbaute Zukunft verstehen will, dann denke ich an jene Zeit unserer Geschichte. Als die Bürger Duclos verhafteten, gaben sie dem Proletariat neue Kunde von sich, und diese Kunde war schlecht. Falls man nicht den uralten Haß der Arbeiter auf die Bullen, die Mühen ihres Alltags, die Unbeständigkeit ihres Budgets und ihre alten, nie verheilten Wunden vergißt, wie kann man leugnen, daß sie in der Strafaktion gegen die kommunistische Partei das Vorzeichen neuer Verfolgungen gesehen haben?

Muß man nun diese schwelende Unruhe mit einer *Bewegung* gleichsetzen? Kann diese Mischung aus Furcht und Ressentiment als *Aktion* gelten? Ich glaube nicht. Nach Herrn Duclos hat die Regierung den Fehler begangen, den Widerstand der Massen zu unterschätzen. Meinetwegen. Doch wenn Herr Pinay ihre Wut nicht zu erkennen vermochte, wen hat dieser vergebliche und stumme Widerstand dann beeindrucken können? Und wie lassen sich die Freilassungen vom 1. Juli als Volkssieg ausgeben? Wäre ich Kommunist, dann würde ich, mehr noch als dem Proletariat, Montesquieu meinen Dank aussprechen: denn die Unterdrückungsmaßnahme des Ministers wurde einige Monate lang vom bürgerlichen Prinzip der Gewaltenteilung gebremst; eine gewissenhafte, auf ihre Vorrechte bedachte Richterschaft hat sich ganz einfach geweigert, die Unabhängigkeit, die ihre Daseinsberechtigung ausmacht, und den Teil an Souveränität, den sie innehat, der Exekutive abzutreten. Sollte etwa die Volksbewegung die

Richter elektrisiert haben? Doch wenn sie weder durch Streiks noch durch Demonstrationen, noch durch Petitionen zum Ausdruck gekommen ist, wie hätten diese bürgerlichen Richter sie erkennen können? In Wirklichkeit war Frankreich starr und stumm, und die Anklagekammer hat ihre Entscheidung inmitten einer großen Stille gefällt. Meiner Meinung nach liegt die Schuld der Regierung nicht darin, daß sie die Entrüstung des Volks unterschätzte, sondern darin, daß sie einen so deutlich voraussehbaren Beschluß nicht vorausgesehen hat: die Richterschaft hat seit der Dritten Republik noch nie jemandem gehorcht;[33] weshalb sollte sie Herren anerkennen, besonders wenn diese Herren Baylot und Pinay heißen?

Demnach ist beides falsch: daß die Massen Druck auf die Minister ausgeübt haben und daß sie gleichgültig geblieben sind. Tatsache ist vielmehr, daß sie mißbilligten und ihre Mißbilligung nicht geäußert haben; eben das erscheint verdächtig: warum hat ihre durchaus reale Unzufriedenheit sich nicht auszudrücken versucht?

«Weil ihr Groll zu groß war, weil sie die kommunistische Politik verurteilten und weil man ihnen Gelegenheit gab, es zu zeigen.» Mit diesem geschickten Dreh hat die bürgerliche Presse das Fehlen einer Reaktion in den Willen verkehrt, nicht zu reagieren. Nehmen wir das einmal an: aber *wovon* ist dann die Rede? Vom 28. Mai oder vom 4. Juni? Man sagt mir, das sei alles eins, der zweite Mißerfolg sei nur die Bestätigung und Verschärfung des ersten. Davon bin ich ganz und gar nicht überzeugt: für mich sind die beiden Tage grundverschieden.

Die Demonstration vom 28. Mai ist mir, offengestanden, herzlich schnuppe: ob erfolgreich oder gescheitert, sie weicht nicht von der Routine und den «laufenden Geschäften» ab. Und vor allem hat sie *politischen* Charakter. Die kommunistischen Führer haben die internationale Lage geprüft, die vorhandenen Kräfte abgeschätzt und sind zu dem Schluß gekommen, daß eine beschränkte Operation zu einem kleinen Teil dazu beitragen würde, das Verhältnis dieser Kräfte zu verändern. Was sie hier getan haben, können andere auf eigene Rechnung tun wollen: jeder kann eine politische Aktion politisch einschätzen. Und auch wenn ich nicht glauben kann – man wird noch sehen, warum –, daß die *Arbeiterklasse* gegen die Demonstration demonstriert hat, gebe ich gerne zu – warum auch nicht? –, daß ihr eine beträchtliche Zahl von Arbeitern aus einer Art Erbitterung ferngeblieben ist, die Mißbilligung ausdrückte: «Was nützt es? So erreicht

33 Geschrieben 1952.

man gar nichts» usw. Vielleicht gab es sogar einige, die durch ihr Fernbleiben zeigen wollten, daß sie diese Prestigepolitik verurteilten. Für die Mehrheit ist es noch einfacher, und die Militanten wissen sehr gut, daß Demonstrationen gegen den Krieg selten viel einbringen. Der Mißerfolg des Roten Antikriegstages im Juni 1929 weist viele – zumindest oberflächliche – Analogien mit dem des 28. Mai auf: derselbe Appell an die Massen: «Zeigt, daß ihr entschlossen seid, den antikommunistischen Kreuzzug zu verhindern»; dasselbe «sehr auffällige» Fernbleiben der Arbeiterklasse; mit einem Unterschied: es war Thorez, der verhaftet wurde. Die Partei kennt das Problem: sie weiß genau, daß man in jedem einzelnen Fall die politischen Stellungnahmen auf die ökonomischen Forderungen stützen müßte, sie möchte die lokale Situation analysieren, ihre allgemeinen Ursachen ans Licht bringen und die Verbindungen des unmittelbaren Interesses mit den Klasseninteressen aufzeigen können. Aber wir werden sehen, daß das nicht immer einfach ist: es kommt vor, daß ein Zwischenglied fehlt oder daß die Führer Irrtümer begehen: in diesem Fall steht die politische Aktion nackt und bloß da, und es gelingt ihr nicht immer, die Massen mitzureißen. Und das liegt gewiß nicht daran, daß die Arbeiter meinen, sie seien für die politische Aktion nicht zuständig, oder daß sie es sich versagen, ihre üblichen Waffen einzusetzen, um den Kolonialismus oder den Imperialismus anzuprangern, sondern einfach daran, daß ihnen das Ziel in zu abstrakter und zu ferner Form präsentiert wird. Sie kämpfen entschlossener, wenn man ihnen beispielsweise zeigt, daß sie mit der Verteidigung ihrer Löhne die Rüstungspolitik und damit indirekt den Nordatlantikpakt gefährden. Weil sie ihre besonderen Interessen verteidigen? Nein, weil ihr Einfluß auf die Ereignisse ein direkter bleibt, weil sie die einzelnen Auswirkungen der Aktion sehen, weil ihre ganze «politische Erziehung» auf der Vorstellung beruht, daß sich die Weltereignisse, im Maßstab der Nationen und der Städte, in Form lokaler und konkreter Veränderungen darstellen, deren Verlauf eine lokale und konkrete Aktion modifizieren kann.

Doch wie dem auch sei, der Streik vom 4. Juni war *nicht politisch.* Oder soll man etwa jene Raserei politisch nennen, in die die italienischen Arbeiter gerieten, als sie erfuhren, daß ein Unbekannter auf Togliatti geschossen hatte?[34] Sie kamen den Streikaufrufen zuvor,

34 Am 14. Juli 1948 wurde Palmiro Togliatti durch ein Attentat schwer verletzt. *Anm. d. Übers.*

stürmten in die Fabriken, besetzten sie, sperrten die Unternehmer ein: jedermann war einverstanden, Kommunisten, Nichtkommunisten, Antikommunisten, es war eine Sturmflut; zwei Tage lang glaubte die Regierung, die Kontrolle über die Situation zu verlieren. Und was waren die – politischen oder unpolitischen – Ziele dieser Demonstration? Protestieren? Gegen wen? Gegen einen Verrückten? Denn sogar damals hielt niemand die Regierung oder die Parteien der Rechten für so töricht, einen kommunistischen Führer ausgerechnet in dem Augenblick ermorden zu lassen, wo die KP ein gutes Drittel des Landes kontrollierte. Und was den «Druck» der Massen anbelangt, auf wen konnte er ausgeübt werden, wenn nicht auf den Herrgott persönlich? Dennoch war das Ereignis von ungeheurer Tragweite: in einer Anwandlung von Leidenschaft hatte die Klasse sich *in actu* vor der Nation, vor Europa behauptet; *vor* dem Attentat schien es nur eine Staubwolke von Grüppchen zu geben, die sich anzogen oder abstießen, nebeneinanderstanden oder sich gegenseitig durchdrangen, Familien, Genossenschaften, Unternehmen, Kirchgemeinden usw.; gleich *danach* fallen die Schranken, und das Proletariat *zeigt* sich. Genau das und nichts anderes, einen solchen Ausbruch erwarteten die Kommunisten vom französischen Arbeiter; es ging nicht mehr darum, mehr oder weniger ferne Ziele auf mehr oder weniger großen Umwegen zu erreichen: die Arbeiterklasse wurde in ihrer alltäglichsten Wirklichkeit und in ihren elementarsten Rechten angegriffen, vor ihren Augen wurden die Führer eingesperrt, die sie gewählt hatte, und das Politbüro verlangte von ihr – wie gesagt ohne Hoffnung – eine unmittelbare und leidenschaftliche Reaktion. Niemand forderte sie auf, dem Ministerpräsidenten die Scheiben einzuschlagen oder den Elyseepalast in Brand zu stecken: man wollte einfach, daß sie sich zeigte. Sie hat sich nicht gezeigt.

«Das beweist», antwortet der Antikommunist, «daß sie das Joch der KP abschütteln will. Diese Massendemonstrationen, so sagten Sie, sind barbarische Weihen, und auf der Straße bestätigt das Proletariat sein Vertrauen in seine Führer. Schlußfolgerung: Wenn die Straßen leer sind, werden die Führer desavouiert.»

Immer langsam! Schon 1951 gaben die Massen unleugbare Zeichen von Erschöpfung, trotzdem haben 5 Millionen Wähler für die Kommunisten gestimmt; seit dem 4. Juni haben Nachwahlen stattgefunden, die keinen nennenswerten Rückgang gegenüber den Durchschnittswerten des letzten Jahres erkennen lassen; am Tag nach dem gescheiterten Streik hat die FO bei Renault einen Erfolg erzielt, den die rechtschaffenen Blätter herausstrichen. Dieser unstreitige Gewinn zeugt *zumindest* von der schlechten Laune der Arbeiter. Doch was bei den Rechten selten betont wurde und mir noch bezeichnender erscheint, ist die Tatsache, daß die CGT kaum zwei Wochen nach ihrem Fiasko noch immer 60 Prozent der Stimmen erhielt. In den Renault-Werken gibt es demnach eine Mehrheit von Arbeitern, die ihr weiterhin Vertrauen schenken und sich gleichzeitig vorbehalten, ihr den Gehorsam zu verweigern; es gibt in diesem Land vier oder fünf Millionen Wähler, die für die kommunistischen Abgeordneten stimmen und doch keinen Finger zu ihrer Verteidigung krumm machen, wenn ihre parlamentarische Immunität verletzt wird. Zwar ist die KP im Begriff, jene Art Souveränität, die aus der Aktion entsteht, zu verlieren, und diese Bemerkungen scheinen auf den ersten Blick auf eine Krise ihrer *revolutionären Autorität* hinzudeuten. Aber sie ist auch eine klassische parlamentarische Partei; und da sie praktisch die CGT kontrolliert, ist sie eine gewerkschaftliche Organisation: unter diesen beiden Aspekten bewahrt sie ihr Ansehen; 60 bis 70 Prozent der Arbeiter sind damit einverstanden, daß sie ihre materiellen Interessen vertritt; 25 bis 30 Prozent der Wähler sind damit einverstanden, daß sie sie in der Nationalversammlung repräsentiert. Und jetzt kommt ihr und sagt, daß die Arbeiterklasse Duclos desavouiert: meinetwegen. Aber es scheint mir klar zu sein, daß sie ihn nicht desavouieren kann, ohne sich selbst zu desavouieren. Ich gestehe euch ja alles zu: die Arbeiter haben die kommunistische Bevormundung, die Bürokratie der Partei, ihre Moskauhörigkeit satt; sie machen ihr tausend Vorwürfe und regen sich täglich über die CGT auf. Na und? Keiner verlangte von ihnen, dem Politbüro ein zartes Liebespfand zu geben, sondern auf eine Herausforderung, auf eine Beleidigung und auf eine Drohung zu reagieren. Gestern annullierte die Regierung durch Duclos' Verhaftung ihre Stimmen mit einem Federstrich; indem sie heute Le Léap verhaftet, zerreißt sie ihre Gewerkschaftsausweise. *In einem solchen Moment* Duclos desavouieren? Und warum *bedanken* sie sich nicht gleich beim guten Herrn Pinay dafür, daß er sie von einem Tyrannen befreit hat? Oder glaubt ihr ernstlich, daß ein in hundertfünfzig Jahren des Kampfes geschmiedetes Proletariat, das sich seiner Traditionen und seiner Größe bewußt ist, euch lächelnd erklären wird: «Ich bin nicht sehr zufrieden mit den Führern, die ich mir gegeben habe, deshalb halte ich es nicht für schlecht, daß man sie verhaftet, und obwohl ich ihnen in einigen Punkten immer noch vertraue, habe ich nichts dagegen, daß man notfalls das Gesetz ein bißchen verletzt, um sie mir vom Hals zu schaffen?» Daß die Kommentatoren des *Figaro* die Arbeiterklasse für eine törichte Jungfrau halten, ist normal. Aber ihr, «antistalinistische» Marxisten, die ihr auf ihren Scharfsinn baut, um sie von ihren derzeitigen Führern zu befreien, wie könnt ihr unterstellen, daß sie seelenruhig der Polizeirepression Tür und Tor geöffnet hat? Nach Marx, nach Lenin habt ihr immer wieder gesagt: die Bourgeoisie hat sich Gesetze gegeben, die sie knebeln; das Interesse des Proletariats besteht darin, sie zu zwingen, daß sie diese Gesetze respektiert. Ihr sagt, daß wir uns gegen alle Mißbräuche der Macht auflehnen müssen. Werdet ihr heute hinzufügen: außer wenn es den Stalinisten schadet? Ich weiß, ihr könnt euch alles erlauben, weil euer Verhalten keinen Einfluß auf die Massen hat: ihr habt einen Nichteinmischungspakt mit den Fakten geschlossen: sie gehen vorüber, ohne euch zu stören, ohne eure Theorien zu entkräften oder zu bestätigen; als Gegenleistung habt ihr euch verpflichtet, euch niemals einzumischen, um ihren Verlauf zu modifizieren. Für weit beunruhigender wird man dagegen die Reaktion der FO oder der CFTC halten. Seien sie nun reformistisch oder revolutionär, unabhängig oder kontrolliert, eines haben die Gewerkschaftsorganisationen miteinander gemeinsam, nämlich daß sie sich im Rahmen der bürgerlichen Demokratie entwickelt haben und daß sie alle Waffen benutzen, die die Legalität ihnen liefert. Wenn die Regierung das Gesetz verletzt oder ändert, sind sie alle betroffen: damit die Arbeiterklasse Vertrauen in ihre Stärke setzen kann, muß sie sie in vollem Tageslicht sehen; die Streiks von 1936 zum Beispiel fanden in einem Spiegelsaal statt. Stellt euch eine plötzliche Rückkehr zur Klandestinität vor; die Aktion der Partisanen wird möglich bleiben, die der Massen nicht: man wird Samson die Augen ausgestochen haben. Ihr sagt, daß wir noch nicht soweit sind? Natürlich nicht; aber es ist noch nicht lange her, daß wir dem entronnen sind, und wir alle haben Erinnerungen, die uns für das Kapitel willkürlicher Verhaftungen empfindlich machen sollten. «Ja, gewiß», sagt man mir. «Aber Sie haben gut reden: Sie sind beschimpft, vielleicht diffamiert, aber nicht verfolgt worden. Ein Militanter der FO ist Opfer ununterbrochener und systematischer Verfolgungen, man beleidigt ihn, ächtet ihn, sabotiert seine Arbeit, hin und wieder kriegt er Prügel. Wenn man mit ihm über die Kommunisten redet, glauben Sie etwa, daß er dann an den Separatismus denkt, an die Lager, an die Bürokratie, an den Titoismus? Ach was! Er denkt: ‹Die Schweine, was haben die mir die Hölle heiß gemacht; aber wartet nur, bis das anders wird, dann werde ich ihnen die Hölle heiß machen.› Es wäre doch allzu bequem, wenn die KP nur zu pfeifen brauchte, damit alle ihre Opfer ihr zu Hilfe eilen.»

Es stimmt: die Spaltungen der Arbeiterklasse müssen vielen Arbeitern das Leben unerträglich machen; und was den Groll betrifft, so existiert er, er ist eine Tatsache. Aber was verlangte man denn von ihnen? Alles zu vergessen? Die gewerkschaftliche Einheit wiederherzustellen? Der KP die Hand zu reichen? Keineswegs; sondern an einem Streik von begrenzter Dauer und symbolischem Wert teilzunehmen, um die Arbeiterklasse und ihre eigenen Organisationen zu verteidigen; es war ihnen ein leichtes, ihre Vorbehalte zur Kenntnis zu bringen und beispielsweise zu verkünden: «Wir haben unsere Zwistigkeiten nicht vergessen, aber wir stellen sie diesmal beiseite; wie tief sie auch sind, niemals werden wir zulassen, daß sie den Rahmen der Klasse sprengen, und wir weisen ein für allemal die liebenswürdige Hilfe der Regierung und der Unternehmer zurück, in welcher Form sie auch angeboten wird; auch wenn ihre Einmischung uns auf Kosten unserer Gegner zunächst zu begünstigen schien, wissen wir doch, daß sie am Ende uns allen schadet; wer gegen einen Arbeitervertreter – wer er auch sei – Gewalt anwendet, der wendet sie gegen uns alle an, und die Einheit des Proletariats wird sich gegen ihn wiederherstellen.»

Nichts ist erfolgt. Einer «spontanen» und unaufhaltsamen Bewegung hätten sich die Führer der *Force Ouvrière* sicherlich angeschlossen, um deren Vorteile nicht zu verlieren. Doch da sie den Mißerfolg des Streiks voraussahen, wünschten sie, daß er für die Massen zu einer entscheidenden Erfahrung werde und ihnen ihr Zerwürfnis mit der Partei *sonnenklar* offenbare. Ging diese Rechnung auf? Der Mißerfolg stellte sich ein, und wer profitierte davon? Unsere Bourgeoisie und ihre Minister.

Ein «Claqueur» von *Preuves* beschuldigt mich, viel Lärm um nichts zu machen: diese Ereignisse gehörten der Geschichte an, und ich sei der einzige in Frankreich, der sich daran erinnere. Ich antworte, daß wir mindestens zwei sind, die sich noch damit beschäftigen: was mir sie immer wieder in Erinnerung ruft, ist die Tatsache, daß Herr Pinay jeden Tag beweist, daß er sie nicht vergißt. Ein erfolgreicher Streik hätte ihn auf der Stelle außer Gefecht gesetzt: er wäre nicht mehr Minister, und Le Léap säße nicht im Gefängnis (ich gehe nicht soweit, das Umgekehrte zu behaupten). Der fehlgeschlagene Streik hat ihn gelehrt, «bis wohin er zu weit gehen konnte». Aus diesem einen Grunde, der auf der Hand liegt, behaupte ich, daß der Streik vom

4. Juni nicht nur den Interessen der Kommunisten, sondern denen des Proletariats und der ganzen Nation dienen sollte. Wie kommt ihr darauf, daß das *Proletariat* seinen kommunistischen Führern eine Rüge erteilt hat? Wenn sich eine Arbeitergewerkschaft stillschweigend zum Komplizen des Klassenfeinds macht, um den Konkurrenten auszustechen, dann sage ich, daß das Proletariat weggeschickt wurde.

«*Wer* hat sich dann geweigert, zu streiken?» Nun, *Individuen*, in sehr großer Zahl; wenn ihr wollt, die große Mehrheit der Arbeiter. «Und das ist nicht das Proletariat?» Nein, das ist es nicht. Ihr wißt doch, nach dem Streik veröffentlichte die nichtkommunistische Presse Zeugnisse über die Geistesverfassung, die sein Scheitern verursacht hat; weshalb uns nicht auf diese Zeugnisse beziehen? Ich halte sie für wahr – zumindest teilweise –, zum einen, weil ich einige davon nachprüfen konnte; zum anderen, weil sich die berichteten Tatsachen im Spektrum der Meinungen nahezu gleich bleiben; schließlich und vor allem, weil sie ganz offenkundig den Interessen derer, die sie zitieren, zuwiderlaufen und das Gegenteil dessen aufzeigen, was man beweisen möchte. Keiner dieser Gründe wäre für sich allein überzeugend, doch wenn man sie zusammennimmt, sind sie nicht ohne Beweiskraft. Diese Zeugnisse beeindrucken zunächst durch das, was ihnen fehlt. Wenn ihr darin klare und politisch motivierte Absagen sucht, werdet ihr enttäuscht sein; in den Kneipen der kleinbürgerlichen Viertel hält sich der erstbeste Trunkenbold für die Wählerschaft, für die Nation; er ergreift für oder gegen den Nordatlantikpakt Partei, er erklärt, was eine Regierung, «die diesen Namen verdient», in Tunesien tun müßte: seine Urteile haben Gesetzeskraft, er spricht im Namen aller und verlangt, daß alle ihm recht geben. In dem Fall, der uns beschäftigt, werdet ihr nichts finden, was diesem sympathischen Selbstvertrauen des sich seiner Rechte bewußten Wählers ähnelt: der Arbeiter begnügt sich damit, seine *persönliche* Beteiligung zu verweigern; er fällt kein Urteil, und weit davon entfernt, wie Kant und die Säufer der Vierten Republik «die Maxime seines Handelns zum allgemeinen Gesetz erheben» zu wollen, bemüht er sich im Gegenteil, ihm einen besonderen Charakter zu bewahren; natürlich, wenn seine Kollegen ihn angreifen, ihn einen «Gelben» schimpfen, kurz, wenn sie *als erste* versuchen, ihn in den historischen Zusammenhang zu stellen, wird er sich auf dem Feld verteidigen, das sie gewählt haben, er wird ihnen zu beweisen versuchen, daß er politisch recht hat und daß sie so handeln müßten wie er. Wenn dagegen seine Umgebung zögert, wenn er spürt, daß seine Entscheidung eine allgemeine Bewegung von Enthaltungen hervorrufen kann, bekommt er Angst und macht darauf aufmerksam, daß auch andere Haltungen möglich sind, daß die seine nur ihn verpflichtet: er betont in erster Linie den *besonderen* Aspekt seines Falles. Verweigert er sich überhaupt? Er würde eher sagen, so scheint es, daß er *nicht gehorchen kann*: «Du (der du nicht meine familiären Lasten zu tragen hast oder sicher bist, deinen Arbeitsplatz zu behalten usw.), du kannst tun, was du willst; bei mir ist das was anderes ...» Beschließen, nicht zu streiken? Nicht beschließen können, zu streiken? Zwischen beidem schwankt er. Er weiß nicht recht, ob er wünscht, daß ganz Frankreich seinem Beispiel folgen oder daß seine Abwesenheit unbemerkt bleiben möge; er fürchtet eine Demonstration, die ohne ihn stattfände, ebensosehr wie ein massives Fernbleiben, das schlimme Folgen haben könnte. Ja, vorherrschend ist das Gefühl der Ohnmacht. Gewöhnlich sind die Gewerkschaftsaufrufe so zwingend wie Pflichten, und die Delegierten bemühen sich, ihn davon zu überzeugen, daß sie durchführbar sind: Du mußt, also kannst du. Heute antwortet er ihnen: Ich muß nicht, weil ich nicht mehr kann. «Ihr wißt genau, daß wir nichts erreichen, daß wir ganz umsonst unseren Lohn verlieren.» Oder: «Die Force Ouvrière rührt sich nicht, wir werden allein sein.» Oder: «Für einen Monat bezahlten Urlaub Streit suchen? Was für ein Blödsinn.» Oder auch: «Ich kann nicht, weil ich drei Kinder habe und weil meine Frau gerade einen Unfall hatte» usw. Welches dieser Argumente berührt die Klasseninteressen? Hinter so vielen trübseligen Antworten errät man eine Rückkehr zu jenem Fatalismus, der nicht aufhört, die Unterdrückten zu bedrohen, den die herrschenden Klassen unaufhörlich zu schüren suchen und den die Revolutionäre unaufhörlich bekämpft haben. Diese Entmutigung entspringt der Einsamkeit und erzeugt wiederum Einsamkeit: indem die Arbeiterklasse den Teufelskreis durchbrach, hat sie sich behauptet, und der etwas krampfhafte Optimismus der kommunistischen Militanten bringt ihren Willen zum Ausdruck, den Zement des Proletariats zu retten: die Hoffnung. Wie könnten diejenigen, die sagen, daß sie nicht marschieren werden, weil die FO sich zu marschieren weigert, deutlicher erklären, daß die Arbeiterklasse kaputt ist? Dennoch haben die nichtkommunistischen Organisationen im Höchstfall ein Fünftel der gewerkschaftlich organisierten Arbeiter. Was sind innerhalb einer einzigen Körperschaft 20 Prozent Opponenten. Fast nichts. Die Unruhestifter, der Ausschuß; die Mehrheit geht darüber hinweg und spricht sich einstimmig aus. Sobald dieser «Ausschuß» sich organisiert, ändert sich alles; jene stolze Einstimmigkeit, die sich für die Arbeiterklasse hielt, ist nur noch eine mehrheitliche Gewerkschaft; noch am Vortag hielt sie sich für unfehlbar, und ihre Entscheidungen waren die allein möglichen; in jedem Augenblick war das Proletariat nur das, was es sein konnte und mußte; «sein Ziel und seine geschichtliche Aktion ist in seiner eigenen Lebenssituation ... sinnfällig, unwiderruflich vorgezeichnet»;[35] jede seiner Reaktionen brachte es gänzlich zum Ausdruck. Gegenwärtig sind die Entscheidungen der CGT *Zufälle*: ist nicht erwiesen, daß andere möglich und zuweilen besser sind? Diesen Streik ordnet nicht mehr das Proletariat durch den Mund seiner Führer an: er ist *eine bestimmte Art und Weise*, auf die Herausforderung des Ministers zu antworten. Mit einem Wort, der Beschluß der Führer verpflichtet nurmehr sie selbst; sie können *gute* Führer sein, aber das bedeutet auch, daß sie *schlechte* sein könnten: ohne daß sie etwas verschuldet oder sich verändert hätten, werden die Massen dazu neigen, sie als aufgeklärte Monarchen zu betrachten, die für sie denken. Man sieht, daß ich im Augenblick den «Autoritarismus» und den «Bürokratismus» aus dem Spiel lasse, den man der KP vorwirft: ich erinnere ganz einfach an die Auswirkungen einer *wie auch immer gearteten* gewerkschaftlichen Spaltung; die Zwistigkeiten der Arbeiter haben die Tendenz, eine gewisse Abdankung der Massen nach sich zu ziehen, die, statt sich in einer einmütigen Reaktion zu bestätigen, nun vor der Wahl zwischen mehreren probabilistischen Handlungsweisen stehen. In eine Aktion verwickelt, die ihre Kollegen mißbilligen, haben die Leute der CGT das Gefühl, ungedeckt zu kämpfen; nicht mehr allein der Ausgang der Operation ist ungewiß, sondern die Operation selbst; verarmt, auf Mutmaßungen gründend, begrenzt, spiegelt sie die *Meinungen* einiger Spezialisten wider; und wenn es Spezialisten des «allgemeinen Interesses» gibt, ist es nicht verwunderlich, daß der Arbeiter dazu neigt, sich zunächst um sein «besonderes Interesse» zu kümmern.

Denn glaubt man am Ende, daß die Streikenden von 1920, von 1936, von 1947 alle unverheiratet und kinderlos waren, wie durch ein Wunder gegen Arbeitslosigkeit versichert und im Besitz eines Sparbuchs? Oder glaubt man umgekehrt, daß der Arbeiter von heute die Interessen der Arbeiterklasse aus dem Gedächtnis verloren hat? Erscheint ihm die kapitalistische Ausbeutung gerechter und menschli-

35 Karl Marx, Friedrich Engels, *Die heilige Familie* in: MEW Bd. 2, 38. *Anm. d. Übers.*

cher? Akzeptiert er den Kolonialismus, die imperialistischen Kriege und die Polizeirepression leichteren Herzens? Wird er seine Führer opfern, um sich seinen Arbeitgebern anzunähern? So macht doch den Versuch: sprecht einen von denen an, die sich geweigert haben zu streiken; redet offen und zwanglos mit ihm und laßt in eure Äußerungen ein paar giftige Spitzen gegen die kommunistische Politik einfließen: wer weiß, vielleicht ist er eurer Ansicht; trotzdem wird er das Gespräch kurzerhand abbrechen, da er hinter eurem Lächeln den Klassenfeind erraten hat. Mit einem Wort, heute wie vorgestern haben die Arbeiter dieselben Sorgen, dieselben Ziele, dieselben Loyalitäten. Doch 1942 riskierte einer den Tod, der zehn Jahre später nicht einmal den Lohn eines einzigen Vormittags riskiert. Was hat sich verändert? Die Motive? Die Beweggründe? Nein, ihr Verhältnis, das Bewertungssystem. Und was führt zu diesen Veränderungen, wenn nicht der Lauf der Welt, das heißt die tagtägliche Geschichte? Das historische Ganze bestimmt in jedem Augenblick unsere Kräfte, setzt unserem Wirkungsfeld und unserer realen Zukunft Grenzen; es bedingt unsere Haltung gegenüber dem Möglichen und dem Unmöglichen, dem Realen und dem Imaginären, dem Sein und dem Seinsollen, der Zeit und dem Raum. Vor diesem Hintergrund bestimmen wir unsererseits unser Verhältnis zu den anderen, das heißt den Sinn unseres Lebens und den Wert unseres Todes: in diesem Rahmen taucht schließlich unser *Ich* auf; das heißt eine praktische und veränderliche Beziehung zwischen hier und dort, jetzt und immer, einst und morgen, Diesem und dem Universum, eine unaufhörlich widerrufbare Entscheidung über die relative Bedeutung dessen, was man fälschlicherweise das «besondere Interesse» und das «allgemeine Interesse» nennt. Um uns an die Grenzfälle zu halten: je nachdem, ob eine Gemeinschaft den Lauf der Welt erduldet oder dazu beiträgt, ihn zu bestimmen, flüchten sich ihre Mitglieder in die unmittelbare Gegenwart oder verfügen über eine Zukunft, die sich weit über ihren Tod hinaus erstreckt, klammern sich an das Wenige, was sie haben, oder wagen alles für eine Sache, deren Sieg sie nicht erleben werden, richten ihre Unternehmungen nach ihren Bedürfnissen aus oder bestimmen ihre Bedürfnisse nach ihrem Unternehmen. Es ist die Geschichte, die den einen Auswege zeigt und die anderen vor verschlossenen Türen auf der Stelle treten läßt. Ebensowenig wie 1850 ist der Arbeiter heute im Besitz seiner Arbeitsmittel: also hat sich die grundlegende Natur seiner Forderungen nicht verändert. Aber die Organisation der kapitalistischen Gesellschaft hat sich unaufhörlich weiterentwikkelt und die Situation des Arbeiters unaufhörlich modifiziert: man sieht, daß er je nach den Epochen mehr oder weniger fest an seiner politischen Aktion «klebt» oder mehr oder weniger in seinem Berufsleben aufgeht; seine Bindungen an die Klassenorganisationen werden fester oder lockerer, die großen Ziele, die man ihm vorschlägt – gleichviel ob Reformen oder die Revolution –, erscheinen ihm real, mitunter sogar zum Greifen nahe oder in weiter Ferne und manchmal imaginär. Wenn er die Hoffnung verliert, kann kein Diskurs sie ihm zurückgeben; doch sobald die Aktion ihn packt, wird er glauben: die Aktion ist durch sich selbst ein Akt des Vertrauens. Und warum packt sie ihn? Weil sie möglich ist: er *beschließt nicht*, zu handeln, er handelt, er *ist* Handlung, Subjekt der Geschichte; er sieht das letzte Ziel, er berührt es: noch zu seinen Lebzeiten wird die klassenlose Gesellschaft verwirklicht werden. Die unmittelbare Wirklichkeit ist die Zukunft; von der Zukunft her betrachtet sind die Privatinteressen abstrakte Schatten; sogar der Tod schreckt nicht: er ist ein bestimmtes, sehr persönliches Ereignis, das ihm mitten in jener Zukunft widerfahren wird, die er mit allen gemeinsam besitzt.

Mehrmals endete die Aktion mit einem Desaster: dann wurden die Arbeiter, die das kollektive Subjekt der Geschichte waren, wieder individuell zu deren Objekten. Der Arbeiter wechselt die Haut, er sieht die Welt mit anderen Augen: die Gewißheiten des Vortags sind erloschen; andere entzünden sich, nah, alltäglich, unangenehm: wozu kämpfen, da man doch nichts ändern kann? Wenn man zu siegen hofft, nichts mehr zu verlieren hat, wird man kämpfen. Aber wenn noch etwas zu verlieren bleibt – und sei es ein erbärmlicher Lohn – und man alle Hoffnung auf einen Sieg fahrenläßt, verhält man sich still. Diejenigen, die gestern bedenkenlos ihr Leben riskierten, fürchten heute den Hunger und sagen sich: «Wir wollen nicht verhungern.» Als Koestler, bereits vom Unendlichen abgewiesen, noch nicht gewählt hatte, eine Null zu sein[35a] erzählte er uns die Geschichte eines spanischen Hirten, der kämpfte, um *lesen zu lernen*: sein Leben aufs Spiel setzen, um sich zu bilden, ist vollkommen vernünftig; allerdings unter der Bedingung, daß man eine Chance hat zu gewinnen. Wenn alles verloren ist, wenn die Sieger beschlossen haben, den Analphabetismus zu pflegen und ihre Macht auf die Unwissenheit zu gründen, wird der Hunger zu ihrem Komplizen: solange noch eine

35a Anspielung auf Arthur Koestlers Buch *Sonnenfinsternis*, das im Französischen den Titel trägt: *Le zéro et l'infini* = Die Null und das Unendliche. *Anm. d. Übers.*

Chance besteht, ißt man, wenn man kann, man ißt, um zu kämpfen; um zu kämpfen, nimmt man es hin, nicht zu essen. Doch wenn alles zu Ende ist, ißt man, um zu leben, und lebt, um zu essen. Aber die Bedürfnisse können den Willen nach Einheit erzeugen, der Hunger ist nicht immer, nicht einmal meistens der Gehilfe der Macht: damit er ihr nützt, muß die Schraube um eine weitere Drehung angezogen werden; man kann ihn auf bloße Magenkrämpfe reduzieren, wenn man sorgfältig die Zukunft versperrt: die Zukunft entspringt der Aktion und blickt auf sie zurück, um ihr einen Sinn zu geben; auf die unmittelbare Gegenwart beschränkt, versteht der Arbeiter seine Geschichte nicht mehr: er machte sie. Jetzt betrachtet er sie, als hätte er sie von jeher erduldet, und sieht in ihr nur noch einen einzigen, stets von neuem begonnenen, stets niedergeschlagenen Aufstand. Sich vereinen? Mit wem? Seit der Niederlage ist er zu jener merkwürdigen umschichtigen Einsamkeit verurteilt, die jeder ablehnt und die jeder erleidet, als Rückwirkung der Einsamkeit der anderen: «Ich würde ja marschieren, aber die andern werden es nicht tun.» Auf seinen verbrauchten Körper, auf das dumpfe Alltagsbewußtsein seiner Erschöpfung reduziert, kommt ihm der Tod desto absurder vor, je weniger Sinn sein Leben hat, er flößt ihm desto größeren Schrecken ein, je lebensüberdrüssiger er ist: die Unternehmer haben nichts mehr zu fürchten – weder Revolte noch Arbeitskräftemangel –, wenn der Arbeiter keinen andern Grund zum Leben mehr hat als die Angst vor dem Sterben. Wenn er sich von sich selbst abwenden und nach draußen blicken will, erwartet man ihn schon, alles ist vorbereitet, ihm seine Ohnmacht widerzuspiegeln: mitten in einer überwachten Menge schreitet er die gegen Aufstände angelegten Boulevards ab, die gefälschte Landschaft der Fabriken und Vorstädte soll ihm das Bild einer strengen und unmenschlichen Ordnung vor Augen führen; man hat ihn mit dem undurchdringlichen Dekor der Resignation umstellt. Der gesunde Menschenverstand, die vernünftige Berechnung der Chancen, alles flüstert ihm ein, nachzugeben, den Kampf gegen Feinde einzustellen, die Waffen, Truppen, Geld, Maschinen und Wissen besitzen. Sein Los ist nicht gerechter und seine Herren sind nicht besser geworden: sie sind die Stärkeren, das ist alles. Seine Niederlage gibt ihm nicht unrecht: sie beweist lediglich, daß die Welt schlecht ist. Gewiß *gab es* andere Hoffnungen, eine andere Wahrheit: plötzlich konnte man sehen, wie Banknoten sich in welke Blätter verwandelten und die Truppen sich weigerten, in die Menge zu schießen; doch diese Wahrheiten waren nur im Kampf lebendig und konkret: die Aktion hatte sie ans Licht gebracht; wenn die Aktion unmöglich wird, bleiben nur abstrakte Erinnerungen. Für die Besiegten gibt es eine besondere Evidenz: daß der Mensch ein Irrtum ist.

Nach aller *Evidenz* ist der Mißerfolg vom Juni durch die Entmutigung zu erklären: die rechtschaffenen Blätter wollten uns ein Proletariat zeigen, daß sich gegen seine Führer empört, doch wir hatten im Gegenteil das Gefühl, seinem inneren Zusammenbruch beizuwohnen. Indem der Arbeiter sich weigerte, die politische Tragweite des Streiks zu erkennen, hat er sich freiwillig *diesseits* der Interessen seiner Klasse begeben; er hat seine Isolierung durch die Gründe verstärkt, die er anführte, um sich zu rechtfertigen; er hat die kollektiven Bande zerrissen, den Kontakt zu seinen Führern verloren: der Streik hat nicht deshalb nicht stattgefunden, weil er einmütig verurteilt wurde, sondern weil er auf Millionen von Ablehnungen gestoßen ist, die individuell bleiben wollten. Die kollektiven Ziele, die Werte, die Ideale werden nicht angetastet, aber sie entfernen sich, rücken außer Reichweite. Man lehnt den Kampf ab, weil man sich der Niederlage gewiß ist: der Arbeiter hat das Vertrauen in die Fähigkeiten der Arbeiterklasse verloren; er hat den Eindruck, daß sie keinen Einfluß auf die Ereignisse hat und daß die Geschichte ohne sie gemacht wird. Der Krieg? Natürlich ist man dagegen: «Aber wenn die Amerikaner ihn wollen, kann sie bestimmt nicht der französische Arbeiter davon abhalten.» Die politische Aktion? Natürlich, es wäre nur gerecht, wenn der Arbeiter seine Meinung zur Geltung bringen könnte: «Aber was haben wir seit fünf Jahren erreicht? Hundertmal haben wir gegen den Indochinakrieg, gegen den Nordatlantikpakt, gegen die Wiederbewaffnung Deutschlands demonstriert, und was ist dabei herausgekommen? Nicht einmal unsere ökonomischen Forderungen können wir durchsetzen: die Preise steigen, und trotz unserer Anstrengungen holen die Löhne sie nie ein.» Die Revolution? Michel Collinet behauptet, daß die neuen Generationen den Sinn des Worts nicht kennen. Das ist wenig glaubhaft – vor allem für seine Leser, da er andererseits sehr nachdrücklich auf die Intensität der kommunistischen Propaganda hinweist. Richtiger scheint zu sein, daß sich die Haltung der französischen Arbeiter im letzten halben Jahrhundert von Grund auf verändert hat. Vor dem Ersten Weltkrieg glaubten viele Arbeiter, das Ziel mit Händen greifen zu können: sie würden den «Generalstreik» *erleben*; der Krieg und die Politik der sozialistischen Führer verwirrten die Massen, aber die Oktobertage machten sie wieder zuversichtlich. Die III. Internationale wurde in einem apokalyptischen Klima gegründet: die Revolution würde in Deutschland beginnen und sich über ganz Europa ausbreiten. Dem Arbeiter von 1952 wird immer wieder, mit fast schon verdächtiger Eindringlichkeit gesagt, daß er die Heraufkunft des Sozialismus erleben werde: «Nicht nur unsere Kinder werden sich des Sozialismus erfreuen, sondern auch wir selbst.»[36] Doch er glaubt nicht mehr daran: er weiß, daß die Diktatur des Proletariats auf sich warten lassen wird. Ist er etwa zum Reformismus übergelaufen? Keineswegs. Die Maschine ist veraltet, und die Unternehmen bleiben malthusianisch, unsere Industrie befindet sich im Schlepptau, Rüstung und Kolonialkriege ruinieren die Volkswirtschaft;[37] ein kleiner Stoß würde ausreichen, um die hundertmal geflickte Maschine kaputtzumachen: wie könnte der Arbeiter unter diesen Bedingungen – und handle es sich nur um die *augenblickliche* Verbesserung seiner Lage – sein Vertrauen auf eine langsame, maßvolle, abgestufte Aktion, auf Kompromisse setzen? Wenn er nur die kleinste Reform verwirklichen will, muß er alles umwälzen, von der Außenpolitik bis hin zu den ökonomischen Konzepten: denn in diesem schlecht verschnürten Paket hängt alles miteinander zusammen. Er weiß es, er erfährt es jeden Tag. Soll man diese – wenn auch dunkle – Überzeugung revolutionär nennen, die Überzeugung, daß man vom Ganzen zu den Teilen und von Strukturveränderungen zu Detailreformen gehen muß? Vielleicht nicht: sie begeistert zwar in der Aktion, entmutigt jedoch während der Pannen; jedenfalls ist sie ein Radikalismus. Hinzu kommt beim französischen Proletariat ein ganz besonderer Groll: einmal in seiner Geschichte, ein einziges Mal hat es seinen Arbeitgebern vertraut, und natürlich haben sie es betrogen. Das war zu der Zeit, als diese versuchten, den Franzosen die «zweite industrielle Revolution» schmackhaft zu machen: sie haben den Widerstand der Gewerkschaften gebrochen, indem sie versprachen, die neuen Techniken zur Steigerung der Produktion zu verwenden; die angelernten Arbeiter waren bereit, zusätzliche Anstrengungen auf sich zu nehmen, in der Hoffnung, ihren Lebensstandard zu verbessern. Wer weiß? Wäre das Versprechen gehalten worden, dann hätte man möglicherweise einen neuen Reformismus gedeihen sehen. Aufreibende Hetze in der Fabrik, behagliche Ruhe zu Hause: dieses Wechselbad ist in den USA der beste Bundesgenosse der Ar-

36 Rede von Lecœur auf dem 19. Parteitag der KPdSU am 29. Oktober 1952.

37 Geschrieben 1952.

beitgeber. Die französischen Unternehmer haben es vorgezogen, die Kosten zu senken und die Preise zu halten: um für Ordnung zu sorgen, haben sie sich auf altbewährte Methoden verlassen, das heißt auf Gewehrkugeln. Heute tragen sie mit schmollender Unverschämtheit, so wie ein Faulpelz seine Eselsmütze oder ein Hahnrei seine Hörner, den Titel «rückständigste Unternehmerschaft der Welt», einen Titel, der ihnen von den Amerikanern verliehen wurde. Was den Arbeiter betrifft, so ist seine Arbeit ebenso hart wie die seines amerikanischen Kollegen, doch sein Reallohn ist niedriger als 1938 und kaum höher als 1920. Eine zwiespältige Situation: er erschöpft sich bei der Arbeit, *sieht* jedoch die Unterdrückung. Für ihn geht es nicht nur um den Mehrwert, die Mehrarbeit usw., schwierige Begriffe, die ihm nicht immer etwas sagen; aber er weiß, daß die Arbeitsbedingungen, die man ihm auferlegt, in anderen kapitalistischen Gesellschaften, in Skandinavien, in den USA, einer höheren Kaufkraft entsprechen als in seinem eigenen Land; er wird zweimal bestohlen. Deshalb ist es besser, ihm nichts von der Kollaboration der Klassen, von ihrem Einvernehmen, von der Solidarität von Kapital und Arbeit zu erzählen. Ganz sicher hat Duclos die Meinung seiner Arbeiterwähler zum Ausdruck gebracht, als er sagte, das sei eine Vereinigung «von Verrätern und Verratenen». Im übrigen bewirkt diese «Rationalisierung», indem sie die Zahl der angelernten Arbeiter erhöht und die letzten inneren Strukturen des Proletariats zerstört,[38] daß die Massen zusammengeballt, dem Einfluß der Arbeiter«elite» entzogen und zu einer relativ amorphen und vollkommen homogenen Substanz gemacht werden. Eine sichere Methode, sie dem Radikalismus in die Arme zu treiben: sie werden nicht mehr von einer relativ gemäßigten «Aristokratie» regiert, jetzt bringen sie ihren eigenen Standpunkt zur Geltung, das heißt die Ansprüche und Forderungen des *Benachteiligsten*, diejenigen, die mit der Aufrechterhaltung unseres Gesellschaftssystems am wenigsten vereinbar sind.

Aus allen diesen – und vielen anderen – Gründen bewahrt sich der französische Arbeiter eine recht außergewöhnliche Unnachgiebigkeit. Vielleicht weiß er nicht, was die Revolution ist, doch wie würdet ihr diese unversöhnliche Gewalt nennen, diese Verachtung für den Opportunismus, diese jakobinische Tradition, diesen Katastrophismus, die ihre Hoffnung eher in eine Umwälzung als in ungewisse

38 Zum Beispiel jene Myriaden von Sonnensystemen: Hilfsarbeiter, die um einen Facharbeiter kreisen.

Fortschritte setzen? Ich jedenfalls sehe darin die Hauptmerkmale einer revolutionären *Haltung*.

Was aber ist eine Haltung? Eine angedeutete und zurückgehaltene Aktion. Wenn sie sich nicht durch Taten ausdrückt, wenn sie nicht in eine kollektive Praxis eingeht, wenn sie sich den Dingen nicht einschreibt, was bleibt dann von ihr übrig? Nichts: eine negative Disposition. Heute ist die Zukunft durch eine blutige Mauer versperrt; der Arbeiter hält an seinen Überzeugungen und seinen Traditionen fest: aber er ist ein Revolutionär ohne Revolution. Er behauptet weder, daß diese nie stattfinden dürfe, noch, daß sie ein Mythos sei, wie Sorel zufolge der «Generalstreik»; ebensowenig erklärt er sie zu einem *Wert* oder einer *Tugend*. Aber es gelingt ihm nicht, in ihr den notwendigen Abschluß der «Vorgeschichte» zu sehen, noch weniger die *Wirklichkeit* des Proletariats: in seinen Augen ist sie ein zum Teil zufälliges Ereignis, das zu einem unbestimmten Zeitpunkt, jedoch erst nach seinem Tod eintreten wird; andere, die wieder von vorn anfangen, werden sie machen. Der Arbeiter von 1952 hat nicht einmal mehr das Gefühl, ihnen den Weg zu bahnen; von Zeit zu Zeit gibt es Kurzschlüsse in der Geschichte: alles steht still, und nichts von dem, was man tut, hat Folgen, solange der Strom nicht wieder fließt; er ist wohl während einer Panne zur Welt gekommen. Und wenn es noch vorkommt, daß er sich beim Anblick seiner Kinder sagt: «Sie werden die Revolution erleben, ich nicht», dann ist das in erster Linie eine Art und Weise, an seinen Tod zu denken – wie der Spießbürger, der träumt: «Wir werden nicht auf den Mond fliegen, aber unsere Kinder.» In den großen Momenten der Geschichte der Arbeiter war die Revolution weder ein künftiges Ereignis noch eine Glaubenssache, sie war die Bewegung des Proletariats, die tägliche Praxis von allen und jedem; nicht das apokalyptische Ende eines Abenteuers, sondern die schlichte Fähigkeit, die Geschichte zu machen; nicht *ein* künftiger Augenblick, sondern, für diese in eine unerträgliche Gegenwart verbannten Menschen, die plötzliche Entdeckung einer Zukunft; die Revolution war eine Aufgabe, die «unendliche Aufgabe» des Proletariats, sie war die Rechtfertigung der individuellen Existenzen sowie die allgemeine Dimension jedes besonderen Verhaltens, kurz, eine ständige Verbindung des Individuums zur Klasse und des Besonderen zum Allgemeinen. Jede Episode des Kampfes hatte eine doppelte Bedeutung, eine taktische und eine strategische, und bezog sich auf ein doppeltes Bezugssystem: über das unmittelbare Ziel sah man das ferne Ziel. Für den Arbeiter von heute ist das Band zwischen diesen

Mancher, der ein Buch liest, murrt …

... wenn er Werbung findet, wo er Literatur suchte. Reklame in Büchern!!!? Warum nicht auch zwischen den Akten in Bayreuth oder neben den Gemälden in der Pinakothek?

«Rowohlts Idee mit der Zigarettenreklame im Buch (finde ich) gar nicht anfechtbar, vielmehr sehr modern. Hauptsache, es hat Erfolg und nützt dem Buch, was die deutsche Innerlichkeit dazu sagt, ist allmählich völlig gleichgültig, die will ihren Schlafrock und ihre Ruh und will ihre Kinder dußlig halten und verkriecht sich hinter Salbadern und Gepflegtheit und möchte das Geistige in den Formen eines Bridgeclubs halten – dagegen muß man angehen ...»

Das schrieb Ende 1950 – Gottfried Benn.

An Stelle der «Zigarettenreklame» findet man nun in diesen Taschenbüchern Werbung für Pfandbriefe und Kommunalobligationen. «Hauptsache, es hat Erfolg und nützt dem Buch.» Und es nützt auch dem Leser. (Für die Jahreszinsen eines einzigen 100-Mark-Pfandbriefs kann man sich beispielsweise zwei Taschenbücher kaufen.)

beiden Bedeutungen zerrissen: er kann zwar noch seine Interessen verteidigen, eine Lohnerhöhung fordern und durchsetzen, aber er stellt keinerlei Beziehung zwischen diesem kleinen Alltagssieg und dem Schicksal des Proletariats her, er erfaßt die «revolutionäre Tragweite» seiner Forderungen nicht, ganz im Gegenteil: es kommt ihm so vor, als habe er die Initiative verloren und erwehre sich Schritt um Schritt der Reaktion. Und ob er den *politischen* Anordnungen folgt oder nicht, ob er gegen den Vietnamkrieg oder gegen den Nordatlantikpakt streikt oder nicht, in seinen Augen haftet diesen Demonstrationen etwas Irreales an. Der Frieden in Indochina wird den Interessen des Proletariats dienen, dessen ist er sicher; vielleicht sogar sieht er eine Verbindung zwischen dem Weltfrieden und der Heraufkunft des Sozialismus. Aber seine Aktionen erscheinen ihm unwirksam: er hat seinen Einfluß auf die Geschichte verloren und kann ihren Lauf nicht verändern.

Ich sagte, daß es unter den Gründen, die er vor dem Streik vom 4. Juni anführte, um seine Nichtteilnahme zu rechtfertigen, keine allgemeinen Gründe gab. Das stimmt nicht ganz. Hin und wieder stößt man auf eine Erklärung, die als eine allgemeine Einschätzung der Lage gelten kann: der Arbeiter gesteht ein, daß er die Schnauze voll hat. Aber wovon? Von der Kommunistischen Partei? Von der CGT? Von Moskau? Nein, von der Politik. Doch nicht die Politik *der KP* widert ihn an, sondern jede Art von Politik. Heute hört man Arbeiter sagen: «Die Politik stinkt uns» oder Frauen, die zu ihren Männern sagen: «Du solltest dich lieber nicht mit Politik abgeben, was bringt das?» Was bringt das, *da man doch nichts ändern kann?* Man mißbilligt nicht einmal die *politische Tätigkeit im allgemeinen*: in anderen Ländern oder zu anderen Zeiten oder für andere Menschen mag sie angebracht sein; den französischen Arbeitern von 1952 ist sie verwehrt: «Die Politik ist nichts für kleine Leute.» Im Augenblick werdet ihr diese Bemerkungen nur aus dem Mund von Frauen – und einigen Männern – hören. Gleichviel, es ist ein Zeichen. Zum einen, weil der Junistreik weniger ein Manöver als eine Solidaritätsdemonstration sein sollte: die Arbeiterklasse sollte sich um ihre bedrohten Führer scharen; der Tag, an dem die Arbeiter alles «Politik» nennen werden, was aus dem Rahmen ihres unmittelbaren Interesses herausfällt, wird das Ende des Proletariats bedeuten. In den Augenblicken, da die Arbeiterklasse sich ihrer Stärke bewußt ist, kommt es ihr nicht in den Sinn, ihrer Aktion Grenzen zu setzen; ganz im Gegenteil, noch die beschränkteste Parole radikalisiert sich von selbst, und die lokale

Aktion läßt die Gesamtbewegung wieder aufleben. Doch wenn man sich damit begnügt, tagtäglich die Löhne zu verteidigen, überläßt man die Initiative den Unternehmern, bleibt in der Defensive, verzichtet auf den Sieg, um keine Niederlage zu riskieren, und weil man nicht auf alle Faktoren des gesellschaftlichen Lebens gleichzeitig einwirkt, verhindert man möglicherweise die Senkung der Nominallöhne, nicht aber die Preissteigerung. Daher ist die wahre, die einzige Grenze, die der Arbeiter seinen Handlungen setzen darf, ihre Wirksamkeit: wenn er sich heute in seinem persönlichen Interesse verschanzt, so deshalb, weil man ihn daran hindert, es zu verlassen, und wenn er keine Politik *mehr* «machen» *will*, so nicht, um sich einer theoretischen Konzeption des Syndikalismus anzuschließen, sondern einfach weil er keine *mehr* machen *kann*. Daß die Bourgeoisie triumphiert, ist normal; aber ich wende mich noch einmal an alle diejenigen, die sich sowohl für Marxisten wie für Antikommunisten ausgeben und heute frohlocken, weil die Arbeiterklasse «im Begriff ist, sich von der KP zu lösen»; ich erinnere sie an jenen Satz von Marx, den sie alle gelesen und hundertmal kommentiert haben: «Die Arbeiterklasse [kann] ... nur als Klasse handeln, indem sie sich selbst als besondere politische Partei konstituiert»[39], und fordere sie auf, die Konsequenzen daraus zu ziehen: was immer sie von den «Stalinisten» halten, und selbst wenn sie meinen, daß die Massen sich täuschen oder getäuscht werden, wer anderes sorgt für ihren Zusammenhalt, wer anderes garantiert die Wirksamkeit ihrer Aktion, wenn nicht die KP? Was ist das «als besondere politische Partei konstituierte Proletariat» heute in Frankreich, wenn nicht die Gesamtheit der von der KP organisierten Arbeiter? Wenn die Arbeiterklasse sich von der Partei lösen will, steht ihr nur ein Mittel zur Verfügung: zu Staub zu zerfallen.

Um diese beunruhigende Wahrheit vor den Massen zu verbergen, hat Herr Robinet, bald von der gesamten Presse gefolgt, den *Sieg des Proletariats* gefeiert. Wunderbare Maßnahme: wenn der Arbeiter am 5. Juni *Paris-Presse* oder *France-Soir* aufschlägt, erfährt er die *Meinung der Arbeiterklasse*: sie war der Ansicht, daß der Streik ihren Klasseninteressen zuwiderlief, und hat ihre Führer desavouiert. Verwirrt legt er die Zeitung beiseite und fragt sich, ob er am 4. Juni an all dies dachte: dabei erinnert er sich doch, daß er den Streik nicht *wirklich* abgelehnt, auch kein Urteil über die Politik der KP gefällt hat, daß

39 Karl Marx/Friedrich Engels, *Beschlüsse der Londoner Delegiertenkonferenz der IAA* in: MEW Bd. 17, 422. *Anm. d. Übers.*

er sein besonderes Interesse vorgezogen hat, weil er die Interessen seiner Klasse nicht erkennen und vorziehen konnte, und daß er unschlüssig, weder sehr stolz noch sehr glücklich, nach Hause gegangen ist. Und nun verwandeln sich diese Grübeleien, vervielfältigt, mit einemmal und werden zum heiligen Urteilsspruch des Proletariats. Merkwürdige Eigenschaft der Statistiken: die Nichtbeteiligung der Arbeiter aus der Picardie und der Provence liefert ihm die Bedeutung seiner einsamen kleinen Abtrünnigkeit. Er glaubte ganz einfach, sich zu drücken; *objektiv* nahm er an einem Volksentscheid teil. Er wundert sich über diese Meinung, die ihm soeben mitgeteilt wurde und die gleichzeitig die seine und die aller anderen ist; vielleicht fragt er sich bereits, welche Haltung er gegenüber «einer Partei, die von der Arbeiterklasse verurteilt wird», einnehmen soll. Nein, er wird nicht darauf hereinfallen. Er beginnt zu argwöhnen, daß man ihm ein X für ein U vormachen und die unorganisierte Masse der Nichtstreikenden für jene organisierte Gemeinschaft ausgeben will, die das Proletariat sein soll.

Diesmal treffen wir den Kern des Problems: wenn die Klasse die Partei desavouieren können muß, dann muß sie auch außerhalb ihrer und gegen sie ihre Einheit wiederherstellen können. Ist das möglich? Je nach der Antwort, die man gibt, ist die KP ersetzbar oder nicht, ihre Autorität legitim oder usurpiert. Die Tatsachen haben es nicht erlaubt, in der Affäre vom 4. Juni eine kollektive Wirklichkeit zu entdecken. Mehr noch: wir haben nicht nur nicht *gesehen*, daß die Arbeiterklasse sich gegen die Partei stellte, es läßt sich sogar zeigen, daß eine solche Opposition nicht einmal denkbar ist. Niemand glaubt mehr an das Fetischproletariat als metaphysische Größe, in das sich die Arbeiter entfremden würden. Es gibt Menschen, Tiere und Dinge. Und die Menschen sind reale und besondere Wesen, die zu historischen Gruppen gehören und sich weder mit den Atomen noch mit den Zellen eines Organismus vergleichen lassen. Vereint? Getrennt? Sowohl als auch. Es gibt keine Trennung, die nicht ein Modus der Anwesenheit wäre, und keine noch so innige Verbindung, die nicht eine geheime Abwesenheit enthielte. Wenn die Klasse existiert, dann wird sie gleichsam eine neue Nähe jedes einzelnen und aller sein, ein Modus der Anwesenheit, der sich über und gegen die trennenden Kräfte durchsetzt: sie wird die *Einheit* der Arbeiter schaffen. Der Sophismus des Antikommunisten besteht darin, daß er sich zweier widersprüchlicher Verfahren gleichzeitig bedient: um den Kommunisten das Verdienst abzusprechen, die Massen vereint zu haben, macht er zuerst die

Klasse zu einer Art passiven Einheit; und um sie ihnen entgegenzustellen, stattet er sie sodann mit einer geheimnisvollen Spontaneität aus. Ich halte es also für notwendig, einige Wahrheiten in Erinnerung zu rufen, die einmal allen bekannt waren und ziemlich in Vergessenheit geraten zu sein scheinen. Wie man sich denken kann, habe ich nicht den Ehrgeiz, eine Theorie des Proletariats zu entwickeln; ich will lediglich zeigen, daß die Klasseneinheit weder passiv empfangen noch spontan geschaffen werden kann.

1. Sie kann nicht erduldet werden

Die Einheit der Arbeiter läßt sich nicht mechanisch über die Identität der Interessen oder der Lebensbedingungen herstellen.

Was die Interessen betrifft, so liegt das auf der Hand: ihre Identität erzeugt Konkurrenz und Konflikte. Bei den Lebensbedingungen dagegen sieht es anders aus. Da ich keine Theorien aufstelle, habe ich dieses Wort genommen, um ganz grob die Art der Arbeit und der Entlohnung, die Lebensweise und den Lebensstandard, kurz, die gesellschaftlichen Verhältnisse zu bezeichnen. In der täglichen Praxis reichen diese Kriterien aus: ich werde einen Neuankömmling *situieren*, wenn man mir sagt, was er verdient und was er macht; kann man sich damit begnügen, wenn es gilt, seine Zugehörigkeit zu einer Klasse festzustellen?

Der Soziologe begnügt sich damit. Er will nur Tatsachen; doch läßt er nicht alle gelten. Die Junitage von 1848, die Pariser Commune, der Streik von Decazeville waren Tatsachen: er wird sie nicht berücksichtigen. Es hat Tote gegeben. Na und? Beweist man die Existenz einer Klasse etwa dadurch, daß man für sie stirbt? Wenn das Proletariat existiert, muß es mit voller wissenschaftlicher Objektivität als ein inerter Gegenstand existieren, den der Forscher von außen betrachtet. Wenn sich nachweisen läßt, daß gewisse objektive Faktoren die Lebensbedingungen der Handarbeiter bestimmen, wenn diese Lebensbedingungen für alle dieselben sind und wenn jeder durch ähnliche Verhaltensweisen darauf reagiert, dann hat man die Realität des Proletariats festgestellt. Dieselben Faktoren, dieselben Situationen, dieselben Reaktionen: das ist die Klasse.

Nun werden natürlich die einen beweisen, daß es Klassen gibt («in Anbetracht dessen, daß wir mit Hilfe strenger Methoden die spezifischen Merkmale der Arbeiterklasse festgestellt haben, erkennen wir ihm die Würde eines realen Objekts zu»), und die anderen, daß es keine gibt («in Anbetracht dessen, daß eine strenge Untersuchung uns nicht gestattet hat, objektive Merkmale festzustellen, die ihr eigentümlich wären, ziehen wir den Schluß, daß die vorgebliche Arbeiterklasse eine Illusion ist»). Ich weise die einen wie die anderen ab: ihre höflichen Rededuelle verbergen eine tiefe Komplizenschaft: die einen behaupten, daß das Proletariat ein reales *Ding*, die anderen, daß es ein imaginäres *Ding* ist; beide sind sich darin einig, es zu «verdinglichen». Und die heimtückischste Methode ist diejenige, die lauthals ihre Existenz verkündet, um sie dann auf die eines Sacks Kartoffeln zu reduzieren. Nehmen wir einmal die besten von ihnen: sie haben das Problem vorurteilslos angepackt und die Statistiken zu Rate gezogen, um die Klassenmerkmale experimentell zu bestimmen. Selbst außerhalb der von der Produktion erforderten Tätigkeiten und in den Bereichen, wo der Proletarier eine relative Unabhängigkeit zu genießen scheint, wird man feststellen, daß er sich von den anderen Menschen durch sein Verhalten unterscheidet; seine Lebensbedingungen verleihen ihm eine Natur, das heißt eine «erste Gewohnheit»; in marxistischen Termini: die Produktion produziert den Produzenten. Die vergleichende Untersuchung der Budgets zum Beispiel bringt einige spezifische Konstanten des Konsums der Arbeiter ans Licht. Wenn die Forscher ihre Untersuchungen auf die Sprache, die Mimik, die Sexualität usw. ausdehnen, werden sie am Ende mit positiver Strenge feststellen, was in die Augen springt. Mögen sie diese Konstanten nun mit einigen gesellschaftlichen Konstanten vergleichen; mögen sie funktionale Beziehungen zwischen diesen und jenen feststellen; mögen sie noch weiter gehen und von der Statik zur Dynamik schreiten und die Auswirkung sich entwickelnder gesellschaftlicher Prozesse auf das Verhalten des Proletariers aufdecken. Werden sie endlich die Klasse gefunden haben? Sie behaupten es, aber ich glaube eher, daß sie das Proletariat in eine zoologische Spezies verwandelt haben werden. Wenn man die Mitglieder einer gesellschaftlichen Gruppe als die passiven und austauschbaren Produkte allgemeiner Faktoren behandelt und wenn man damit beginnt, alle Einflüsse beiseite zu schieben, die diese Individuen aufeinander ausüben können, was hofft man dann eigentlich zu finden, wenn nicht die Spezies, jene hoffnungslose und sich stets wiederholende Einsamkeit. Wir glaubten, es mit Soziologen zu tun zu haben; Irrtum: es waren Insektenforscher. Auch Insektenforscher habe ich kennengelernt. Vor allem einen, der sich den Krebsen verschrieben hatte. Er vernachlässigte die Besonderheiten, die nur die einzelnen Krebse betrafen, sowie die Beziehungen von Krebs zu Krebs; daraus schloß er mühelos auf die absolute Identität aller Vertreter der Spezies. Woraufhin er geniale Vorrichtungen konstruierte, um die Wirkung von Wechselströmen auf die Psyche des ewigen Krebses zu untersuchen. Ist das verwunderlich, da er doch seine achtzehntausend Exemplare auf die achtzehntausend Reproduktionen eines einzigen Modells reduziert hatte?

Das mag angehen, wenn es sich um Krebse handelt: weniger nachsichtig wird man mit denen sein, die diese Methode auf versklavte Menschen anwenden und die Soldaten einer kämpfenden Einheit durch die inerten Produkte objektiver Faktoren ersetzen. Langsam kommt mir der Verdacht, daß unsere Soziologen uns ein wenig mystifiziert haben: jedem Begriff haben sie einen Ersatzbegriff untergeschoben, der ihm ähnelt und genau das Gegenteil dessen beweist, was ersterer nachweisen will. Im Namen der Objektivität haben sie alle Beweise für eine Arbeiter*praxis* entfernt; an ihrer Stelle legen sie falsche Ereignisse vor, die zu Staub zerfallen, sobald man sie anfaßt, und die trügerische Einheitlichkeit ihrer Durchschnittswerte übertüncht die unendliche Vielfalt der Begebenheiten, die sie in sie einfließen lassen. Der Arbeiter konsumiert viel Fleisch, und zwar von minderer Qualität! Na und? In Vitry, in Saint-Denis mögen meinetwegen täglich schlechte Stücke auf den Tisch kommen, aber ihr werdet mich kaum dazu bringen können, daß ich diese tausend Mahlzeiten für ein kollektives Ereignis halte: ihr addiert lediglich isolierte Reaktionen, die vielleicht von ein und demselben objektiven Prozeß verursacht sind, jedoch im Staub der Industrievororte versickern wie tausend Regentropfen aus ein und derselben Wolke. Ihr gebt vor, uns menschliche Tatsachen zu zeigen, und schiebt physikalische Tatsachen an ihre Stelle. Ohne Kultur, so sagt ihr, von den Annehmlichkeiten der Gesellschaft ausgeschlossen, durch Müdigkeit und die groben Bedürfnisse in Abhängigkeit von der Natur gehalten, neigt der Handarbeiter dazu, der Qualität die Quantität vorzuziehen. Nun, was habt ihr gemacht? Ihr habt Menschen durch eine privative Ursache und durch die mechanische Wirkung der Bedürfnisse definiert; man könnte meinen, ihr gäbt uns das Rezept, wie man welche fabriziert.

Wird man sagen, die Analyse sei nicht seriös? Daß man uns eine Vielzahl von Ursachen auftischt, die nichts miteinander zu tun haben, daß der Arbeiter nicht mit dem Produktionssystem in Zusammenhang gebracht wird? Das stimmt. Aber es geht nicht darum, die Faktoren zu verändern: die Voreingenommenheit muß verändert werden. Hier eine Definition von Bucharin, auf die ich in einem Buch von Lucien Goldmann gestoßen bin[40]: «Eine soziale Klasse ist eine Gruppe von Personen, die die gleiche Rolle in der Produktion spielen und die mit anderen am Produktionsprozeß teilnehmenden Personen die gleichen Produktionsbeziehungen unterhalten.» Diesmal liegt die Betonung auf der Produktion, aber was haben wir dabei gewonnen? Rundheraus, die Definition ist töricht und sehr wenig marxistisch: denn man will die Klasse durch die *Gleichartigkeit* der Personen definieren: sie spielen *die gleiche* Rolle, sie haben *die gleichen* Beziehungen zu anderen Personen. Reicht das aus, sie «Gemeinschaft» zu nennen, damit sie untereinander eine Klasse bilden? Doch diese Gemeinschaft ist entweder eine Summe – dann sind wir wieder bei der Spezies angelangt –, oder sie ist eine *Totalität*, doch in diesem Fall müßte man das erzeugende Prinzip in der Definition selbst angeben. Ja, Marx hat gesagt, daß die Produktion den Produzenten produziere; doch wenn man den Produktionsprozeß zur alleinigen und monströsen Ursache machen würde, die hunderttausend Verkörperungen des Arbeiterwesens produzierte, dann könnte die Einheitlichkeit der Operation doch nicht die synthetische Einheitlichkeit der Produkte garantieren. Wenn das Proletariat nur der inerte Ausschuß der Industrialisierung ist, wird es zu einer Staubwolke identischer Partikel zerfallen. Die lebendige Einheit des kapitalistischen «Prozesses» mag den Arbeitern, die sie hervorbringt, ihren Stempel aufdrücken: indem sie sich in einem inerten und kohäsionslosen Milieu bricht, multipliziert sie sich und wird zur formalen Identität der Vielfalt: ein Mond kann die Fluten nicht vereinen; es ist die Ausbreitung der Fluten, die Monde über das ganze Meer verstreut. Kurz, ich hätte mich vor Bucharin in acht genommen: seine Definition ist mechanistisch, so wie die der Herren Sorokin, Gurvitch und Halbwachs.

Alle diese Wissenschaftler hatten versprochen, uns die Einheit einer Klasse vor Augen zu führen, aber sie haben uns lediglich die Identität der Stücke einer Kollektion gezeigt. Einheit und Identität sind nun aber gegensätzliche Prinzipien, von denen das eine konkrete Beziehungen zwischen den Personen und das andere abstrakte Beziehungen zwischen den Einzelfällen knüpft. Ihre Methode, die vorgab, das Proletariat zu rekonstruieren, zerstörte somit jede Möglichkeit

40 Lucien Goldmann, *Sciences humaines et philosophie*, Paris 1952; deutsch: *Gesellschaftswissenschaft und Philosophie*, übersetzt von Friedrich Griese, Frankfurt 1971, 46.

einer realen Verbindung zwischen seinen Mitgliedern: um unverändert zu bleiben, verlangt die Wesensidentität die absolute Trennung der Existenzen. Wenn der Arbeiter aus Lens und der aus Amiens einander kennenlernen könnten, wenn jeder, indem er sich selbst macht, den anderen machen würde, kurz, wenn sie am selben Kampf teilnähmen, dann würde jeder in seiner lebendigen Realität vom anderen abhängen, und sie würden einander desto weniger ähneln, je enger sie miteinander verbunden wären; jeder von ihnen würde in der gemeinsamen Aktion und nicht in der Einsamkeit zu einer Person werden, und der Soziologe hätte weder Mittel noch Vorwand mehr, die individuellen Verhaltensweisen getrennt zu untersuchen, da sie sich alle auf das kollektive Unternehmen bezögen und sich durch dieses definierten.[41] Wenn er jedoch umgekehrt die Klasseneinheit durch die Identität der Lebensbedingungen ersetzt hat, so deshalb, um uns einzureden, daß die kollektive Aktion ein unmöglicher Traum ist. Wenn die Arbeiter *gemacht* sind, bevor sie sich vereinen, kann die Einheit sie nicht mehr *machen*; äußere Faktoren haben ihnen eine *Natur* verliehen; von nun an werden sie, wie immer ihre menschlichen Beziehungen aussehen mögen, über sie hinweggleiten, ohne sie zu prägen. Letzten Monat schrieb ein Proletarier in dieser Zeitschrift über den Proletarier: «Er ist unter Tausenden zu erkennen. Alles an ihm ist charakteristisch, die Sprache, der Gang, die Gesten, die unscheinbare Silhouette, die Art, wie er ißt, trinkt, sich amüsiert, liebt, haßt.» Das bestätigt eure Statistiken. Unter einem Vorbehalt: dieser Arbeiter, der uns hier beschrieben wird, ist völlig verzweifelt. Genau darauf wollte ich hinaus: eure Soziologie trifft nur dann auf den Arbeiter zu, wenn ihn das Elend zur Verzweiflung getrieben hat, sie spiegelt ihm seine Resignation, seine Passivität, seinen Verzicht wider: eben das wollte auch Herr Robinet, Soziologe wider Wissen, dem Proletariat widerspiegeln. Jene siegreiche Klasse, die er mit seiner Trompete beschwor, war eine Summe von Verzweiflungen und Einsamkeiten; was er uns als kollektive Reaktion vorstellte, war der Durchschnittswert der Entmutigungen; und was bei allen diesen erschöpften Menschen *identisch* war, war der Wille, sich nicht zu vereinen. Herr Robinet hat der Arbeiterklasse das Wahlrecht gegeben, damit sie öffentlich erklären kann, daß sie nicht existiert.

41 Was alles noch suspekter macht, ist die Tatsache, daß sich die Soziologie der Primitiven *niemals* solchen Vorwürfen aussetzt. Hier werden wahrhaft *signifikante Gruppen* untersucht.

Was hätte es den *Figaro* eigentlich gekostet, den Arbeitern jene Art passiven Zusammenhalt zuzugestehen, den identische Lebensbedingungen verleihen: die bürgerliche Presse hat seit langem festgestellt, daß es keine *gegebene* Einheit gibt. Trägheit ist Abwesenheit von Bindungen, folglich unendliche Teilbarkeit: man muß zählen, Linien ziehen, ständig Bindeglieder disparater Elemente, die sich verschieben können, im Auge behalten, kurz, die Einheit ist nur die andere Seite eines vereinheitlichenden Aktes. Seht sie euch einmal näher an, jene «Klasse», die Herr Robinet beglückwünscht: sie zerfällt. Was findet ihr an ihrer Stelle? Wirbel von Molekülen, eine Unzahl infinitesimaler Reaktionen, die sich gegenseitig verstärken oder aufheben und deren Resultante eine mehr physikalische als menschliche Kraft ist. Es ist die Masse. Die Masse, das heißt *just* die verleugnete Klasse: da die Wirkungen, die sie erzeugt, ihre Ursache stets außerhalb ihrer haben, in einem Gewirr liliputanischer Verhaltensweisen, ist die Masse *Exteriorität*; sie kann weder Bedürfnisse noch Gefühle, noch einen Willen, noch ein Verhalten haben: denn da jeder für sich allein entscheidet, haben die Individuen das öffentliche Ergebnis ihrer hunderttausend privaten Willensäußerungen weder vorausgesehen noch gewollt. Es ist ein Stück Natur, das in unseren Gesellschaften fortbesteht. Sicher kann sie nur zerstören: um aufzubauen, bedürfte es, wenn nicht der Einheit einer Person, so doch zumindest der Einheit einer Organisation oder eines Unternehmens. Schließlich setzt sie sich aus unverantwortlichen Elementen zusammen: die Arbeiter wissen buchstäblich nicht, was sie tun, da ihre besonderen Handlungen in der Ferne anschwellen, sich unbekannten Aktionen hinzugesellen und schließlich in Form schwachsinniger Gewitter zu ihnen zurückkehren. Die revolutionären Tage? Nichts weiter als Anfälle von Panik: die Tiere werden vom Hunger oder von der Angst aus ihren Löchern getrieben, sie streifen ziellos durch die Stadt, schlagen drauflos, brandschätzen, plündern und kehren in ihren Bau zurück. Klassenhaß? Wie könnte dieser ungeordnete Haufen von Molekülen lieben oder hassen? Doch ihr mechanischer Zustand und ihr ständiger Zerfall können dazu führen, daß wir in dem, was lediglich mechanische Natur innerhalb der Antiphysis ist, einen Feind des Menschen sehen.

Man will uns die Reaktion der Arbeiter auf den Streik vom 4. Juni als ein Klassenverdikt hinstellen. Doch im Grunde seines Herzens ist Herr Robinet davon überzeugt, daß es sich um eine Panik der Masse handelt. Weist sie nicht alle ihre Merkmale auf: die Gesamtergebnisse waren von den einzelnen weder vorausgesehen noch gewünscht worden; sie haben einen negativen Charakter; sie bringen keinerlei kollektive Absicht zum Ausdruck; sie haben die Arbeiter einander nicht nähergebracht, sondern im Gegenteil ihre Einsamkeit und die Entfernungen, die sie trennen, vergrößert. Was heißt das? Daß die Klasse nicht existiert? Ganz gewiß möchte man uns das einreden. Aber wir wissen sehr wohl, daß die Arbeiterwelt kein Tanz von Atomen ist: sogar am 4. Juni führten die Arbeiter in vielen anderen Punkten, für andere Ziele, gemeinsame Aktionen durch. Wir haben erkannt, daß die Masse ein Grenzzustand der Einsamkeit und des Verzichts ist, in den der Arbeiter vielleicht nie gesunken ist, dem er sich jedoch jedesmal nähert, wenn er die Disziplin aufkündigt und sich seinen Organisationen entzieht. Seine objektive Lage als Produzent definiert den konkreten Menschen, seine Bedürfnisse, seine Lebensfragen, seine Probleme, die Richtung seines Denkens, die Natur seiner Beziehungen zu den anderen: sie entscheidet nicht über seine Zugehörigkeit zu einer Klasse. Auch wenn das Band der Solidarität zerreißen würde, bliebe der Arbeiter ein Produzent, ein Handarbeiter, ein Lohnabhängiger, aber er wäre nicht mehr ganz ein Proletarier, das heißt ein aktives Mitglied des Proletariats. Die Klassen sind nicht, man macht sie.

Wer macht sie? Ich nicht, sagt der Bourgeois. Und das stimmt. Unter dem Ancien régime wurde die Teilung in Stände von der Aristokratie und vom Monarchen aufrechterhalten; die Klassen waren offizielle Institutionen mit einem Status. Alles war klar: der Privilegierte hält an einer Hierarchie fest, die ihn begünstigt, und der Unterdrückte will die Mauern sprengen, die ihn einschließen. Doch wie durch eine wundersame Umkehrung ist es heute der Privilegierte, der die Klassen leugnet, und der Unterdrückte, der sich auf sie beruft. Die Bourgeoisie hat niemals daran gedacht, den Arbeitern einen Klassenstatus aufzuzwingen: ganz im Gegenteil, ihre Juristen haben mit Windeseile alles aus den Gesetzbüchern und Verfassungen getilgt, was nach prinzipieller Ungleichheit aussehen konnte. «Die wahre klassenlose Gesellschaft», sagt der Liberale, «ist die kapitalistische Gesellschaft.» Und ich glaube in der Tat, daß das bürgerliche Ideal eine klassenlose und unterdrückende Gesellschaft ist – das heißt ganz einfach eine Gesellschaft, wo der Unterdrückte die Unterdrückung akzeptieren würde. Das Geschäft, das die Bourgeoisie seit zweihundert Jahren mit unendlich vielen Mitteln betreibt, hat das Ziel, den Arbeiter daran zu hindern, daß er Proletarier wird, indem sie ihm die Möglichkeiten nimmt, Mensch zu sein: man wird die Individuen im Zustand der

Isolation und die arbeitenden Massen im Zustand der Flüssigkeit halten, so stark neigt die Unterdrückung dazu, ihr eigener Beweis zu werden und die Unterdrückten zu dem zu machen, was sie sein müßten, um sie zu rechtfertigen: man muß die Bourgeoisie des ständigen Versuchs anklagen, das Proletariat zu «vermassen». Umgekehrt kann man sagen, daß die Klasse sich gerade gegen diesen Versuch unaufhörlich bildet, auflöst und wiederbildet: sie ist Bewegung, Aktion, und ihr Integrationsgrad bemißt sich nach der Intensität des Kampfes, den sie gegen das bürgerliche Manöver führt. Die Klasse als *reale* Einheit von historischen Menschenmengen und Massen äußert sich in einer datierten Operation, die auf eine Absicht hindeutet; sie ist weder von dem konkreten Willen zu trennen, der sie beseelt, noch von den Zwecken, die sie verfolgt. Das Proletariat schafft sich selbst durch seine tägliche Aktion; es besteht nur im Handeln, es ist Handeln; wenn es aufhört zu handeln, zerfällt es.

Ich sage hier nichts Neues: ihr findet es bei Marx. Er hat deutlich gezeigt, daß die Identität der Bedürfnisse die Individuen gegeneinanderstellte: «Diese Organisation der Proletarier zur Klasse ... wird jeden Augenblick wieder gesprengt durch die Konkurrenz unter den Arbeitern selbst.» Was es den Arbeitern ermöglicht, ihre Antagonismen zu überwinden, ist der Kampf gegen die Fabrikherren: «Das Proletariat macht verschiedene Entwicklungsstufen durch. Sein Kampf gegen die Bourgeoisie beginnt mit seiner Existenz. Im Anfang kämpfen die einzelnen Arbeiter ... Auf dieser Stufe bilden die Arbeiter eine über das ganze Land zerstreute und durch die Konkurrenz zersplitterte Masse.»[42] Warum kann Marx in diesem Text unterschiedslos von Proletariat und von «zerstreuter ..., zersplitterter Masse» sprechen, um ein und denselben Gegenstand zu bezeichnen? Weil er bei den Arbeitern bereits eine Überschreitung der ihnen bereiteten Situation sieht, einen Kampfeswillen, der *notwendig* ihre Vereinigung hervorbringen muß. Der Arbeiter wird in eben dem Maße zum Proletarier, in dem er seine Lage ablehnt. Für diejenigen, die Elend, Erschöpfung und die Umstände in die Resignation treiben, findet Marx sehr harte Worte: sie sind «tierisch», «entmenscht». Aber weder tadelt noch verdammt er sie: er fällt ein Tatsachenurteil über sie. Der Arbeiter *ist* entmenscht, wenn er einfach akzeptiert, das zu sein, was er ist – das heißt, wenn er sich mit jenem reinen Produkt der Produktion

42 Karl Marx, Friedrich Engels, *Manifest der Kommunistischen Partei* in: MEW Bd. 4, 471, 470. *Anm. d. Übers.*

identifiziert. Er wird erst dann Mensch, wenn er sich seiner «Entmenschung bewußt» wird. Seine menschliche Realität liegt also nicht *in dem, was er ist*, sondern *in seiner Weigerung, so zu sein*, das heißt in seiner «Empörung über die Verworfenheit»[43]. Zweifellos kann er versuchen, seiner Lage aus eigener Kraft zu entrinnen, die Linie zu überschreiten und sich dem Bürgertum einzugliedern; dann ist er ein Überläufer. Die Existenz dieser Überläufer veranlaßt Marx zu präzisieren, daß die Empörung ein vereinheitlichendes Prinzip enthalten muß: Proletarier ist derjenige Arbeiter, der eine Veränderung für alle seinesgleichen wie für sich selbst erreichen will; erst dann hat er «die wirkliche Aufgabe, seine Verhältnisse zu revolutionieren»[44]. Von hier an verschmelzen die Stufen des Kampfes mit den Momenten der Vereinheitlichung. Das Proletariat wird «von den Folgen seiner Handlungen in Bewegung gehalten». Es ist die Bewegung, die die getrennten Elemente zusammenhält; die Klasse ist ein in Bewegung begriffenes System: wenn sie zum Stillstand kommt, fallen die Individuen in ihre Trägheit und ihre Einsamkeit zurück. Diese gelenkte, intentionale und praktische Bewegung verlangt eine *Organisation*. Deshalb konnte Marx von einer «Organisation zur Klasse» reden, eine Formel, die uns weit von Bucharins Definition wegführt; eine Klasse, *das organisiert sich*. Nicht um sich ihrer selbst zu erfreuen, sondern um konkrete Ziele zu erreichen. Marx' Definition des Kommunismus läßt sich auch auf das Proletariat anwenden: «Der Kommunismus ist für uns nicht ein Zustand, der hergestellt werden soll, ein Ideal, wonach die Wirklichkeit sich zu richten haben [wird]. Wir nennen Kommunismus die wirkliche Bewegung, welche den jetzigen Zustand aufhebt.»[45] Nun wird begreiflich, warum Marx die Klasse plötzlich durch ihre *Praxis* definiert: «Die Arbeiterklasse ist revolutionär *oder sie ist nichts*»[46] und warum er es letztlich ablehnt, zwischen der Aktion, der Totalität der Handelnden und dem Apparat zu unterscheiden, der sie zusammenschließt: «Die Arbeiterklasse ... [kann] nur *als Klasse* handeln, indem sie sich selbst als besondere politische Partei konstituiert.» Gewiß ist das Produktionssystem die notwendige Vorausset-

43 Vgl. Karl Marx, Friedrich Engels, *Die Heilige Familie* in: MEW Bd. 2, 37. *Anm. d. Übers.*

44 Karl Marx, Friedrich Engels, *Deutsche Ideologie* in: MEW Bd. 3, 270. *Anm. d. Übers.*

45 Ebd. 35. *Anm. d. Übers.*

46 Karl Marx, Brief an Johann Baptist von Schweitzer, 13. Februar 1865 in: MEW Bd. 31, 446. Hervorhebung von Sartre. *Anm. d. Übers.*

zung dafür, daß eine Klasse existiert; die gesamte historische Entwicklung, der Prozeß des Kapitals sowie die Rolle des Arbeiters in der bürgerlichen Gesellschaft werden verhindern, daß das Proletariat nur ein willkürlicher Zusammenschluß von Individuen ist; doch das ist keine *hinreichende* Bedingung: es bedarf der Praxis. Es kommt nicht darauf an, ob diese Praxis aus der proletarischen Lage *dialektisch* hervorgeht oder nicht: das Eigentümliche der Dialektik besteht darin, daß ihre Momente alle vorherigen Momente aufheben und in sich aufbewahren. Indem der Arbeiter seine wirkliche Aufgabe erfüllt, *manifestiert* er das Proletariat und macht sich zum Proletarier: es fällt auf, daß Marx, wenn er eine Art phänomenologischer Beschreibung des kämpfenden Arbeiters skizziert, *völlig neue* Eigenschaften an ihm entdeckt, die gerade im Kampf entstehen: die Proletarier machen «aus ihrer revolutionären Tätigkeit das Maximum ihres Lebensgenusses»[47]; und der Ökonom würde einer großen Täuschung erliegen, wenn er glaubte, daß der Arbeiter die Streikkosten kalkuliert: damit würde er verkennen, «wie wenig engherzig» die Arbeiter sind. Das bedeutet, daß sie ihre Realität als Mensch sehr viel mehr in die kollektive Praxis als in die Befriedigung ihrer persönlichen Bedürfnisse legen. «Wenn die kommunistischen Handwerker sich vereinen, so gilt ihnen zunächst die Lehre, Propaganda etc. als Zweck. Aber zugleich eignen sie sich dadurch ein neues Bedürfnis, das Bedürfnis der Gesellschaft an, und was als Mittel erscheint, ist zum Zweck geworden.»[48] Als der Arbeiter von der Masse zur Klasse überging, hat er seine alte Haut abgestreift: wenn der Druck der Umstände, die Niederlage oder die Erschöpfung ihn erneut veranlassen, auf seine Interessen zu achten, fällt er wieder aus der Klasse heraus und wird abermals zu dem, wozu man ihn gemacht hat. Die Arbeiterklasse, sagt ihr, hat der KP ihre Mißbilligung gezeigt. Von welcher Klasse sprecht ihr? Von jenem Proletariat, das Marx definierte, mit seinen Führern, seinem Apparat, seinen Organisationen, seiner Partei? Es hätte *seine Einheit* gegen die Kommunisten *behaupten*, sich durch ihre Mißbilligung der KP *als Klasse* äußern müssen. Doch wo die Führer, die Flugblätter, die Losungen hernehmen; woher jene Disziplin und jene Kraft, die eine kämpfende Klasse charakterisieren? Hat man eine Vorstellung von der Macht, die klandestine Organisationen hätten besitzen müssen,

47 Karl Marx, *Arbeitslohn* in: MEW Bd. 6, 555. *Anm. d. Übers.*
48 Karl Marx, *Pariser Manuskripte* in: MEW Ergänzungsband, 1. Teil, 553. *Anm. d. Übers.*

um eine derartige Aufgabe zu bewältigen und um, von Lille bis Menton, alle Arbeiter gegen ihre Führer aufzuhetzen? Um «die Massen» zu einer kollektiven Verurteilung der KP zu veranlassen, bedurfte es keiner geringeren Organisation als der Kommunistischen Partei selbst.[49]

2. *Die Einheit der Arbeiter entsteht nicht spontan*

«Natürlich. Wäre diese Mißbilligung provoziert worden, dann hätte sie uns weniger Vergnügen bereitet. Was sollen wir mit gelenkten Demonstrationen anfangen? Wir möchten den Massen keine neuen Tyrannen vorsetzen, sondern ihnen die Freiheit zurückgeben: die Reaktion vom 4. Juni war nur deshalb so wichtig, weil sie *spontan* war.»

Ein vielstimmiges Geschrei zeigt an, daß der Antikommunist ins Schwarze getroffen hat, denn seit Rousseaus Tränen erfreut sich die Spontaneität eines günstigen Vorurteils: die erste Regung ist die richtige; der erste Eindruck bleibt haften. Mit welch kindlichem Stolz reiben wir unsere geheimste Wahrheit aller Welt unter die Nase: «Ja, das bin ich, das ist wirklich von mir, das bin wirklich ich, so bin ich eben.» In dieser Mischung aus Natur und Freiheit unterwirft sich die Freiheit der Natur: man erfindet sich, wie man ist; eine spontane Regung, die mit der Gewohnheit und der Norm bricht, sich den Umständen anpaßt, ohne von ihnen verursacht zu sein, ist ein Beginn, ein unerwarteter Fund, der jedoch unser besonderes Wesen widerspiegelt. Das läuft darauf hinaus, das Tun dem Sein, die Aktion der Passion, das Sichtbare dem Unsichtbaren unterzuordnen; wer seiner ersten Eingebung folgt, entgeht der harten Notwendigkeit, das, was er denkt, fühlt und tut, unaufhörlich zu vereinen: die Einheit seiner Person ist schon da, sie blüht auf wie eine Rose in der Nacht; sie ist die geheime Konvergenz, die die Historiker später in seinen Taten entdecken werden. Statt sich zu schaffen, pflückt und atmet er sich. Genug: das Subjekt hat eine stattliche Literatur inspiriert; man kann sie zwar nicht ohne Ekel, aber mit Nutzen konsultieren.

Neu ist – freilich nicht *sehr* neu, ein Jahrhundert alt –, daß die

49 Im November/Dezember 1947 hat es bei der Urabstimmung über den Generalstreik, Widerstände gegeben. Doch sie waren nur in solchen Betrieben relevant, wo eine nicht von der CGT beherrschte Organisation bestand (christliche Gewerkschaften usw.).

Spontaneität zu politischen Zwecken benutzt wird. Das kam ganz von selbst; man behandelte die sozialen Fakten wie Dinge, nun hat man begonnen, sie wie Leute zu behandeln: und schon werden die Massen spontan! Ihre Spontaneität – gut, gerecht, authentisch – rührt alle Welt, und ihr Urteil ist unwiderrufbar wie das von Hunden und Kindern; eine Regierung, die sich ihr widersetzte, wäre ziemlich verrückt und bösartig. Nehmt zum Beispiel Tunesien, um nicht in allzu große Ferne zu schweifen: wenn es erwiesen wäre, daß seine Bevölkerung *spontan* unseren Abzug wünscht, würden wir selbstverständlich nicht eine Minute länger bleiben. Doch die traurige Wahrheit ist, daß die Unruhen *provoziert* worden sind. Denken wir nach: die Organisation erstickt die freien Regungen des Herzens, *demnach* verträgt die *wahre* Spontaneität es nicht, daß sie organisiert wird. *Demnach kann* ein Aufstand *nicht* spontan sein: zwangsläufig, da es ja keinen Aufstand ohne Anführer gibt. Ihr fragt, was spontan ist? Was für eine Frage! Die freie Zustimmung zur Unterdrückung. Glaubt im übrigen nur nicht, daß die Massenparteien anders argumentieren: was sie in diesem Zusammenhang vorziehen, ist die gesteuerte Spontaneität; vorbereiteten, gelenkten, überraschungslosen Demonstrationen bescheinigen sie gern das Ungestüm eines Sturzbaches; dagegen verabscheuen sie das Unvorhergesehene und alle jene törichten Sturmfluten, die die Führer hinwegspülen und ertränken: diese hat der Feind angezettelt. Noch heute bereitet es ein gewisses Vergnügen, in der Presse vom Juli 1936 zu blättern: als man noch den Sieg der Volksfront feierte, kamen die Massen auf die Idee, die Fabriken zu besetzen; alle sahen einander an, und man fragte sich: Wer sind die Drahtzieher? Wer schon, sagten die Unternehmer, die Kommunisten; ein kommunistischer Arbeiter sagte zu Simone Weil: die Unternehmer. Man sprach auch von Hitler und der fünften Kolonne. Für *Le Temps* war Thorez der Schuldige; für Thorez Trotzki; doch niemand hätte damals die Spontaneität der Massen für die Bewegung verantwortlich gemacht: lächerlich! Eine Bewegung, die *von selbst* entsteht, die *keine* Führer hat? Es steckt etwas dahinter.

Der 4. Juni dagegen ist völlig beruhigend: die Massen haben überhaupt nicht reagiert. Gut so! Eine ausgezeichnete, ganz apathische Spontaneität. Die antikommunistische Presse jubelte: «Beredtes Schweigen: das Volk hat gesprochen.» Vergebens wird man einwenden, daß sich der kollektive Wille nicht auf die Summe der individuellen Spontaneitäten reduziert. 98 Prozent Nichtbeteiligung, sagt Ihnen das nichts? Spüren Sie nicht die Qualität dieser Stummheit? Daß sie ein markerschütternder Schrei ist, vielleicht der verzweifeltste Schrei von allen, die die menschlichen Ohren nicht gehört haben? Wir sehen eine Versteifung, eine Verhärtung des Arbeiterbewußtseins. Und wo ist dieses erigierfähige Bewußtsein untergebracht? Im Unbewußten natürlich, dort richtet es sich auf, angeschwollen und zunächst unsichtbar, um sich sodann in tausend Verweigerungen zu verströmen.

Um eine Klasse zu schaffen, ohne daß ihr euer Büro zu verlassen braucht, gibt es ein einfaches Rezept: nehmt die Masse (die die reine Zahl ist), und gebt sie für die Menge aus (die ein rudimentärer Organismus ist); macht aus der Menge eine Person, beispielsweise eine inspirierte Bettlerin; nun braucht ihr nur noch ihre Botschaften zu entziffern. Und wenn sie schweigen sollte? Keine Angst, man hat Mittel, sie zum Sprechen zu bringen. In dem Fall, der uns beschäftigt, sieht es eher so aus, als wolle sie schweigen: von den Arbeitern, die den Streik abgelehnt haben, hatte keiner die *erklärte* Absicht, die KP zu desavouieren; daran soll es nicht liegen: die antikommunistische Linke ruft uns einen Gedanken von Marx in Erinnerung: Es kommt wenig darauf an, was ein Proletarier zu tun glaubt; was zählt, ist nur, was zu tun er gezwungen ist. Es versteht sich von selbst, daß man dieser Formulierung einen rein objektivistischen Sinn geben kann – und das scheint Marx sogar getan zu haben: die Vorstellungen, die wir uns von unseren Handlungen bilden, verändern weder ihre innere Logik noch ihre objektive Struktur, noch ihre historischen Folgen. Aber es ist eine gefährliche Interpretation: sie könnte zu dem Schluß führen, daß am 4. Juni bestimmte objektive Faktoren die Arbeiter im *Zustand der Zerstreuung* gehalten, ihre «Vermassung» verstärkt haben. Wenn man lediglich Handlungen und Bewußtseinsinhalte in Betracht ziehen dürfte, was wäre dann aus dem revolutionären Schwung des Proletariats geworden? Und wo wäre sein Kampfeswille abgeblieben? Hat man je ein Proletariat ohne Kampfeswillen gesehen? Und hat Marx nicht gesagt, es würde revolutionär sein oder nicht sein? Aber *es ist*, es *muß sein*, andernfalls würden die antikommunistischen Marxisten ihre Hoffnung und ihre Daseinsberechtigung verlieren. Also *muß* in ihm, dem von Bösewichten getäuschten, irregeleiteten, verfälschten Proletariat, ein Schwung existieren. Man findet keine Spur davon? Das liegt daran, daß er unseren Sinnen nicht unmittelbar zugänglich ist. Man braucht die Marxsche Formulierung nur in die Nähe der Psychoanalyse zu rücken: das Bewußtsein ist Lüge, und Lügen sind auch die Gründe des Handelns, die es sich gibt: die Analyse der Handlungen und ihrer subjektiven Bedeutung verweist auf die tiefe Spontaneität, der sie entspringen. Wenn ihr diese Spontaneität nicht anerkennt, werdet ihr ganz einfach zu dem Schluß kommen, daß das Fernbleiben der Arbeiter, ihr Zögern, ihre Unsicherheit nur ihre objektive Erschöpfung zum Ausdruck bringen; wenn ihr jedoch zu der Meinung kommt, daß der Proletarier immer und überall ein Revolutionär *sein muß*, und seine Haltung durch seine historische Mission erklärt, *dann können* die Entmutigung und die Trägheit, die er an den Tag gelegt hat, nichts anderes *sein* als der oberflächliche und trügerische Aspekt eines verborgenen Schwungs; da er *notwendig* aktiv ist, ist seine Passivität die Aktionsform, die er gewählt hat, weil sie den Umständen angemessen ist. In Begriffen der Spontaneität wird das Fernbleiben zur Mißbilligung. Für einen antistalinistischen Marxisten kann sich die revolutionäre Praxis der Massen gar nicht mit den Manövern decken, die sie unter der Führung der KP ausführen. Und da sie außer diesen Manövern nichts anderes tun, äußert sich ihre *wahre* Praxis durch das, was sie nicht tun. Wir sahen vorhin, daß die Freiheit sich mit der Natur mischte: genauso vermischen sich hier das Objektive und das Subjektive, und schließlich taucht eine merkwürdige Realität auf, die sowohl die objektive und ungreifbare Einheit der Massen ist, wie man sie aus ihrer Zersplitterung erschließt, als auch ihr subjektiver und unsichtbarer Schwung, wie man ihn aus ihrer momentanen Reglosigkeit ableitet. Dieser ambivalente Begriff wird uns sodann unter dem Namen *Klasse* vorgestellt. Alles sieht so aus, als würden sie die subjektive Spontaneität der Massen «Klasse» nennen, wie sie von außen als ihre objektive Einheit wahrgenommen wird. So wie die Spontaneität hinter den individuellen Bewußtseinen liegt, wird die objektive Einheit hinter ihrer Zersplitterung zu finden sein. Natürlich zeigt uns die Erfahrung auch weiterhin beharrlich denselben Staub. Gleichviel: intelligibler Charakter, der Erfahrung vorhergehende Wahl, Absolutes, das sich in Vielfalt niederschlägt, potentielle und theoretische Einheit der Pluralität, Prinzip des Feuers, das durch die inerte Materie zuckt – die Klasse bringt den Menschen hervor, nicht die Menschen die Klasse. Das Ziel ist erreicht.

Denn das war das Ziel. Vor einiger Zeit schrieb Herr Laurat mit jener Arglosigkeit, die Haß mitunter gebiert:[50] «Würde man die kommunistischen Führer von den anständigen Leuten isolieren, sie von

50 Lucien Laurat, *Du Komintern au Kominform.*

der Masse der Nation und der Arbeiterklasse abschneiden, dann wären sie sehr schnell zur Ohnmacht verurteilt.» Und die anderen Antikommunisten lächelten säuerlich: «Abschneiden, das sagt sich so leicht: geben Sie uns das Messer.» Doch siehe da, unter der Wirkung kleiner Erschütterungen lösen sich die anständigen Leute von der Partei: deren Herrschaft über die Seelen beruhte auf ihrer Zustimmung, und man braucht nur ein Kreuz zu schlagen, um sie in die Hölle zurückzuschicken.

Ausgezeichnet. Aber hüten wir uns, die Notwendigkeit der KP durch das Absurde zu beweisen. Stellt euch folgendes vor: die Arbeiterklasse ist besessen; man exorziert sie, und in dem Augenblick, da ihr Teufel entweicht, öffnet sie die Augen und zerbricht in tausend Stücke! Seht ihr uns *ohne Proletariat*? Um die Wahrheit zu sagen, diese Möglichkeit vermag den rechten Flügel des Antikommunismus nicht zu erschrecken, der weiterhin wiederholt, daß der Arbeiter ein Verrückter ist, der sich für einen Proletarier hält; doch der linke Flügel kann nicht einmal eine solche Vorstellung ertragen: mit dem erbarmungslosen Verschwinden der Dame seines Herzens verliert der nichtstalinistische Marxist alles und als erstes die Ehre, hoffnungslos treu zu sein. Für ihn wurde jener eklektische Begriff geschaffen: die Klasse als Schwung; wenn ihr die Welt durch diese Brille betrachtet, werdet ihr überall die Klasse sehen, auch wenn das Proletariat in Scherben ist; und da es darum geht, der Partei das Verdienst abzusprechen, daß sie die Aktionseinheit der Arbeiter verwirklicht, wird man das magische Prinzip dieser Vereinheitlichung irgendwo zwischen dem objektiven System der Produktion und der Subjektivität des Produzenten ansiedeln, so wie die individuelle Spontaneität zwischen Sein und Tun, die Freudsche Libido zwischen Körper und Bewußtsein. Dank seiner Elastizität kann sich dieses Gummiproletariat dehnen, ohne zu zerreißen, oder sich komprimieren, ohne zu zerbrechen: es zieht sich in die Länge und wird dünn, schlüpft durch die Ritzen seines Käfigs und sammelt sich draußen erneut, oder aber es ballt sich zusammen, löst sich ab, rollt durch die Gitterstäbe des Apparats und wird anderswo aufprallen, in der Mitte seiner wahren Freunde.

Dieser Firlefanz schmeichelt dem sozialistischen Optimismus, so wie der Hokuspokus der «natürlichen Güte» dem bürgerlichen Optimismus schmeichelte; ein Grund mehr, ihm zu mißtrauen: Optimismus und Pessimismus sind die beiden Seiten ein und derselben Mystifikation. Beklagen wir etwa, wenn die Selbstmordrate steigt, eine

Verhärtung des «nationalen Willens zum Freitod»? Und sollen wir uns, wenn sie sinkt, zur Verhärtung des nationalen Lebenstriebs beglückwünschen? Sagt mir nicht, die Klasse existiere und die Nation sei nur eine Abstraktion, da genau dies zu beweisen wäre. Denn ihr stützt euch auf die Identität der Klasse (das heißt auf die Identität der Lebensbedingungen), um ihre Spontaneität zu beweisen, und auf ihre Spontaneität, um ihre Einheit festzustellen. Aber lassen wir das, nehmen wir an, die Nichtbeteiligung vom 4. Juni würde eine kollektive Mißbilligung ausdrücken, und sehen wir zu, wohin uns das führt.

Ich schlage eine trotzkistische Zeitung auf, die die letzten Ereignisse kommentiert.[51] Herrn Germain, einem der Redakteure, zufolge, geht der Ursprung der Unzufriedenheit der Arbeiter auf das Jahr 1944 zurück: seit der Befreiung bis Ende 1945 hatten die Massen mehrfach Gelegenheit, die Macht zu ergreifen, und man hat sie gezwungen, ihre Chance zu verpassen; damit haben die Führer der KP «dem Instinkt und der revolutionären Dynamik von Millionen Militanten Gewalt angetan». De Gaulle soll die Arbeiterklasse vernichtet haben? Keineswegs, antwortet Herr Germain und erinnert an die «völlige Lähmung» der bürgerlichen Klasse zur Zeit der Befreiung. Im übrigen ging es nicht darum, die Diktatur des Proletariats zu errichten. Es galt, die «Ausdruckskraft des Volkes» zu sondieren, «die Keime einer neuen Macht zu schaffen und zu entwickeln, die die Massen im übrigen selbst gebildet hatten (Befreiungskomitees, Fabrikkomitees usw.)». Das Politbüro der KP hat seine Stunde verpaßt, weil Stalin die europäischen Arbeiter seinem Willen geopfert hat, mit dem amerikanischen Kapitalismus zu kollaborieren.[52]

Diese Erklärung taugt soviel wie eine andere. Freilich hat sie nichts spezifisch Marxistisches. In Wahrheit widerfährt dem Trotzkismus das Schicksal aller Oppositionellen: die Partei an der Macht ist realistisch, da sie behauptet und zu beweisen vorgibt, daß das Reale das einzig Mögliche ist; eine einzige zu verfolgende Politik: diejenige, der

51 *La verité des travailleurs*, Oktober 1952.

52 Ein klassischer Vorwurf: Ende des Ersten Weltkriegs warfen die Minderheitsgruppen den Mehrheitsgruppen der CGT vor, die Interessen der Arbeiterklasse an die der Nation verraten zu haben. Griffuelhes schreibt: «Die Bourgeoisie rechnete damit, dem Proletariat schwere Opfer bringen zu müssen ... Aber sie hat sich schnell wieder gefangen, sie triumphiert» (Februar 1920), und Monmousseau schreibt im April 1920: «Die Arbeiterklasse ist bereit, zitternd vor Erwartung ... Aber aufgepaßt! verlassen wir nicht die Bahn des Korporativismus: die Nation ist in Gefahr ...»

ich folge. Der Oppositionelle dagegen erklärt, daß es mindestens *eine andere* gab und daß sie die bessere war, was ihn trotz allem zwingt, eine mehr oder weniger idealistisch gefärbte Haltung anzunehmen: es gibt Mögliches, das nicht verwirklicht wird; der *reale* Prozeß hört auf, das Maß des Menschen zu sein, weil das, was nicht ist, wahrer, wirksamer, den allgemeinen Interessen angemessener ist als das, was ist; die systematische Analyse der Tatsachen mündet ins Nicht-sein (das, was nicht stattgefunden hat), und letztlich bezieht sich die Erklärung der Geschichte unaufhörlich auf verpaßte Gelegenheiten, die nur deshalb Existenz haben, weil sie *gedacht* werden. Genau das ist hier der Fall. Wenn Herr Duclos schreibt: «Die Kommunistische Partei ... ist sich bewußt, keine historische Möglichkeit versäumt zu haben ...; wenn der eingeschlagene Weg anders gewesen wäre, hätte der Faschist de Gaulle einen Vorwand gehabt, mit amerikanischer Unterstützung die Arbeiterklasse zu vernichten ...»[53], dann hat Herr Germain leichtes Spiel, sich über ihn zu mokieren: ein *Vorwand*? Was ist denn das? «Für einen Marxisten handeln die gesellschaftlichen Klassen nicht nach ‹Vorwänden›, sondern nach ihren Interessen und den Kräfteverhältnissen, die es ermöglichen, diese Interessen durchzusetzen.» Dennoch ist Duclos dem Geist des Marxismus näher als Germain: Marx ist zwar weit davon entfernt, die Existenz von *Möglichem* zu leugnen, aber er versteht darunter die Momente der künftigen Aktion, wie sie sich uns im Lauf ihrer Vorbereitung zeigen. Führer und Militante müssen sich sagen können, wenn sie auf die Vergangenheit zurückblicken: «Wir haben alles getan, was möglich war (das heißt unsere Aktion reichte so weit, wie die Umstände es erlaubten) – einzig das, was wir getan haben, war möglich (die Ereignisse haben gezeigt, daß die Lösungen, die wir ausgeschlossen haben, unpraktikabel waren).» Diese Haltung setzt Realität und Aktion gleich. Alles Reale ist Praxis, und jede Praxis ist real. Das sind zweifellos die Prinzipien, die sich *auch* der Trotzkismus zum Vorbild nimmt; doch Herr Germain ist in seiner Eigenschaft als Oppositioneller darauf aus, Wahrheiten aufzustellen, die dem widersprechen: 1. Die Massen hatten in Frankreich die unmittelbare Möglichkeit, die Macht zu ergreifen; diese Möglichkeit entsprach ihren Interessen am meisten, war den Umständen am besten angepaßt, diejenige, die sich aus dem bestehenden Kräfteverhältnis ergab, der kürzeste Weg zur Weltrevolution, kurz, diejenige Möglichkeit, die das meiste an *Wirklichkeit* und *Wirksam-*

53 Rede in Nantiat, 28. September.

keit in sich vereinte; dennoch war es diejenige, die sich nicht verwirklicht hat; 2. *wenn* die Massen die Macht ergriffen hätten, *hätte sich* die Bourgeoisie *nicht* geregt. – Seine Haltung liegt in der Mitte zwischen der des Militanten, der die gegenwärtige Situation im Hinblick auf die zu treffende Entscheidung analysiert, und der des Theoretikers, der die Bedeutung der vergangenen Ereignisse herausarbeitet. Zwar hat ersterer das Recht, das Inventar der Möglichkeiten aufzustellen, doch seine Analyse steht unter dem Druck des Augenblicks, sie wird von den Ereignissen beleuchtet, vom «historischen Prozeß» modifiziert, fortwährend von der Erfahrung berichtigt, und schließlich erprobt sie sich in der Praxis selbst. Der Theoretiker kann geltend machen, da er uns eine zuverlässige Wahrheit liefert, unter der Bedingung, daß er sich an das hält, was ist, und außer acht läßt, *was hätte* sein *können.*[54] Herr Germain gründet seine Meinung auf eine tote Wirklichkeit; er kann keinen Anspruch auf Zuverlässigkeit erheben, wenn er versucht, die möglichen Folgen dessen aufzuzählen, was nicht gewesen ist. Was das Ziel seiner Untersuchung betrifft, so macht er es, da es nicht wirklich existiert hat, zum abstrakten Gegenstand einer Idee; mit einem Wort, es wird sein, weil man es denkt. Damit gibt man das eigentlich marxistische Schema für einen probabilistischen Idealismus auf, dessen Induktionen meist auf bloßen Extrapolationen beruhen. Und was ist überdies unter dem zweideutigen Wort «das Mögliche» zu verstehen? Die Arbeiterklasse *konnte* siegen, gut! Doch unter *welchen Bedingungen*? Die Kräfteverhältnisse waren ihr günstig, ihre Interessen drängten sie, die Macht zu ergreifen, aber ihre Führer haben sie daran gehindert. Nehmen wir das einmal an: aber *konnten* sie es auch nicht tun? Was hat sie zu dem gemacht, wie sie sind? Ihr Gehorsam gegenüber dem Politbüro? Aber die prangern Sie doch schon seit vielen Jahren an; Ihrer Ansicht nach ist ja gerade diese Beziehung zu Moskau das Charakteristikum der KPF. Konnte sie 1944 ihre Grundstruktur verändern? Und was bedeutet das? Ich weiß, daß Sie in der Partei eine linke Strömung erkennen – ich behaupte nicht, daß Sie unrecht haben – und daß Sie die komische Theorie einer gegen ihren Willen revolutionären KP vertreten: doch wie hätte sich die Linke am Tag nach der Befreiung durchsetzen können, als man alles von der UdSSR erwartete, als die Bourgeoisie zur

54 Ich spreche vom marxistischen, nicht vom bürgerlichen Historiker, dessen eklektische Auffassung sich sowohl auf das Zufällige wie auf das Notwendige, auf die Freiheit wie auf den Determinisums anwenden lassen.

Ohnmacht verurteilt schien, als viele noch an den amerikanischen Pazifismus glaubten, wenn es stimmt, wie Sie sagen, daß es der Parteiführung noch heute, mitten im Rückzug, gelingt, die Unzufriedenheit der Basis zum Schweigen zu bringen? Dann also die Politik der UdSSR? Meinen Sie, daß sie die Schuldige ist? Vielleicht; doch in welchem Augenblick war es *möglich*, sie zu verändern? Spiegelt sie nicht eine ganz bestimmte Gesellschaft mit ihren ökonomischen und politischen Strukturen, ihren gesellschaftlichen Schichten und ihren inneren Konflikten wider? Muß man bis zu Lenins Tod zurückgehen? Manche tun das: die Partie soll um 1923/1924 gespielt und verloren worden sein: im Herbst 1924, nach der Niederlage des deutschen Proletariats, sprach Stalin zum erstenmal vom «Sozialismus in einem Land». An jenem Tag weinten die Engel. Man könnte meinen, man sei wieder bei der Erbsünde oder bei den Diskussionen zwischen Leibniz und dem Großen Arnauld über die Prädestination angelangt: Stalin wird zum kleinen Adam des Atomzeitalters. Die Theorie ist annehmbar: man kann annehmen, daß die historischen Umstände sich zuweilen, jedoch *sehr selten*, so ordnen, daß sie eine wirksame menschliche Aktion erlauben, die den Kurs der Geschichte bestimmt. Wenn man die Gelegenheit verpaßt, muß man sich zwanzig Jahre, vielleicht ein halbes Jahrhundert gedulden, bis sie sich wiederholt; der Trotzkismus wäre demnach eine Kunst des Wartens. Was aber wird dann aus «der Möglichkeit» von 1944? Die Würfel waren gefallen. Und wenn einige Enthusiasten glauben konnten, sie würden die Arbeiterklasse zum Sieg führen, so deshalb, weil sie die Einzelheiten der Situation erkannt hatten, ohne sie im Ganzen zu betrachten.

Andere dagegen behaupten – und vielleicht gehört Herr Germain zu ihnen –, man könne, auch wenn man sich mitten in einer konterrevolutionären Periode befände, einen ständigen Einfluß auf den Lauf der Welt ausüben, sofern man bereit bleibe, alle seine Widersprüche auszunutzen. Sie haben Marx und Engels auf ihrer Seite, die die Kontingenz des Details[55] anerkannten, desgleichen Lenin, der es ablehnte, auf das Studium der Alltagsgeschichte die Prinzipien und Methoden

55 Das heißt eine strenge, jedoch zufällige Bestimmung der besonderen Tatsache. Es kommt wenig darauf an, ob diese besonderen Tatsachen später eliminiert werden oder ob der Lauf der Geschichte – unmerklich verzögert oder abgelenkt – seine Gesamtrichtung wieder aufnimmt. Es bleibt, daß das Besondere durch das Besondere erklärt werden muß; man hat erst dann das Recht, die Tatsache wieder in den weltgeschichtlichen Zusammenhang zu stellen, wenn man sie in ihrer Besonderheit vollständig entziffert hat.

anzuwenden, die ihm dazu dienten, die großen Zusammenhänge der Weltgeschichte zu entziffern. Es ist ihnen erlaubt zu glauben, daß die dunklen Stellen und die Schwankungen der kleinen Geschichte aus dem Blickfeld des künftigen Historikers verschwinden werden. Vielleicht wird man eines Tages den Platz und die Rolle der heutigen Ereignisse besser erkennen; vielleicht wird man dann merken, daß sie die *einzig möglichen* waren. Doch solange die Geschichte nicht abgeschlossen ist, solange man das Besondere aus einer besonderen Perspektive sieht, kann man das Detail einer Politik nicht erklären, indem man übergangslos zu allgemeinen Überlegungen zurückkehrt. Wenn das Universum ein dialektischer Prozeß ist, in dem jede lokale Bewegung ihre Ursache in der Bewegung des Ganzen hat, werden die Trotzkisten Stalins Politik verstehen können, aber wie werden sie es anstellen, sie zu verurteilen? Sie wird von jeher und in jedem Fall das gewesen sein, was sie sein mußte und sein konnte, weder mehr noch weniger. Vielleicht wird man dann feststellen müssen, daß die Karten so ausgegeben waren, daß der Sozialismus *von Anfang an* unmöglich war. Oder im Gegenteil, wie Merleau-Ponty sagt: «Der Weg, der uns krumm erscheint, wird sich vielleicht, wenn die Zeit vollendet und die totale Geschichte offenbar ist, als der einzig mögliche erweisen und *a fortiori* als der kürzeste, den es gab.» Jedenfalls ist die KP aus dem Spiel. *Nicht verwirklichte Möglichkeiten* gibt es zwangsläufig nur auf der Ebene jener schwankenden Geschichte, wo die Ereignisse stets zu früh oder zu spät eintreffen, zum Teil unentzifferbar bleiben, wo ein Konflikt, wie tief seine Gründe liegen mögen, mangels einer auslösenden Ursache lange Zeit verschüttet sein kann, wie eine Zeitbombe. Im vorliegenden Fall ist der Konflikt da: es ist der Klassenkampf; das Kräfteverhältnis ist definiert: im Jahre 1944 hat die Arbeiterklasse die konkrete Möglichkeit, die Macht zu ergreifen. Was fehlt? Die auslösende Ursache: ein anderer Kurs der kommunistischen Politik.

Allein wir sehen folgendes. Der marxistische Oppositionelle reitet auf zwei Thesen: um den «Stalinisten» ihre Irrtümer oder ihre Lügen nachzuweisen, will er unwiderlegbar sein: also wird er sich der Methoden und Perspektiven der großen dialektischen Geschichte bedienen; um dagegen nachzuweisen, daß bei dieser oder jener Gelegenheit eine andere Aktion möglich war, greift er auf probabilistische Induktionen zurück. Wenn Duclos es ablehnt, der Repression «einen Vorwand zu liefern», findet Herr Germain das lächerlich: ein Vorwand! «Seit wann warten die Faschisten auf Vorwände, um auf die

Arbeiterbewegung einzuschlagen?» Kurz, die KP ist so naiv zu glauben, daß es de Gaulle *möglich* war, anders zu handeln, als er gehandelt hat. Und daß sich diese Aktion mangels einer Gelegenheit nicht *verwirklicht* hat! «Sind die Kräfteverhältnisse einmal gegeben», erwidert Herr Germain, «findet man immer einen passenden ‹Vorwand›.» Seht nur, wie die Debatte an Höhe gewinnt: de Gaulle schrumpft zusehends zusammen und verliert seine besonderen Züge; zuerst wird er der Faschist – und der Faschist ist nichts anderes als die volle Anwendung der Machtbefugnisse, über die er verfügt, zugunsten der Interessen, denen er dient. Dann geht er in seiner Klasse auf, und unser Blick erfaßt die Bourgeoisie selbst. Warum schlägt sie nicht auf die Arbeiterbewegung ein? Weil sie nicht die Kraft dazu hat. Jede Kraft hat von sich aus die Tendenz, bis ans Ende ihrer Wirkungsmöglichkeit zu gehen, unter Berücksichtigung der anderen Kräfte, die auf denselben Punkt einwirken: das Ereignis als Resultante verschiedener Kräfte ist immer alles, was es sein kann. Was die Faktoren der lokalen Geschichte betrifft, so haben sie sich verflüchtigt: Ursprung und Charakter der herrschenden Mannschaft, die reale Struktur der Bourgeoisie im Jahre 1944, Sonderinteressen, Vorurteile, Anschauungen, Ideologien, die Notwendigkeit der Tagespolitik – das alles wird eliminiert. De Gaulle gilt 1952 als Faschist, *folglich* war er es auch 1944. Dieser General, der gewiß wenig Sympathie für die Republik empfand, jedoch versprochen hatte, sie wiederherzustellen, konnte sich damals in persönliche Widersprüche verstricken? Das hat keinen Einfluß auf den Lauf der Dinge. Die Bourgeoisie konnte es am Tag nach einer verheerenden Besatzung für weniger kostspielig halten, daß sie Zeit gewann, sich gegen Gewalt noch sträubte und sich gleichzeitig bereithielt, auf sie zurückzugreifen? Das ist unerheblich. Da die bürgerliche Klasse tat, was sie getan hat, konnte sie nichts anderes tun. Gut.

Ich wende diese Prinzipien auf die Arbeiterklasse an: ich wußte nicht, daß sie die Macht ergriffen hätte, aber man sagt mir – und ich glaube es –, daß sie ein Interesse daran hatte, sie zu ergreifen, und daß die Kräfteverhältnisse günstig für sie waren: sie muß sie also ergriffen haben, ohne daß es bemerkt worden wäre. Keineswegs! sagt Herr Germain. Sie *konnte* sie ergreifen, und ihre Führer haben sie daran gehindert. Aha! Und wer sind diese Führer? «Diejenigen Führer der KPF, die an dem festhalten, was wir bürokratischen Konformismus nennen, das heißt, die bereit sind, je nach den Bedürfnissen der Diplomatie des Kreml, nach rechts oder nach links zu schwenken, die bereit sind, ihnen die grundlegenden Interessen der Massen zu opfern.»[56] Diese bösen Menschen! Aber *warum* sind sie so? Vorhin verstand ich, daß der Faschist der reine Ausdruck seiner Klasse und ihr anonymes Werkzeug ist; und wenn ich Trotzki oder *La Verité* lese, begreife ich auch, daß die sowjetische Bürokratie die Interessen bestimmter sozialer Schichten ausdrückt und daß sie von der Gesellschaft selbst bedingt ist, aus der sie hervorgeht. In *Verratene Revolution* finde ich sogar folgende Bemerkung: «Die heutige Sowjetgesellschaft kann den Staat nicht entbehren noch – in gewissen Grenzen – selbst die Bürokratie. Aber die Ursachen dafür sind durchaus nicht die kläglichen Überreste der Vergangenheit, sondern die machtvollen Tendenzen und Kräfte der Gegenwart.» Das beruhigt mich ungemein über das Politbüro: auf die Persönlichkeit oder die besonderen Willensäußerungen seiner Mitglieder kommt es wenig an; die UdSSR selbst gibt sich, über und durch sie, den Apparat, den sie gegenwärtig braucht.[57] Doch woher kommt die Bürokratie der KPF? Sie stützt sich nicht auf die Massen, da Sie das Politbüro beschuldigen, «ihre Hauptinteressen zu opfern, ihren revolutionären Instinkten Gewalt anzutun». Auch nicht auf die Struktur unserer Gesellschaft, da es sich ja um eine bürgerliche Gesellschaft handelt und die KP nicht die Rolle einer Regierungspartei in ihr spielt. Auch nicht auf das Kräfteverhältnis, da Sie ja meinen, dieses Verhältnis sei der Aktion günstig gewesen. Und was die Unterwerfung unter die UdSSR betrifft, so kann man nur sagen: entweder weisen Sie nach, daß sie für eine revolutionäre Partei heute notwendig ist – dann verschwindet alles «Mögliche», und Sie ketten mit eigenen Händen das Schicksal der Proletariate an das der Sowjetrepubliken; oder aber Sie sagen wie Bourdet, daß es *möglich* ist, sich dieser Herrschaft zu entziehen: in diesem Fall erklären individuelle Irrtümer, falsche Einschätzungen der Situation, Charakterfehler (Konformismus, Feigheit usw.) die Trägheit der KP. Derjenige, auf den Sie sich berufen, hat geschrieben: «Eine Revolution wird nicht auf Bestellung gemacht, es ist lediglich möglich, ihren inneren Kräften einen politischen Ausdruck zu geben»[58], und dennoch nehmen Sie

56 Ich entnehme die Definition dem Aufsatz von Herrn Frank.

57 Herr Germain behauptet nicht – seien wir gerecht –, daß man die Macht ergreifen *mußte*: «Das wäre ein Abenteuer gewesen.» Er sagt, daß die Arbeiterklasse die nötige Kraft und den nötigen Schwung hatte, sie zu ergreifen. Doch wäre er ihr Führer gewesen, *in wessen Namen* hätte er sie, nachdem er sie auf diesen Weg gebracht hatte, dann gebremst?

58 Leo Trotzki, *Die permanente Revolution*, Frankfurt 1965.

an, daß die Arbeiterklasse, in vollem Schwung und in einer revolutionären Situation, von der individuellen Aktion ihrer Führer gebremst werden konnte; kurz, Sie sprechen der Bourgeoisie die okkasionellen Ursachen ab und gestehen sie dem Proletariat zu. Aus dem einen Grunde, weil die Schuld *notwendig okkasionell* ist: sie paßte schlecht und recht mit der antiken Fatalität zusammen; mit der Notwendigkeit der modernen Zeit muß sie wohl oder übel verschwinden: aber ihr braucht einen Schuldigen.[59]

Aus diesem Kompromiß zwischen Notwendigkeit und Zufall, zwischen Strenge und Unbestimmtheit, zwischen Sein und Sein-Sollen ist euer Begriff der Spontaneität entstanden; «der revolutionäre Instinkt», den ihr den Massen zusprecht, hat nur eine Funktion: das, *was hätte sein können*, im Absoluten zu markieren. Und ihr würdet sogar akzeptieren, daß seit dem Oktober 1917, möglicherweise gar seit dem Sündenfall, ein unbeugsames Gesetz den Lauf der Ereignisse bestimmt hat, wenn man euch nur zugestände, daß, trotz aller Schicksalsschläge, der revolutionäre Instinkt unerschütterlich bleibt. Er muß in den Herzen bleiben als ewige Bereitschaft, die die Umstände zwar verhüllen, aber weder zerstören noch schaffen können, denn er ist die tiefe Wirklichkeit des Proletariers, das Urteil, das der Kapitalismus sich selbst spricht, kurz, jener gnadenlose Anspruch, der sich objektiv in einem Druck auf die Partei und ihre Führer ausdrückt und kein anderes Ziel hat als die permanente Revolution. Indem ihr das Proletariat mit einer revolutionären Spontaneität ausstattet, steckt ihr es mit eurer Opposition an. Denn ihr meint ja, daß die politische Aktion der KP weder richtig noch angemessen war, daß man eine andere durchführen konnte und mußte. Doch wenn ihr euch umsaht, fandet ihr nur Kräfteverhältnisse, Interessen, Handlungen, mit einem Wort, Sein und Tatsachen; niemals *Sein-sollen*. Und wer setzt überhaupt die zu verfolgenden Zwecke? Da ihr allein seid, habt ihr nicht das Recht, der KP den Vorwurf zu machen, sie habe die revolutionären Ziele aufgegeben; eine Verurteilung muß im Namen der Massen ausgesprochen werden. Was aber beweist, daß ihr in ihrem Namen sprecht, ihr, die ihr nicht bis zu ihnen vordringt? Eben die

59 Der unbeschreibliche Herr Monnerot dagegen hat eine fertige Erklärung: es war die *Selektion* (durch die russische Bürokratie natürlich), die in Frankreich «einen Menschentypus geschaffen hat, der etwas vom umsichtigen Funktionär, vom listigen Parlamentarier, vom gutmütigen Tribun und vom berufsmäßigen Massenaufwiegler an sich hat.» Natürlich wird er der Führer der KP sein. Ist das nicht köstlich?

Tatsache, daß ihr weit davon entfernt seid, sie gegen ihren Willen glücklich machen zu wollen, sondern euch damit begnügt, die Botschaften ihres revolutionären Instinkts zu entziffern. Sollte dieser Instinkt existieren, so wird er die Forderung sein, die die Ziele definiert, sowie das Mittel, sie zu erreichen: objektiv nämlich offenbart er sich als Forderung nur dann, wenn er sich als Praxis äußert; die Massen haben eine spontane Fähigkeit, zu schaffen und zu organisieren, die die Heraufkunft des Proletariats beschleunigt. Auf diese Weise haben sie 1944 von sich aus die Befreiungs- und Fabrikkomitees hervorgebracht; diese ersten Schritte zeigten den Weg, die KP brauchte die Bewegung nur fortzusetzen. Und da diese spontanen Schritte die einzuschlagende Richtung wiesen, könnt ihr die Führer verurteilen, die sie nicht eingeschlagen haben: der Instinkt des Volks *manifestierte*, was zu tun war, was – mit anderen Führern – getan worden wäre. Die Spontaneität erzeugt das Mögliche: es sind die Massen mit ihrer Unbeugsamkeit, ihrem Kampfeswillen, der Härte ihrer Forderungen, die die *Möglichkeit* schaffen, die Macht zu ergreifen; die Unmöglichkeit kommt von den Führern. Doch die Führer sind nichts; es hat den Anschein, als könne man sie auf der Stelle auswechseln. Die Massen sind *alles*; versucht doch einmal, sie zu ändern! Ihre Spontaneität hat die unerbittliche Strenge der Dialektik, denn es ist die Produktion, die den Produzenten produziert; gleichzeitig ist sie frei, da sie das in Bewegung befindliche Wesen des Proletariats zum Ausdruck bringt. Zum zweitenmal in der Geschichte prägt sie – gegenüber der Erbsünde – die von der Gnade getragene Natur. Und diese Gnade, das muß man einräumen, rettet euch Trotzkisten; ohne sie ständet ihr schlecht da: was wäre, wenn die «Dynamik» der Massen von äußeren Faktoren abhinge? Angenommen, sie richte sich nach dem Stand der Kräfte, dem Grad der Erschöpfung der Kämpfenden, der Erinnerung an frühere Kämpfe, den registrierten Auswegen, der Politik der Führer.[60] Angenommen, die spontane Aktion der Massen wäre, statt auf die Zukunft zu zielen, lediglich eine Nachwirkung der Vergangenheit; angenommen, ihre Forderung hätte, statt eine Machtprobe zu sein, die Flüchtigkeit eines Traums; angenommen, sie hinge von ihrer Müdigkeit, von einer falschen Hoffnung ab: dann ist es aus mit dem

60 Die KP antwortet sehr richtig, daß die Massen von machtvollen nationalistischen Strömungen erfaßt waren, die der Mythos «de Gaulle, Führer des Widerstands», hervorgerufen und gelenkt hatte, und daß es zunächst galt, eine machtvolle Entmystifizierungsarbeit in Angriff zu nehmen.

bescheidenen kollektiven Prophetismus, aus mit der Spontaneität; ihr könnt zwar noch Marx gegen Stalin ausspielen, aber nicht mehr das Proletariat vor Gericht zitieren, damit es gegen seine Führer aussage: sowohl die Politik der Führer als auch die Stimmung der Masse hängen bei dieser Hypothese von den äußeren Umständen ab; letztlich wirkt die eine auf die andere ein, sie modifizieren sich gegenseitig, passen sich einander an, und am Ende stellt sich das Gleichgewicht her, eine wechselseitige Anpassung, und das *Mögliche* entschwindet: wie die Führer, so die Masse; wie die Masse, so die Führer. Das Schicksal des Proletariats? Vielleicht wird die marxistische Methode es euch ermöglichen, es *vorherzusehen*, nicht aber, es zu machen: ihr werdet Auguren sein. Wie dem auch sei, ihr zählt nicht mehr. «Diese Auffassung ist nicht dialektisch», werdet ihr sagen. Und warum nicht? Jedenfalls ist es die von Engels: «Zweitens aber macht sich die Geschichte so, daß das Endresultat stets aus den Konflikten vieler Einzelwillen hervorgeht, wovon jeder wieder durch eine Menge besonderer Lebensbedingungen zu dem gemacht wird, was er ist; es sind also unzählige einander durchkreuzende Kräfte, eine unendliche Gruppe von Kräfteparallelogrammen, daraus eine Resultante – das geschichtliche Ereignis – hervorgeht, die selbst wieder als das Produkt einer, als Ganzes, bewußtlos und willenlos wirkenden Macht angesehen werden kann. Denn was jeder einzelne will, wird von jedem andern verhindert, und was herauskommt, ist etwas, das keiner gewollt hat.»[61] In dieser Perspektive ist die «bewußtlose und willenlose Macht» eine bequeme Fiktion, und Spontaneität gibt es nicht.

Ein Beispiel: ihr wendet euch heute an die KP und erteilt ihr den Befehl, den sozialistischen Führern die Aktionseinheit vorzuschlagen. Dieser politische Rat ist – im *gegenwärtigen* Augenblick – vollkommen vernünftig und gleichzeitig vollkommen absurd. Vernünftig: wenn er befolgt würde, würden sich Frankreich und Europa ganz sicher verändern, der Krieg in die Ferne rücken. Absurd: ihr wißt genau, daß die KP nichts unternehmen wird (die Rede von Lecœur zeugt vom vorläufigen Sieg derer, die sie in die Isolation treiben wollen); und wenn sie es wollte, würden die Sozialisten glatt ablehnen. Doch das Scheitern dieses Versuchs, sagt ihr, würde den Militanten der SFIO die Augen öffnen; das heißt, daß ihr sie schlecht kennt und ihr Ressentiment gegen die KP unterschätzt: sie werden ihre Partei

61 Friedrich Engels, Brief an Joseph Bloch, 21. 9. 1890, in: MEW Bd. 37, 464. *Anm. d. Übers.*

nicht verlassen, sondern die Führer beglückwünschen, das Manöver vereitelt zu haben. Ginge es nur darum, das, was wirklich stattfinden wird, in Betracht zu ziehen, dann könnte euer Rat als frommer Wunsch ohne Bedeutung noch Grundlage gelten. Aber ihr insistiert: diese «gemeinsame Front ist weder utopisch noch abenteuerlich». Warum? «Weil Millionen von Arbeitern, Beamten, Handwerkern, Kleinhändlern und Kleinbauern wollen, daß es anders wird.»[62] Mit einem Wort, das Argument der Trotzkisten findet seine objektive Garantie im Willen der Massen. Jede wahre Idee muß «für einen Marxisten» praktisch sein, denn die Wahrheit ist Aktion; die trotzkistische Idee würde reine leblose Abstraktion bleiben, ein idealistischer Zufall – da sie keine Wirkungen aus sich selbst hervorbringt, da sie einen Weg zeigt, von dem sie weiß, daß niemand ihn einschlagen wird –, wenn die Massen durch ihre Aktion und ihre Forderungen es nicht auf sich nähmen, diese rein subjektiven Begriffe im Ansatz zu verwirklichen. Nicht, als ob die Idee sie beeinflußte: es besteht eine prästabilierte Harmonie; der Trotzkist beschließt, daß seine Rede der verbale Ausdruck der kollektiven Spontaneität ist. Er steht auf der einen Seite, das Proletariat auf der andern: niemals richten sie das Wort aneinander, doch zwischen dem intellektuellen System des ersteren und dem Schwung, der das letztere dazu treibt, sein Elend zu überwinden, stellt sich potentiell eine tiefe und stillschweigende Übereinkunft her – über den Kopf des kommunistischen Militanten hinweg, der sich, für seinen Teil, damit zufriedengibt, wirklich zu den Arbeitern zu reden und ihre Bewegung tatsächlich zu lenken. Das lebendige und nicht beobachtbar Ungestüm der Massen ist die Gewähr einer ohnmächtigen Diagnose; oder, wenn man lieber will, der Trotzkismus gründet einen abstrakten, oppositionellen Rationalismus auf einen pragmatischen Irrationalismus. Es versteht sich natürlich von selbst, daß die spontanen Bestrebungen der arbeitenden Massen nur dazu da sind, um verletzt zu werden. Damit kehren wir zu dem oben beschriebenen Schema zurück: Spontaneität nennt man die geheime Mißbilligung, die eine Gruppe den Führern ausspricht, die sie sich gewählt hat, die stumme Komplizenschaft einer integrierten Gesellschaft mit den Oppositionellen, die sie verbannt hat.

Kehren wir zum 4. Juni zurück: war es die Spontaneität der Arbeiter, die die KP desavouierte? Ich zweifle sehr daran. Zum einen haben

62 Das stimmt: sie wollen, daß es anders wird, aber ihr unterschätzt die Verheerungen, die der Antikommunismus in ihren Reihen angerichtet hat.

weder Marx noch Lenin an die Beständigkeit eines «revolutionären Instinkts» bei den Massen geglaubt. Und was Trotzki betrifft,[63] so betont er im Gegenteil ihren «tiefen Konservativismus», der ihm ein Faktor gesellschaftlicher Stabilität zu sein scheint. Um «der Unzufriedenheit die Ketten des Konservativismus herunterzureißen und die Massen zum Aufstand zu führen», sind ganz besondere Bedingungen notwendig. In diesem Fall ist ihr Gefühl zunächst rein negativ: die Führer haben Pläne, Programme, doch die Massen haben einfach das «Gefühl der Unmöglichkeit, die alte Gesellschaft länger zu dulden». Von dem Ereignis mitgerissen, machen sie nun ihre *revolutionäre Erfahrung* – in ihrer «aktiven Orientierung ... nach der Methode sukzessiver Annäherungen, wobei sie immer stärker nach links drängen». Wenn ihr Schwung auf «objektive Hindernisse» prallt, beginnt der Rückzug, der zur Reaktion führt: «Große Niederlagen entmutigen für lange. Die revolutionären Elemente verlieren die Macht über die Massen. Noch nicht erloschene Vorurteile und Aberglaube gewinnen in ihrem Bewußtsein die Oberhand. Die grauen Abkömmlinge des Dorfs verwässern inzwischen die Arbeiterreihen.» Mit einem Wort, die Massen sind revolutionär, wenn die Voraussetzungen für die Revolution gegeben sind; man muß ihren Schwung und ihre Fähigkeiten nach den konkreten Möglichkeiten der Situation beurteilen, statt diese Möglichkeiten nach der Kraft der revolutionären «Dynamik» zu bestimmen. Besonders wenn ihr angeblicher «Instinkt» eine Folge der Umstände ist, beweist seine Gewalt nicht, daß man ihm nachgeben muß. Und es ist wiederum Trotzki, der schreibt: «Die Massen greifen in die Ereignisse nicht nach doktrinärer Vorschrift ein, sondern dann, wenn es sich aus ihrer eigenen politischen Entwicklung ergibt ... Die bolschewistische Leitung sah klar, daß man den schweren Reserven Zeit lassen müsse, ihre Schlußfolgerungen aus dem Abenteuer der Offensive zu ziehen. Doch die fortgeschrittenen Schichten drängten auf die Straße ... Doch gegen den Willen der Massen konnte die Überprüfung sich leicht in eine Entscheidungsschlacht verwandeln und damit in eine entscheidende Niederlage. Unter diesen Umständen durfte die Partei nicht abseits bleiben ... Die

63 Der euch immerhin ein Beispiel gegeben und die russische Revolution rekonstruiert hat, um zu zeigen, daß die spontane Bewegung der Massen ein wesentlicher Faktor der Geschichte ist. Doch seine Konzeption ist sehr viel reichhaltiger und komplexer als die eure. (Die folgenden Trotzki-Zitate stammen aus *Geschichte der russischen Revolution*, Berlin 1931/33, Bd. 1, 10f, 45; Bd. 2, 70f. *Anm. d. Übers.*

Partei der Massen mußte sich auf den Boden stellen, auf den sich die Massen gestellt hatten, um, ohne irgendwie deren Illusionen zu teilen, ihnen zu helfen, mit den kleinsten Verlusten die notwendigen Lehren zu ziehen.» Trotzki selbst fordert für eine Partei das Recht, die «Dynamik» des Volks im Licht der allgemeinen Situation zu beurteilen; in einigen Fällen scheut er sich nicht, die Motive für diese plötzliche Entfesselung «Illusionen» zu nennen – und Herr Germain tadelt als Trotzkist die KP, dem Instinkt des Volks nicht vertraut zu haben. Das liegt daran, wird er sagen, daß die Situation eine andere war. Das stimmt: aber wenn wir es ablehnen, an die Unfehlbarkeit der Massen zu glauben, was bleibt dann? Zwei doktrinäre Auffassungen – die der KPI und die der KPF –, zwei Arten des Denkens und zwei «wissenschaftliche» Interpretationen der Situation.

Nehmen wir einmal an, jene Mißbilligung des 4. Juni, die man bald als Dokument, bald als Zeugnis ausgibt, existiere und verberge sich hinter der Erschöpfung und Entmutigung der Arbeiter. Sind wir damit einen Schritt weitergekommen? *Was wird mißbilligt?* Die unglückliche Initiative vom 28. Mai? Die Politik der KPF seit 1948, seit 1944, seit dem Kongreß von Tours 1920? Die Bürokratie? Die Unterwerfung unter Moskau? Die sowjetische Politik? Warum nicht gar der Marxismus selbst? Wer soll das entscheiden? Ihr sagt, daß alles miteinander zusammenhängt; auch wenn die Mißbilligung ausdrücklich nur ein Detail beträfe, so sei die Verkettung doch so stark, daß alles in Mitleidenschaft gerät. Aber das stimmt nicht: wir haben es mit der lokalen und alltäglichen, undurchsichtigen, zum Teil zufälligen Geschichte zu tun, und die Verbindung der Glieder ist nicht so fest, daß man innerhalb gewisser Grenzen nicht einige von ihnen verändern könnte, ohne alle anderen zu modifizieren. Kürzlich las ich, daß das Proletariat die Einmischung der sowjetischen Führer in seine inneren Angelegenheiten satt habe; nicht, so hieß es, daß es diese Einmischung direkt verurteile: in der Tat, es spürt sie nicht und pfeift darauf; aber – und das läuft darauf hinaus, sie zu desavouieren – es kann den «Bürokratismus» der KP nicht mehr ertragen, der die evidente Folge davon ist. Doch ich bin weiterhin skeptisch: um mich zu überzeugen, hätte mir zuerst nachgewiesen werden müssen, daß man diese Bürokratie nicht bekämpfen kann, ohne zuvor mit der UdSSR gebrochen zu haben; und sodann, daß umgekehrt für eine Partei, die der UdSSR nicht hörig ist, heute keine Gefahr besteht, durch die Umstände des Kampfes bürokratisiert zu werden. Da mir diese Angaben fehlen, weiß ich nicht, wie ich die Tragweite dieser vermeintlichen Rüge beurteilen soll. Ich sehe zwar, daß die KP einräumt, einen Irrtum begangen zu haben, und ich sehe auch, daß sie ihn in jene Zeit verlegt, die dem Streik unmittelbar vorausging: weil sie so billig wie möglich davonkommen will. Ich sehe Bürger, die der Überzeugung sind, daß die Massen ein Urteil gegen Marx gefällt haben: weil sie antimarxistisch sind.

Ich kenne also die Begründung des Urteils nicht. Doch damit nicht genug, jetzt weiß ich nicht einmal mehr, welcher Richter es fällte. Denn ich kann mir zwei Arten von Rügen vorstellen: solche, die eine revolutionäre Klasse *im Namen der Revolution* den Führern erteilt, die sie stoppen wollen; und solche, die eine geschlagene, gebrochene, resignierte Klasse *im Namen der Ideologie der siegreichen Klasse* den Revolutionären erteilt, die sie in neue Abenteuer reißen wollen. Im ersten Fall handelt es sich um das Subjekt der Geschichte, das einen Verräter verurteilt, und die Verurteilung schreibt sich in die Geschichte ein, die es macht. Im zweiten Fall um eine Klasse, die fühlt, daß sie erneut zur Masse wird, mit ihren alten Ketten auch ihre «noch nicht erloschenen Vorurteile und Aberglauben» wiedergewinnt und sich ihrer bedient, um ihren eigenen Ruhm zu verurteilen. Mit welchem dieser beiden Richter habe ich es zu tun? Die Trotzkisten versichern: mit dem Revolutionär.

«Die französische Arbeiterklasse ist geopfert worden ... Trotz allen Rechtfertigungen springt dieser verbrecherische Irrtum heute allen in die Augen. Bei der nächsten Gelegenheit wird kein Arbeiter ihn noch einmal begehen.»

Kann ich ihnen glauben, ohne auf die ununterdrückbare Spontaneität des Arbeiters zu bauen? Außerdem halte ich, um die Wahrheit zu sagen, die Reaktionen dieses Revolutionärs für etwas dürftig: seine Klasse ist geopfert worden, er weiß es, und seine einzige Rache besteht darin, einen unangebrachten Streik zu boykottieren? Man muß gute Augen haben, um seine *Dynamik* zu erkennen, und noch bessere, um in den Ereignissen vom 4. Juni einen Druck der Massen zu entdecken.

Für die rechtschaffenen Blätter dagegen gibt es keine Revolutionäre mehr. Hat es überhaupt je welche gegeben? Die Geschichte hat ganz einfach die gebotene Unterscheidung getroffen: auf ihrer linken Seite stehen die Banditen und auf ihrer rechten die anständigen Leute. Daß der Arbeiter sich der Stimme enthalten hat, ist seiner *Klugheit* anzurechnen, das heißt der Durchsetzungskraft der guten Prinzipien: er ist dieser sinnlosen Gewalttaten überdrüssig, er will nichts anderes als in Frieden arbeiten, er meint, das Leben sei schon schwer genug und man brauche sein Geld nicht für Torheiten zu verplempern. Kurz, in seiner Person desavouiert die Bourgeoisie selbst die Partei; ihr könnt euch denken, wie zufrieden die Unternehmer sind: ihr guter Freund, der Arbeiter, ist endlich geheilt; es sieht so aus, als habe man das skandalöse Loch endgültig gestopft, das unsere modernen Gesellschaften zerriß. Die Klassen? Es war ein Alptraum: wenn man, was nur logisch ist, jedem Individuum, das zu einer bürgerlichen Gesellschaft gehört, den Titel «Bürger» zuerkennt, wird es im Westen nur noch Bürger geben, von denen die einen verzweifelt und die anderen nicht allzu unzufrieden sind.

Wenn dem so sein sollte, läßt sich erraten, daß die KP vom Liebesentzug der Massen zutiefst getroffen wäre. Doch die Begründungen ihrer Mißbilligung würden sie kaltlassen.

Der Antikommunist sieht mich schon in der Zwickmühle: «Also können die Massen über den Apparat nicht urteilen?» Ich antworte: es kommt vor, daß sie, wenn sie in Bewegung geraten, ihre Führer vor sich her schieben.[64] Er erwidert: «Aber *in der übrigen Zeit* können sie nicht über sie urteilen?» O Sokrates, ich merke, wohin du mich lockst. Nun gut, ich gestehe: sie urteilen über ihre Führer, wenn sie ihnen folgen, nicht aber, wenn sie ihnen nicht folgen. Sokrates frohlockt: «Sie haben dem Bürgertum die Freiheit des Schreibens zu verdanken, und Sie bedienen sich ihrer, um dem Volk die Freiheit des Denkens zu verweigern.» Das Urteil ist gesprochen: Verachtung des Volks, Sophisterei, schändliche Neigung für die autokratischen Formen der Macht; in einem Anfall von Unterwürfigkeit gestehe ich der KP weit mehr zu, als sie je verlangte: sie behauptet, sich nach der Meinung der Massen zu richten; es ist ihr nicht darum zu tun, die absolute Herrschaft, die sie über sie gewonnen hat, zu rechtfertigen: sie verbirgt sie.

Wenn man mich anschnauzt, treibe ich den Masochismus so weit, mir zu wünschen, es geschehe aus guten Gründen. Ich werde also darlegen, weshalb die des Antikommunisten schlecht sind.

Zunächst befasse ich mich weder mit dem, was wünschenswert wä-

64 Erinnert euch beispielsweise an den Streik vom Mai 1947 bei Renault: die Verantwortlichen der Metallarbeitergewerkschaft (CGT) wurden von den Arbeitern ausgepfiffen, als sie ihre Aktion bremsen wollten. Die KP hat die Lektion sofort verstanden.

re, noch mit den idealen Beziehungen, die die Partei-an-sich zum Ewigen Proletariat unterhält; ich versuche zu verstehen, was heute, vor unseren Augen, in Frankreich vor sich geht. Gute Freunde waren so liebenswürdig, mich auf die Existenz angelsächsischer und skandinavischer Gewerkschaften hinzuweisen: diese «in jeder Hinsicht hervorragenden» Organisationen sollen den fortgeschrittenen Formen des Kapitalismus angemessener sein als unsere CGT.[65] Vielleicht – doch was beweist das? Daß man bedauern muß, kein Schwede zu sein? Ich kehre zu meinem Land zurück, das nicht im Ruf steht, zu den «fortschrittlichsten» bürgerlichen Demokratien zu zählen. Die französischen Unternehmer sind das Gespött der Welt: um euer Argument auf die Spitze zu treiben – wir haben den Klassenkampf, den wir verdienen.

In Frankreich also, hier und heute, untersagen die Lebensbedingungen, die dem Arbeiter zugemutet werden, ihm die Wahrnehmung der formellen Rechte, die man ihm einräumt. Ihr wißt es, ihr, die ihr

65 Was bedeuten im übrigen diese isolierten Beispiele? Ist etwa festgestellt worden, daß der Wohlstand der «fortgeschrittenen» Länder nicht auf dem Elend der anderen beruht? Sind diese Paradiese das Bild dessen, was aus uns werden wird, oder die Nutznießer der gegenwärtigen Ungleichheit? Heimlich wollt ihr, mir diese Hypothese schmackhaft machen, aber ihr beweist sie nicht; und wäre sie auch richtig, so bestände doch kein Anlaß, sich darüber zu freuen: hätten amerikanische Gewerkschaften ihre politischen Pflichten erkannt, dann würden sie versuchen, den Wettlauf zum Krieg aufzuhalten, statt den Franzosen Spione und Agitatoren zu schicken. Sollte die Geschichte eines Tages der amerikanischen Regierung den Titel «Kriegsverbrecher» verleihen, den sie bisher nur den anderen zusprach und den sie nun für sich in Anspruch nehmen zu wollen scheint, so steht zu befürchten, daß die amerikanischen Arbeiter, von ihren «fortschrittlichen» Gewerkschaften mystifiziert, ihre unfreiwilligen Komplizen sind, so wie das deutsche Proletariat – getäuscht oder vernichtet – 1914 der Komplize des Kaisers und 1939 der Nazis gewesen ist.

Doch darf ich euch daran erinnern – eine Höflichkeit ist die andere wert –, daß die gesamte Menschheit im Zustand der Unterernährung lebt? Wenn es – zufällig – notwendig sein sollte, daß der Arbeiter in Indien oder in Europa mit offenem Mund krepiert, damit der amerikanische Industrielle weiterhin seine hohen Löhne zahlen kann, dann wäre die *Wahrheit* unserer gegenwärtigen Situation nicht die Fabriken von Ford oder Kayser, sondern der Hunger, der die Welt verheert. Und in diesem Fall ist die Wahrheit der Praxis nicht der artige Reformismus von wohlgenährten, doch durch aufreibende Arbeit und ständige Propaganda «abgestumpften» Arbeitern: die Wahrheit wäre die revolutionäre Tätigkeit.

dafür gesorgt habt, daß er sich ihrer im Rahmen unserer Institutionen nicht bedienen kann, weshalb entrüstet ihr euch, wenn er auf diese Fata Morgana verzichtet, um zu kämpfen? Ihr, die ihr Skandal schreit, wenn ihr hört, daß eine Gewerkschaftswahl durch Handaufheben erfolgte, ihr habt das Gesetz verfälscht, um gut ein Drittel der Wählerschaft zum Schweigen zu bringen. Ihr beschuldigt die KP, die demokratischen Freiheiten je nach ihren momentanen Interessen entweder zu verteidigen oder zu attackieren, aber was tut ihr anderes! Wenn es darum geht, die Kommunisten zu kritisieren, fordert ihr für den Arbeiter volle Freiheiten; und ihr nehmt sie ihm, wenn er sich einfallen läßt, euch zu kritisieren.

Doch das ist nicht der Kern der Sache: genau besehen sind unsere Freiheiten von Bürgern für Bürger konzipiert worden, und der Arbeiter könnte sie nur dann genießen, wenn er selbst Bürger wird. Sinn haben sie nur in einem System des Privateigentums, es sind Vorsichtsmaßnahmen, die der Vermögensbesitzer gegen die Willkür der Gruppe ergreift. Das setzt also voraus, daß die Gruppe *bereits* existiert. In der Tat unterhält uns die Bourgeoisie seit hundert Jahren mit einer Robinsonade, die sie «gesellschaftlichen Atomismus» nennt; jedoch nur, um die armen Klassen zu mystifizieren: denn sie bildet für sich allein eine stark integrierte Kollektivität, die sie ausbeutet. Wir werden frei und einsam geboren? Wir bilden die Gemeinschaft, indem wir uns vertraglich binden? Wir geben unsere Freiheit her, damit man sie uns hundertfach zurückerstattet, ohne ganz auf unsere angeborene Einsamkeit zu verzichten? Schauen wir uns doch an: einsam? Wann sehnt man sich nach Einsamkeit, wenn nicht in Gesellschaft? Frei? O ja: frei, einige ganz konkrete Tätigkeiten auszuüben, die im allgemeinen ihren Ursprung in unserer ökonomischen Macht oder in unseren gesellschaftlichen Funktionen haben. Frei ist der Industrielle, der ohne Begründung ein Viertel seiner Belegschaft entlassen kann; frei der General, der eine mörderische Offensive befehlen kann; frei der Richter, der Nachsicht oder Strenge walten lassen kann. Die *wahre* bürgerliche Freiheit, die positive Freiheit ist eine Macht des Menschen über den Menschen. Die Gesellschaft befindet schon vor unserer Geburt darüber: sie definiert im voraus unsere Fähigkeiten und unsere Verpflichtungen, kurz, sie situiert uns. Das bedeutet, uns an die anderen zu *binden*: noch die unbedeutendste unserer Gesten, der blasseste unserer Charakterzüge sind in Wahrheit synthetische Handlungen, die unter besonderen Umständen die Einheit der bürgerlichen Klasse realisieren; jede einzelne unserer Verhaltensweisen zeigt an, daß wir zu dieser oder jener Familien- oder Berufsgruppe gehören; jede trägt dazu bei, uns noch stärker in sie zu integrieren.[66]

Was wird nun aus jenen armseligen negativen Rechten, von denen die bürgerliche Demokratie so großes Aufheben macht? Auch wenn sie uns kaum bereichern, besteht doch keine Gefahr, daß sie uns ärmer machen. Sie repräsentieren lediglich die Wahrung unserer konkreten Vollmachten; sie schaffen zwischen jedem einzelnen von uns und der Kollektivität eine unmerkliche Distanz, sie verhindern, daß wir ersticken. Aber es leuchtet ein, daß die bürgerliche Realität aus ihnen herausfällt: unser Industrieller denkt nicht daran, sich durch die Rechte zu definieren, die er mit allen teilt, sondern durch die Macht, die er alleine ausübt. Die Habeaskorpusakte? Die kümmert ihn wenig: keiner denkt daran, ihn zu verhaften; seine wahre Freiheit schwimmt auf dem Meer: sie ist die Maschine, die er soeben in den USA gekauft hat. Die Politik? Er kann durchaus Vergnügen daran finden, für die Radikalen zu stimmen, sie für den MRP fallenzulassen und wieder zu ihnen zurückzukehren: seine Person wird er nicht verändern. Seine Person ist seine Fabrik, seine Familie, seine Projekte. In unseren Gesellschaften ist das politische Band – in ruhigen Zeiten – überaus locker und schwach: es reißt bei der geringsten Erschütterung. Kein Wunder, wenn wir die Parteien ungehindert kritisieren: kritisieren heißt Abstand nehmen, sich außerhalb der Gruppe oder des Systems stellen, sie als *Objekte* betrachten; und selbst wenn wir Mitglieder einer politischen Formation sein sollten, sind wir doch niemals *darin.* Aber euren Arbeitgeber, euren Direktor, euren Bürovor-

66 Ihr sagt, dieser oder jener Industrielle sei autoritär. Doch was ist Autorität? Ein Charakterzug? Nein, oder jedenfalls nicht von Anfang an. Sie ist zunächst ein konkretes Recht: er besitzt eine Fabrik, gibt hundert Menschen Arbeit und *kann* im Namen des Arbeitsvertrags bestimmte Verhaltensweisen von ihnen verlangen. Die Ausübung dieses Rechts ist eine Aktion: er befiehlt, hält das Unternehmen «in Gang». Die wiederholte Aktion wird zur Kompetenz: «Das ist der Mann, den wir brauchen: er hat eine eiserne Faust.» Schließlich wird das Ganze mit einem Eid besiegelt, den er sich selbst leistet: «Ich werde ein Chef sein.» All das läuft darauf hinaus, das abstrakte Verhältnis zwischen Kapital und Arbeit, das heißt die Ausbeutung des Menschen durch den Menschen, für sich zu übernehmen und es *in actu* existieren zu lassen. Seine Autorität befindet sich nicht in einer Schublade seines Gehirns, sondern außerhalb, in den Dingen, er beschränkt sich darauf, sie zu verinnern.

steher, habt ihr den je persönlich und öffentlich kritisiert? Ach so, ihr gehört ja zum Unternehmen, seid in es integriert: wenn man euch hinauswirft, verliert ihr euren Lebensunterhalt, eure Befugnisse und das Ziel eures Lebens. Über die Politik äußert man sich frei, denn sie scheint nur eine rein formale Tätigkeit zu sein; die liberale Regierung ähnelt oberflächlich dem Identitätsprinzip: sie erlaubt jedem, das zu sein, was er ist, und das zu haben, was er hat. Doch sobald es sich um eine Arbeit, um eine Praxis, kurz um eine synthetische Tätigkeit handelt, die eine integrierte Gruppe ausübt – dann Meinungsfreiheit ade! Die bürgerliche Politik ist nun aber *auch* eine synthetische Aktion, eine Klassenaktion; in Krisenzeiten, wenn die Bourgeoisie vom Volk bedroht wird, zeigt diese Politik ihr wahres Gesicht: die «Dispute» der Abgeordneten hatten kein anderes Ziel, als das Publikum zu amüsieren, und ihre angeblichen Spaltungen verschleierten die Existenz einer *Einheitspartei*, einer Klassenpartei, die ebenso autoritär und hart ist wie die KP, deren Organe die Polizei, die Verwaltung und die Armee sind und deren Aufgabe darin besteht, den Widerstand der Armen zu brechen. In diesen Augenblicken ruht der Bourgeois nicht eher, bis er seine Meinungsfreiheit in die Gosse geworfen hat. Was sollte er damit anfangen? Es ist an der Zeit, die Spaltungen zu vergessen, er ist verloren, wenn er nicht denkt wie alle anderen. Kritisieren? Wer wird denn so verrückt sein: Kritik ist zersetzend und droht die Handlungsfähigkeit der Regierung zu schwächen. Er tritt seine Rechte an eine Putzkolonne ab, die ihm als Gegenleistung seine wahren Vollmachten und seinen Besitz garantiert.

Für den Arbeiter jedoch kann die Politik keine Luxusbeschäftigung sein: sie ist seine einzige Verteidigung und das einzige Mittel, über das er verfügt, um sich in eine Gemeinschaft zu integrieren. Der Bourgeois ist von Anfang an integriert, seine Einsamkeit schiere Koketterie; für den von Anfang an isolierten Arbeiter dagegen ist die Politik ein Bedürfnis. Der erstere ist ein Mensch, der eine Partei unterstützt, um sein Bürgerrecht auszuüben, letzterer ein «Untermensch», der einer Partei beitritt, um ein Mensch zu werden. Der eine erblickt mitunter flüchtig die *Realität* der Politik, das heißt den Klassenkampf; der andere erleidet den Klassenkampf *von Anfang an*, er ist dessen Objekt und ahnt zuweilen, daß er selbst die Aktion durchführen könnte. Für den Bourgeois liegt alles außerhalb der Politik; für den Arbeiter gibt es nichts außerhalb ihrer; nichts außer jener «Traurigkeit des Arbeiters», von der Navel sagte, daß nur die Aktion aus ihr herausführe. Die Traurigkeit, das heißt die Einsamkeit. Ziehen wir daraus jedoch nicht den Schluß, daß diese Einsamkeit *natürlich* ist: um uns das einzureden, haben die Bürger ihren «gesellschaftlichen Atomismus» entwickelt. Doch um den Sinn dieser ganzen Philosophie zu verstehen, braucht man sich nur an die Beweggründe für das Gesetz Le Chapelier über die «vermeintlichen gemeinsamen Interessen» der Arbeiter zu erinnern. Nein, die Einsamkeit des Arbeiters ist nicht von Natur aus gegeben; sie ist *produziert*; Arbeit, Erschöpfung, Elend sowie die Fürsorge der Bourgeoisie haben die Arbeiter in einen künstlichen «Naturzustand» versetzt, wenn ich so sagen darf; das nennt man *die Masse*. Weiter unten werde ich die Vermassungsmethoden näher erläutern; an dieser Stelle ist nur wichtig, daß sie alle darauf abzielen, die Einsamkeit aufzuzwingen – nicht, die gesellschaftlichen Beziehungen völlig zum Verschwinden zu bringen, sondern sie zu mechanisieren. Bei dieser Operation spielen die demokratischen Rechte eine wesentliche Rolle: einer integrierten Bourgeoisie bieten sie, wie wir sahen, nur Vorteile; für Einsame, die sich ständig den Kräften der Desintegration ausgesetzt sehen, sind die formellen Freiheiten Ketten. Seht euch die Vertragsfreiheit an, das Kernstück der Maschine: wie glücklich verbindet sie doch die Todesdrohung mit der Freiheit der Arbeit; der Arbeiter ist ein Mensch, der bei Todesstrafe frei unterschreibt. In diesem Amalgam aus Notwendigkeit und Autonomie hindert die Notwendigkeit den Lohnabhängigen daran, seinen Preis auszuhandeln, und die Freiheit macht ihn verantwortlich für den, der ihm aufgezwungen wird; mit welchem Recht könnte er sich beklagen: er hätte ja ablehnen können. Ganz allgemein zwingt die Vertragsfreiheit den Arbeiter dazu, das Schicksal, das man ihm bereitet, für sich zu übernehmen; er willigt ein in sein Los, er überbietet es. Hat etwa der Arbeitgeber ihn geholt? Hat er nicht selbst um Anstellung ersucht? Hat er nicht zusätzliche Arbeiten akzeptiert, versucht er etwa nicht, den Ertrag seiner Produktion zu verbessern? Erhöht er nicht freiwillig die Gefahren einer Krankheit oder eines Unfalls? Hat er nicht selbst auf verbrecherische Weise seine Forderungen heruntergeschraubt, um seinem Nachbarn den Platz zu stehlen? Wer wagt da noch, von Solidarität zu sprechen: es herrscht das Gesetz des Dschungels. Klassenkampf? Nicht doch: Kampf ums Dasein. Kurz, er selbst hat alles getan und ist an allem schuld, er selbst verlangt das Elend, die Einsamkeit und die Zwangsarbeit. Vor dem Vertrag war er nur Opfer; nach der Unterzeichnung ist er Komplize. Im übrigen legt er sich ganz umsonst an die Kette: niemand schuldet ihm etwas. Nach getaner und bezahlter Arbeit werden die beiden Vertragspartner wieder frei; sie kannten sich gestern nicht und kennen sich morgen nicht mehr. Sobald in Wall Street eine Baisse registriert wird, genügt eine kleine Erschütterung, um Personal zu entlassen. Die Vertragsfreiheit verwandelt den Arbeiter in ein ablösbares Partikel. Als das englische Parlament um die Mitte des 19. Jahrhunderts sich einfallen ließ, die ersten Arbeitergesetze zu beschließen, erscholl ein einziger Schrei: Schützt Frauen und Kinder, wenn es unbedingt sein muß, aber nicht *die Männer*! Sie sind erwachsen, vernünftig, frei: sie können sich *ganz allein* wehren. Das sind die Worte, auf die es ankommt: *ganz allein*. Die Freiheit des Arbeiters ist seine Einsamkeit; keiner kann sich für ihn einsetzen, ohne Gefahr zu laufen, ihn zu unterwerfen, und die Regierung wird die Freiheit der Arbeit desto besser garantieren, je stärker sie sich bemüht, die Arbeiter vor jedem Schutz zu schützen, und sei es vor dem ihrer eigenen Gewerkschaften.

Das Wahlrecht setzt den Schlußstein: der Arbeiter findet in den mechanischen Aufrufen, die man Wahlen nennt, keine Spur von der Solidarität, die er sucht. Es geht darum, *isoliert* zu wählen, für ein Programm, das er nicht aufgestellt hat und von dem er in der Einsamkeit Kenntnis genommen hat: es ist die größte Zahl von Einsamkeiten, die unter dem Namen Mehrheit den Sieg davonträgt. Doch die Idee, die gewinnt, vereint nicht: sie ist in jedem einzelnen und in allen gleich; die *Identität* der Meinung führt nicht zur Annäherung. Wird er sich davon überzeugen lassen, daß die gesamte Politik sich auf dieses Gesellschaftsspiel reduziert? Unter dem Vorwand, ihm Zugang zur Kultur zu verschaffen, vergiftet ihn die Bourgeoisie mit Individualismus: mit der Freiheit des Denkens und des Ausdrucks gibt man ihm Probabilismus, Toleranz, Skeptizismus und Objektivismus zu kosten: alle Meinungen sind achtenswert, alle gelten gleich viel; weshalb lieber die eine als die andere wählen? Man führt ihn in die Irre. Die demokratischen Freiheiten sanktionieren die Vermassung und verleihen dem Arbeiter einen juristischen *Massenstatus*. Die faktische Isolierung wird rechtmäßige Isolierung.[67]

Die Freiheit, zu kritisieren, zu zweifeln, zu wählen, zu verhungern:

67 Später, *wenn er in die Klasse integriert ist*, wird er eben diese Freiheiten fordern, um seine Klassenaktion durchzuführen. Doch genau in diesem Augenblick wird die Bourgeoisie sie abschaffen. Und wenn er sie fordert, dann für den Militanten, zu dem er geworden ist, für das Mitglied der Arbeiterpartei, nicht für den isolierten Menschen, der er war.

glaubt ihr, daß er ausgerechnet danach strebt? Er müßte verrückt sein! Sich in die Einsamkeit zu stürzen, wenn er nichts sehnlicher wünscht als die Integrierung? Sich von den Kollegen zu trennen und Abstand zu nehmen, um ihre Handlungen zu kritisieren, wenn er nur den Wunsch hat, sich vertrauensvoll mit ihnen zu vereinen? Und was soll er mit dem Skeptizismus anfangen, der die Gedanken verwirrt und die Bedeutungen des Universums hinwegbläst, wenn *gerade* die tägliche Realität absurd ist und er sehnlich wünscht, daß Leben und Tod einen Sinn haben. Zweifel und Ungewißheit sind, so scheint es, intellektuelle Qualitäten: er muß jedoch kämpfen, wenn er seine Lage verändern will, und diese intellektuellen Tugenden können die Aktion nur lähmen: verlangt von ihm, die Sache, der er dient, in Zweifel zu ziehen oder für sie zu sterben, aber nicht beides zugleich. Eine einigermaßen wichtige Aktion verlangt eine einheitliche Führung; und er gerade braucht die Überzeugung, daß es eine Wahrheit gibt; weil er sie nicht allein feststellen kann, muß er in ziemlich hohem Maße den Führern seiner Klasse vertrauen können, um bereit zu sein, sie von ihnen zu empfangen. Kurz, bei der ersten Gelegenheit wird er diese Freiheiten, die ihn einschnüren, zum Teufel jagen; nicht, daß er die Macht und die Autonomie der Arbeiterklasse nicht will, vielmehr legt er diese Autonomie, diese Macht in die Gemeinschaft; er will sie nur als *Proletarier* ausüben.

Doch was vermag er? Nichts, nicht einmal jene kämpferische Gemeinschaft, in der er seinen Platz haben würde, vermag er sich vorzustellen. Von den bürgerlichen Kräften erdrückt, vom Gefühl seiner Ohnmacht niedergeschlagen, gerädert – wo sollte er den Keim jener Spontaneität hernehmen, die ihr vorhin von ihm fordertet? Die Aktion kann ihn ergreifen, ihn erschüttern, sein Universum verändern, doch wo wird die Aktion entstehen? Für ihn geht es nicht darum, langsam vom Weniger zum Mehr fortzuschreiten; Revolutionär wird man durch eine innere Revolution, nur durch eine Art Bekehrung wird er *ein anderer Mensch* werden. Und dieses plötzliche Auftauchen einer anderen Welt und eines anderen Ich als Subjekt der Geschichte kann er nicht vorausahnen, solange er noch an seinen Felsen gekettet ist: wie könnte Passivität sich Aktivität *vorstellen*? Bourgeois sein ist nicht schwierig: man braucht nur den richtigen Mutterleib zu wählen; dann läßt man sich tragen. Nichts dagegen ist schwieriger, als *Proletarier* zu sein: nur durch eine undankbare und mühsame Aktion kann man sich behaupten, indem man Müdigkeit und Hunger überwindet und stirbt, um wiedergeboren zu werden. Damit die Aktion in jedem Augenblick möglich ist, muß die Praxis in den Massen selbst als ein Appell existieren, als ein Beispiel oder auch einfach als eine Art *Veranschaulichung* dessen, was getan werden kann. Kurz, es bedarf einer Organisation, die die schlichte Verkörperung der Praxis ist. Nun gut, werdet ihr sagen, warum nicht die Gewerkschaft? Darauf werde ich im dritten Teil dieses Essays eingehen. Was im Augenblick zählt, Gewerkschaft hin oder her, ist, daß gerade durch die Notwendigkeit der Situation das Organ, das konzipiert, ausführt, zusammenfaßt und die Aufgaben verteilt – sei es nun eine revolutionäre Gewerkschaft oder eine Partei oder beides –, sich nur als *Autorität* begreifen läßt. Weit davon entfernt, das wunderbare Produkt der Spontaneität der Arbeiter zu sein, drängt es sich jedem *Individuum* als Imperativ auf. Es handelt sich um einen Orden, der Ordnung schafft und Anordnungen erteilt. Die «Hingabe», der Enthusiasmus kommen später, wenn überhaupt; zunächst versinnbildlicht die Partei für jeden einzelnen die allerstrengste Moral: es geht darum, zu einem neuen Leben zu gelangen, indem man seine gegenwärtige Persönlichkeit abstreift; dem Müden befiehlt man, sich noch mehr zu ermüden; dem Ohnmächtigen, gesenkten Hauptes gegen eine Felswand anzurennen. Solange er noch außerhalb steht, erscheint ihm die Praxis, das heißt der Zugang zur Klasse, in Form einer Pflicht. Doch wenn es gälte, die Existenz eines gebieterischen und immer *zu* anspruchsvollen Organs zu rechtfertigen, dann würde ich mich eher auf seine Notwendigkeit als auf seinen Ursprung berufen: auch wenn es spontan entstanden sein sollte, wäre seine Autorität noch lange nicht gesichert; wer beweist, daß die ersten Regungen die besten sind? Während die Partei, woher sie auch kommt, ihre Legitimität daraus herleitet, daß sie einem Bedürfnis entspricht. Ohne sie keine Einheit, keine Aktion, keine Klasse. Natürlich tritt ihr die große Mehrheit der Arbeiter nicht bei: kann man nach einem Zehnstundentag in der Fabrik noch politisch arbeiten? Aber sie bringen die Klasse hervor, wenn sie alle den Anordnungen der Führer gehorchen. Als Gegenleistung für ihre Disziplin haben sie das Recht, sich nicht von «Disputierklubs» verwirren zu lassen. Zwei Gewerkschaftsverbände, zwei oder drei Arbeiterparteien: jede wird durch die anderen geschwächt; wie entscheiden, wenn man draußen steht? Man bleibt draußen. Ihr behauptet, daß die Massen die Einheitspartei *nicht fordern*? Ihr habt recht: die Massen fordern gar nichts, denn sie sind nur Zerstreuung. Die Partei vielmehr fordert von den Massen, daß sie sich unter ihrer Führung zur Klasse zusammenschließen. Und die Parole der «Einheitspartei» wurde nicht von der KPF ausgegeben, nicht einmal von Lenin; sondern – außerhalb des Marxismus – von Blanquisten wie Vaillant; der erste nationale Kongreß der sozialistischen Bewegungen steckte sich 1899 das Ziel, «die politische und wirtschaftliche Organisierung des Proletariats als Klassenpartei zur Eroberung der Macht» zu verwirklichen.

Wenn die Klasse weder die Summe der Ausgebeuteten noch der Bergsonsche Elan ist, der sie fortreißt, wo sollte sie dann herkommen, wenn nicht aus der Arbeit, die Menschen an sich selbst leisten? Die Einheit des Proletariats ist ihr Verhältnis zu den anderen Klassen der Gesellschaft, kurz, ihr *Kampf*, doch umgekehrt hat dieser Kampf nur durch die Einheit einen Sinn; jeder Arbeiter wehrt sich, mittels der Klasse, gegen die gesamte Gesellschaft, die ihn erdrückt; und durch diesen Kampf bildet sich umgekehrt die Klasse. Die Einheit der Arbeiterklasse ist also ihr historisches und sich wandelndes Verhältnis zur Kollektivität, insofern dieses Verhältnis durch einen synthetischen Vereinigungsakt verwirklicht wird, der sich zwangsläufig von der Masse unterscheidet wie die reine Aktion von der Passion. Auch wenn es nur darum ginge, die Opposition und die Konkurrenz in eine Interessengemeinschaft zu verwandeln, muß doch, falls man nicht annimmt, daß alle Arbeiter gemeinsam von der Gnade berührt werden, ein Verbindungsprinzip an mehreren Orten gleichzeitig wirken und jedem einzelnen die Aufrichtigkeit aller garantieren können. Das bedeutet natürlich nicht, daß der Militante nicht aus der Masse herauskommt; doch wenn er aus ihr herauskommt, unterscheidet er sich von ihr. Nur darin: der Mensch in der Masse ist noch von seinen besonderen Interessen beschwert, man muß ihn aus ihnen herausreißen, das Verbindungsorgan muß reiner Akt sein; denn wenn es auch nur eine Spur von Teilung einschließt, wenn es noch irgendwelche Passivität enthält – Schwerkraft, Interessen, auseinandergehende Meinungen –, wer soll dann den Vereinigungsapparat vereinigen? Das Ideal wäre, daß es die reine Verbindung ist, die Beziehung, die überall da auftritt, wo zwei Arbeiter zusammen sind.[68] Mit einem Wort, die Partei *ist* die Bewegung selbst, die die Arbeiter eint, indem sie sie zur Machtergreifung treibt. Wie sollte daher die Arbeiterklasse

68 Ich sage Ideal. In Wirklichkeit gibt es, wie überall, eine Spur der Teilung auch in der Partei, und wir kennen den aufreibenden Kampf, den sie unablässig gegen die «fraktionelle» Aktion führt. Wir werden auf diese Analyse noch zurückkommen.

die KP verurteilen? Zwar ist letztere nichts außerhalb ihrer selbst; aber wenn die Partei verschwände, zerfiele sie wieder in Staub.

Heißt das, daß der Arbeiter passiv ist? Ganz im Gegenteil. Er verwandelt sich in Aktion, wenn er in die Klasse eintritt, und kann seine Freiheit nur in der Aktion behaupten. Doch diese Freiheit ist eine konkrete und positive Macht: die Macht, zu erfinden, weiterzugehen, Initiativen zu ergreifen, Lösungen vorzuschlagen. Nur wenn diese Freiheit die Situation in Richtung der Gesamtbewegung *überschreitet*, kann sie ihn bereichern; die Freiheit der Kritik dagegen läßt nicht nur den Führer der Zelle oder den Gewerkschaftsdelegierten die Stirn runzeln: jeder hat Angst vor ihr *bei den anderen*, sie erinnert an die frühere Einsamkeit, an die Zwietracht. Begreifen wir jedenfalls, daß Kritik, wenn man sie dulden würde, nicht einer Spontaneität oder einem revolutionären «Instinkt» entspringen kann: der Arbeiter, durch die Organisation in ein Subjekt verwandelt, schöpft seine praktische Realität aus seiner Metamorphose; allem, was er denkt oder tut, liegt seine *Bekehrung* zugrunde; und diese wiederum vollzieht sich im bestehenden Rahmen der Politik der Partei. Seine Freiheit, die einfach seine Macht ist, das Gegebene zu überschreiten – anders gesagt, zu handeln –, manifestiert sich folglich innerhalb jener gegebenen Realität, die die Organisation ist; er formuliert seine Gedanken über die Probleme, die ihm die Partei vorlegt, nach Prinzipien, die ihm die Partei gibt. Kurz, er beurteilt die Partei nicht im Namen einer Politik, deren Prinzipien in sein Unbewußtes eingegraben, von seiner spontanen Reaktion oder vom Widerspruch der bürgerlichen Gesellschaft erzeugt wären: da er von der Partei mitgerissen, geschult, über sich selbst hinausgehoben wird, ist seine Freiheit lediglich die Macht, jede besondere Situation durch Taten, innerhalb der Organisation selbst und in Richtung auf das gemeinsame Ziel, zu überschreiten. Mit einem Wort, die Partei ist seine Freiheit. Ein Arbeiter kann sich, heute und in Frankreich, nur in einer von der KP geführten Klassenaktion ausdrücken und verwirklichen; er ist geprägt vom Denken der KP, von ihrer Ideologie, ihren Prinzipien; wollte er sie gegen die kommunistische Politik wenden, so würden sie diese Politik von sich aus rechtfertigen. Wenn ein schwerer Fehler begangen wird oder eine Niederlage eingesteckt werden muß, hat er keine Mittel, ihren Sinn zu verstehen, und keine Möglichkeit, sie zu erraten; er lockert einfach seinen Zugriff, seine Anstrengung läßt nach, er fällt ins Kraftfeld der bürgerlichen Anziehung zurück; die Klasse zerbröckelt. Doch wenn er zurückgefallen ist, findet er, unter der Einwirkung der feindlichen

Kräfte, seine Verzweiflung, seine Unwissenheit sowie das Gefühl seiner Ohnmacht wieder. Die Partei hat sich neu gebildet, fern von ihm, unerreichbar, wie ein Imperativ, über den man nicht urteilt, sondern den man einfach *zu hart* findet, unmenschlich, in dem Sinne, wie gesagt werden konnte, daß Kants Moral unmenschlich sei. Was auf das Eingeständnis hinausläuft, daß jede Klassenaktion unmöglich geworden ist.

«Wir sagten», meint der Antikommunist, «daß die Arbeiterklasse die Partei desavouiert hat; Sie dagegen sagen, daß sie die Arbeiter zur Verzweiflung getrieben hat. Wir haben keine Lust, diese spitzfindigen Diskussionen fortzusetzen, und erklären, daß Sie alles zugeben, was wir verlangten.»

Ich gebe gar nichts zu. Wie jedermann stelle ich die Entmutigung der Massen fest; aber ich weiß noch nicht, ob die Politik der KP dafür verantwortlich ist. Und überdies sehe ich, daß zwischen unseren beiden Interpretationen ein Abgrund klafft; wenn ihr darin nur einen Unterschied in der Wortwahl seht, so deshalb, weil ihr euch einen Dreck um die Arbeiterklasse schert. Ein kerngesundes, taufrisches Proletariat, daß die KP desavouieren und auf der Stelle eine neue Partei bilden würde (ihr wißt schon, jene berühmte, echt französische kommunistische Partei, die sich durch ihre Unabhängigkeit von der Kommunistischen Partei Frankreichs unterschiede und ihren Nationalcharakter dadurch zur Geltung brächte, daß sie den wahren Internationalismus zu neuem Leben erweckte) – gäbe es ein solches Proletariat, so müßte man seine Willenserklärungen zur Kenntnis nehmen: wer anders als es selbst könnte entscheiden? Einem Proletariat, das in den Naturzustand des Atomismus zurückgesunken ist, aber noch brodelt und stets bereit ist, sich neu zu bilden, den Kampf wiederaufzunehmen, dem könntet ihr allenfalls euren alten Plunder unterjubeln und, wer weiß, eine Ersatzpartei anzubieten hoffen. Aber ihr wißt ganz genau, daß die Arbeiterklasse zusammenbricht, daß sie ihre Ohnmacht ermißt und daß sie Gefahr läuft, ihre Millionen Menschen wehrlos den Preßlufthämmern der Bourgeoisie auszuliefern; ihr wißt, daß man in den kommenden Monaten alles aufbieten wird, um die Einsamkeit und die Resignation, die Entfernung zwischen den Menschen zu vergrößern, um das Proletariat in einen Archipel zu verwandeln. Glaubt ihr wirklich, ihr könntet, wenn die Arbeiter den Kelch der Bitternis und des Ekels bis zur Neige geleert haben werden, ihnen euren Schwindel andrehen? Ich sagte es schon: Wenn sie das Vertrauen in die KP verlieren, dann werden sie jeder Politik mißtrauen, dann werden sie ihrer eigenen Klasse mißtrauen; die Welt wird bürgerlich sein. Und wenn ihr hofft, daß sie sich wieder aufrappeln, so müßt ihr wissen, daß einzig die KP ihnen dabei helfen kann; wenn sie zu ihrer Einheit zurückfinden, werden sie sich um die KP scharen; mit all ihrem Kampfeswillen werden sie deren Befehlen gehorchen. Schon wird gezischt: «Sind Sie verrückt? Eine unabhängige, aber mit der Partei verbundene Linke zu wünschen! Wollen Sie denn, daß sie ihren Einfluß auf die Massen zurückgewinnt? Lassen Sie sie doch still und leise weiter zerfallen: eines Tages wird die Partei auffliegen.» Glücklicherweise ist es noch nicht soweit, aber sollte es zum Schlimmsten kommen und solltet ihr die unversöhnlichsten Gegner der Partei sein, so kann ich doch nicht umhin, diejenigen verächtlich zu finden, die sich den Ruin der Kommunisten von der Verzweiflung des Arbeiters erhoffen. Man sagt mir, daß der Arbeiter sich wieder fangen werde, daß ich die sich immer wieder aufbäumende Kraft des französischen Proletariats verkenne; es habe eben ein psychologisches Profil: es sei doch bekannt für seine Winterschläfe, denen ein jähes Erwachen folge. Sehen Sie nur 1848, 1870, 1936, 1948. Ich sehe: aber in diesen Schlachten entdecke ich weniger die Gewalttaten eines explosiven Temperaments als vielmehr den Einfluß präziser Faktoren; und in dem darauf folgenden «Schlaf» sehe ich die Auswirkung der Niederlage und des Terrors; die Arbeitermacht ist jedesmal zerschlagen worden, und es bedurfte langer Jahre, bis sie sich wieder erholte. Nach euren Reden zu urteilen, brauchte man sich keine Sorgen zu machen. In zwanzig, fünfzig Jahren würden wir ein schönes, nagelneues Proletariat wiedererstehen sehen. Kurz, man müsse sich in Geduld üben: letzten Endes ist das Leben gar nicht so übel und der Antikommunismus rentabel.

Gut. Warten wir also. Zwanzig Jahre, wenn ihr wollt. Falls nicht in sechs Monaten der Dritte Weltkrieg ausbricht. In welchem Falle die Gefahr besteht, daß niemand mehr da ist: weder ihr noch ich, weder ein befreites Proletariat noch Frankreich.

Oktober/November 1952

Ich habe gezeigt, daß die Entmutigung der Arbeiter nicht als Verurteilung der kommunistischen Politik gelten kann, nicht einmal implizit. Bleibt noch, den Grund dafür zu finden. Dieses Ziel habe ich mir heute gesetzt.[69]

Der Frage läßt sich auf zwei Arten aus dem Weg gehen, die beide vom selben Sophismus zeugen. Der «linke» Antikommunist will von der Erschöpfung des Arbeiters nichts hören: er zeigt uns ein stählernes Proletariat, das sein Schwert bis zum Heft ins bürgerliche Aas hineinstößt. Der «rechte» Antikommunist führt uns die Bourgeoisie als junge Riesin vor Augen, die ein todkrankes Proletariat in den Armen hält. In beiden Fällen geht es darum, alles zu verschweigen, was einer wechselseitigen Bedingtheit ähneln könnte, kurz, den Klassenkampf zu leugnen.

Der «linke» Antikommunist verkehrt mit den französischen Bürgern; er räumt bereitwillig ein, daß ihre nationalen Eigenschaften von den Umständen erzeugt worden sind. Dem französischen Proletariat dagegen spricht er schlechthin die Existenz ab: es existiert einzig und allein das Proletariat-an-sich, das sich in allen kapitalistischen Nationen gleichzeitig manifestiert. Wie könnte dieses Proletariat erschöpft sein? Und in welcher Beziehung soll es, dieses intelligible Produkt des Kapitals-an-sich, zu unserer so bedauernswert empirischen Bourgeoisie stehen? Die eine hat sich nach und nach unter dem Einfluß zufälliger und somit belangloser Faktoren herausgebildet (nennen wir unter anderem die Revolution von 1789). Die Geschichte des anderen,

69 Kann man sagen, diese Entmutigung sei vorübergehend? Dem stimme ich gerne zu. Kann man hinzufügen, daß die Streiks vom August 1953 ein Erwachen der Arbeiterklasse ankündigen? Dessen bin ich weniger sicher. Diese Funktionärsstreiks imponieren zwar durch ihren Umfang, und was ihnen größte Bedeutung gab, war die Tatsache, daß sie den Streikenden *an der Basis* Gelegenheit zur Annäherung boten. Doch sie haben die große Privatindustrie nicht berührt – oder fast nicht; außerdem haben die Führer der CFTC und der FO sie letztlich torpediert, um nicht genötigt zu sein, die Aktionseinheit mit der CGT zu verwirklichen. Ich bitte also, daß man sich etwas geduldet und mich nicht des Pessimismus zeiht oder mir den Vorwurf macht, bei negativen Schlußfolgerungen stehenzubleiben. Ich habe nicht die Absicht, ein Ohnmachtszeugnis auszustellen: ich versuche zu beweisen, daß *einzig* eine Volksfront der Arbeiterbewegung ihre Kraft zurückgeben kann.

ausschließlich von den Widersprüchen des Kapitalismus bestimmt, beschränkt sich darauf, die sukzessiven Veränderungen der Großindustrie widerzuspiegeln. Unsere Bourgeoisie gerät in Panik und schöpft neuen Mut, täuscht sich und macht ihre Irrtümer wieder gut, führt ihre Geschäfte gut oder schlecht; das Proletariat dagegen verliert oder gewinnt niemals eine Schlacht, begeht niemals Irrtümer und entdeckt niemals eine besondere Wahrheit. Unwiderstehlich, unbezwingbar, unverwüstlich reift es heran. Unerbittlich. Es ist der schrecklichste Feind des Kapitalismus-an-sich. Was es der französischen Bourgeoisie Böses antun könnte, ist schleierhaft: es wird ihr niemals begegnen.

Diese Auffassung könnte es ermöglichen, um eine historische Erklärung – vielleicht um jede Erklärung – herumzukommen, wenn sich ihre Verfechter nicht überdies in den Kopf gesetzt hätten, die Verbrechen der KP anzuprangern. Ohne die KP hätte das französische Proletariat keine empirische Geschichte: die Partei hat sich in die Arbeiterklasse eingenistet wie das Sandkorn in Cromwells Blase. Was ist sie bloß? Eine Krankheit des Proletariats-an-sich? Darauf wird man antworten, daß das Proletariat-an-sich keine Krankheit hat: es kann die Bewegung-an-sich, von der es beherrscht wird, weder verlangsamen noch beschleunigen. Nein, sein Unglück rührt von einer ganz historischen Schwäche seiner Führer her. Wäre Stalins Herz weicher gewesen, so wäre das Gesicht der Welt anders. Und fragt nur nicht, wie es kommt, daß die empirischen Aktiven der KP das Räderwerk des intelligiblen Proletariats stören können: da der Antikommunist zunächst die Geschichte ausgetrieben hat, ist er genötigt, sie zum Schluß in ihrer allerabsurdesten Form, nämlich als Folge von Zufällen, wiedereinzuführen, um der Kluft zwischen der Realität und seinen Kalkulationen Rechnung zu tragen.

Ich dagegen meine, daß die Entwicklung des Kapitals in ihrer Allgemeinheit den allen Arbeiterbewegungen gemeinsamen Aspekten Rechnung trägt. Doch diese prinzipiellen Erwägungen können niemals für sich allein die besonderen Züge des Klassenkampfs in Frankreich oder in England zwischen diesem und jenem Zeitpunkt erklären. Eine konkrete Tatsache ist auf ihre Weise der besondere Ausdruck allgemeiner Beziehungen; aber sie läßt sich in ihrer Besonderheit nur durch besondere Ursachen erklären: will man sie von einem absoluten, aber leeren Wissen oder von einem formalen Entwicklungsprinzip ableiten, dann verschwendet man Zeit und Mühe. In Wahrheit gibt es Dialektiken, und sie liegen in den Tatsachen; es ist an uns, sie darin zu entdecken, nicht aber, sie in sie hineinzulegen. Ich habe von Entmutigung gesprochen: wenn man beweisen möchte, daß ich mich irre, muß man durch Zeugnisse feststellen, daß die Arbeiter ihren «Kampfeswillen» bewahrt haben. Und wenn man es feststellen würde, dann würde dieser bewahrte Mut immer noch eine besondere Affektion bleiben und eine besondere Erklärung verlangen, genauso wie die Entmutigung. Das französische Proletariat ist eine historische Realität, deren Besonderheit sich in den letzten Jahren in einer bestimmten Haltung manifestiert hat: den Schlüssel zu dieser Haltung habe ich nicht in der allgemeinen Bewegung der Gesellschaften zu suchen, sondern in der Bewegung der französischen Gesellschaft, das heißt in der Geschichte Frankreichs.

Die «rechten» Antikommunisten kommen mit der entgegengesetzten Argumentation zu denselben Schlüssen: den Arbeitern aus Fleisch und Blut stellen sie das ewige Frankreich gegenüber, ihr wißt schon, jenes Frankreich, das so herrliche Aufschwünge hat, das stets im letzten Moment von einem Mann der Vorsehung gerettet wird; gefällig, lebhaft und flink, immer geschäftig, immer auf den Beinen, ähnelt es der *Madelon.*[70] Ritter und Industriekapitäne, Kaufleute, Bürokraten und Landwirte, alle Welt singt, alle Welt arbeitet, alle Welt nimmt am großen Getriebe teil. Nur ein totes Gewicht: das Proletariat. Besorgt dreht Frankreich sich um: «Wer hindert bloß meine Arbeiter daran, mir zu folgen?» Wer anderes als die Kommunistische Partei! Da sie auf unseren Untergang aus ist, braucht ihr euch nicht zu wundern, daß sie begonnen hat, den französischen Arbeiter zu verdummen. Dieser ist natürlich nicht völlig blöde: manchmal findet er den gesunden Menschenverstand seiner Väter wieder und begreift, daß seine Interessen mit den Unternehmerinteressen Hand in Hand gehen; im Grunde verlangt er nichts anderes, als zu arbeiten, um seinen gerechten Anteil am Volkseinkommen zu kassieren. Aber die Kommunisten haben ihm den Kopf verdreht: auch wenn es ihnen nicht gelingt, ihn gegen seine braven Meister aufzuhetzen, sind sie doch noch stark genug, ihn davon abzubringen, daß er sich ihnen anschließt. Hin und her gerissen zwischen dem Mißtrauen, das die KP ihm einflößt, und dem Mißtrauen, das sein Arbeitgeber ihm einflößt, erstarrt er in einer Art Tetanus. Bis wohin könnten wir nicht kommen, was könnten wir nicht alles erreichen, wenn der Virus des Stalinismus unser Proletariat nicht infiziert hätte!

70 1914 in Paris entstandenes Lied, von französischen Soldaten im Ersten Weltkrieg popularisiert. *Anm. d. Übers.*

Schöne Ratten, hofft ihr, uns einzureden, daß Frankreich unsterblich ist? Meint ihr, uns lange verheimlichen zu können, daß es in den letzten Zügen liegt? Das Übel, das das Proletariat lähmt, hat inzwischen die ganze Gesellschaft befallen. Und ihr, die ihr sprecht, seid ihr denn so lebendig? Der Schwanz wedelt zwar noch, wenn man das Wort «Kommunismus» in eurer Gegenwart ausspricht, aber der Körper ist schlaff und entkräftet; jeden Tag wird er kälter. Und die anderen? Alle anderen? Wo sind unsere großen Hoffnungen, unsere großen Ambitionen, unsere großen Unternehmungen? Der Bauer scharrt die Erde mit seinen Händen, der Industrielle stagniert, die Banken verwandeln sich in Sparkassen. Wir leben schlecht, sehr schlecht: bei der Hälfte der Franzosen übersteigt der Lohn nicht das Existenzminimum; die Jugendlichen ersticken oder wandern aus, weil es, wie sie sagen, in Frankreich nichts mehr zu tun gibt. Und die Regierung? Regiert sie? Durch Lügen Zwietracht säen, das Wahlgesetz fälschen, die Oppositionellen einsperren, ihren Söhnen den Zugang zu den Hochschulen verwehren, die hinterhältige und scheinheilige Diktatur der Schwäche mit unseren Spaltungen begründen, die Abstimmung der Sozialgesetze auf die lange Bank schieben, den Staatsbediensteten und Beamten Versprechungen machen und sie dann nicht einhalten, das Land mit einem absurden Steuerwesen erdrücken, läßt sich das als Innenpolitik bezeichnen? Die madegassischen Führer im Flugzeug entführen, um sie auf die Dächer ihrer Dörfer abzuwerfen, die Vietnamesen mit Napalm überschütten und Vietnam verwüsten, Tunesier auf Flaschen spießen, aus nächster Nähe auf marokkanische Arbeiter schießen, läßt sich das als Kolonialpolitik bezeichnen? Milliarden in einen Krieg stecken, den man verloren weiß, den man fortsetzt, weil man sich nicht traut, ihn zu beenden, und den man von einem Ministerium ins andere schleppt wie eine Syphilis, mit der französischen Souveränität feilschen, die Herrschaft der Vereinigten Staaten über die halbe Welt und die deutsche Hegemonie in Europa hinnehmen, läßt sich das als Außenpolitik bezeichnen? Sind sie Staatsmänner, jene zartbesaiteten Katholiken, die auf der Tribüne ohnmächtig werden, bei Banketten unter den Tisch fallen und sich für Richelieu halten, weil sie Blut an den Händen haben? Jene Sozialisten, die auf streikende Bergarbeiter schießen lassen? Jene großen Patrioten, die mit Piastern schieben? Das ganze ignorante und aufgeblasene Lakaienpack, das stets bereit ist, Stiefel zu lecken oder seinen Arsch zu zeigen, wenn es gut bezahlt wird? Sie bleiben nur deshalb an der Macht, weil sich im bürgerlichen Frankreich keiner mehr um Politik kümmert: erinnert euch, im Jahre 1952 schrien die Zeitungen «Sieg!», weil bei den Wahlen nur fünf Millionen Stimmenthaltungen gezählt worden waren. Ihr sprecht von Apathie, wenn die Arbeiter eine Demonstration boykottieren: was werdet ihr erst sagen, wenn die Wähler die Urnen boykottieren? Im heutigen Frankreich ist die Arbeiterklasse die einzige Klasse, die über eine Doktrin verfügt, die einzige, deren «Partikularismus» mit den Interessen der Nation völlig in Einklang steht; eine große Partei repräsentiert sie, und es ist die einzige, die den Schutz der demokratischen Institutionen, die Wiederherstellung der nationalen Souveränität und die Verteidigung des Friedens auf ihr Programm gesetzt hat, die einzige, die sich über den Wiederaufschwung der Wirtschaft und die Erhöhung der Kaufkraft Gedanken macht, die einzige, die *lebt*, von Leben wimmelt, während die anderen von Würmern wimmeln: und ihr fragt noch, durch welches Wunder die Arbeiter die meisten ihrer Parolen befolgen? Ich stelle die umgekehrte Frage: Was hindert sie daran, sie immer zu befolgen? Die Antwort steht fest: Das Proletariat zeigt deshalb Zeichen von Erschöpfung, weil es von der Blutarmut der Nation angesteckt wurde. Um die französische Krankheit zu bekämpfen – jene Krankheit, die es schwächt und uns alle zermürbt –, reicht es nicht aus, daß wir uns auf die Seite der Arbeiterklasse stellen: wir müssen die Ursachen der Krankheit erkennen. Ich lasse das ewige Frankreich sich mit dem Proletariat-an-sich herumschlagen und will versuchen, einige räumlich und zeitlich genau definierte Ereignisse durch die besondere Struktur unserer Wirtschaft und diese wiederum durch einige Ereignisse unserer lokalen Geschichte zu erklären.

Es geht uns schlecht, weil wir zu wenig und zu teuer produzieren. Wer ist daran schuld? Deutschland natürlich, das uns zwei kostspielige Kriege erklärt hat; Rußland, das von Moskau aus den Wiederaufbau bremst; die Geburtenverweigerer, die dadurch, daß sie es ablehnen, auf die Welt zu kommen, uns ihrer künftigen Kundschaft berauben; die rückständigen Bauern, die sich nicht aufraffen können zu konsumieren; schließlich der Unterboden, der Frankreich verraten hat, indem er ihm unter den Füßen wegsackte. Kurz, alle Welt ist schuld, mit Ausnahme der herrschenden Klassen.

Eben das stört mich: zu viele Verräter. So viele schlecht verknüpfte Ursachen nennt man ein Zusammentreffen von Zufällen. Stirbt Frankreich durch Zufall? Auf den Moskowiter und den Arbeiter werden wir ausführlich zurückkommen. Aber ist es vorstellbar, daß die beiden Weltkriege für unser Siechtum verantwortlich sind? Von 1913 bis 1929 steigert sich die französische Produktion trotz zweiundfünfzigmonatiger Verwüstung um 30 Prozent; dann bleibt sie bis heute stationär, das heißt ein Vierteljahrhundert lang: in derselben Zeit[71] steigerte England die seine auf das Doppelte. Ja was denn? Wir hören, daß wir seit 1929 auf der Stelle treten: an welchen Krankheiten wir auch leiden, wäre es nicht absurd, deren Ursache in einer Katastrophe zu sehen, die erst zehn Jahre nach ihren ersten Symptomen eintritt? Der Ursprung eines so stetigen Verfalls muß ein Strukturfehler, ein Defekt sein.

Dann also der Unterboden? Nein. Überlassen wir ihn den Höhlenforschern. Tadelt die Kohle, tadelt das Erdöl, tadelt die NE-Metalle dafür, daß sie sich im Ausland versteckten wie vulgäre Kapitalien, wo unsere Verdienste es ihnen doch zur Pflicht machten, sich unter unseren Füßen zu vergraben: es bringt euch keinen Schritt weiter. Die Natur verrät uns? Das ist sehr schlimm; nur verrät sie gleichzeitig ganz Europa: aber trotz gleichem Verrat leben die Belgier, die Schweizer, die Skandinavier besser als wir. Was die Engländer betrifft, so hatten sie am Ende des Ersten Weltkriegs eine gute Gelegenheit, «Verrat» zu schreien! Während sie den Rücken kehrten, hatte ihre undankbare Kundschaft sie sitzen lassen: sie kaufte amerikanische Kohle, japanische Baumwolle, deutschen Stahl. Wenn England damals hätte tun sollen, was wir heute tun, hätte es sich auf seinen Misthaufen sinken lassen, um prophezeiend seinem eigenen Untergang beizuwohnen, ohne jedoch einen Finger zu krümmen, um ihn abzuwenden. Es hatte alle nur denkbaren Entschuldigungen: seine alte glorreiche Industrie schien das Knochengerüst der Nation zu sein; kann man seine Knochen auswechseln? Es hat sie zerbrochen: da man die uralten Fundamente seiner industriellen Vormacht untergraben hatte, wollte es sich wandeln, um dasselbe zu bleiben, und sein Gleichgewicht bewahren, indem es seine Produktion umwälzte; wir haben gesehen, wie es innerhalb von zwanzig Jahren seine Anatomie und seine Physiologie verändert, die demographischen Strömungen umgeleitet, seine Arbeitskräfte neu gegliedert und umverteilt, seine Zechen und Bergwerksstädte aufgegeben hat, um sich kurzerhand der Herstellung von hochqualifizierten Produkten zuzuwenden. Ist unser Problem so anders? Auch für uns ging es darum, eine Schwierigkeit zu umgehen, die man nicht direkt in Angriff nehmen konnte, und

71 Um genau zu sein: von 1939 bis 1952.

die Produktion durch eine Umstrukturierung unserer Wirtschaft zu steigern. Doch eine konformistische Propaganda macht uns weis, daß unsere Konstitution unwandelbar sei, um uns von vornherein davon abzubringen, sie modifizieren zu wollen: Frankreich hat weiche Knochen, die Pottsche Krankheit; es muß unbedingt das Bett hüten, denn bei der geringsten Anstrengung des Patienten würde sein Rückgrat brechen. Kurz, man will uns ein X für ein U ausgeben und die Natur als das Schicksal darstellen. Glauben wir kein Wort: die Natur mischt die Karten und gibt sie aus; jeder erhält von ihr sein Spiel, nicht aber die Art, es zu spielen; sie stellt die Fragen, aber kennt die Antworten nicht, sie orientiert die Wirtschaft, ohne sie zu lenken. Mehr noch: die Wirtschaft macht die Natur ebenso, wie die Natur die Wirtschaft macht. Die Industrialisierung kann viele Formen annehmen, und die Rohstoffknappheit schließt nicht alle *a priori* aus: man wußte von Anfang an, daß Frankreich, im Unterschied zum viktorianischen England, nicht einmal versuchen konnte, seine gesamte Produktion vom Bergbau abhängig zu machen; war es ihm untersagt, die Verarbeitungsindustrie zu fördern? Konnte es sich nicht spezialisieren? Den Import von Rohprodukten und den Export von Fertigprodukten gemeinsam und den einen mit Hilfe des anderen entwickeln? Sehr rasch wurde das Problem für unlösbar erklärt, aber was wissen wir schon davon, da man sich bis in die letzten Jahre gehütet hat, es auszusprechen? Wir können das mineralische Reich freisprechen: Menschen haben die französische Wirtschaft gemacht und machen sie täglich; unser gegenwärtiger Verfall ist, genau wie unsere einstige Größe, ein menschliches Abenteuer, und wir sind sowohl seine Opfer wie seine Urheber.

Und wenn man alles dem Verbraucher in die Schuhe schöbe? Die Enge unseres Inlandmarktes hält die Produktion unter einer bestimmten Schwelle, oberhalb derem der Absatz der Produkte nicht mehr gesichert ist. Gute Idee! Ihr größtes Verdienst besteht darin, uns wieder ins Reich des Menschen zu führen. Und außerdem konsumiert der Bauer wenig, das ist eine Tatsache: zumindest in der südlichen Hälfte des Landes. Nur, falls man nicht an das ewige Frankreich und an die Unvergänglichkeit des französischen «Charakters» glaubt, ist mir schleierhaft, wie man das Schrumpfen unserer Märkte ernsthaft als erste Ursache anführen könnte. Wir sollen eine Nation von Knausern sein? Daß ich nicht lache! Erfüllen die Landwirte ihre «soziale Pflicht als Käufer» nicht vielmehr deshalb so schlecht, weil sie von den Erzeugnissen ihrer Felder leben? Was sie dazu zwingt? Na, die ständige Abnahme ihrer Kaufkraft. Und wollt ihr wissen, woher diese stetige Verarmung kommt? Daher, daß sich die Feldarbeit einfach nicht mehr bezahlt macht. Damit sind wir wieder bei der Produktion. Meint ihr, daß es ihre Schuld ist und daß sie verstockt auf ihrer Routine beharren, statt Traktoren zu kaufen? Das stimmt. Doch wie bei den *feed-back*-Maschinen sind auch bei den Gesellschaften die Bedingtheiten wechselseitig; im Stillstand des Konsums muß sowohl eine Wirkung als auch eine Ursache gesehen werden oder, besser, eine Ursache, die gleichzeitig die Wirkung ihrer eigenen Wirkungen ist. Argumentieren wir im Uhrzeigersinn: es werden wenig Traktoren gekauft, folglich werden wenige produziert; und da die Märkte zu klein sind, um die Kosten neuer Investitionen zu amortisieren, haben die Landwirtschaftsmaschinenfabriken keinerlei Interesse daran, sich zu modernisieren. Schlußfolgerung: die Traktoren sind teuer, weil die Bauern die Mechanisierung boykottieren. Die Argumentation ist exakt und obendrein wunderbar geeignet, die Trägheit zu fördern: wenn ihr von vornherein den Landwirt als unabhängige Variable wählt, beraubt ihr euch, der Hypothese nach, jeder Möglichkeit, auf ihn Einfluß zu nehmen. Begrüßen wir nebenbei dieses schöne Beispiel an reaktionärem Pessimismus: Geiz und Routine liegen in der bäuerlichen Natur; *folglich* wird sich unsere Wirtschaft nicht verändern.

Argumentieren wir nun im umgekehrten Sinn: solange der Industriepreisindex höher bleibt als der Agrarpreisindex, werden die kleinen Landwirte nicht die Mittel haben, ihre Betriebe zu modernisieren; wenn sie die Mechanisierung boykottieren, so deshalb, weil die Mechanisierung sie boykottiert, und man wird ihre Routine erst dann besiegen, wenn man ihnen erschwingliche Maschinen anbietet. Diese zweite Schlußfolgerung ist ebenso legitim wie die erste und hat zudem den Vorteil, *praktisch* zu sein: sie öffnet den Weg, den die andere versperrt hatte. Aber wird nicht der Bauer selbst, so könnte man einwenden, durch die Verengung des Agrarmarktes behindert? Natürlich. Doch auch auf dieser neuen Ebene haben wir wieder denselben Zirkel von Wirkungen und Ursachen. Im Uhrzeigersinn: man kann die Ernte nicht absetzen, folglich produziert Frankreich zuviel Weizen; im umgekehrten Sinn: die Franzosen sind unterernährt, folglich produziert es nicht genug. Da wir uns schon drehen müssen, drehen wir uns also. Doch von wo ausgehen? Hat das Angebot Vorrang oder die Nachfrage? Das hängt davon ab, was man unter «Verbraucher» versteht. Denken unsere Produzenten an den Kunden von gestern oder an den von morgen? Und welches sind jene irritierenden Käufer, die sich ihrer Pflicht entziehen: Reiche, die knausern, oder Arme, die nicht zahlen können? Im letzten Jahrhundert rühmte sich der Fabrikant, Bedürfnisse zu schaffen, um sie zu befriedigen: «In einer Konkurrenzwirtschaft», so sagte er, «erhöht man die Produktion, um die Kosten zu senken. Die Enge der Märkte ist nur ein vorläufiger Zufall: ein Markt, so etwas erobert man oder erfindet man. Da es 40 Millionen Franzosen gibt, haben wir 40 Millionen Kunden. Zwar sind die meisten von ihnen Verbraucher, ohne es zu wissen. Daran soll's nicht liegen: wir werden sie zu aufgeklärten Käufern machen. Notfalls werden wir sie zu Hause aufsuchen, und so wenig sie auch zahlen können, wir werden noch weniger von ihnen verlangen.» Kurz, nach seinen Reden zu urteilen, hing die Produktion von den Werkzeugen ab und bedingte den Verbrauch: die Nachfrage variierte je nach dem Angebot. Und der Kapitalismus gründete seine einzige Rechtfertigung, den großen Mythos des Fortschritts, auf die kontinuierliche Bereicherung der Nation. In anderen Ländern sollte die Bewegung der Konkurrenzwirtschaft ihren logischen Abschluß in der Serienfabrikation finden, die auf eine Massenkundschaft abzielt und für die der Markt theoretisch mit der ganzen Nation gleichgesetzt wird.[72]

Schön. Aber was wird uns heute erzählt? Sollte im Frankreich von 1954 die Nachfrage das Angebot bestimmen? Das stimmte zur Zeit der Kreuzzüge: eine geschichtete Gesellschaft, deren Wirtschaft von der Landwirtschaft beherrscht war, lieferte Handwerkern, die nach überkommenen Rezepten arbeiteten, eine feste und treue Kundschaft. Will man behaupten, wir seien dahin zurückgekehrt? Oder daß unsere Unternehmer nicht mehr an den Fortschritt glauben? Wie rechtfertigen sie dann ihre Privilegien vor sich selbst? Seit fünfundzwanzig Jahren klagen sie alljährlich, daß der Verbrauch stagniere. Eine feine Entschuldigung: wir leben von dem, was da ist. Wenn wir alle am Verhungern wären, wie könnten wir dann mehr essen, da man uns nicht mehr zu essen gibt? Es ist wahr: die Kinder werden die Elendshütten, in denen ihre Väter gewohnt haben, nicht verlassen. Wohin sollten sie auch gehen, da man sich weigert, zu bauen? Weder das Schicksal noch die menschliche Natur sind für die Verengung des Marktes verantwortlich; und die Produktion hat, was man auch sagen

72 Es stimmt, daß sie ihre eigene Grenze erzeugt: das Produktionsmaximum fällt nicht mit dem Profitmaximum zusammen; die Konkurrenz verschwindet angesichts der Absprachen. Doch dieser Malthusianismus, so schädlich er sein mag, hat nichts mit dem unseren zu tun.

mag, keineswegs aufgehört, den Verbrauch zu regeln: doch bei uns bremst sie ihn, statt ihn anzuregen. Jeder hat schon von jenen Nachtklubs gehört, wo der Champagner ein wahres Vermögen kostet, weil die Direktion «ihre Kundschaft auslesen» will; Frankreich ähnelt ihnen inzwischen: die Elite konsumiert, und die Preise sind ganz besonders ausgetüftelt, damit wir ja unter uns bleiben; man verweigert den Obdachlosen Wohnungen, den Hungerleidenden Nahrung, den Barfüßigen Schuhe; die Zeit wird kommen, wo man in den Schaufenstern der Bäcker folgende Schrifttafel sehen wird: «Wer Brot kaufen will, muß anständig gekleidet sein.» Eines ist klar: sollte sich der Verbrauch, halb erdrosselt, auch gegen die Produktion wenden, um sie ihrerseits zu erdrosseln, so hat doch die Produktion den Anfang gemacht; in ihr liegt das konstitutionelle Laster unserer Wirtschaft.

Dieses Laster springt in die Augen, sofern man es dort sucht, wo es sich befindet: es heißt Zersplitterung. In den Vereinigten Staaten machten die Fabriken, die über 260 Lohnarbeiter beschäftigten, schon 1930 mehr als 4 Prozent aller Unternehmen aus und absorbierten mehr als die Hälfte der Arbeiterschaft. Bei uns absorbieren die Unternehmen, die mehr als 100 Lohnarbeiter beschäftigen, im Jahre 1953 nur 46 Prozent der Arbeiterschaft und machen nur ein Hundertstel der französischen Industrie aus. Um einige wenige Riesen herum wimmelt es von Mikroorganismen: in Paris gibt es allein in der metallverarbeitenden Industrie 18000 Unternehmen, die insgesamt 400000 Arbeiter beschäftigen. Im Handel verschärft sich die Zersplitterung noch: die Betriebe, die mehr als 100 Lohnarbeiter haben, beschäftigen 12 Prozent des Personals und machen insgesamt nur 0,1 Prozent aus. Diese Tatsachen sind allgemein bekannt; wir schließen daraus, daß Frankreich ein Museumsstück aus der Zeit der Moralischen Ordnung und der Gasbeleuchtung ist: diese Maschine mit ihren unzähligen Rädern soll nur durch eine Laune der Geschichte überleben und weiterhin den Gesetzen des vorigen Jahrhunderts gehorchen. Woraufhin die einen beschließen, daß uns das Schicksal Athens ereilen wird, und die anderen, daß Gott Franzose ist. Sie irren sich alle: unsere Wirtschaft ist völlig zeitgemäß, das 19. Jahrhundert wäre nicht imstande gewesen, sie hervorzubringen; um ihr zu ihren Runzeln und ihrem verlebten Gesicht zu verhelfen, ist nichts Geringeres nötig als die gewaltigen Mittel, über die wir heute verfügen. Natürlich erinnern die etwa 500000 französischen Unternehmen mit ihren 8 bis 10 Millionen Lohnempfängern auf den ersten Blick an die glückliche Zeit des Liberalismus; doch das ist eine optische Täuschung. Weit mehr als durch ihre Zersplitterung definierte sich die liberale Wirtschaft durch die Konkurrenz, die normalerweise zur Konzentration führt. Um die archaische Zersplitterung unserer Kaufhäuser und Fabriken beizubehalten, mußte die Konkurrenz demnach beseitigt werden: die Bergbaubetriebe können nur überleben, wenn Großindustrie und Großhandel es sich versagen, sie zu schlucken. Kurz, die Großen waren bereit, ebenso teuer zu verkaufen wie die Kleinen. Gleichzeitig wird den Kleinen verboten, einander Konkurrenz zu machen: man zwingt sie zu einer Waffenruhe *sine die* und zum friedlichen Nebeneinander. Von Dunkerque bis Menton werden die Preise von mehr oder weniger illegalen Verbänden kontrolliert, die eine Unzahl von Kleinhändlern und Krämern um einige wenige große Firmen scharen. Um diese Liliputrivalen in den Ruin zu treiben, brauchte die Großunternehmerschaft die Produktion nur ein klein wenig zu steigern. Sie wird sich hüten! Und wenn sie sich zuweilen herabläßt, ihr Werkzeug aufzufrischen, so nicht, um mehr zu produzieren und billiger zu verkaufen, sondern um ihre Gewinne durch die Senkung der Herstellungskosten zu erhöhen.

Wie sehr sie sich auch anstrengt, ihre Nachbarn zu schonen, so hat sie doch nichts getan, wenn sie sie nicht wirksam vor Krisen schützt: der kleinste Windstoß fegt sie hinweg. Sie wird sie also päppeln – auf Kosten des Verbrauchers: es steht außer Zweifel, daß die Textilindustrie in Lyon ihre Kosten spürbar senken könnte, wenn sie das Weben und Zwirnen von eigenen Werkstätten besorgen ließe; doch sie zieht es vor, diese Arbeiten zerstreuten Betrieben anzuvertrauen, die ausschließlich von ihr leben. Doch damit nicht genug: auch der Staat muß sich an diesen Wohltätigkeiten beteiligen, für immer neue Steuererleichterungen und Prämien sorgen, die Zollkontrollen verschärfen. Der Staat, das heißt der Steuerzahler und, kurz gesagt, ganz Frankreich. Der Fiskus hat als wichtigste Aufgabe, die Einkommen umzuverteilen: doch diese Umverteilung kommt hierzulande Unternehmen zugute, die das normale Spiel der Konkurrenz längst beseitigt hätte. Der Franzose zahlt Steuern, um seine nationalen Produkte zu hohem Preis kaufen zu können. Über das ihm verbleibende Geld – falls ihm nach diesen diversen Abzügen noch etwas bleibt – wacht eine besondere Vorsehung. Wie jener Engel von Claudel, der die junge Prouhèze unermüdlich vom jungen Rodrigue fernhält, um sie ins Bett eines Greises zu befördern, so wird der Engel des Malthusianismus nicht müde, den Fluß der neuen Investitionen in die betagtesten Unternehmen zu lenken. Versucht doch einmal, eine sich neu bildende Gesellschaft zu finanzieren: man wird euch euren Starrsinn büßen lassen: «Was maßt ihr euch an? Zur Entwicklung der Produktivkräfte beizutragen? Wer hat euch denn darum gebeten? Entwickelt man etwa die Produktion zu einem Zeitpunkt, da die große Industrie sich nicht zu rühren wagt aus Angst, die kleine zu erdrücken? Glücklicherweise sind die Produktionsmittel sehr teuer: das ist normal, da sie mit großen Unkosten produziert werden. Besser, man flickt die alten Maschinen: sie haben uns auf die Welt kommen sehen und leisten immer noch gute Dienste.» Wenn ihr nicht locker laßt, werden auch die Banken einsteigen: bringt ihnen eure Ersparnisse, sie werden sie dem Staat geben, der sie der Staatsschuld einverleibt. Kurz, man gibt sich nicht damit zufrieden, den Armen ihr Geld zu stehlen, man sterilisiert auch das der Reichen. Damit ist alles in Ordnung: antiquierte Werkzeuge, beträchtliche Produktionskosten; die Preise der Industrie schnellen in die Höhe, die Agrarkundschaft verläßt den Markt. Die Landwirte wiederum, die veraltete Geräte benutzen, produzieren mit hohen Kosten, und die Erhöhung der Agrarpreise beraubt die Landwirte ihrer Kundschaft aus den Städten. Seht nur den schönen Zirkel und wie die Wirkungen die Ursachen verstärken: ein Industriezweig schränkt seine produktive Tätigkeit ein, beraubt einige Betriebe ihrer gewohnten Absatzmöglichkeiten und verursacht damit die Verengung des Marktes; die betroffenen Betriebe werden sich ihrerseits einschränken, um zu überleben, was zu neuerlichen Verengungen führt; diese sich im Kreis drehende Depression wird schließlich zu ihrem Ausgangspunkt zurückkehren und diejenigen Fabriken zu erneuten Einschränkungen veranlassen, die den Anfang gemacht hatten. Auf diese Weise paßt sich der Verbrauch an die Produktion und die Produktion wiederum an den Verbrauch an. Der Motor läuft; das einzig Mißliche: bei jeder Umdrehung läuft er langsamer und wird am Ende stehenbleiben.

Wenn ein Gesellschaftssystem so umhegt wird und so viele Opfer erfordert, kann man dann behaupten, es sei das Ergebnis des Zufalls? Die schwere Maschine wäre schon längst kaputt, wenn nicht irgend jemand ein Auge auf sie gehabt hätte; die störende Vielfalt ihres Räderwerks hätte sich ohne das Zutun einer unsichtbaren Hand beim Gebrauch vereinfacht. Anders gesagt, die «gelenkte» Zersplitterung unserer Unternehmen setzt die Einheit einer Absicht sowie die Einheit einer Politik, also die geheime Vereinheitlichung unserer Wirtschaft voraus. In Frankreich wie in den Vereinigten Staaten kontrolliert die Großindustrie alle Sektoren des nationalen Lebens. Der Unterschied: die Amerikaner haben ihre kleinen Unternehmer umgebracht, wir halten die unseren in Ketten. Sie leben, aber nur notdürftig, und man hat sich ihrer Folgsamkeit versichert, indem man ihnen einredete, sie seien längst tot und würden zu Staub zerfallen, wenn man nicht regelmäßig ihren Lebensschein verlängerte. Aus diesem Grunde hat unser Wirtschaftssystem entfernte Ähnlichkeit mit dem Feudalismus. Vor der sich täglich verschärfenden Konkurrenz, vor den Krisen, vor der Blutrünstigkeit der Barone suchte eine immer dichter werdende Menge von Kleinkrämern Schutz. Schließlich haben sie ihre Habe den Großunternehmern offeriert, die sie ihnen augenblicklich in Form von Lehen zurückerstatteten, nicht ohne ihnen nebenbei ihren Stempel aufzudrücken. Heute haben sie nur noch den Nießbrauch an ihren Läden und Klitschen. Oder haltet ihr sie etwa für Eigentümer, diese elenden Hintersassen, die sich abschuften, mühselig auf ihre Kosten kommen und ihre eigenen Lohnarbeiter sind? Was können sie tun? Sich vergrößern? Ihre Ausrüstung erneuern? Ihren Betrieb rationalisieren? Mehr produzieren oder mehr verkaufen? Nichts von alledem. Dennoch sind diese Toten auf Urlaub die «Männer» der Industriebarone: als Gegenleistung für den Schutz, der sie davor bewahrt, ins Proletariat abzusinken, sind sie verpflichtet, Dienste ganz besonderer Art zu leisten: ihre Aufgabe besteht darin, den Schein des Konkurrenzkapitalismus durch Verschleierung der Monopole aufrechtzuerhalten. Unsere Wirtschaft ist ein Anachronismus? Sagt vielmehr, daß sie abwegig ist: dieses künstlich geschaffene und von der Fürsorge unseres Großkapitals künstlich am Leben gehaltene System zielt auf die Integration der Produktivkräfte ab: doch es ersetzt die technische Konzentration durch die verhüllte Zentralisierung der leitenden Organe.

Bleibt die Frage, warum unsere großen Feudalherren sich darauf versteifen, Frankreich zu ruinieren. Natürlich haben sie eine Antwort parat: «Um die Schäden in Grenzen zu halten», sagen sie. «Angenommen, die Lyoner Fabrik hätte den Fehler begangen, Webereien einzurichten: wenn die Krise kommt, würde es ihr schwerfallen, sie zu schließen. Die Lieferanten dagegen kann sie ohne weiteres fallenlassen: die kleinen Unternehmer sind die künftigen Oblaten der flexiblen Verteidigung.» Derlei Sätze klären uns nicht auf. Kann man noch einfältiger zugeben, daß man sich aus Furcht vor dem Regen ins

Wasser stürzt? Im Fall eines harten Schlags läßt die Einkapselung den Großbetrieben einen gewissen Handlungsspielraum, verhindert jedoch, wenn die Umstände günstig sind, ihn zu nutzen. Wenn morgen die Nachfrage wächst, werden die Kleinunternehmer außerstande sein, sie zu befriedigen: und an diese hat die Großindustrie ihr Schicksal geknüpft. Auf einer abschüssigen Strecke schaltet der umsichtige Autofahrer den ersten Gang ein: ebenso unsere scharfsichtigen Produzenten, die aus Furcht, daß die Produktion durchdrehen könnte, sie mit ihren eigenen Maschinen bremsen. Für sie ist die Zukunft voller Gefahren, niemals voller Verheißungen: es werden Krisen kommen und nochmals Krisen und dann Katastrophen und schließlich die Sintflut; sie machen sich ganz klein, um dem Unheil weniger Angriffsfläche zu bieten. Das Volkseinkommen erhöhen? Ihr könnt euch denken, daß ihnen das egal ist: was ihr eigenes Einkommen betrifft, so beabsichtigen sie weniger, es zu erhöhen, als es am Schrumpfen zu hindern; sie haben die Politik des schlimmsten Übels gewählt. Es ist bekannt, wie der Marxismus die Überproduktion und die periodischen Krisen erklärt: in einem Konkurrenzsystem lösen sich die investierten Profite in wachsenden Produktionsmitteln auf, und der Konsum der Lohnarbeiter sinkt. Sollten unsere Großkapitalisten *Das Kapital* gelesen haben? Um Krisen zu vermeiden, haben sie der Konkurrenz den Hals umgedreht, die Unterproduktion organisiert und ihre Profite im Ausland investiert. Auf diese Weise haben sie uns aus Angst vor der Depression eine depressive Wirtschaft beschert.

Ihren Erfolg verdankt diese Operation der Mitwirkung der kleinen Unternehmer. Sie verschleiern dem Verbraucher den Malthusianismus der oberen Ränge. Da sie gezwungen sind, ihre Arbeiter sehr schlecht zu bezahlen und ihre Produkte sehr teuer zu verkaufen, müssen sie entweder krepieren oder selbst die Preise und Löhne bestimmen. Wollte die Regierung den Markt reglementieren, so könnte der Federstrich eines Bürokraten 500000 Betriebe auffliegen lassen. Im übrigen haben diese Kleinkrämer kräftige Lungen: sobald ein Minister sie zu taxieren wagt, werden sie Zeter und Mordio schreien; sobald ihre Belegschaft eine Lohnerhöhung verlangt, werden sie mit Zahlen in der Hand nachweisen, daß sie nicht die Mittel haben, sie zu gewähren. Und das ist nicht einmal ganz falsch, weil sie immer am Rand des Bankrotts stehen. Man sieht nur sie, hört nur sie, es hat den Anschein, als bestehe das einzige Anliegen der Nation darin, sich um sie zu kümmern: diese lärmenden Moribunden liefern uns täglich den Beweis dafür, daß man in Frankreich nichts verändern kann, will man nicht alles umschmeißen. Unterdessen schreiten die Großunternehmer mit gestärktem Rücken zur wissenschaftlichen Organisierung ihrer Fabriken: wollten sie ihre Maschinen auf vollen Touren laufen lassen, dann würden die Preise auf der Stelle zusammenbrechen; doch sie halten es für vorteilhafter, sich einen risikolosen Profit zu sichern, indem sie den Abstand zwischen ihren Kosten und den Marktpreisen bis zur äußersten Grenze vergrößern.[73] Da es dafür erforderlich ist, einen wichtigen Teil der französischen Industrie auf der niedrigsten Kapazitätsstufe zu halten, gestehen sie den Kleinunternehmern feierlich das nominale Eigentum an ihren Betrieben zu, das heißt, sie verewigen deren Ohnmacht und die Zersplitterung unserer Ressourcen; umgekehrt kommen die Kleinkrämer ihrer Aufgabe nach, wenig und zu hohen Kosten zu produzieren: dieser ungerechtfertigte Mehrprofit hat also den Charakter einer Rente, den die kleine Industrie der großen zahlt.

Auf diese Weise verbürgerlicht sich unser Bürgertum: es zieht dem unbegrenzten Wachstum der Gewinne Komfort und Stabilität vor; unsere großen Feudalherren sind schlicht und einfach Rentner. Doch dieser Konservativismus muß erklärt werden. Ist es möglich, daß unser Mißtrauen gegenüber der Zukunft nichts anderes ist als Angst vor künftigen Krisen? Natürlich müssen wir unsere Entwicklung im europäischen Rahmen sehen: die Periode der Expansion ist vorbei, Europa verliert seine Märkte einen nach dem anderen, überall besteht die Tendenz, den Profit in Rente zu verwandeln. Aber weshalb hat dieser allgemeine Rückzug bei uns solche Ausmaße angenommen? Womit ist diese malthusianische Raserei zu erklären, an der wir zu sterben im Begriff sind? Ich glaube, daß unsere Geschichte die Antwort geben wird.

Die Geschichte schreitet verhüllt einher: wenn sie den Schleier fallen läßt, prägt sie die Akteure und die Zeugen für immer; wir haben uns nie von den zwei «Minuten der Wahrheit» erholt, die Frankreich im 19. Jahrhundert erlebte, und unsere Bourgeoisie spielt heute auf Verlust, weil sie 1848 und 1871 ihr wahres Gesicht gesehen hat.

Unter der Julimonarchie setzte sich die französische Bevölkerung

73 Es kommt sogar vor, daß die Großindustrie bereit ist, etwas höhere Löhne zu zahlen als die kleine. Doch nur um den Lohnempfängern ihren guten Willen zu zeigen und den Kleinkrämern ihre Macht vor Augen zu führen.

aus Bürgern und aus Tieren zusammen; der König war Bürger, und der Bürger war König, der Bürger war Mensch, und der Mensch war Bürger. Das Tier war Tier; man spannte es vor die Maschinen. Oft trieb der Hunger es durch die Straßen: man beruhigte es, indem man die Hunde losließ. Und dann wurde eines Tages alles anders; es war im Juni 1848, die Regierung hatte Lärm gehört und die Nase aus dem Fenster gesteckt; statt des gewöhnlichen Viehs erblickte sie eine Armee: das Proletariat brach in die offizielle Geschichte ein und lieferte seine erste geordnete Feldschlacht. Was für ein Schlag: diese Tiere kämpften wie Menschen; alle Welt staunte über die offenkundige Kohärenz ihrer Manöver. Kurz, die Besitzenden entdeckten vor ihren Augen den Menschen in einer Spezies, die ihnen fremd blieb; das war der Ursprung ihrer großen Angst: da der Andere darauf Anspruch erhob, Mensch zu werden, wurde alles Menschliche anders, und der Bürger erkannte sich in den Augen des Anderen als anders als der Mensch; wenn die Elenden zur menschlichen Spezies gehörten, unterschied er sich von ihnen nur durch die Gewalt, die er ihnen antat; plötzlich definierte sich der Bürger durch seine Verweigerungen: indem er sich das Recht anmaßte, seiner Spezies Grenzen vorzuschreiben, hatte er sich seine eigenen Grenzen gesetzt; wenn sich die Ausgeschlossenen nun ihrerseits zum Maß des Menschen aufwerfen sollten, würde er sein Menschsein bei den anderen als feindliche Kraft wahrnehmen. Selten ist eine Frage besser gestellt worden: Untermenschen hatten sich in die menschliche Gattung eingeschlichen, es galt, sie daraus zu vertreiben. Wie? Indem man die Anführer hängte? Das konnte nicht ausreichen: die Bourgeoisie hatte ihre ruhige Sicherheit verloren und würde sie nur dann wiederfinden, wenn sie allein auf der Welt zurückbliebe. Und wenn man das Massaker anfinge, wäre es gefährlich, es nicht zu Ende zu führen: die Massakreure würden nur dann freigesprochen werden, wenn sie dafür gesorgt hätten, die Zeugen verschwinden zu lassen. Mit einem Wort, es galt, die Arbeiterklasse auszurotten. Die Sache ließ sich gut an: wahnsinnig vor Wut und Scham, wollte die entblößte Bourgeoisie dem Proletariat alle Augen ausstechen; die Nationalgarde machte es sich zur Pflicht, die Verwundeten zu erschießen. Unglücklicherweise wurde die Unterdrückung zu früh gestoppt. Die Elite war bestürzt: 10 Millionen Tote hätten ihr die Unschuld zurückgegeben; 1500 Füsilierte verwandelten sie in eine Mörderbande. Als alles vorüber war, fürchtete sie so sehr, sich zu sehen und gesehen zu werden, daß sie ihre politischen Rechte einem Säuberungstrupp übertrug, der ihr als Gegenleistung ihr Eigentumsrecht garantierte. Die Toten bezichtigte man scheußlicher Verbrechen, die deutlich ihre Bestialität bewiesen; die Überlebenden behandelte man weiterhin als Tiere. Allen Besitzenden war die Hauptstadt verhaßt geworden: um sie zu sanieren, zerstükkelte man sie; die Erhöhung der Mieten vollendete das Geschäft, denn sie trieb die Armen vor die Stadtmauern. Die Arbeiter verschwanden aus der offiziellen Geschichte. Dennoch lebten sie weiter, zusammengepfercht in den dunklen Zonen, die die Städte umgaben: von Zeit zu Zeit glänzten ihre Augen, dann schoß man schnell in den Haufen. Nicht genug, daß man ihnen das Wort entzogen hatte: man versuchte, ihnen das Gedächtnis zu nehmen. Vergeblich; eifersüchtig hüteten sie ihre Erinnerungen, was die Bourgeoisie daran hinderte, sich von den ihren zu befreien: keinen Augenblick lang vergaß sie ihre Schrekkenstaten, weder die furchtbare Vision, die sie gehabt, noch das Blut, mit dem sie sich besudelt hatte. Man sah es deutlich beim Sturz des Zweiten Kaiserreichs, als dessen Repräsentanten ihre Panik und ihr Ressentiment offen zeigten und sich weigerten, in Paris zu tagen. Der Aufstand brachte sie außer sich, ohne sie zu überraschen: sie waren darauf gefaßt. Eine Minute löschte zwanzig Jahre Vergnügen aus; wieder stand man vor der prinzipiellen Frage: sie oder wir? In den Augen ihrer Gefangenen – diesen starren Augen, die die schönen Versaillerinnen mit der Spitze ihrer Sonnenschirme auszustechen sich übten – entdeckten die Söhne die unerträgliche Wahrheit, die die Väter tollwütig gemacht hatte; sie setzten das unterbrochene Gemetzel fort: durch 20000 Erschossene und 13000 Gefangene, von denen 3000 im Kerker starben, gab die französische Bourgeoisie der Welt bekannt, daß sie ihre Ausrottungstechniken verbessert hatte.

Es ist ihr schlecht bekommen: trotz ihrer Glanzleistung war sie erneut in den Fehler von 1848 verfallen und hatte zum zweitenmal ihren Arm zu früh gesenkt: da sie den Gegner nicht vernichtet hatte, hatte sie lediglich eine Schlacht gewonnen und lief Gefahr, den Abnutzungskrieg zu verlieren. Dennoch sah Europa sie mit Betroffenheit an: was die Ausbeutung des Menschen anging, so hätten uns die ausländischen Unternehmer übertrumpfen können; doch im allgemeinen – war es Schlauheit oder Milde? – hatten sie es sich erspart, zu den Waffen zu greifen: niemals wären die englischen Kapitalisten damit einverstanden gewesen, den Arbeiter mit eigenen Händen zu töten; sie begnügten sich damit, ihn zu verdummen, und ließen ansonsten das Laisser-faire der Naturgesetze walten; die Arbeiter, die überzählig waren, zu beseitigen, überließ man Gott. Diese Leute verziehen es Frankreich nicht, die wahre Natur des Kapitalismus enthüllt und den Klassenkampf in einen Bürgerkrieg verwandelt zu haben. Unter ihrem verachtungsvollen Blick fühlte sich unsere Bourgeoisie sehr allein: wie gern hätte sie sich gerühmt, innerhalb von fünfundzwanzig Jahren die zwei prächtigsten Massaker der modernen Geschichte veranstaltet zu haben, doch die deutschen und englischen Puritaner behandelten sie wie ein räudiges Schaf. Als sie ihnen zurief: «Machen wir gemeinsame Sache», entfernten sie sich und hielten sich die Nase zu. Zu allem Überfluß mußte man täglich in Promiskuität mit den Opfern leben: und die Opfer emanzipierten sich ganz schön, dank den guten Diensten von Cavaignac und Galliffet. Fünfzig Jahre früher flehten die Arbeiter den Unternehmer an, er möge sich über ihr Elend beugen, in der Gewißheit, daß er ihre Leiden nur zu sehen brauchte, um sie heilen zu wollen; 1848 glaubten sie noch Lamartine, der vom «tragischen Mißverständnis, das die Klassen trennt», sprach. Nach 1871 haben sie begriffen; um so schlimmer für die Bürger. Anderswo wußten die Herren unsichtbar zu bleiben, vor den «harten Notwendigkeiten der liberalen Wirtschaft», wie sie es nannten, in den Hintergrund zu treten. Aus diesem Grunde haßt der Arbeiter sie nicht wirklich – kann man Abstraktionen anders als mit abstraktem Haß hassen? –, und selbst wenn er sie hassen würde, so schließt sein Haß doch seine eigene Überschreitung ein: er weiß, daß sie ihn für ein Tier halten, das auf das Menschsein Anspruch erhebt und das man unaufhörlich im Zaum halten muß; er dagegen hält sie für Menschen, die nicht wissen oder nicht wissen wollen, daß sie Menschen sind. Wie gewalttätig die Revolution, auf die er hofft, auch sein mag, niemals hat er sich vorgenommen, seine Klassenfeinde auszurotten: die Liquidierung der Bourgeoisie muß die Bourgeoisie von ihrer Ignoranz und von der bürgerlichen Abstraktion befreien und ihnen ihre Menschlichkeit zurückgeben. Er verabscheut in ihnen nicht den Menschen, sondern den verneinenden Begriff, die Negation des Menschen: solange der Kampf auf ökonomischem Gebiet stattfindet, bewegt sich der Haß des Arbeiters im Allgemeinen.[74]

1848 und 1871 ist die französische Bourgeoisie aus den Wolken herabgestiegen, ihr Arm hat zugeschlagen. Natürlich kann sich der Kapitalismus, wie jede Unterdrückung, nur durch Gewalt aufrechterhalten, aber er erforderte nicht *diese* Gewalt und nicht *diese* Brutalität

74 Er mag einige wegen ihrer Hartherzigkeit berüchtigten Unternehmer hassen, doch das ist der akzidentelle und subjektive Aspekt des Klassenkampfes.

bei der Unterdrückung: 1848 brachte der Aufstand des Elends die Unternehmer nicht wirklich in Gefahr; 1871 wurden Verhandlungen eingeleitet, eine Versöhnung blieb möglich: wenn die Versailler alles abgelehnt haben, wenn sie als erste zum Angriff übergegangen sind, so deshalb, weil sie töten wollten. Mit einem Wort, sie waren übereifrig. Unsere Bourgeoisie hat sich charakterisieren lassen durch die Schamlosigkeit und Grausamkeit ihrer Offiziere, die feige Grausamkeit ihrer Politiker, die Härte der Besitzer und Fabrikanten, den gemeinen Terror, den sie anfangs an den Tag legte, und dann, nach dem Sieg, den schändlichen Jubel ihrer rechtschaffenen Blätter und ihrer ehrbaren Frauen; ihre Taten haben ihr Gesicht gemeißelt: sie hat sich verkörpert. Und damit verkörpert sich auch der Haß der Arbeiter: er gilt nicht länger der kapitalistischen Abstraktion; nun verabscheuen die Arbeiter in der französischen Bourgeoisie den Menschen, den Menschen aus Fleisch und Blut, der sich durch sein historisches Unternehmen *verwirklicht* hat. Für alle Arbeiter der Welt ist der Bourgeois das Produkt des Kapitals; für die unseren ist er auch der Sohn seiner Werke, ein Schlächter – und er wird es noch lange bleiben. Die junge Arbeitergeneration ist im erstickenden Schweigen des Zweiten Kaiserreichs aufgewachsen, ohnmächtig hat sie der Abschlachtung der Kommune zugesehen. Als ihre Lehre abgeschlossen war, hat sich der Klassenkampf auf die ökonomische Ebene verlagert; doch diese Neuankömmlinge werden nie vergessen, was sie gesehen haben: wenn sie die Reaktionen der Unternehmer abschätzen wollen, denken sie an Thiers, Galliffet und Schneider und stützen sich auf unauslöschliche Erinnerungen, um den Unternehmern alles zuzutrauen; täglich sind sie darauf gefaßt, daß der beginnende gesellschaftliche Konflikt in einen Bürgerkrieg umschlägt, oder besser, der Bürgerkrieg erscheint ihnen als die *Wahrheit* des Klassenkampfs; für die Bourgeoisie werden diese jungen Leute unversöhnliche Feinde sein: weil sie bezahlt haben für das Wissen, daß jede Klasse auf den Tod der anderen geht, und vor allem, weil man *ihnen Unrecht getan hat.* Überall sonst hungert man die Arbeiterklasse aus; nur in Frankreich hat man sie bluten lassen. Der Proletarier von 1886 verkauft seine Arbeitskraft an jene, die seinen Vater oder seinen älteren Bruder umgebracht haben; daher seine Haltung ihnen gegenüber, jene ganz besondere Mischung aus aufgekochtem Haß, kalter Härte, Verachtung, Furcht und explosiver Gewalt. Überall sonst verzichten die Arbeiterführer mehr oder weniger offen auf die revolutionäre Aktion, um die Vorteile des allgemeinen Wahlrechts voll auszuschöpfen: die arbeitenden Klassen werden im Parlament vertreten sein. Das bedeutet, daß man die Integration wählt: man akzeptiert *die Tatsache* des Kapitalismus und verteidigt die Interessen der nationalen Gemeinschaft, um als Gegenleistung eine Verbesserung der Sozialgesetze zu erreichen. Beruhigt bauen die Unternehmer ihre Betriebe aus; man wird sich doch über die Konzentration der Arbeiter keine Sorgen machen, wenn man das Glück hat, ein integriertes Proletariat zu besitzen. Die Sozialdemokratie diente als Geisel und als Vermittler; gerade aufgrund ihrer Doppeldeutigkeit[75] konnte sie ständig die Verbindung zwischen Kapital und Arbeit gewährleisten; durch ihre bloße Existenz verhinderte sie die Spaltung der Arbeiter. Wenn die Unterdrückten Unterdrücker wählen, um ihren Unmut auszudrücken, ist alles in bester Ordnung, die Kommunikation ist hergestellt, die nationale Einheit bewahrt; und außerdem, sobald sie von der Sprache Gebrauch machen, kann diese dazu dienen, sie zu mystifizieren. Nur wenn sie schweigen, machen sie angst.

In Frankreich schweigen sie: das Proletariat hatte sich abgespalten; nach 1871 kapselt sich diese dezimierte, beleidigte Klasse von der Nation ab und bildet eine Gesellschaft in der Gesellschaft. Was kümmert sie das allgemeine Wahlrecht! Sie weiß aus bitterer Erfahrung, daß Wahlfreunde meist Klassenfeinde sind. Schließlich war sie es, die ihren Gewehren die Macht gegeben hat. Der Staat – sei er nun demokratisch oder nicht – verschmilzt «immer inniger mit den allmächtigen Kapitalistenverbänden» [Lenin]. Aus diesem einen Grunde könnte das Proletariat nicht akzeptieren, an den Staatsgeschäften teilzunehmen, selbst wenn es eine Chance hätte, die Debatten zu beeinflussen. Vertreter in die Kammer entsenden? Wer könnte es denn vertreten? Rechte wie Linke straft es mit derselben Verachtung; in seinen Augen sind alle Politiker Bourgeois: glaubt man etwa, ein Bourgeois, gleich welches Etikett er trägt, könnte die Interessen der Arbeiter gegen die der anderen Bourgeois verteidigen? Am Ende des Jahrhunderts ist Frankreich das einzige Land, in dem die Sozialdemokratie keine Arbeiterbasis hat. Der Arbeiter wählt zwar, aber nur lau und um sein Gewissen zu beruhigen, ohne zwischen seinen Funktionen als Wähler und seiner gewerkschaftlichen Tätigkeit irgendeine Verbindung herzustellen: die ersteren erfüllt er als desintegriertes Indi-

75 Die sozialistischen Abgeordneten sind Bourgeois und im Volk verwurzelt; sie sehen im bürgerlichen Staat zwar ein Unterdrückungsorgan, nehmen aber trotzdem an den Staatsangelegenheiten teil.

viduum, als abstrakter Staatsbürger, der sich in der abstrakten Menge der anderen Staatsbürger verliert; die zweite übt er als *organisches* Mitglied einer geschlossenen Gemeinschaft aus. Kurz, die Arbeiterklasse, in ihrer wilden Isolierung vermauert, zählt nur noch auf sich selbst: sie verwirft den Millerandismus und verurteilt die Sozialgesetze, wenn es Parlamentarier sind, die die Initiative ergreifen, sie zur Abstimmung vorzulegen; ihre Führer versäumen keine Gelegenheit, die Autonomie der Arbeiterbewegung zu behaupten und den Antagonismus zwischen Gewerkschaften und Partei anzuprangern; vergeblich macht die SFIO immer neue Avancen; es trägt ihr lediglich den Vorwurf ein, «die gewerkschaftliche Unabhängigkeit zu verletzen»; angesichts dieser «Quatschbuden» und dieser «Routine» erfindet das Proletariat, ohne andere Erfahrung als *die seine*, seinen eigenen Weg; es führt den Kampf auf dem einzigen Terrain, der ihm gehört: auf dem der Arbeit. Der revolutionäre Syndikalismus ist das Proletariat selbst, berauscht von seiner Einsamkeit und stolz auf seine Verlassenheit: von den Bauern verraten, zweimal von den Kleinbürgern verraten, beschließt es, alles – sogar die ethischen Werte – aus dem eigenen Fundus zu schöpfen. Die Arbeiter leben einen ganz besonderen Augenblick ihrer Geschichte: den Augenblick der Trennung. Im Jahre 1871 hat die nationale Gemeinschaft sie ausgestoßen: sie nehmen ihr Exil auf sich und verwandeln das Negative in Positivität; was manchmal gewerkschaftlicher Imperialismus oder Arbeitertotalitarismus genannt wurde, ist lediglich der großartige Gegenschlag einer Kaste von Parias: sie hatten lediglich den Wunsch, *etwas* zu sein; man verurteilt sie dazu, *nichts* zu sein; also werden sie fordern, *alles* zu sein.[76]

Unsere Bürger schissen sich vor Schreck in die Hosen: da das Proletariat seine angeblichen Verteidiger verurteilte, waren alle Brücken abgebrochen, ein mit Leichen angefülltes Niemandsland trennte die Arbeiter von den Unternehmern. Die Bourgeoisie hatte nicht einmal

76 Daß das Proletariat Träger menschlicher Werte ist, steht außer Frage: was es *für sich* fordert, muß es auch *für alle* fordern. Daß es der *einzige* Träger dieser Werte ist, mag noch angehen. Aber man wird Sorel vorwerfen müssen, daß er *die Tatsache*, daß allein die Arbeiterklasse dem Menschlichen treu ist, mit *der Idee* verwechselt hat, daß diese Klasse Träger einer *besonderen* und letztlich nicht mitteilbaren Botschaft sei. Das heißt den radikalen Humanismus des Proletariers in einen *Partikularismus* verwandeln; das heißt das Proletariat *auf das, was es heute ist*, festnageln und sich weigern, seine Bewegung in Betracht zu ziehen. Dieses Moment des Sorelschen Totalitarismus hat Ähnlichkeit mit dem der Négritude des kolonisierten Schwarzen.

mehr die Möglichkeit, diese schweigende Menge als Viehherde zu betrachten: da die Proletarier die regulären Truppen in Schach gehalten hatten, waren sie Menschen. Jedoch nicht ganz: wenn man nicht wollte, daß sie Richter würden, durften sie nicht aufhören, Tiere zu sein. Mensch und Ameise zugleich, erschien der Proletarier sowohl undurchsichtig wie undurchdringlich: er stellte Intelligenz, Energie und Mut in den Dienst einer geheimnisvollen tierischen Natur und unverständlicher Instinkte. Die Unternehmerschaft starrte fasziniert auf diese dunkle Masse und sah in ihr nur den Widerschein ihrer eigenen Gewalt. Sie gab sich im übrigen nie einer Täuschung hin: das Geheimnis der Arbeiterklasse liegt darin, daß sie die französische Bourgeoisie für eine Verbrecherbande hält. Indem unsere Elite diese stummen Richter ablehnen wollte, bestätigte sie deren Urteil: da die anständigen Leute die Massaker noch lange nach dem Sieg fortgesetzt hatten, konnten sie sich nicht auf Notwehr berufen; es galt also zu beweisen, daß ihre Opfer von Natur aus den Tod verdienten. Um diesen Nachweis bemühten sie sich: der Proletarier, so sagten sie, ist weder Mensch noch Tier; als Mensch hätten wir ihn geachtet; als Tier hätten wir ihn in einen Käfig gesperrt, ohne ihm Böses zu tun; aber er ist ein menschliches Tier, das heißt ein Tier, das den Menschen mit menschlichen Mitteln angreift, oder, wenn man lieber will, ein Mensch, den unwiderstehliche Kräfte immer zum Schlimmsten treiben; er ist frei genug, daß man das Recht hat, ihn zu bestrafen, und von seiner Natur her Sklave genug, daß man die Hoffnung auf seine Erlösung aufgeben kann; kurz, man muß ihn im Auge haben und sich bereit halten, ihn ohne Vorwarnung niederzuschlagen. Damit gab sich die Bourgeoisie, um sich von einem Verbrechen reinzuwaschen, das Recht, es nach Belieben zu wiederholen; vielleicht hätte sie mit einem gewissen Schein von Vernunft geltend machen können, daß Wut und Angst sie verrückt gemacht hätten und daß sie nur durch Zufall schuldig sei; aber nein: sie will ihr Vergehen rechtfertigen; indem sie es rechtfertigt, verändert sie sich und wird kriminell aus Berufung.

Was den jungen Unternehmer betrifft, der um 1890 die Ablösung der Generationen sichert, so sieht es zunächst so aus, als könne man ihm nichts vorwerfen: er ist zwar der Sohn eines Mörders, aber er war zu jung, um an den Massenhinrichtungen beteiligt gewesen zu sein, und das Blut, das die Eltern vergossen haben, soll nicht über das Haupt der Kinder kommen. Er hat also die Wahl und kann nach eigenem Gutdünken seinen Vater verurteilen oder unverbesserlich bleiben. Bekanntlich wählte er die Unverbesserlichkeit. Weil man ihn im Haß erzogen hat: man hat ihn gelehrt, das Opfer zu verabscheuen, um zu verhindern, daß es den Henker verurteile. Er übernimmt alles, Aktiva und Passiva, die Fabrik und die väterlichen Verbrechen. Damit ist er gezwungen zu übertreiben: «Als ich die Fabrik betrat», sagte er, «habe ich Haß vorgefunden, und ich hatte nichts getan, um ihn hervorzurufen. Was wirft man mir vor? Wir jungen Unternehmer, wir haben noch niemanden getötet, und meines Wissens ist noch niemand unter den jungen Arbeitern getötet worden.» Der Nachweis ist gelungen: da der junge Bourgeois dem Arbeiter noch nicht die Gurgel durchgeschnitten hat, ist dessen Haß ungerechtfertigt, er ist ein *a priori*, die Grundbeziehung des Arbeiters zu seinem Chef; der Proletarier ist von Natur aus gehässig, der Bourgeois das unschuldige Opfer seines Abscheus. Armer Bourgeois! Was er auch tut, immer ist es der *andere*, der angefangen hat: haben wir nicht gesagt, daß die Arbeiter auf unseren Tod gehen! Noch heute beglückt dieses Argument die reaktionären Chronisten: über sechzig Jahre ist es alt und hat noch keine einzige Runzel.

Ab 1890 gibt es keinen Kleinunternehmer, der sich nicht mit der bürgerlichen Gesellschaft identifiziert. Man verlangt eine Lohnerhöhung von ihm? Man will also die nationale Gemeinschaft zerstören. Ein Gewerkschaftskongreß stellt den Kapitalismus in Frage? Man will ihm also die Kehle durchschneiden und seine Töchter vergewaltigen. Dank diesem Hokuspokus hat sich die Bourgeoisie gegen Ende des letzten Jahrhunderts ein zusätzliches Recht zugestanden, das man fortgesetzte Notwehr nennen könnte. Diese erlesene Klasse nimmt das Blut, das sie vergossen hat, zum Vorwand, sich einzubilden, sie befände sich im Belagerungszustand, umzingelt von der menschlichen Bestie, und jedes ihrer Mitglieder schwebe, von der Wiege bis zum Grab, in ständiger Lebensgefahr. Mit einem Wort, die Kinder von Versailles verabscheuen die französischen Arbeiter aus ganzem Herzen, so wie die deutschen Barone noch dreißig Jahre nach dem Bauernkrieg die Söhne und Enkel der Schändlichen haßten, die von ihren Vätern gefoltert worden waren. Wer getötet hat, wird weiter töten. Eine dritte Generation von Schlächtern tritt auf den Plan und findet dort den Staub ihrer Vorfahren und die Spur ihrer Tugenden; diese Söhne tun, was sie können, um dem Klassenkampf einen Anstrich von Blutrache zu verleihen; sie demonstrieren ihren Haß, damit die Arbeiter den ihren offen zeigen: so verstärkt sich die eine Feindseligkeit durch die andere; sie versuchen also, die gesellschaftliche Spannung bis zum Äußersten bestehen zu lassen, so daß der geringste Zwischenfall eine Meuterei und eine blutige Unterdrückung auslösen kann.[77] Die Waffen sind gewetzt und die Rechtfertigungen zur Hand: diese schöne Jugend bereitet sich auf glückliche Tage vor. So daß man sich fragen darf, welches Wunder das Proletariat vor einer neuen Bartholomäusnacht bewahrt hat.

Welches Wunder? Ganz einfach die «zweite industrielle Revolution»: sie beginnt in den Vereinigten Staaten, greift auf Europa und Frankreich über; unsere Großbourgeoisie steht an der Schwelle der fünfundzwanzig fetten Jahre, die unsere Eisenproduktion verdoppeln und unsere Stahlproduktion verdreifachen werden. Ein Grund zur Freude, natürlich, aber nicht ohne Hintergedanken: das Mißliche am Kapitalismus ist, daß er seine eigenen Totengräber hervorbringt; und gerade jetzt beginnen die Totengräber sich stark zu vermehren. Die Arbeiterklasse wächst nicht nur unaufhörlich auf Grund des Zustroms vom Land, zu allem Überfluß setzt sie auch – in den städtischen Gebieten – die meisten Kinder in die Welt. Die Statistiken von 1906 enthüllen die schreckliche Wahrheit: auf 100 verheiratete Angestellte kommen 299 Sprößlinge, auf 100 Unternehmer 358, auf 100 Arbeiter 395. Wobei noch hinzugefügt werden muß, daß die neomalthusianische Propaganda der Anarchosyndikalisten bei den «höheren Schichten» des Proletariats bereits gewirkt hat: die Hilfsarbeiter sind am fruchtbarsten. Schon 1869 bemerkte Leroy-Beaulieu melancholisch: «Die Arbeiter, die die untersten Ränge einnehmen, die die gröbsten

77 Die gesellschaftlichen und ideologischen Ursachen des Anarchismus sind hinlänglich bekannt; was Frankreich betrifft, so kommt noch ein historischer Faktor hinzu: die blutigen Tage von 1871. Der anarchistische Terrorismus bezieht seine psychologische Rechtfertigung aus den vorausgegangenen Massakern. Eine wirtschaftliche Situation mag zwar ausreichen, eine Streikbewegung auszulösen, doch um einen Mord zu gebären, bedarf es eines anderen Mordes oder doch besonderer und datierbarer Umstände: aus diesem Grunde sind Leute vom Schlag eines Ravachol ein Mittelding zwischen Sozialbandit und Rächer: sie töten jene, die getötet haben. Man kann sagen, daß jeder von ihnen allgemeine und ideologische Motive (die «Gesellschaft» ist dies oder jenes, das Kapital erzeugt diese oder jene Situation) sowie einen sehr konkreten Beweggrund hat: die Opfer von Versailles zu rächen. Es fällt auf, daß der italienische Anarchismus unmittelbar auf das Gemetzel an den Mailänder Arbeitern folgte und mit dem Todesurteil und der Hinrichtung von Umberto I. als *Vendetta* auftrat. Dieses Phänomen hat in Deutschland und in England keine Entsprechung, weil der Klassenkampf, so schonungslos er gewesen sein mag, sich im allgemeinen nur auf wirtschaftlicher Ebene abspielte.

und am schlechtesten bezahlten Arbeiten verrichten müssen, haben weiterhin eine kinderreiche Familie, entweder weil sie ihr Interesse nicht begreifen oder weil es ihnen unmöglich ist, Enthaltsamkeit zu üben.» Das Ergebnis: die Arbeiterklasse stellt zu Beginn des Zweiten Kaiserreichs 28 Prozent und zu Beginn des 20. Jahrhunderts 35 Prozent der Bevölkerung. Müßte ich dem Wunder, das das Proletariat gerettet hat, einen Namen geben, so würde ich es die Vermehrung der Totengräber nennen. Die Unternehmer bekommen es mit der Angst zu tun: die traditionelle Physiognomie Frankreichs verändert sich; im Jahre 1850 wohnte jeder siebte Franzose in einer Stadt von 5000 oder mehr Einwohnern; im Jahre 1900 wohnt jeder siebte Franzose in einer Stadt von über 100000 Einwohnern. Es war nun aber die «Landbevölkerung», die im Jahre 1871 den Versaillern bei ihren großen Mordgeschäften zu Hilfe kam; mit Unterstützung des Landes konnte die Bourgeoisie sicher sein, bei der geringsten Ausfälligkeit die Arbeiterminorität zu vernichten: schließlich ist der Soldat ein Bauer. Was aber würde passieren, wenn das Verhältnis sich umkehrte? Wer ist dann mit dem Massakrieren an der Reihe? Haß ist sehr ansteckend; ob die Neuankömmlinge nun in der Arbeiterklasse geboren werden oder nicht, sie eignen sich rasch deren Gedächtnis an und machen die Leiden der Föderierten zu ihren eigenen. Unterdessen ist Paris natürlich saniert worden: man wohnt bürgerlich, wählt anständig, duldet nur die guten Armen; doch wenn die Leute aus Passy den Kopf heben, kommt es ihnen so vor, als habe ihr Lieblingswahn Gestalt angenommen: eine riesige Menge, die ständig anschwillt, drängt sich vor den Toren der Stadt; die Hauptstadt befindet sich im Belagerungszustand: unsere hohen Herren steigen auf die Befestigungen: Proletariat, so weit das Auge reicht, ein endloses Proletariat, das das Land überzieht und die Ernte zertrampelt; während sich aus allen vier Ecken Frankreichs Hungerleider auf den Weg machen, um zur Armee der Totengräber zu stoßen. Die Versailler hatten nur eine Handvoll Menschen umgebracht; ihre Kinder entdecken plötzlich, daß diese Toten eine zahllose Nachkommenschaft haben. Dem muß ein Ende gesetzt werden.

Aber wie? Schon spricht man davon, die Arbeiterklasse zu integrieren: das ist leicht gesagt; denn Integration heißt Paternalismus, und die Erschießungen von 1871 haben den Paternalismus vernichtet. Im Norden integriert die Kohlenbergwerksgesellschaft große Massen, aber sie arbeitet im geschlossenen Raum. In diesen abgeschotteten Departements, die niemand betritt und niemand verläßt, stellt sich das Bevölkerungsproblem nicht, alles ist überschaubar: die Bewohner wechseln den Beruf, fast ohne den Wohnsitz zu wechseln; sie verlassen ihr Dorf nur, um in die nahebei erbauten Arbeitersiedlungen zu ziehen: dort finden sie festgefügte Rahmen und Sitten, eine feudale Hierarchie, in der ihr Platz bereits feststeht; mit einem Wort, man fabriziert Proletarier durch kontrollierte Abschöpfungen aus der einheimischen Bevölkerung. Aber in der Pariser Vorstadt, in der Lyoner Vorstadt? Wie läßt sich hier die Metamorphose des Bauern in einen Arbeiter *lenken*? Unaufhörlich sprießen Fabriken aus der Erde, während andere ihre Tore schließen; unaufhörlich zwingen die Erfordernisse des Markts dazu, die Produktionstechnik zu modifizieren. Diese Umwälzungen finden ihren Ausdruck in einer permanenten Instabilität der Arbeitsplätze; die Arbeiter haben keinerlei geographische Bindung an ihren Beschäftigungsort mehr; in Levallois-Perret, in Charenton explodiert allabendlich die berufstätige Bevölkerung und zerstreut sich; eine andere tritt an ihre Stelle, von überall zurückkehrend. Soll man diesen Halbnomaden hinterherrennen? Wo sie suchen? Wie sie zusammenfassen? Und welchen Einfluß auf sie ausüben? Die Konkurrenz steht dem Paternalismus im Weg: sie ist es, die unablässig die Physiognomie der Vorstädte umformt; ihretwegen werden diese Menschenmengen ständig von Pendelbewegungen durchgeschüttelt, die auf mechanische Weise die Verwandlung der Landbevölkerung in Proletarier bewerkstelligen. Was nun? Entflechten? Diese riesige Masse zerstückeln, in der das leiseste Rumoren zum Donner anschwillt? Dieser Traum ist nicht neu, und die Unternehmer fanden schon lange vor der Französischen Revolution Gefallen an ihm, als sie die Arbeit Bauern außerhalb der Stadtmauern anvertrauten, um die ständischen Reglementierungen zu umgehen. Entflechten, dezentralisieren, auflockern: die große unkontrollierbare Masse durch über das ganze Land verstreute «kleine Massen» ersetzen, die man fest in der Hand hätte! Leider ist der Augenblick nicht günstig, und außerdem bedürfte es einer Verständigung, eines Plans: wieder macht die Konkurrenz einen Strich durch die Rechnung, indem sie Zwietracht unter die Unternehmer sät.

Was dann? Wie das erschreckende Wachstum des Proletariats eindämmen? Schließlich kann man nicht einfach in den Haufen schießen. Die Politik der Ausrottung ist in Zeiten der Arbeitslosigkeit angemessen; 1848 war sie völlig angebracht: man hatte recht gehabt, Menschen, die Kosten verursachten, ohne etwas einzubringen, einfach abzuschießen. Jedenfalls hatte die liberale Wirtschaft, diese wunderbare Maschine, es alleine fertiggebracht, das Gleichgewicht wiederherzustellen; man war ihr nur ein wenig zur Hand gegangen, und niemand wird guten Glaubens diejenigen tadeln können, die die Arbeiter füsilierten, um sie am Verhungern zu hindern. Doch aus denselben Gründen ist es in Zeiten des Wohlstands untersagt, die freie Entfaltung der wirtschaftlichen Kräfte zu hemmen. Wie groß das Anwachsen der Arbeiterbevölkerung auch ist, stets hinkt das Angebot an Arbeitskräften der Nachfrage hinterher: auf den Menschen schießen, wenn er soviel Geld kostet, ist Verschwendung. Von Zeit zu Zeit kann sich die Regierung, wie in Fourmies, eine lokale Korrektur der Arbeiterbestände leisten. Trotzdem muß man vorsichtig sein: wenn die Arbeiterklasse böse würde, verlöre man Millionen. Taine und Renan raten, sich der sanften Gewalt des gesellschaftlichen Malthusianismus zu bedienen, dessen Auswirkungen langsam genug sind, um zunächst unbemerkt zu bleiben. Da der Hilfsarbeiter – wie Leroy-Beaulieu gezeigt hat – seine wahren Interessen nicht kennt (die ihm offenbar gebieten, so schnell wie möglich und ohne Nachkommen zu krepieren), könnte man versuchen, ihm die Augen zu öffnen. Unsere Regierung müßte sich zwei Aufgaben stellen: den Bauern an die Scholle fesseln und dem Armen die Enthaltsamkeit erleichtern. Man organisiert eine Vortragskampagne; in den Kammern, in den Landwirtschaftsvereinen, in der Akademie hallt ein einziger Schrei: «Der Acker stirbt, der Acker ist tot, es lebe der Acker!» Man zeigt auf, mit welchem Geschick es Frankreich bisher gelungen ist, Landwirtschaft und Industrie gegenseitig im Gleichgewicht zu halten: in dieser harmonischen Balance der Produktivkräfte liegt das Geheimnis unseres Glücks und unserer Tugenden. Rühren wir nicht daran, nehmen wir dem lieben Gott nicht die Lust, Franzose zu sein. Was natürlich bedeutet: behalten wir die numerische Überlegenheit der Bauern gegenüber den Arbeitern bei. «Wenn die herrschende Klasse die absolute Macht ausübt», schreibt Alfred Sauvy, «ist sie populationistisch ... Doch sobald die Beherrschten aus dem einen oder anderen Grund Rechte und die Herrschenden infolgedessen Pflichten erwerben, erhält die Frage einen anderen Aspekt ... Da die Herrschaft nicht mehr absolut ist, wird die Geburtenbeschränkung, wenn nicht notwendig, so doch vorteilhaft.»

Der Vater tötete die überschüssigen Arbeiter; dem Sohn empfiehlt man, sie daran zu hindern, auf die Welt zu kommen; ein ausgezeichneter Rat, aber er müßte befolgt werden können: in Zeiten des industriellen Aufschwungs nützt die Vermehrung der Arbeiter den Interessen der Produktion; zu Beginn dieses Jahrhunderts jagen die Proletarier sichtlich Schrecken ein, weil sie zu zahlreich sind; doch die wahre Quelle ihrer jungen Macht liegt darin, daß sie noch nicht zahlreich genug sind; der Ruf nach Arbeitskräften wertet sie auf, führt zu Lohnerhöhungen, schränkt die realen Rechte der Unternehmer ein: zwischen 1871 und 1910 steigt die Zahl der jährlichen Streiks von 267 auf 1073, und ihre Erfolgsquote schwankt zwischen 55 und 60 Prozent. Die Unterdrückten genießen sowohl den Vorzug der großen Zahl wie den der Knappheit. Und wenn sich die Anarchisten auf dem Gebiet der Empfängnisverhütungspropaganda den Unternehmern anschließen, so deshalb, weil sie den Malthusianismus zu einer Waffe des Klassenkampfs machen.

Die französischen Kapitalisten werden von ihrem eigenen Kapitalismus verraten: dieses Sklavenhaltersystem zwingt sie, unumschränkte Macht über die Masse auszuüben; doch gleichzeitig macht es ihnen die Aufgabe unmöglich, indem es ihren Bedarf an Arbeitskräften ständig erhöht. Zwischen den gegensätzlichen Forderungen nach Herrschaft und nach Gewinn hin und her gerissen, raufen sich die Unternehmer die Haare: wie die Profite erhalten, ohne die Produktion zu steigern? Wie das Proletariat sterilisieren, ohne eine Erhöhung der Löhne hervorzurufen? Wie aus Frankreich eine große Industrienation machen und ihm gleichzeitig den demographischen Aspekt eines Agrarlandes bewahren?

Die Antworten liegen in den Fragen selbst, doch unsere Kapitalisten, zwischen Angst und Gewinnsucht hin und her gerissen, zögern, sie dort zu suchen: deshalb treffen wir im Frankreich von 1914 noch zwei Strömungen an, eine «populationistische» und eine malthusianische, die jeweils einem der Glieder des Gegensatzes entsprechen. Es sieht so aus, als werde am Ende der Populationismus siegen: die Regierung erhebt ihn zur offiziellen Doktrin; aber er ist kaum mehr als eine Mystifizierung. Um den Geburtenrückgang wirklich zu bekämpfen, müßte man zunächst dafür sorgen, daß die Lebenshaltungskosten sinken; doch da man ganz im Gegenteil fest entschlossen ist, alles daranzusetzen, eben dies zu verhindern, beschränkt sich die «demographische Politik» unserer Minister auf deklamatorisches Getöse und bedeutungslose Maßnahmen.[78] Dennoch deutet alles darauf hin,

78 Wer unterstützt denn den Populationismus? Die Industriellen? Nie im Leben: sie haben im ökonomischen Malthusianismus das Mittel gefunden, Angebot und Nachfrage an Arbeitskräften einander anzupassen. Nein, es sind

daß die Bourgeoisie sich insgeheim für die andere Lösung entschieden hat. Was vielleicht überrascht, ist die Tatsache, daß sie diese Lösung *für sich selbst* gewählt hat: das plötzliche Wuchern der Vororte scheint *intra muros* einen Sturz der Geburtenrate zu bewirken. So als hätten sich die Reichen, da sie die Armen nicht zu verschneiden konnten, selbst verschnitten: die bürgerliche Unfruchtbarkeit hat starke Ähnlichkeit mit einem Mißerfolgsverhalten[79]; die Hauptstadt wird zum Grab der Rasse. Etwa zur gleichen Zeit macht das Komitee der Hüttenwerke, obwohl es sich rühmt, «den großartigen Zuwachs der Vorjahre» fortzusetzen, seine ersten Versuche mit dem ökonomischen Malthusianismus. Alles ist bereit: 1914 braucht nur noch die Höllenmaschine konstruiert zu werden, die durch wechselseitige Bedingtheit das abortive Treiben der Industrie mit dem der bürgerlichen Familie verbindet. Um die Unternehmer dafür zu gewinnen, wird nichts weniger als die großen Erschütterungen der Kriegs- und Nachkriegszeit nötig sein. Die Elite merkte, daß die Zivilisationen sterblich sind: «Armes Frankreich, man hat es ausgeblutet. Was wird die Welt

die Grundbesitzer, die Militärs und die Priester. Diese Rückständigen wähnen sich noch unter dem Ancien régime, als La Morandière den Herrschenden empfahl, «Untertanen und Tiere zu vermehren»; es ist ihnen entgangen, daß die Bourgeoisie alle ihre Vollmachten eine nach der anderen verlor und in die Phase der *relativen Herrschaft* eingetreten war. Die Großindustrie gibt ihnen dennoch Genugtuung: ihr lärmender Populationismus wird ihre klammheimlichen Entvölkerungsbemühungen verschleiern.

79 Merkwürdige Situation. Die bürgerlichen Ehen (außer denjenigen, die religiösen Kreisen angehören) praktizieren die Geburtenkontrolle in allen ihren Formen sowie die Abtreibung. Doch dieselbe Bourgeoisie unterstützt mit ihren Wahlstimmen eine Regierung, die empfängnisverhütende Praktiken mit Gefängnis (manchmal mit dem Tod) bestraft. Der Widerspruch wäre riesig, würde man nicht berücksichtigen, daß die bürgerlichen Frauen höchst selten in Engelmacherinnenprozesse verwickelt sind. Vor Gericht erscheinen fast ausschließlich kleine Angestellte und Arbeiterinnen. Scheinbar geht alles so vor sich, als ob die herrschende Klasse für sich selbst malthusianisch und für die beherrschten Klassen populationistisch sei. *Doch das stimmt nicht:* denn dann müßte sie die Kindersterblichkeit ebenso beunruhigen. Bekanntlich jedoch spürt sie die Kinder schon im Mutterleib der Arbeiterinnen auf, um sie danach wie Fliegen verrecken zu lassen. Die Unternehmerschaft hat nicht den Wunsch, daß es *viele* Arbeiter gibt; sie will dem Proletariat nur die Kontrolle über seine Geburten entziehen, damit der Ausgleich von Angebot und Nachfrage innerhalb der Teufelsmaschine, die sie entwickelt hat, automatisch erfolge.

ohne es anfangen?» Der Welt war es egal, wie man sich denken kann, doch hinter diesen akademischen Wehklagen verbarg sich wirkliches Entsetzen: und es ging weder um den Krieg noch um die Kohle; zwischen 1917 und 1921 hatten die Unternehmer die Gewißheit erlangt, daß der Endsieg dem Proletariat zufallen würde. Vielleicht nicht heute und nicht morgen, doch langsam und sicher... Es war eine grauenhafte Gewißheit: aber ja, JA! Diese Schweine werden gewinnen. Seit siebzig Jahren hatte die Bourgeoisie nichts gelernt und nichts vergessen, und alle Wohlgerüche Arabiens hatten nicht vermocht, das Blut von ihren Händen zu waschen: mit einem Schlag findet sie sich als *dieselbe* wieder wie 1848, *dieselbe* wie 1871, mit denselben Menschen vor Augen, den Hingemetzelten der Kommune, die es zum drittenmal vergeblich umzubringen galt. Diesmal würden sie am Ende siegen: und niemand würde mit der Bourgeoisie Mitleid haben, da sie in der Stunde ihres Ruhms mit niemand Mitleid gehabt hatte. Unsere Unternehmer sahen sich verloren, das bürgerliche Frankreich begann mit rührseligen Worten von sich zu sprechen. Von sich, das heißt vom Menschengeschlecht, denn für die Bourgeoisie ist es ein und dasselbe, das Ende der Welt oder das Ende des Kapitals vorauszusagen: Da der Arbeiter nur ein Tier ist, liegt das Schicksal des Menschen in den Beinen von Ameisen: wenn sie die Macht ergreifen werden, diese ungeheuerlichen Hautflügler, dann werden wir unser Hab und Gut, unser Leben, unsere Ehre und alle jene Kostbarkeiten verlieren, für die es sich gestern noch zu sterben lohnte; die neuen Herren werden uns den Würmern zum Fraß vorwerfen, das Reich des Menschen wird in die Vergangenheit sinken. Und rechnen wir nicht damit, daß uns die Geschichte recht gibt, und sei es nachträglich: die Ameisen werden sie neu schreiben. Unsere Zukunft ist von jener furchtbaren Katastrophe versperrt, die uns noch nach unserem Tod vernichten wird und die uns schon im voraus, in unseren eigenen Augen, zu lebenden Toten oder, besser, zu erklärten und korrigierten Irrtümern macht.

Zur selben Zeit und auf demselben Kontinent riefen Wut und Angst überall den Faschismus hervor: das war, wenn ich so sagen darf, die «gesunde» Reaktion: wenn die Italiener und die Deutschen mit einem Jahrhundert Verspätung eine Bartholomäusnacht wiederholten, war das der Beweis dafür, daß sie zu siegen meinten und an das Kapital glaubten. Inmitten dieser Rasenden machte die alte französische Bourgeoisie, mit vielen Jahren und Verbrechen auf dem Buckel, eine defätistische Figur. Napoleon III., Boulanger, die Schlächtereien, die Lager des langsamen Todes: sie kannte das alles und konnte letztlich sagen, daß es zu nichts führte. Der Kapitalismus produziert seinen eigenen Tod; das Proletariat gleicht der Lernäischen Hydra: schlagt ihr einen Kopf ab, und es werden zehn neue nachwachsen. Wozu also diese wuchernden Köpfe abschlagen: es ist besser, daß man nach einem Mittel sucht, sie alle zusammen halb krepieren zu lassen. Als die Bourgeois im Süden und Osten «Zu den Waffen!» schrien, antworteten die französischen Bourgeois «Abwarten», und als das Ausland schrie: «Plündert und tötet! Massakriert!», antworteten die unseren: «Unterernähren!» Ja, zu jener Zeit konstruierte man bei uns die Maschine, die sich im Kreis dreht: da der Fortschritt des Kapitalismus zu seinem Untergang führt, werden wir den Fortschritt anhalten; da die Güter dieser Welt früher oder später in andere Hände fallen, werden wir nur das Notwendigste produzieren und alles konsumieren, was wir produzieren; da man uns die Menschheitsdämmerung ankündigt, werden wir den Untergang des Menschen hinauszögern, indem wir eine dahindämmernde Wirtschaft schaffen. Da die Konkurrenz uns dazu treibt, immer mehr zu produzieren, werden wir die Konkurrenz unterbinden; da in den Tagen des Aufstands die Vorstadt die Straßen von Paris besetzen wird, werden wir die technische Konzentration bremsen, um die gesellschaftliche Konzentration zu verlangsamen. Es geht also letztlich darum, die Geschichte anzuhalten. Einen Augenblick lang. Einen winzigen Augenblick lang. Unsere Unternehmer wollen den Umsturz um ein paar Jahrzehnte hinausschieben, damit sie Zeit haben, in Ruhe zu sterben. Das macht keinerlei Schwierigkeit, sofern man bereit ist, das Land zu ruinieren: denn es geht nicht darum, neue Kräfte zu sammeln, sondern unsere Schwächen auszunutzen und jede einzelne durch alle anderen zu verstärken: der Markt hat die Tendenz, sich zu verengen? Ausgezeichnet: wir werden ihm vollends den Garaus machen, indem wir die Preise erhöhen. Die Preise tendieren zur Hausse? Wir werden diese Tendenz verstärken, indem wir die Produktion drosseln. Es mangelt an Rohstoffen? Ein ausgezeichneter Grund, vom Ausland abhängig zu werden. Die Kinder sind knapp? Wir werden sie noch mehr verknappen, indem wir die Eltern in die Verzweiflung treiben; der wirtschaftliche Malthusianismus stützt sich auf den gesellschaftlichen Malthusianismus und beschleunigt ihn: ein Kind verursacht Kosten, bevor es etwas einbringt, es ist ein neues Unternehmen, das neue Investitionen erfordert; wenn nun ganz Frankreich sich sträubt, die Ausrüstung zu modernisieren, wird man sich dann damit aufhalten, ohne Notwendigkeit das Menschenmaterial zu erneuern? Was denn? Häufig waren wirtschaftliche Wiederaufschwünge mit demographischen Umwälzungen verbunden: man wollte Söhne, weil man an einem kollektiven Unternehmen teilhatte, dessen Ausgang sie erleben würden. Wir aber erwarten nur die Sintflut: weshalb Kinder machen, die ertrinken werden? Überzeugen wir den Arbeiter lieber davon, daß Frankreich sterben wird, daß das Schicksal des Sohnes noch schlimmer sein wird als das des Vaters: das ist das beste Mittel, ihm über seine Interessen die Augen zu öffnen. So organisiert unsere Bourgeoisie inmitten des faschistischen Lärms einen langsamen Selbstmord, der sich vielleicht über ein halbes Jahrhundert hinziehen wird. Als sie sich bedroht sah, hat sie zunächst mit Mißerfolgsverhalten reagiert; dann hat sie diese Verhaltensweisen in die Hand genommen und in eine Abwehrstrategie verwandelt. Sie spielte auf Verlust, also wird sie «Wer verliert, gewinnt» spielen. Unsere sich im Kreis drehende Wirtschaft wird sich immer langsamer drehen und eines schönen Tages aufhören, sich zu drehen: doch wir werden tot sein; sollte es den Russen einfallen, die Hand nach unserem schönen Frankreich auszustrecken, dann werden sie nur Aas vorfinden und ganz schön angeschmiert sein. Der französische Malthusianismus verhält sich zu seinem italo-germanischen Bruder, dem Faschismus, wie die Verteidigung zur Offensive, der passive Widerstand zur Aktion, das Weibliche zum Männlichen, der Pessimismus zum Optimismus, kurz, wie das Negative zum Positiven. In beiden Fällen geht es den Führenden darum, die absolute Herrschaft über die Geführten zurückzugewinnen: die Nazis wollten ihre Macht auf die Stärke ihres Repressionsapparats gründen; der französische Bourgeois dagegen bezieht seine Macht aus einem depressiven Immobilismus, der seinen Klassenfeind zur Ohnmacht verdammt.

Wir haben die Bestürzung der Unternehmer gegenüber dem numerischen Anwachsen des Proletariats gesehen: «Wenn es noch größer wird, frißt es uns auf; wenn es kleiner werden sollte, könnte es der Industrie an Händen fehlen.» Der Malthusianismus verscheucht diese Ängste: die Produktion stagniert, wenn die Produktivität sich zu steigern tendiert, die Bedingungen für eine technologische Arbeitslosigkeit sind gegeben, also erscheint das *containment* der Arbeiterklasse in jeder Hinsicht wünschenswert. Dieses *containment* zu verwirklichen, erlaubt übrigens wiederum der Malthusianismus.

Das Proletariat wächst im Übermaß, weil die Arbeiter zu viele Kinder machen und weil die Bauern in zu großer Zahl ihr Land verlassen. Der ökonomische Immobilismus wird es ermöglichen, beide Faktoren zu regulieren.

Zunächst die Geburten: seit 1935 gewinnen die Unternehmer auf der ganzen Linie. Bisher hatte nichts etwas geholfen: diese ungehobelten Bauern versteiften sich darauf, so fruchtbar zu bleiben wie die Tiere. Aber es bedurfte nur weniger Jahre depressiver Wirtschaft, um die Geburtenrate der Arbeiter rapide sinken zu lassen: diesmal haben sie begriffen; sie enthalten sich, genauso wie die Bürger. Die Ursache für diese plötzliche Zuflucht zu den malthusianischen Praktiken hat man in der inneren Entwicklung des Proletariats sehen wollen. Das ist nicht falsch: die produktive Klasse ist homogener geworden, und Arbeitersöhne sind zahlreicher in ihr vertreten als Bauernsöhne. Doch wenn die ersteren weniger Kinder zeugen als die letzteren, so liegt das daran, daß sie längere Zeit das Elend der Städte und die Verzweiflung erlebt haben. Natürlich muß man einräumen, daß sie jeden Tag mehr das Produkt jener technischen Welt sind, die sie produzieren, und daß sie nach und nach die *Techniken* des Lebens und des Todes erlernen: die Väter waren den Geschicken des Körpers unterworfen, die Söhne verstehen es, ihn zu kontrollieren. Doch die Geburtenkontrolle ist nur *ein* Mittel, das zudem ganz unterschiedlichen Zwecken dienen kann: mit ihm allein läßt sich die plötzliche und hartnäckige Kinderlosigkeit der jungen Generation nicht erklären: es reicht nicht aus, die malthusianischen Praktiken zu kennen, man muß sie auch anwenden wollen. Sollen wir die Ursache für diese «Enthaltsamkeit» in den unmenschlichen Anforderungen der Serienproduktion suchen? Wenn man will. Doch in dieser Form bleibt die Erklärung unzulänglich, da in den Ländern des fortgeschrittenen Kapitalismus kein derartiger Geburtenrückgang festzustellen ist. Die Arbeit des angelernten Arbeiters ist immer mühevoll; damit sie ganz und gar unerträglich wird, müssen die neuen Normen im Rahmen einer depressiven Wirtschaft angewandt werden. Fragt doch die Arbeiterehepaare, warum sie keine Kinder mehr zeugen; die Antwort steht außer Zweifel: «Wir kennen unsere Leiden zu gut, um sie anderen zumuten zu wollen.» Dazu verurteilt, im Universum der Wiederholung zu leben, können sie sich für ihre Kinder keine andere Zukunft vorstellen als die eigene Vergangenheit. Aus einer Verbrecherin wird unsere Bourgeoisie zu einer Engelmacherin; mit ihren eigenen Methoden setzt sie das Werk ihrer Väter fort: statt zu massakrieren, zwingt sie den Gegner, sich eigenhändig zu dezimieren.

Sodann der bäuerliche Exodus: er muß verlangsamt oder ausgeglichen werden oder beides zugleich. Nichts ist heute leichter als das: man weiß, daß der Bauer nicht von den tödlichen Lichtern der Städte angelockt, sondern durch sein maßloses Elend dorthin getrieben wird; garantieren wir ihnen also ein maßvolles Elend. Die großen Auswanderungsbewegungen des 19. Jahrhunderts sind überaus lehrreich. Die erste, um 1860, ist die Folge der Konzentration des Grundbesitzes und der damit einhergehenden Umstellung der Bodenbewirtschaftung: Industrielle erfanden den bäuerlichen Markt; man produzierte und verkaufte Pflüge und Kunstdünger; Ertrag und Preis des Bodens stiegen, die Nachfrage nach Arbeitskräften nahm ab, zahllose Tagelöhner wurden auf die Straße geworfen, andere folgten ihnen, denen es zwar nicht ganz so schlecht ging, die aber jede Hoffnung verloren hatten, eines Tages Besitzer zu werden. Die Lektion ist verstanden worden: der Malthusianismus bremst die Mechanisierung der landwirtschaftlichen Techniken, um die Parzellierung der Grundstücke zu erhalten. Bekanntlich nimmt der Transport mehr als doppelt soviel Zeit in Anspruch wie der Anbau. Ausgezeichnet: man wird also den Landwirten eine ganz besondere Fürsorge zukommen lassen, indem man die Traktoren für sie unerschwinglich macht und ihnen 800000 Kilometer ausgefahrener Wege konserviert. Sollen sie zu Fuß gehen, die Erdkrume mit ihren alten Geräten scharren, mit bloßen Händen pflanzen: das ist die beste Garantie für gesellschaftliche Stabilität. Es stimmt, daß die gesellschaftlichen Tatsachen zirkulär sind; auch die Parzellierung der Grundstücke verzögert die Mechanisierung der Techniken: die kleinen Betriebe sind zu winzig, um individuell große Vorteile aus der Motorisierung ziehen zu können. Auf diese Weise findet der Malthusianismus der Industrie seine Rechtfertigung in der geringen Nachfrage.[80] Und wenn die Bauern sich zusammentun würden? Wenn es ihnen in den Sinn käme, gemeinsam Traktoren zu kaufen? «In diesem Bereich», so sagen die Spezialisten, «wird man nichts ohne den Verband tun.» Weil es darum geht, nichts zu tun: das System hat von den sozialen Veränderungen alles zu fürchten, zu denen die Maschinen in der Landwirtschaft führen würden. Glücklicherweise gibt es die Routine: unsere Bauern sind nicht bereit, sich zu einigen. Man beklagt ihren Partikularismus, aber unter der Hand fördert man ihn. Der Staat tut alles, was er kann, um die kostbare Unwissenheit der Bauern zu bewahren: 1949 erhielt der Landwirtschaftsminister 471 Millionen für die landwirtschaftliche Aus-

80 Aber selbst dann (das heißt, wenn man die Rentabilitätsgrenze der Traktoren auf 15 Hektar festlegt) wären etwa 500000 Traktoren nötig. Wir besitzen 130000.

bildung, während das Ministerium für Unterricht und Erziehung für das Fachschulwesen und die Handwerkerausbildung 14 Milliarden erhielt. Das Ergebnis ist, daß uns 10000 Ausbilder fehlen. Dank diesem sorgsam aufrechterhaltenen Defizit bekommen bei uns nur 2 bis 3 Prozent der Landwirte eine technische Ausbildung; in Dänemark sind es 95 Prozent. Und so können wir völlig beruhigt sein: das mystifizierende Regime wird von den Mystifizierten selbst gefordert. Die Maschine läuft.

Der andere große Exodus des vorigen Jahrhunderts – der von 1880 – war die Folge der ausländischen Konkurrenz. Unsere Landwirtschaft war noch halb geschlossen; die Entwicklung des Verkehrs bringt uns Amerika vor die Haustür, und die Neue Welt überschwemmt unsere Märkte mit Lebensmitteln; die Preise stürzen: unsere Bauern liegen erneut auf der Straße. Etwa eine Million Menschen verlassen den Acker; um die anderen dazu zu bewegen, daheim zu bleiben, ergreift man eilends protektionistische Maßnahmen. Aber dann? Wie eine Wiederholung des Desasters verhindern? Indem man den Ertrag steigert? Dann müßte mechanisiert werden: man würde den Fortschritt mit der einen Hand verjagen, um ihn mit der anderen wieder zurückzuholen; um den Exodus von 1880 zu verhindern, würde man den von 1860 herbeiführen. Was nun? Sollen wir das Klima nutzen und uns auf den Anbau von Luxusprodukten spezialisieren, so wie England sich auf die Herstellung von Spitzenerzeugnissen spezialisiert hat? Ausgeschlossen: den Anbau spezialisieren hieße den Anbauer ausbilden. Und dann würde man mit Sicherheit erreichen, was man vermeiden möchte: den Exodus; um Auslandsmärkte beliefern zu können, müßte man mechanisieren, motorisieren, den Ertrag steigern, die Arbeitskräfte verringern, und die Bauern würden ihre Dörfer verlassen. Verflixte Bauern: beim geringsten Fortschritt gehen sie wieder auf die Straße! Glücklicherweise gibt uns der Malthusianismus die Möglichkeit, sie festzuhalten: da es der Fortschritt ist, der sie vertreibt, müssen wir sie vor dem Fortschritt schützen. Sollen sie Weizen und noch mal Weizen produzieren, zum höchsten Preis, durch die undankbarste Arbeit, mit der rückständigsten Technik: der Ruf nach Arbeitskräften wird desto lauter sein, je geringer die Produktivität des einzelnen Arbeiters ist.[81] Gegen die

81 In den Vereinigten Staaten hat sich in den letzten zehn Jahren die Produktivität des einzelnen Landarbeiters jährlich um 5,5 Prozent erhöht. Würde in Frankreich in den kommenden zwanzig Jahren ein jährliches Wachstum der-

Konkurrenz von außen errichtet man eine atlantische Mauer, isoliert Frankreich von den Weltmärkten; bei der Konkurrenz im Innern ist es noch einfacher; man braucht nur zu zerstören; da die Großbauern im Norden und Westen die Produktion nicht so leicht drosseln können wie die Industriellen, wird die Regierung ihnen unter die Arme greifen: man kauft ihnen die überschüssigen Produkte ab, um Schnaps daraus zu brennen. Kurz, Frankreich macht mit seinen Ernten ein Freudenfeuer, und jeder Franzose zahlt, mit leerem Magen, um sich den Rauch zu betrachten. Der Staat steckt Milliarden in den Schwindel, doch das Ziel ist erreicht: bei uns ist das Brot am teuersten[82] und der Bauer der am schlechtesten bezahlte.[83] Denn ohne allen Zweifel war das das Ziel: indem der Malthusianismus unsere Agrarpreise über den Weltmarktpreisen und unsere Industriepreise über unseren Agrarpreisen hält, erzeugt und bewahrt er in jedem Augenblick, in einer kontinuierlichen Schöpfung, den französischen Bauern, dieses absurde und jämmerliche Monstrum, das eine eigensüchtige Propaganda für zahm ausgeben möchte, das sich zu Tode schuftet, um nichts zu verdienen, ein Stück Land zu besitzen wähnt, an dem es nicht einmal den Nießbrauch hat, die Interessen der Großgrundbesitzer verteidigt und alle vier Jahre für sein Elend stimmt aus Furcht, noch elender zu werden. Dieser Naturmensch weiß nicht, daß er ein Kunstprodukt ist und daß sein Schicksal ebenso wie das der Arbeiter in den Städten fabriziert wird: doch man hetzt ihn gegen die Städter auf, indem man ihm in Erinnerung ruft, daß dort seine Gläubiger wohnen, und vor allem gegen die Arbeiter, indem man ihm vor Augen führt, daß ihre Forderungen an der Erhöhung der Industriepreise schuld sind. Wenn der Bauer anfinge, mehr und billiger zu produzieren, wenn er eine steigende Zahl von Traktoren zu fallenden Preisen forderte, würde er eines Tages merken, daß er und der Industriearbeiter gemeinsame Interessen haben: genau das ist es, was man nicht will; die Stabilität verlangt, daß die arbeitenden Klassen durch Schranken des Unverständnisses und des Hasses voneinander getrennt werden: in der Überzeugung, daß man teilen muß, um zu herrschen, nähren

selben Größenordnung realisiert werden, so würden die Einnahmen aus der landwirtschaftlichen Produktion von 2500 Milliarden auf 3500 Milliarden steigen, aber die Zahl der Arbeiter um etwa 30 Prozent sinken.

82 1951/52 kosteten in Deutschland 2880 Kalorien 55900 Franc, in Frankreich 96000 Franc.

83 Zwei Fünftel unserer Bauernhöfe haben eine Bruttoeinnahme, die 30000 Franc jährlich nicht übersteigt.

die Großunternehmer in den Dörfern auf unsere Kosten eine Horde guter Wilder, deren Wahlstimmen ihre Politik unterstützen.

Man darf nicht zuviel verlangen: der Malthusianismus bremst zwar den chronischen Exodus der Bauern, schafft ihn jedoch nicht aus der Welt. Auf 1000 Arbeiter kommen im Jahre 1905 etwa 480 Landwirte; 1930 noch 370; 1953 noch 329: die Emigration hält also an; aber sie verändert ihre Natur und steuert auf kleine Verwaltungsposten zu. Auch das ist eine Auswirkung der depressiven Wirtschaft: bis zum Hals verschuldet, auf einem mit Hypotheken belasteten Stück Land verhungernd, will der Bauer Sicherheit für seinen Sohn; der soll Beamter werden. Vor allem aber schafft oder entwickelt der technische Fortschritt eine neue Klasse, deren schnelles Wachstum das des Proletariats zuerst kompensieren, dann stoppen und schließlich überschreiten wird: die lohnabhängige Mittelklasse. Bekanntlich hat Colin Clark bei den meisten Industrieländern eine statistische Korrelation zwischen dem Nationaleinkommen pro Kopf und dem Anteil der unproduktiven (oder indirekt produktiven) Lohnabhängigen in der berufstätigen Bevölkerung festgestellt.[84] In seiner Terminologie wachsen die sekundäre Gruppe und die tertiäre Gruppe bis zum Ersten Weltkrieg gemeinsam und im selben Verhältnis; es ist die Zeit, da die kapitalistische Industrie sowohl ihre Kader wie ihr Arbeitskräftevolumen aufstellt. Nach 1918 beschleunigt sich das Wachstum des tertiären Sektors, während das des sekundären sich verlangsamt. Die weltweite Entwicklung der Büros und der Verwaltung entsprechen den Bemühungen der Unternehmen, sich im Hinblick auf den technischen Fortschritt und die industrielle Konzentration neu zu organisieren; man zentralisiert die Dienstleistungen, «integriert» die verschiedenen Betriebssektoren, sorgt für rasche Übermittlung, beauftragt Spezialistenteams, die Aufgaben vorzubereiten und zu verteilen, die Konjunktur zu interpretieren und die Marktschwankungen vorauszusehen, die Verteilung zu regeln: das Ziel besteht darin, die Produktivität durch Kontrolle der Produktion zu erhöhen. Dieses Schema von Clark treffen wir auch in Frankreich an. Freilich mit dem Unter-

84 Erinnern wir daran, daß sich für Clark die berufstätige Bevölkerung auf drei Sektoren verteilt:

Primärer Sektor (Fischerei, Forst- und Landwirtschaft).

Sekundärer Sektor (Bergbauindustrie, Energiewirtschaft und Verarbeitungsindustrie).

Tertiärer Sektor (Tansport, Handel, Banken, Versicherungen, Verwaltung, private Dienstleistungen).

schied, daß es zur Karikatur gerät; bei uns stagniert die Produktion seit 1929, und das numerische Wachstum des Proletariats kommt um 1931 zum Stillstand, während der tertiäre Sektor immer mehr anschwillt.[85] Das ist die unmittelbare Folge des Malthusianismus: der Fabrikant denkt nicht daran, seine Arbeiterbelegschaft zu vergrößern, weil er nicht die Absicht hat, mehr zu produzieren; er vergrößert sein Verwaltungspersonal, weil er das Unternehmen rationalisieren möchte, um zu geringeren Kosten produzieren zu können. Ergebnis: ein Überschuß von 800000 berufstätigen Personen im tertiären Sektor und eine wahre Unterbeschäftigung. Wollte man jedoch heute sämtliche Bedürfnisse der Nation befriedigen, dann müßte man die Produktion um 46 Prozent steigern: es versteht sich von selbst, daß das unmöglich ist, doch *in erster Linie* auf Grund des Arbeitskräftemangels. Wo Arbeiter für den Bau der Millionen fehlender Wohnungen hernehmen? Und selbst wenn man sich eine Frist von zehn, von zwanzig Jahren setzte, wie die Lücken im sekundären Sektor füllen, ohne Kräfte aus dem primären und tertiären Sektor abzuziehen? Doch davor hüten sich die Unternehmer: sie sorgen für eine Halb-Arbeitslosigkeit bei den «Dienstleistungen» und halten Frankreich im Zustand chronischer Anämie, um die Kräfte der Arbeiter in ihrer Entwicklung zu hemmen. Der Malthusianismus hat sein Ziel nicht verfehlt: eine rückständige Landwirtschaft, ein überschüssiger tertiärer Sektor sowie ein defizitäres Proletariat – das genügt, um die gesellschaftliche Stabilität zu garantieren. Und natürlich sind die Unternehmer gedeckt: Unterproduktion verursacht Unterkonsumtion, das heißt die Schrumpfung des Markts, die wiederum die Unterproduktion rechtfertigt. Alles steht zum Besten, unter der Bedingung, daß man einen Teil der Bevölkerung im Winter frieren und das ganze Jahr über hungern läßt.

Eine Regierung, die die jährliche Produktivitätsrate erhöhen wollte, müßte, wie wir sahen, den tertiären Sektor entlasten; doch die Unternehmerschaft kann unbesorgt sein: das wird so bald nicht geschehen, und dieser theoretisch mögliche Aderlaß ist auf Grund der *gesellschaftlichen* Widerstände, die er hervorrufen würde, praktisch untersagt. Dabei hat auch der tertiäre Sektor seine Kleinverdiener, deren Lohn höchstens dem eines Handarbeiters entspricht: man könnte erwarten, daß diese Randgruppen keine Schwierigkeiten be-

85 1866 kommen in der Verarbeitungsindustrie auf 10 Angestellte 240 Arbeiter; 1948 ist das Verhältnis 10 zu 47.

reiten, um notfalls von einem Sektor in den anderen überzuwechseln. Aber nein: es ist die Anstellung, die den Angestellten macht wie die Kutte den Mönch; durch seine Kaufkraft ähnelt der Angestellte dem produktiven Lohnarbeiter, er unterscheidet sich von ihm, weil er nicht produziert. Die Arbeit der Stenotypistin ist integrierender Bestandteil der Führungstätigkeit, weshalb sie meint, sie sei in die Führungsklassen integriert. In Wahrheit unterscheiden sich ihre Funktionen nicht so stark von denen des Arbeiters, wie sie glaubt; natürlich *produziert* sie nicht, aber schließlich ist sie es, die den in den Büros erarbeiteten Bedeutungen Materialität verleiht: darin steht sie, wie ich meine, dem Schriftsetzer sehr nahe, der ein Handarbeiter ist. Das bürokratische Moment des Denkens ist die Konzeptualisierung; das Denken leugnet die Realität der Dinge sowie seine eigene Realität; die Sprache leugnet die Existenz des bezeichneten Gegenstands: der Bürokrat bewegt sich auf der Ebene der Statistiken, der Möglichkeiten und der klaren Ideen, das heißt der Ideen, die nicht ihre eigene Überschreitung in sich tragen. Das Denken wird seine Tiefe erst dann wiederfinden, wenn es seine Materialität wiederfindet; da es immer nur die Gegenstände überschreitet, wird es sich selbst nur dann überschreiten, wenn es von außen Gegenstandcharakter erhält. Wenn die Stenotypistin ein Rundschreiben tippt, verwandelt sie die Idee in ein Ding, sie realisiert die wechselseitige Überschreitung der Bedeutung durch ihre Materialität und der Materie durch die Bedeutung. In ihrer Arbeit liegt also, ebenso wie in der des Expedienten, des Briefträgers usw., ein Produktivitätsmerkmal. Doch eben dieses Merkmal leugnen die Angestellten: sie glauben, an der Erarbeitung der Weisungen und Aufgaben teilzuhaben, und verschweigen ihre wirkliche Funktion, die darin besteht, sie zu verändern, indem sie sie dem Realen einschreiben. Durch ihre Verhaltensweisen und ihre Bestrebungen meinen die «ökonomisch Schwachen» des tertiären Sektors, ihre Zugehörigkeit zu den höheren Klassen zu bekunden, von denen sie unterdrückt werden. Doch sie äffen nur ihre Arbeitgeber nach, und hinter ihrem Verhalten verbirgt sich die hartnäckige Weigerung, mit den produktiven Lohnarbeitern verglichen zu werden. Sie haben nur eine völlig negative gesellschaftliche Wirklichkeit, da sie nicht sind, was zu sein sie vorgeben, und jede Solidarität mit denen, die ihnen am ähnlichsten sind, zurückweisen. Es bedurfte nur einiger weniger Entnahmen im primären und sekundären Sektor, um das Elend gegen sich selbst zu kehren, indem man jenes Stehkragenproletariat schuf, das die wirklichen Proletarier verachtet, weil ihm vor der Lage der Arbeiter graut. Im Rahmen einer expansiven Wirtschaft wäre das Übel weniger kraß: auch wenn die «Dienstleistungen» insgesamt weiter anwachsen würden, so würden doch auch die Arbeitermassen wachsen; die Erhöhung des Nationaleinkommens sowie der Bedarf an Arbeitskräften würden dazu beitragen, den produktiven Sektor aufzuwerten, und Verschiebungen begünstigen wie in den Vereinigten Staaten, wo sich auf beiden Seiten der Grenze große fluktuierende Massen befinden, die jederzeit bereit sind, sie zu überschreiten, um je nach der Konjunktur den tertiären Sektor zu überschwemmen oder in den sekundären zurückzufluten. Der ökonomische Immobilismus jedoch zieht den gesellschaftlichen Immobilismus nach sich: von 100 Arbeitersöhnen, die vor einem Vierteljahrhundert geboren wurden, sind 55 als Arbeiter in der großen und mittleren Industrie geblieben, 10 sind als Landarbeiter auf den Acker zurückgekehrt; 35 haben die Linie überschritten, von denen 21 das Stehkragenproletariat vergrößerten. Mit anderen Worten, um 1930 lagen für einen jungen Arbeitersohn die Aussichten, Arbeiter zu bleiben, bei 65 Prozent, die benachteiligten Klassen nicht zu verlassen, bei 86 Prozent. Wenn wir hinzufügen, daß sich der bäuerliche Exodus verlangsamt hat, daß es den kleinen Angestellten fast unmöglich ist, in bürgerliche Verhältnisse aufzusteigen, daß die Kleinunternehmer vom Staat und der Großindustrie protegiert und auf ihrem Posten gehalten werden, müssen wir wohl zu dem Schluß kommen, daß unsere abortive Wirtschaft die sozialen Gruppen abgeschottet und Frankreich zwar nicht ganz zu einer Kastengesellschaft, aber doch zu einer geschichteten Gesellschaft gemacht hat. Der Vorteil liegt auf der Hand: der Malthusianismus begnügt sich nicht damit, das Proletariat zu verringern, er will es gänzlich isolieren; natürlich geht man noch in es ein, und es kommt noch vor, daß man es verläßt: es passiert jedoch immer häufiger, daß man als Arbeiter geboren wird und als Arbeiter stirbt. Und es reicht nicht aus, diese gefährliche Klasse auf Distanz zu halten: man muß sie einkreisen. Im letzten Jahrhundert lebte die Bourgeoisie im Belagerungszustand; heute versucht sie, die Arbeiter belagern zu lassen. Jeder klammert sich an seinen Platz, an das, was er für sein Privileg hält: der Bauer an seinen mit Hypotheken belasteten Acker, der Kleinunternehmer an seinen armseligen Betrieb, der kleine Angestellte an seine Hungerleiderstellung. Die Großen lenken alles: sie brauchten nur ein Zeichen zu geben, um diese kleinen Leute zu ruinieren, aber sie werden sich hüten, es zu tun; es sind ihre Verbündeten, ihre Soldaten. Diese Menschen, die sich in allem voneinander unterscheiden, haben einen gemeinsamen Haß: den auf das Proletariat. Ohne den Haß auf das Proletariat würde der Kleinunternehmer merken, daß er Opfer und Komplize der Industriekapitäne ist, der Bauer, daß sein Acker ihm unter der Hand zerrinnt und wie Wasser abfließt, der Angestellte, daß er von seinem Dienstherrn ausgebeutet wird. Aber sie sehen nichts: nichts außer den Forderungen der Fabrikarbeiter, die die Industriepreise klettern lassen, die Schulden des Bauern vergrößern und den Kleinkrämer an den Rand des Bankrotts bringen, nichts außer dem finsteren Abgrund, der sie anzieht und gleichzeitig abstößt. Die französische Unternehmerschaft stützt sich auf zwei Drittel der Nation, um das letzte Drittel zur Ohnmacht zu verurteilen.

Man versucht nicht mehr, den Kampfeswillen der Arbeiter durch Massaker einzuschüchtern, sondern ihn von innen her zu schwächen; man zögert nicht, das Proletariat in eine ausweglose Situation zu bringen, die so gut ausgeheckt ist, daß es erstickt oder sich zerfleischt, wenn es versucht, ihr zu entrinnen. Die Einkreisung, von der ich soeben sprach, ist vorerst nur ein rein äußerlicher Erfolg. Doch es gibt noch mehr: da die Produktion den Arbeiter produziert und da der Malthusianismus das vorherrschende Merkmal unserer Produktion ist, ist das französische Proletariat ihr Opfer und ihr Produkt: wir werden sehen, wie er in seinem Kampf selbst von dem Übel bedingt wird, gegen das er kämpfen muß.

1. Unsere Väter sagen uns, daß Frankreich sein kämpferisches Proletariat zwischen 1890 und 1911 gehabt habe. Und in der Tat muß man zugeben, daß die Arbeiterklasse während dieser einundzwanzig Jahre mehr als 18 000mal gestreikt hat. Wenn wir sie pro Jahr zählten, würden uns sofort Maxima und Minima auffallen. Doch die einen wie die anderen nehmen ständig zu: die ersteren reichen von 261 bis 1025, die letzteren von 267 bis 1525. Der Prozentsatz der erfolgreichen Streiks nimmt ebenfalls ständig zu: am Ende des Jahrhunderts lag er bei 53 Prozent, 1910 bei 62 Prozent. Diese segensreiche Epoche endet mit dem Ersten Weltkrieg: die Streiks der Nachkriegszeit sind im Durchschnitt zahlreicher. Doch bis 1926 nehmen die jährlichen Minima und Maxima ständig ab, und vor allem sinkt die Erfolgsquote von 70 Prozent im Jahre 1919 auf 35 Prozent in den Jahren 1930–1935. Nach der Sturmflut von 1936 bleibt die Anzahl der Streiks zwar immer noch sehr hoch, doch die rückläufige Tendenz setzt erneut ein und verschärft sich: sie hält heute noch an, und die Erfolgsquoten liegen unter dem Durchschnitt. Müssen wir wirklich glauben, daß zur Zeit des revolutionären Syndikalismus die Arbeiter mutiger und ihre

Führer schlauer, selbstloser waren? Was wäre in diesem Fall die Ursache der Veränderung? Bei dieser Frage hüpfen die bürgerlichen Kommentatoren vor Freude: «Die Ursache, o mein Herz, die Ursache?» Es gibt nur eine einzige: sehen Sie sich den triumphalen Aufstieg des Proletariats bis 1919 an, dem segensreichen Jahr, da der Arbeiter nur einen Wunsch zu äußern brauchte, damit er erfüllt wurde, und bedenken Sie, was dann geschah: die zunehmenden Mißerfolge, der neuerliche Ausbruch des Elends, den Bankrott. 1920, das entscheidende Jahr. Und warum 1920? Weil es *das Jahr des Kongresses von Tours* und der Spaltung der Arbeiter ist; seither hat das Proletariat seinen Krebs.

Der Arbeiter verliert den Mut, weil das kommunistische Geschwür ihn zerfrißt, das ist wirklich zu töricht! Dennoch ist es *wahr*, daß man ein gewisses Nachlassen seiner Aktion registriert. Kehren wir zu den Tatsachen zurück und hören wir, was sie sagen. Zunächst bemerken wir, daß bis 1912 die jährliche Anzahl der Streiks und ihre Erfolgsquote mit der Industrialisierung wachsen. Andererseits haben wir gesehen, daß diese ansteigende Kurve einige Einschnitte aufwies: zeitweise werden die Streiks seltener, und jeder einzelne hat geringere Erfolgsaussichten. Die allgemeine Preiskurve zeigt denselben Aspekt: die Expansionsperiode verläuft nicht ohne kleinere Krisen. Vergleicht man die beiden Kurven miteinander, so springt es in die Augen, daß die *Minima* der einen genau denen der anderen entsprechen. Von 1919 bis 1935 kehrt sich die Tendenz um, doch das Verhältnis bleibt das gleiche:[86] die Streiks nehmen mit dem Preisanstieg zu und mit dem Preisrückgang ab. Es ist klar, was das bedeutet: in Perioden des Aufschwungs ist der Arbeiter anders in der Gesellschaft *situiert*; er ist Gegenstand einer Nachfrage; das heißt, daß das Nationaleinkommen in vollem Wachstum begriffen ist und daß der Ruf nach Arbeitskräften ausreichen würde, die Erhöhung der Löhne zu verursachen; wenn die Arbeiterklasse versucht, diese Erhöhung durch die gesellschaftliche Agitation zu forcieren, so deshalb, weil sie an der kollektiven Bereicherung teilhaben möchte. Anders gesagt, das Proletariat *geht in die Offensive* und schöpft seine Aggressivität aus der Konjunktur. Außerdem bietet das Konkurrenzsystem den Arbeitern die Möglichkeit, ihre Siege zu festigen: die Zugeständnisse, die sie ihm abgetrotzt haben, kann ihnen der Unternehmer nicht wieder entreißen; wollte er die Erhöhung der Löhne durch eine Erhöhung der Preise wettmachen, dann wäre er verloren: er muß entweder auf seine

86 Mit einem Vorbehalt, auf den wir noch zurückkommen.

Profite verzichten oder mehr produzieren: die Praxis ist von der Bewegung der Wirtschaft vorgezeichnet: von Strömungen erfaßt, die ihn mitten in die Schlacht werfen, sieht sich der Arbeiter handeln, ohne daß er beschlossen hat, zu handeln, und die Wirksamkeit seiner Handlungen ist der Expansionskraft unserer Industrie direkt proportional. Das Proletariat schneidet sich aus der Zukunft des Kapitalismus seine eigene Zukunft heraus. Wir wissen heute, daß diese glückliche Zeit mit dem Waffenstillstand von 1918 zu Ende ging. Doch die Praxis schafft sich ihre eigene Darstellung, indem sie die unmittelbare Zukunft, die sie erzeugt, ins Unendliche projiziert: Arbeiter und Unternehmer hatten, indem sie einfach bis zur äußersten Grenze gingen, den Mythos des Fortschritts und der reformistischen Illusion vor sich hin projiziert. Das Proletariat brauchte seine Eroberungen nur fortzusetzen: es würde den Kapitalismus zwingen, unaufhörlich mehr zu produzieren, und sich unaufhörlich der Machtergreifung nähern. Das drückte Jaurès 1902 mit Worten aus, die uns heute schockierend vorkommen, damals jedoch die gemeinsame Hoffnung wiedergaben:

«Es ist ausgeschlossen, daß die Gewerkschaften sich organisieren, sich ausdehnen, sich systematisieren, ohne sehr bald in die Funktionsweise der kapitalistischen Gesellschaft einzugreifen ... Und an dem Tag, da die Arbeitergewerkschaften, und sei es nur als kontrollierende Instanz, auch in die Gestaltung der Technik eingreifen, an dem Tag, da sie der Unternehmerschaft diese oder jene Maschine, diesen oder jenen technischen Apparat empfehlen oder aufzwingen, an diesem Tage werden sie, ob sie es wollen oder nicht, bei der Lenkung der kapitalistischen Maschine mit den Unternehmern zusammenarbeiten. Und natürlich bin ich dem Proletariat wegen dieser Zusammenarbeit nicht böse, denn sie bedeutet den Beginn der Besitzergreifung.»

So verlängerte sich die wahre, aber endliche Zukunft des liberalen Kapitalismus durch eine optische Täuschung ins Unendliche, und der Arbeiter hielt sie für seine eigene Zukunft. Diese falsche Perspektive stachelte den Kampfeswillen der Arbeiter an und veranlaßte den Ausgebeuteten gleichzeitig, durch die Fata Morgana des Reformismus mit seinem Ausbeuter zusammenzuarbeiten. Die Arbeiter hatten die alten Bartholomäusnächte zwar nicht vergessen, doch in dem Maße, in dem die bürgerliche Welt ihrer Aktion nachgab, geriet die Losung des revolutionären Syndikalismus zum toten Buchstaben; Revolutionäre und Reformisten unterschieden sich bald nur noch in der Sprache voneinander: wenn die Revolution am Ende eines kontinuierlichen Fortschritts steht, was unterscheidet sie dann von einer schlichten Evolution? Das Proletariat stand den Politikern und Programmen zwar nach wie vor feindlich gegenüber, doch es neigte dazu, sein freiwilliges Exil zu verlassen, sich beim Feind einzuschleichen, «sich zu zeigen». Es hatte gelernt, daß die soziale Tatsache, wie Marcel Mauss sagt, eine totale Tatsache ist. Doch die objektive Wahrheit seines Kampfs war, daß er es täglich stärker in die kapitalistische Gesellschaft integriert und daß er schließlich die Unterordnung der gewerkschaftlichen Organisationen unter den Staat zur Folge haben mußte.

Während der Depressionen dagegen kämpft das Proletariat mit dem Rücken zur Wand. Sollte man ihm seinen Schneid abgekauft haben? Sicherlich nicht. Aber wenn man seinen Kampfeswillen an der Zahl der gelieferten Schlachten mißt, muß man zugeben, daß er nachläßt; weil der Streik seine Wirksamkeit verloren hat: die Arbeitslosen bilden eine Reservearmee, aus der der Unternehmer hemmungslos schöpft; außerdem wird man, wenn der Laden schlecht läuft, gesellschaftliche Konflikte zum Vorwand nehmen, um ihn dichtzumachen. Gestern redete der Arbeiter bei allem mit; wenn er heute protestiert, wirft man ihn auf die Straße; wohl ihm, wenn er nicht entlassen wird, auch ohne etwas gesagt zu haben. Gestern war er ein integrierender Bestandteil der Fabrik, heute hat er den Eindruck, als sei er hier nur geduldet. Gewiß erfährt nicht er selbst diese Abwertung, sondern seine Arbeitskraft. Nichtsdestoweniger fühlt er sich in seiner menschlichen Realität getroffen. Er hielt sich für unentbehrlich: jetzt bekommt er ständig zu hören, daß einzig das Glück oder das Wohlwollen des Unternehmers ihm seinen Arbeitsplatz bewahrt und daß es, mit einem Wort, eine gewisse Ungerechtigkeit ist, ihm Arbeit zu geben, während man sie so vielen anderen verweigert; und je öfter er hört, er sei ein Glückspilz, daß er nicht arbeitslos ist, neigt er dazu, sich für einen Arbeitslosen zu halten, der Glück gehabt hat: kurz, in Krisenzeiten ist es die Arbeitslosigkeit, die der Arbeit ihren Sinn verleiht. Doch der Arbeitslose ist ein Produkt der Desintegration, ein passiver Staatsbürger, den man an den Rand der Gesellschaft gedrängt hat und fürs Nichtstun kärglich am Leben hält, damit es nicht heißt, man habe ihn verhungern lassen. Doch ob der Arbeiter nun ein potentieller oder ein tatsächlicher Arbeitsloser ist, er fühlt sich *überflüssig*: die Krise beraubt ihn sowohl seiner Befugnisse wie seiner Verantwortungen. Er hatte die Illusion, mit dem Kapitalismus «zusammenzuarbeiten»: nun erkennt er seine Ohnmacht; jetzt reicht es nicht mehr aus, den Arbeitsvertrag korrekt einzuhalten: wenn er seinen Platz behalten will, muß er ihn *verdienen*, muß er werden, was Werkmeister und Unternehmer einen «guten» Arbeiter nennen. Außerdem nutzen die Arbeitgeber die Gelegenheit, ihre Belegschaft zu selektieren: die «Dickschädel», die Gewerkschafter, die Aktiven wird man entlassen, die anderen dagegen behalten, jene, die Resignation, Müdigkeit, Familienverpflichtungen davon abhalten, zu protestieren; so kommt es zu einer Art Umschichtung der Arbeiterklasse: die besten Militanten verschwinden, werden in jenes Niemandsland verbannt, das Arbeitslosigkeit heißt; sie verlieren sowohl ihre Aktionsmöglichkeiten als auch den Kontakt zu den Massen; unter denen, die trotz ihrer relativen Ohnmacht noch fähig bleiben, Druck auf die Unternehmer auszuüben, wächst der Anteil der Resignierten. Der Arbeiter hat die Illusion verloren, mit dem Kapital zu kollaborieren; gestern noch trug er mit seinen Forderungen zur Expansion der Industrie bei; heute bekommt er die Auswirkungen der Depression zu spüren, ohne sie eindämmen zu können. Seine fortschreitende Integration brachte ihn dahin, die Verantwortung mit seinen Ausbeutern zu teilen; das Exil befreit ihn davon, aber es isoliert ihn, er verliert jeden Kontakt zu der Gesellschaft, die ihn ausschließt: deshalb reagiert er besonders feindselig auf politische Demonstrationen. «Das Bewußtsein der Arbeiterklasse», schreibt Lenin, «kann kein wirkliches politisches Bewußtsein sein, wenn die Arbeiter nicht daran gewöhnt sind, auf *alle* Mißstände, alle Willkürakte zu reagieren, *gleich welche Klassen* ihr Opfer sind, und gerade vom sozialdemokratischen Standpunkt zu reagieren.» Zweifellos hat er recht, aber in Zeiten des industriellen Aufschwungs ist es unendlich leichter, «politische Enthüllungen in die Massen zu werfen», als in Krisenzeiten: alle Bande zwischen ihnen und den führenden Klassen haben sich gelockert, einschließlich und vor allem das des gesellschaftlichen Kampfes; der Antagonismus hat die Tendenz, einer Beziehung des reinen Nebeneinanders Platz zu machen.[88] Ziehen wir daraus jedoch nicht den Schluß, daß das Proletariat seine unendliche Aufgabe aus dem Gedächtnis verloren hat: Tatsache ist, daß die Konjunktur es jeglicher Zukunft beraubt, indem sie es zwingt,

88 Selbstverständlich handelt es sich um die *gesellschaftliche* Beziehung: das ökonomische Band bleibt die Ausbeutung. Was jene reine Kontiguität betrifft, so darf man sie nicht als ein wahres und dauerhaftes Verhältnis zur Unternehmerschaft verstehen, sondern als eine Übergangsform, den der Klassenkampf annimmt, wenn sich der Kampfeswillen der Arbeiter dem Nullpunkt nähert.

sich an seine unmittelbaren Interessen zu halten: es kämpfte, um zu erobern, nun kämpft es, um zu bewahren. Doch niemals hat sich die Wahrheit deutlicher gezeigt: jede Klasse geht auf den Tod der anderen; wenn der Kapitalismus seine Interessen wahren will, muß er das Proletariat unter dem Existenzminimum halten. Die bescheidensten Forderungen regen keineswegs die Industrie zur Produktion an, sondern laufen Gefahr, sie in den Bankrott zu treiben. Und in der Tat, wenn die Krise sich verschärft, kann sie zur Revolution führen, das heißt zum Zusammenbruch einer von ihren inneren Widersprüchen ausgehöhlten Wirtschaft. Doch gerade diese Aussicht bremst häufig die gewerkschaftliche Aktion: wenn die Umstände keine großen Bewegungen begünstigen, läuft ein lokaler Streik Gefahr, gewaltsam unterdrückt zu werden oder das Unternehmen zu ruinieren.

Die Lektion wird nicht umsonst sein: die Unternehmer stützen sich auf die vorstehenden Erwägungen, um die objektiven Voraussetzungen für die Entmutigung der Arbeiter künstlich zu schaffen. Die Zahl der Streiks wächst mit der Produktion? Also wird man die Produktion am Wachstum hindern. Fällt sie unter eine bestimmte Schwelle, dann sind aufrührerische Wirren zu befürchten? Also wird man dafür sorgen, daß sie auch nicht sinkt. Es genügt, die Volkswirtschaft im Zustand der Krise zu halten. Eine paradoxe Folge dessen, was man ehernes Gesetz nennt, ist, daß die Klassen einander widerspiegeln: dem fortschrittlichen Unternehmer entspricht ein kämpferisches Proletariat, dem müßigen Unternehmer ein müdes Proletariat. Um das Bewußtsein der Arbeiter zu verdunkeln, haben unsere Industriellen beschlossen, sich auf Sparflamme zu drehen; sie hoffen, daß das Dahinsiechen der Produktion vom Proletariat innerlich als allgemeine Anämie erlebt wird. Dank ihren Praktiken ist das französische Proletariat ja sowohl defizitär wie leicht überschüssig. Für eine Wirtschaft, die sich vornähme, alle Bedürfnisse der Nation mit Hilfe einer Massenproduktion zu befriedigen, ist es nicht groß genug: der Malthusianismus hält es also im Zustand der Unterentwicklung. Doch für eine Wirtschaft, die sich aus Furcht vor der Depression depressiv gemacht hat, besteht in jedem Augenblick die Gefahr, daß die Arbeiterklasse zu groß ist. In der Tat, die Krise ist unsere einzige Perspektive, und die Angst vor der Krise bedingt alles. Indem die Großindustrie sich mit kleinen Unternehmen wie mit einem Sicherheitsgürtel umgibt, suggeriert sie, daß die Katastrophe vor unserer Tür steht; und der Staat tut durch seine extravaganten Vorsichtsmaßnahmen ein übriges, uns zu überzeugen: natürlich ist keine Rede davon, diese Katastrophe vollkommen zu bannen, aber durch ständige Wachsamkeit läßt sie sich hinausschieben. Unsere einzige Hoffnung wäre demnach die Fortdauer des Immobilismus. Gewiß, es gibt Arbeit für alle, aber nur deshalb, weil die Nation sich grausame Opfer auferlegt, um die Arbeitslosigkeit zu *verhindern*; der Arbeiter wäre das erste Opfer einer ungünstigen Konjunktur; folglich ist er der erste Nutznießer der Fürsorge seitens der Regierung; würde man aufhören, den ausländischen Produkten den Weg zu versperren, läge er auf der Straße; und wenn man nur Lebensmittel hereinließe, wäre das der Ruin unserer Landwirte, würden die Bauern erneut in die Städte strömen und das Proletariat ausgerechnet in dem Augenblick aufblähen, da die Industriemärkte die Folgen des Zusammenbruchs der Agrarpreise zu tragen hätten. Mehr noch: was den Unternehmer selbst betrifft, so verdanken die Lohnabhängigen ihren Arbeitsplatz seinem Wohlwollen; sollte er rücksichtslos ausländische oder koloniale Arbeitskräfte verwenden, so bestände die Gefahr, daß Zwietracht und Konkurrenz die Arbeiterklasse spalten; würde er seine Fertigungsverfahren vervollkommnen, ohne die Produktion zu steigern, so wäre das Proletariat mit technologischer Arbeitslosigkeit geschlagen. *De jure* ist der französische Arbeiter ein Arbeitsloser; daß er es nicht *de facto* ist, verdankt er der Protektion der Staatsorgane und des Großkapitals. Also wird man ihm zu verstehen geben, daß unsere Wirtschaft beim geringsten Windstoß zusammenbrechen kann. Soll er streiken, wenn er will: man hat ihn gewarnt, daß er alles dabei zu verlieren hat.

Nun muß er nur noch überzeugt werden, daß er nichts dabei zu gewinnen hat. In diesem Punkt hat der Malthusianismus wahre Wunder gewirkt; die Methode ist um 1936 erarbeitet worden und leistet noch heute gute Dienste. Dem Matignon-Abkommen zufolge «sollten die Reallöhne gemäß einer abnehmenden Skala angepaßt werden, beginnend mit 15 Prozent für die niedrigsten Löhne bis zu 7 Prozent für die höchsten Löhne». Tatsächlich ist es nicht ausgeschlossen, daß die Gesamterhöhung unter dem Druck der Massen 20 Prozent erreicht hat. Die Regierung und die Gewerkschaften schlugen den Fabrikanten vor, die Erhöhung der Kosten durch eine Produktionssteigerung auszugleichen, doch die Unternehmerschaft stellte sich taub. Auf die Kleinkrämer gestützt, die über große Not klagten, erhöhte sie kurzerhand die Preise. Von Mai bis November 1936 weist der Preisindex allein bei Industrieprodukten eine Steigerung von 35 Prozent auf. Diese Steigerung setzte sich während des gesamten Blum-Experiments fort;

immer übertraf sie die der Löhne. Im Februar 1937 hat Léon Blum selbst in einer Rede an die Beamten erklärt: «Das Anwachsen der Lebenshaltungskosten seit acht Monaten erlegt einem Haushalt von Erwerbstätigen Lasten auf, die höher sind als die Vorteile, die alle zu seinen Gunsten ergriffenen Maßnahmen ihm verschaffen konnten.»

Seitdem ist der Zirkel geschlossen, und der berüchtigte «Teufelskreis der Preise und Löhne» funktioniert. Es versteht sich von selbst, daß er uns als unerbittliches Gesetz der Wirtschaft vorgestellt wird, aber das ist eine Lüge, denn hier gibt es weder ein Gesetz noch einen Kreis, noch einen Teufel. Die Wahrheit ist, daß die «Masse der konsumierbaren Einkommen» nicht wachsen kann, wenn die Produktion nicht wächst: die Banknotenpresse hat noch nie jemanden reicher gemacht. Durch Anpassung der Löhne bewirkt man also lediglich eine Verschiebung der Einkommen: nun muß nur noch entschieden werden, auf wessen Kosten diese Umverteilung stattfinden soll. In einem liberalen System muß sich der Unternehmer, wie wir sahen, mit neuen Kosten abfinden; in einem System der Monopole wird er sie auf den Verbraucher abwälzen. Der Vorteil ist ein doppelter: man hetzt die Mittelklassen gegen das Proletariat auf; man teilt und herrscht. Und dann mystifiziert man den Arbeiter: denn wie stark die Erhöhung des Nominallohns auch sein mag, die Kaufkraft bleibt dieselbe. Alles verändert sich, und nichts verändert sich; was man den Arbeitnehmern mit der einen Hand gewährt, zieht man ihnen mit der anderen wieder aus der Tasche. Nach dem Volkssieg von 1936 brauchten die Unternehmer keine zwei Jahre, um die Kaufkraft einer Arbeitsstunde wieder auf ihr Niveau von 1929 zu drücken. Unter der Okkupation sank sie noch tiefer, und heute, zehn Jahre nach der Befreiung, hat sie ihr Niveau von 1938 noch immer nicht wieder erreicht: seit einem Vierteljahrhundert ist trotz diverser Fluktuationen und harter gewerkschaftlicher Auseinandersetzungen der Reallohn des Arbeiters derselbe geblieben: er hat zur gleichen Zeit aufgehört zu wachsen wie das Nationaleinkommen und wird erst mit diesem wieder in Bewegung kommen. Das ist der Taschenspielertrick, der die Arbeiter verwirrt, und ich glaube nicht, sie zu beleidigen, wenn ich sie mit jenen mutigen Stieren vergleiche, die zehnmal auf das rote Tuch losstürmen und plötzlich stehenbleiben, enttäuscht, auf einen Köder hereingefallen zu sein. Der Arbeiter tut alles, was er kann, er nimmt Entbehrungen auf sich, um den Streik zu gewinnen, und kommt erschöpft ans Ziel, nur um einen allgemeinen Preisanstieg zu erleben, der alles wieder ins alte Lot bringt. Es wird alles getan, um ihn davon zu überzeugen, daß seine Mühe umsonst war: einige Fabrikanten treiben die Schamlosigkeit so weit, eilends die Kantinenpreise anzuheben und die neuen Tarife noch am selben Tag anzuschlagen, an dem die Arbeiter ihre Lohnerhöhung durchgesetzt haben. Im Handumdrehen ist die Situation umgekehrt. Ohne Krise und ohne Massaker haben die Unternehmer den Kampfeswillen der Arbeiter zermürbt: der Arbeiter verliert jede Hoffnung auf einen Sieg; mag er, wenn er will, auf die Löhne Einfluß nehmen, er hat nichts erreicht, wenn er die Preise nicht stoppt; aber er weiß genau, daß er die Preise nur dann stoppen kann, wenn er die Macht ergreift, und die anderen Klassen scheinen fest entschlossen zu sein, sie ihn nicht ergreifen zu lassen. Heißt das, daß das Proletariat wie in Krisenzeiten von seiner Zukunft abgeschnitten ist? Nein, aber wir sahen, daß diese Zukunft in erster Linie die des Kapitalismus ist.[89] Bei uns jedoch ist es der depressive Immobilismus, der unserer Zeitlichkeit ihre beiden widersprüchlichen Züge verleiht: die Wiederholung und die Rückbildung. Die Wiederholung ist der unmittelbare Schein: die Tage folgen einander und gleichen sich; drei Jahrhunderte lang aßen und wohnten die Söhne besser als die Väter, doch seit fünfundzwanzig Jahren ändert sich nichts mehr, und die Masse der aufzuteilenden Güter wächst nicht; daß es Leute gibt, die besser leben, liegt daran, daß es andere gibt, die schlechter leben. Ganz Europa nennt uns Pfennigfuchser: natürlich kann dieser Vorwurf nicht dem Proletariat gelten, das gar nicht die Mittel hat, geizig zu sein; aber er trifft auch nicht die Mittelklassen: die Knausrigkeit liegt im System, sie darf nicht als nationaler Charakterzug angesehen werden, sondern als die kollektive Situation, die unsere Herren uns bereitet haben. In den Ländern des fortgeschrittenen Kapitalismus ist der Geiz ein individuelles Hindernis, das die Bewegung des Austauschs aus dem Weg räumt; unser Malthusianismus dagegen entmutigt die Investitionen, und das Geld spielt bei uns eine äußerst konservative Rolle: da man es von den neuen Unternehmen ablenkt, lockt es uns zu den ältesten hin; wir bekommen Angst vor den Risiken, weil man uns daran hindert, sie einzugehen, und verabscheuen schließlich alles Neue. Es stimmt, daß wir alles aufbewahren, doch nur deshalb, weil man uns eine Zukunft fabriziert, die die genaue Reproduktion unserer Vergangenheit ist; die Amerikaner werfen alles weg, bevor es abgenutzt ist: morgen werden die Produkte

89 Einfach weil sich das revolutionäre Unternehmen genau wie das reformistische im zeitlichen Rahmen des Kapitalismus entwickelt.

besser und billiger sein; bei uns wird die Ware ihre Qualität nicht verändern, sondern einfach teurer sein. Was Wunder, daß eine französische Wohnung dem Nest der diebischen Elster gleicht? Brautkleider, abgetragene Anzüge, altmodische Hüte, leere Fiolen, verblaßte Schleifen, zerknautschte Schachteln, Bindfäden: in unseren Schränken liegen genug Altertümer und Monumente, um die Geschichte des letzten halben Jahrhunderts nachzuzeichnen.[90] Es sieht so aus, als wollten wir um jeden Preis eine Vergangenheit festhalten, die vermodert: weil wir Angst vor dem Morgen haben.

Diese ewige Wiederkehr verbirgt einen ständigen Verfall: alles nutzt sich ab; man ersetzt es knickrig und flickt es vor allem. Darunter verschimmelt das Land: alte Häuser in alten Städten, veraltetes Material in alten Fabriken, alte Felder und alte Routine, alternde Bevölkerung, ältliche Kinder, Kinder von Alten. Unterdessen richten die anderen Länder, in ein ungeheures Abenteuer gerissen, ihre stählernen Mauern um uns auf.

Natürlich sind sie diejenigen, die aufsteigen, aber alles sieht so aus, als ob wir absteigen würden. Wenn alles sich ändert, muß man sich ebenfalls ändern, um derselbe zu bleiben: da unsere Wirtschaft sich nicht *zuerst* ändern will, erzeugt sie ihren eigenen Tod, und dieser Tod wird unsere Zukunft: täglich wiederholt man uns, daß unsere Größe hinter uns liege und daß wir uns jeden Tag weiter von ihr entfernen, man preist uns irgendeine Süße des Lebens, die wir nie gekannt haben, die unsere Väter vielleicht kannten, als das Werkzeug neu war. Wir leben in einer Zeit der Klage und des Bedauerns; Frankreich ist Johanna die Wahnsinnige, die auf ihrem verwesenden schönen Gatten liegt. Das bürgerliche Denken ist der Prophetie verfallen. Man gefällt sich darin, in «Schicksalsbegriffen» von Europa zu reden; man weissagt die Sintflut, doch das ist lediglich eine Art und Weise, unseren Wunsch zu kaschieren, in Frieden zu sterben: ja, die Sintflut, aber nach uns. Man klopft die Wände ab, prüft die Dielen: sie werden noch halten bis zum letzten Umzug.

Die Arbeiterklasse arbeitet und kämpft in diesem kräfteverzehrenden Klima. Sie ist nicht verzweifelt; und die Arbeiter werden von dem schändlichen Wunsch, ruhig zu sterben, nicht angesteckt, weil man sie nicht einmal in Frieden leben läßt. Doch wie sollten sie in dieser bleiernen Zukunft, die man Frankreich bereitet, nicht ihre eigene Zu-

90 Nach dem Aufruf von Abbé Pierre sah man plötzlich erstaunliches Strandgut auftauchen: Decken, Heizgeräte, alte Kleider usw.

kunft sehen? Die Welt der Handarbeit war schon immer mehr oder weniger eine Welt der Wiederholung. Immerhin behielt der Arbeiter in Zeiten der Expansion die Hoffnung, sein Los zu verbessern; immerhin trieben ihn in Zeiten verschärfter Krise Not und Wut dazu, die Last abzuschütteln, die ihn erdrückte, und die Revolution zu wagen. Doch heute verschwört sich alles, um ihm einzureden, daß, was immer er tut, sein Los sich nicht ändern werde. Man treibt das Wohlwollen sogar so weit, ihm mehrmals am Tag die Situation zu erklären: Was erwartet er? Weiß er denn nicht, daß das Nationaleinkommen stagniert? Gewiß wäre eine gerechtere Verteilung der Reichtümer wünschenswert, und die Großunternehmer sind für ihren Teil durchaus bereit, ihm gewisse Befriedigungen zu gewähren: doch leider ist das nicht möglich, ohne die kleinen Unternehmer zu ruinieren. Und haben nicht auch sie das Recht zu leben? Schlußfolgerung: nichts wird sich ändern, nichts kann sich ändern. Weshalb sollte das Proletariat revolutionär sein? Es hat etwas zu verlieren. Und weshalb reformistisch? Es hat nichts zu gewinnen. Der Arbeiter geht nicht auf diesen Leim; trotzdem kann er nicht umhin, seine Ohnmacht zu erkennen. An die Revolution glaubt er noch immer, sagte ich oben: aber er glaubt eben nur daran; sie ist nicht mehr seine tägliche Aufgabe, er hat die stolze Gewißheit verloren, sie durch seine Anstrengungen näher zu bringen; einst sah er in der immer größer werdenden Zahl seiner lokalen Siege einen Beweis für seine Macht über die Welt; doch der Malthusianismus, der seine Waffen stumpf machte, hat ihn seines Einflusses auf die Welt beraubt: er hat bewiesen, daß er weder die Unternehmer – und seien es die härtesten – noch den Staat, noch die CRS fürchtet; sein Hauptfeind jedoch ist ein Wesen ohne Gesicht und ohne Körper, das er nicht zu fassen bekommt: der *Preis*. Im Laufe der letzten zwanzig Jahre haben die Gewerkschaften nach und nach den Begriff des «Existenzminimums» und den der «gleitenden Lohnskala» geprägt: in diesen neuen Ideen wollte man einen Fortschritt der Arbeiterbewegung sehen. Doch ganz im Gegenteil sind sie dem Malthusianismus entsprungen: der Immobilismus unserer Wirtschaft zwingt den Arbeiter, für die Aufrechterhaltung des *status quo* zu kämpfen. Das ermöglicht uns, seine heutige Abneigung gegen politische Demonstrationen besser zu begreifen. Denn die politischen und gesellschaftlichen Ziele des Proletariats sind ihrer Definition nach fortschrittlich: wenn es in der Lage ist, auf wirtschaftlichem Gebiet seinen Willen durchzusetzen, entsteht die politische Aktion von selbst: sie ist die Bedeutung der im täglichen Kampf erzielten Fortschritte; wenn jedoch die gewerkschaftliche Aktion auf der Stelle tritt, wenn der Arbeiter in die Defensive gedrängt wird, verschieben sich die politischen Ziele gegenüber den ökonomischen Zielen; sie drohen, in der Luft zu bleiben: eben weil sie *fortgeschrittene* Positionen sind, betrachtet der Arbeiter sie von ferne wie Hoffnungen oder Wünsche, bleibt jedoch gänzlich von ihnen abgeschnitten und findet die Wege nicht mehr, auf denen er sich ihnen nähern könnte. Man hält ihm die nie endende Wiederholung seiner Arbeiten und Mühen vor Augen; wenn er darauf beharrt, die Revolution als Ziel zu setzen, wie könnte er sich vorstellen, daß er sie vorbereitet? Die Welt verändert sich, und Frankreich rührt sich nicht: das französische Proletariat fragt sich, ob es nicht aus der Geschichte herausgefallen ist. In China organisiert sich eine neue Gesellschaft; in der UdSSR steigt der Lebensstandard: bei uns nimmt der Arbeiter diese Neuigkeiten mit gemischten Gefühlen zur Kenntnis; sie heben seinen Mut, weil sie ihm beweisen, daß der gesellschaftliche Fortschritt möglich ist, und sie deprimieren ihn, weil sie ihm anzuzeigen scheinen, daß er stehenbleibt, von seinen russischen und chinesischen Kollegen durch eine Distanz getrennt, die ständig größer wird, und daß sein Heil, wenn überhaupt, von außen kommen muß. Ich werde darauf zurückkommen. Doch schon jetzt müssen wir uns, wenn wir es verstehen wollen, in Erinnerung rufen, was wir unter der Okkupation empfanden, als wir darauf warteten, daß die Alliierten einen Krieg für uns gewännen, den mit ihnen zu gewinnen wir nicht die Mittel hatten.[91] Auf diese Weise ermöglicht es die malthusianische Strategie den Unternehmern, die Initiative zu behalten: die depressive Wirtschaft beherrscht die Arbeiterpraxis von außen, sie skizziert die möglichen Operationen, definiert deren Merkmale, bestimmt ihre Tragweite und ihre Bedeutung; sie ist es, die die Ziele und die Siegeschancen festlegt. Sobald sich der Arbeiter in dieser vorfabrizierten Aktion engagiert, schließt sie sich über ihm: wieder findet er sich in einem getürkten Raum eingesperrt, der ihm seine Wege,

91 Natürlich gab es die Widerstandskämpfer – und man darf mir glauben, daß ich die Bedeutung ihrer Aktion nicht unterschätze; und es gab auch den unsichtbaren, passiven Widerstand der Massen: das alles zählt. Heute gibt es die Kommunistische Partei und die aktiven Gewerkschafter; es gibt das große Gewicht der Massen sowie den Einfluß, den sie, auch wenn sie träge sind, von weitem auf alle gesellschaftlichen Bereiche ausüben. Doch die Résistance erwuchs aus unserer militärischen Niederlage, und die heutigen Organisationen des Proletariats verdanken ihre Hauptmerkmale der großen Ebbe der Arbeiterbewegung, die mit dem Malthusianismus beginnt.

seine Krümmung und seine Perspektiven aufzwingt; die Entmutigung des Proletariats ist ein Produkt der industriellen Unterproduktion; subjektiv drückt sie die objektiven Schranken aus, die die Wirtschaftsstruktur der Praxis aufzwingt.

2. Der Malthusianismus will also den Arbeiter bis zur Weißglut treiben. Doch damit nicht genug: man muß teilen, um zu herrschen.

Marchal hat gezeigt, daß zwischen 1890 und 1936 die Zahl der Streiks im gleichen Rhythmus zu- und abnimmt wie die Produktion. Aber er hat als erster auf folgende bemerkenswerte Ausnahme hingewiesen: ab 1920 nehmen die Häufigkeit der Streiks sowie ihre Erfolgsquote rapide ab; gleichwohl bleibt unsere Wirtschaft bis 1929 expansiv. Man erklärt dieses Faktum mit der Uneinigkeit der Arbeiter und hat nicht ganz unrecht. Doch woher kommt diese Uneinigkeit? Vom Krieg, wird man mir antworten, vom Verrat der Sozialisten, von der russischen Revolution, von allem, nur nicht vom Malthusianismus, der noch gar nicht praktiziert wurde, als diese Uneinigkeit auftauchte. Es stimmt: der gewerkschaftliche Pluralismus ging der industriellen Stagnation voraus, und unsere Malthusianer fanden ein entzweites Proletariat vor. Wer aber sagt uns, ob sie diese Chance nicht voll ausgenutzt und einen vorübergehenden Zustand verewigt haben, indem sie die Produktion drosselten?

Das hierarchisierte Proletariat aus der Zeit vor dem Ersten Weltkrieg ist das Produkt der Dampfmaschine. Diese hat den Muskel ersetzt, aber noch nicht die Geschicklichkeit; sie bleibt *abhängig*: sie muß gewartet, eingerichtet, dirigiert, kontrolliert werden. Die Drehbank erspart es dem Arbeiter, sein Werkzeug mit der Hand zu bewegen und es an das zu schneidende Werkstück anzulegen: bleibt noch, die Arbeit vorzubereiten, die Position des Werkstücks, die Schnittwinkel, die Geschwindigkeiten usw. zu bestimmen. Gerade auf Grund ihrer Unvollkommenheiten definiert die Drehbank den Dreher: es gibt Spezialprofile, die die Maschine nicht ausführen kann und die man durch Handarbeit, mit Hilfe zusätzlicher Werkzeuge erzielt; die Operation und infolgedessen der Operateur bewahren teilweise ihren handwerklichen Charakter. Der Mensch, den die Maschine erfordert, wird von der Gesellschaft geformt: sie vermittelt ihm das Fachwissen und die technische Erfahrung in einer mehrjährigen Lehrzeit; danach sortiert die Konkurrenz die besten aus: diejenigen, die Fingerspitzengefühl, «Augenmaß», körperliche Gewandtheit, Initiative an den Tag legen. Aber es ist teuer, einen Facharbeiter auszubilden: im liberalen Kapitalismus müssen die Eltern den größten Teil der Kosten tragen.

Die Bauern, die ihren Acker aufgegeben haben, und die Söhne von Hilfsarbeitern besitzen meist weder die Mittel noch den Willen, eine Lehre zu machen.[92]

So schreiben die Erfordernisse der Maschine sogar die Art der Nachwuchsauswahl vor: die Facharbeiter sind Söhne von Facharbeitern oder Handwerkern; diese Aristokratie zählt zwar einige Emporkömmlinge, doch im wesentlichen ist der Zugang zu ihr durch die Herkunft geregelt. Gewiß wird der Elitearbeiter im selben Maße ausgebeutet wie seine Kollegen, aber er unterscheidet sich von ihnen, weil seine Sachkenntnis ihn als einzigen dazu ausersieht, eine Maschine zu bedienen; er ist der Produzent *par excellence*; als Hauptagent und Kronzeuge der Umwandlung des Materials in ein Fabrikerzeugnis wird er sich bei der Bearbeitung der inerten Dinge seiner selbst bewußt. Für ihn ist die Lehre sehr viel mehr als eine technische Ausbildung: er sieht in ihr eine revolutionäre Initiation und einen Übergangsritus, der ihm Zutritt zu seiner Kaste und zur Welt der Arbeiter verschafft.

Auch die Einheit der Arbeitsgruppe wird von der Maschine garantiert oder besser von der komplexen und synthetischen Operation, die der Facharbeiter mit Hilfe der Maschine und mit Unterstützung der anderen Arbeiter durchführt. In einem Mechanikbetrieb zu Beginn des Jahrhunderts kommen auf hundert Arbeiter etwa zwanzig «Mechaniker», die eine vierjährige Lehre hinter sich haben und die für die Montage sowie für die Einstellung zuständig sind, etwa sechzig Bohrer, Gewindeschneider, Zapfenlochstoßer, Fräser, geschickte und fachkundige Arbeiter, die jedoch bei weitem nicht die Ausbildung der ersteren haben, schließlich etwa zwanzig Hilfsarbeiter, die abseits von den Maschinen leben und in keiner Weise an der Fabrikation teilnehmen. Der Mechaniker dirigiert sowohl seine Maschine wie seine Leute: die halb qualifizierten Arbeiter, die ihn umgeben, nennt er sein «Zubehör» und läßt sie für sich «basteln»; auch die Hilfsarbeiter gehorchen ihm: sie nehmen ihm die Dreckarbeit ab. Diese technische Hierarchie wird von der Hierarchie der Löhne unterstrichen: der Facharbeiter verdient sieben Franc, während der Handlanger nur vier

92 In *Travaux* zeigt Georges Navel die Schwierigkeiten, die noch um 1919 der Sohn eines Hilfsarbeiters hatte, Facharbeiter zu werden. Er und zwei seiner Brüder mußten Tricks anwenden, um Monteur, Kesselschmied oder Maschinenschlosser zu werden, ohne den Weg einer langjährigen Lehre zu beschreiten.

verdient. Zu jener Zeit beginnt man von «Massen» zu sprechen, wenn man die Arbeiterklasse bezeichnen will, jedoch zu Unrecht: die Massen sind amorph und homogen, das Proletariat von 1900 ist in hohem Maße differenziert, die Hierarchie der Arbeit und der Löhne wiederholt sich auf sozialem und politischem Gebiet haargenau. Auch die Hilfsarbeiter können in ihrer bloßen Addition nicht «die Massen» bilden: nur abstrakt wären sie von den anderen Arbeitern zu trennen, und jeder einzelne von ihnen ist mit seinen Werkstattkollegen enger verbunden als mit den anderen Hilfsarbeitern der Fabrik und der Stadt; die Arbeiterklasse besteht aus einer Vielzahl von Sonnensystemen, strukturierten kleinen Einheiten, die um eine Maschine kreisen. Diese Arbeitsgruppen kommunizieren über die Spitze: die Form des Gewerkschaftsapparats wird von der Zusammensetzung der Arbeiterklasse bestimmt: 1912 zählt Frankreich über 6 Millionen Handarbeiter, doch die CGT hat nur 400000 Mitglieder. Trotzdem werden die Streiks hart und diszipliniert geführt, und wir sahen, daß sie meist erfolgreich sind: das heißt, daß im allgemeinen ein Militanter ausreicht, um etwa fünfzehn Unorganisierte mitzureißen; im Lohnkampf genießen die Facharbeiter dieselbe Autorität wie bei der Arbeit. Freilich nicht alle, da nur jeder dritte Gewerkschaftsmitglied ist: die besten von ihnen, diejenigen, die den Mut hatten, sich eine Allgemeinbildung zu verschaffen, und die neben ihrem revolutionären Willen ein klares Bewußtsein ihrer Lage als Arbeiter haben. Der Dampfmaschine entspricht ein hierarchisiertes Proletariat, das wiederum einen Kadersyndikalismus erzeugt, in dem die Werkstatt die Basis, der Betrieb das Schlachtfeld und der Elitearbeiter der Kämpfer ist.

Es soll die gute alte Zeit gewesen sein: ein Vierteljahrhundert nach seinem Tod haben unsere schönen Seelen den revolutionären Syndikalismus entdeckt und halten ihn uns unablässig als Beispiel vor Augen: im goldenen Zeitalter des Kongresses von Amiens gab es keine Bürokratie; der Gewerkschaftsapparat ging unmittelbar aus dem Proletariat hervor und blieb in ihm als einfaches inneres Organisationsprinzip; für die Verteidigung der Arbeiterinteressen sorgten die Arbeiter selbst, man kämpfte, ohne die Werkstatt zu verlassen, also ohne den Kontakt mit den konkreten Problemen des Betriebs zu verlieren. Der bergsonsche Generalstab der CGT machte sich zum Champion der Spontaneität: bald beschwor Pelloutier ein «geheimnisvolles Band», das die Arbeiterorganisationen zusammenhält, bald pries Griffuelhes «die spontane und schöpferische Aktion» des französischen Syndikalismus; kurz, das gewerkschaftliche Ich hatte seine Wurzeln tief im Ich des Proletariats. Vor dem Ersten Weltkrieg besaß der Klassenkampf ein gewisses Etwas.

Natürlich sind das Flausen: hinter dem vitalen Schwung der arbeitenden Klassen verbarg sich die Diktatur der Fachelite. Die «handelnde Minderheit» verachtet, was sie bereits «die Masse» nennt, und verabscheut die Demokratie. «Nicht die schwerfällige und rückständige Masse», sagt Lagardelle, «soll hier zu Wort kommen wie in der Demokratie, bevor der Kampf beginnt; das Gesetz wird nicht mehr von der großen Zahl gemacht. Es bildet sich vielmehr eine handelnde Elite heraus, die auf Grund ihrer Qualifizierung die Masse mitreißt und ihr den Weg des Kampfes weist.» Übersetzen wir: die «höhere» Schicht des Proletariats übernimmt es, ihren eigenen Forderungen sowie denen der «Benachteiligteren» gemeinsam Geltung zu verschaffen; diese Elite will allein über das Wohl aller bestimmen und versucht weniger, die Widerstände im Volk zu verstehen, als sie zu brechen. Ich werde nicht die ungerechte Behauptung aufstellen, daß diese bewundernswerten Kämpfer ihre Klasse verraten haben: wenn sie ihren Kameraden mißtrauen, so deshalb, weil sie sie verdächtigen, eher Herdenmenschen als Revolutionäre zu sein; stets sind sie darauf bedacht, ihre Interessen mit denen der Hilfsarbeiter zu versöhnen, und in einem prosperierenden und sich industrialisierenden Land sind solche Versöhnungen zumindest anfangs nicht allzu schwierig. In den letzten Vorkriegsjahren werden sie immer seltener. Der Arbeiterkampf hat zwei Gesichter: für die handelnde Minderheit ist er eine konkrete Erfahrung und ein Mittel zur Emanzipation; für die Mehrheit, die ihr folgt, bleibt er häufig ein abstrakter Imperativ. Und wenn die Militanten die Hilfsarbeiter in eine Aktion hineinziehen, läßt sich zwar mit unseren schönen Seelen sagen, daß sich die Arbeiterklasse in der Aktion vereint hat und daß ihre Einheit ihr immanent bleibt, aber in Wahrheit kommt es immer häufiger vor, daß sie an zwei Fronten kämpfen: gegen ihre Kollegen und gegen die Unternehmensleiter. Zwar befindet sich an der Spitze eine Handvoll Militanter, die weitblickender ist und sich stolz als «handelnde Minderheit» bezeichnet: gegen den Partikularismus der Elite hat sie sich das Ziel gesteckt, die allgemeinen Interessen der Klasse zu verteidigen. Doch wenn diese Minderheit versucht, die Facharbeiter zur Industriegewerkschaft und zur Zentralisierung zu bekehren, schwimmt sie gegen den Strom. Die Arbeiteraristokratie bekennt sich weiterhin zur «anarchistischen Verwaltung» und zum Berufssyndikalismus. Ohne den jähen Wandel der

Industrie hätten die Pelloutier, Pouget, Merrheim, Monatte die Partie verloren.

1884: es tauchen die ersten brauchbaren Tranformatoren auf. Zehn Jahre später macht der Elektromotor allenthalben der Dampfmaschine Konkurrenz und ermöglicht es, die Mechanisierung voranzutreiben: der technische Fortschritt verringert nach und nach den Anteil des Arbeiters an der Fabrikation, was die allmähliche Disqualifizierung der Handarbeit zur Folge hat. Die neue Drehbank erzeugt den neuen Dreher: sie braucht nur noch einen Schubs, der sich von selbst auf die Fertigungsmechanismen überträgt. Und mit einemmal entdeckt man zwischen den Hilfsarbeitern und den halbqualifizierten Arbeitern jenen Unbekannten, den angelernten Arbeiter, der Zugang zu den Maschinen hat wie ein Facharbeiter und der seinen Dienst ohne Lehre[93] verrichtet wie ein Hilfsarbeiter. Er war zwar schon da, doch niemand hatte ihn bemerkt: woher stammt er? Von überall: zuweilen ist er ein Bauer, der gerade in die Stadt gekommen ist, meist war er Hilfsarbeiter in einer anderen Industrie. Von 1900 an entfallen in Saint-Étienne in bestimmten Werkstätten der Waffenmanufaktur «mitunter 50 Mechaniker auf 250 Arbeiter; alle anderen sind ehemalige Bergleute oder Weber;[94] sie haben es mit perfektionierten Maschinen zu tun, die Fachwissen überflüssig machen»[95]. Diese Neuankömmlinge sind noch schüchtern: sie haben weder die Zeit noch den Willen, noch die Kraft, sich alleine zu organisieren; sie bitten um den Beistand der militanten Fachelite. 1912 schreibt Merrheim auf dem Bundeskongreß von Le Havre einem Walzwerkarbeiter aus dem Osten folgende Rede zu: «Wie sollen wir armen Walzwerkarbeiter, die wir abends, wenn wir nach Hause kommen, hundemüde sind, uns um die Gewerkschaft kümmern? Diejenigen, die sich darum kümmern könnten, die technischen Arbeiter, haben Berufsgewerkschaften gegründet.»

Wie man sieht, sind ihre Forderungen bescheiden: und wenn sie das Recht beanspruchen, den Gewerkschaftsorganisationen beizutreten, so mit der festen Absicht, ihre Befugnisse sofort der Elite zu übertragen. Aber die Elite macht sich nichts daraus: hartnäckig verteidigt

93 Oder nach einer sehr kurzen Lehrzeit.

94 In der Textilindustrie ist die Mechanisierung bereits sehr weit fortgeschritten. Die Weber sind angelernte Arbeiter, die die Maschinen gewechselt haben.

95 Zitiert nach Collinet, *Esprit du syndicalisme*, 24

sie den aristokratischen Syndikalismus gegen die Neuankömmlinge. Statt sich mit den Metallarbeitern und den Gießern zusammenzutun, um eine Industriegewerkschaft zu bilden, zieht es die Gewerkschaft der Mechaniker im Jahre 1910 vor, aus der CGT auszutreten. Im Jahre 1900 gibt es 51 Industriegewerkschaften gegenüber 34 Berufsgewerkschaften; 1911 sind es 142 gegenüber 114: das Verhältnis hat sich nicht verändert. In dieser Zeit wird der angelernte Arbeiter ohne Qualifikation, ohne Gewerkschaftserfahrung, ohne politische Bildung der Propaganda und Repression der Unternehmer überlassen. Ich erinnere an die Hauptmerkmale dieses neuen Proletariers, den die modernen Maschinen und die Organisationstechniken plötzlich ins Leben gerufen hatten.[96]

Da er infolge der verschiedenen Operationen, die zur selben Zeit im Betrieb durchgeführt werden, in den entsprechenden Abteilungen festgenagelt ist, erlebt er den ihm aufgezwungenen Rhythmus seiner Arbeit als eine feindliche Kraft, die ihn von außen beherrscht; seine Müdigkeit resultiert weniger aus einer Muskelanstrengung als aus einer ständigen Nervenanspannung sowie einer dauernden Anstrengung, sich den gesetzten Normen anzupassen; am Ende seines Arbeitstags klebt sie ihm an der Haut; sie begleitet ihn bis in den Schlaf, und beim Aufwachen trifft er sie wieder; diese chronische Mattigkeit wird zu seiner zweiten Natur, ja zu der Art, wie er seinen Körper spürt. Sie steht auf seinem Gesicht geschrieben, ist an seinem Gang abzulesen, sie schränkt seine Fähigkeiten ein und macht ihn buchstäblich zu einem *beschädigten* Menschen.

Die Entwürdigung der Arbeiter zieht die Entwertung des Wissens nach sich; die Unternehmer mögen es nicht, daß der Arbeiter gebildet ist; vor allem nicht, daß er intelligent ist: Intelligenz beeinträchtigt die Leistung; der angelernte Arbeiter und die Maschine gehen eine so vollkommene Symbiose ein, daß eine Idee des ersteren einem Defekt der letzteren gleichkommt. Dennoch ist totale Zerstreutheit unmöglich: Tagträume und Vergeßlichkeit würden genauso große Verheerungen anrichten wie scharfes Denken; man muß *dasein*, eine inhaltslose Wachsamkeit, ein gefesseltes Bewußtsein, das sich nur wachhält, um sich um so besser unterdrücken zu können. Doch wenn sich der Arbeiter von seinem eigenen Denken reinigt, so deshalb, um

96 Es versteht sich von selbst, daß es hier nicht darum gehen kann, die Halbautomatisierung anzuklagen, was absurd wäre, sondern zu zeigen, welche Auswirkungen sie *im Rahmen der kapitalistischen Produktion* hatte.

dem der anderen Platz zu machen: seit die Rationalisierung die Trennung von Planung und Ausführung sanktioniert hat, ist ihm der Sinn seiner Handlungen abhanden gekommen; man raubt sie ihm oder konditioniert sie von außen, man entscheidet an seiner Statt über ihren Zweck und ihre Bedeutung. Genau in dem Augenblick, wo er zum Agenten der Produktion wird, fühlt er sich agiert; im tiefsten Innern seiner Subjektivität erfährt er sich als Objekt. Als unfreiwilliger Komplize des Unternehmers bemüht er sich, das Wenige zu vergessen, das er gelernt hat, weil das Wissen ihm seine Situation unerträglich machen würde; er flüchtet in die Passivität, weil man ihn jeglicher Initiative beraubt hat; da ihm sein Denken genommen wurde, wie sollte er wissen, daß die Ideen das Produkt des Menschen sind? Er gewöhnt sich an, in der von den Technikern festgelegten Ordnung ein äußeres Schicksal zu sehen, dessen erstes Opfer er ist. Die Sozialgeschichte der Rationalisierung läßt sich in zwei Formeln zusammenfassen. Ende des letzten Jahrhunderts sagte Taylor *zu* den Arbeitern: «Versucht nicht zu denken; das werden andere für euch tun.» Dreißig Jahre später sagte Ford *über* die Arbeiter: «Sie denken nicht gerne selbst.»

Die Mechanisierung der Arbeit verändert die menschlichen Beziehungen. Vor 1914 war das Proletariat eine Konstellation: jene aristokratische Struktur schloß weder Solidarität noch eine zwischenmenschliche Beziehung aus, die dunkel ans Vasallentum erinnerte. Zwischen dem angelernten Arbeiter und den «Eliten» ist die Arbeitssolidarität zerbrochen: der Facharbeiter bestimmte die Arbeit des Hilfsarbeiters; die des angelernten Arbeiters bestimmt der Büromensch; er bestimmt sie aus der Ferne und für alle, ohne je irgend jemand zu Gesicht zu bekommen: heute hat der angelernte Arbeiter nur Beziehungen zu anderen angelernten Arbeitern, und zwischen ihnen steht noch die Strenge der Maschine: jeder nimmt die Existenz seiner Nachbarn in Form des kollektiven Rhythmus wahr, dem er sich anpassen muß; der *andere* erscheint mit den Verzögerungen, Fehlern oder Versagern: im mechanischen Universum ist die Person ein Irrtum, der einen Verdienstausfall zur Folge hat. Die halbautomatische Maschine ist das Instrument der Massifizierung *par excellence:* sie sprengt die inneren Strukturen des Proletariats; übrig bleiben homogene, durch ein inertes und unflexibles Milieu voneinander getrennte Moleküle.

Da die zerstückelte Arbeit den angelernten Arbeiter von seinen Kollegen trennt, wirft sie ihn auf sich selbst zurück; doch er findet in sich nur ein allgemeines und formelles Wesen: was er tut, kann jedermann tun, also ist er derselbe wie alle, und seine *persönliche* Wirklichkeit nur ein Wahnbild. Dennoch bringen ihn gebieterische Bedürfnisse zur reinen Subjektivität des Wunsches und des Leidens zurück: Hunger, Schmerz, Müdigkeit drängen ihn zur Bevorzugung seiner selbst, jedoch ohne sie zu rechtfertigen. Warum eher du als ich? – Weil ich ich bin. – Und wer bist *du*? – Derselbe wie du. Die nicht zu rechtfertigende Subjektivität gerät in Konflikt mit der objektiven Austauschbarkeit. Auf individueller Ebene folgt daraus ein tiefes Minderwertigkeitsgefühl; auf kollektiver Ebene haben sich die klassischen Formen des Lohnkampfes überlebt: das Auftauchen dieser Arbeiter ohne beruflichen Wert, *ersetzbarer* und von der Furcht vor Arbeitslosigkeit geplagter Arbeiter, droht, die Streiks unwirksam zu machen.

Was sich nämlich zuerst bemerkbar macht, ist nicht so sehr der Aufstieg eines unbekannten Arbeiters als vielmehr die Beseitigung der alten. Die Mechaniker, die die Krise von 1907 auf die Straße geworfen hat, werden nicht wieder eingestellt; 1913, während des Streiks bei Renault, halten die Spezialisten länger durch als die anderen; sie wissen, daß sie unersetzbar sind, der Unternehmer wird am Ende nachgeben. Der Unternehmer gibt nicht nach: er ersetzt sie durch Maschinen und unqualifizierte Arbeiter; allen wird klar, daß die Zeit des Facharbeiters vorbei ist. Unterdessen vermehren sich die angelernten Arbeiter, und der Syndikalismus verkümmert, demoralisiert, seiner Hauptwaffe beraubt; diesen neuen Menschen ohne Tradition und ohne Vergangenheit haben die alten Militanten nichts mehr zu sagen. Und dann, im August 1914, öffnet der Krieg den Gewerkschaften plötzlich die Augen: sie entdecken die Massen; es war eine böse Überraschung, als sie sie aus der Erde kriechen sahen und «Nach Berlin!» schreien hörten. Zwanzig Jahre Propaganda, um zu diesem Wahnsinn zu gelangen? «Was bleibt von unserer Aktion?» fragt sich ein Militanter. «Was bleibt von unseren Versammlungen gegen den Krieg?» Und ein anderer: «In einem Viehwaggon, zusammen mit anderen, die ‹Nach Berlin!› brüllten, spürte ich den Bankrott der CGT, den Bankrott der Erzieher, den geistigen Bankrott des Landes.» Und Merrheim: «Die Arbeiterklasse wurde von einer riesigen Welle des Nationalismus erfaßt», und Monatte: «Die Welle ist vorbeigerollt, sie hat uns mitgerissen.» Ignoriert, dann plötzlich entdeckt, erforderten die Massen die Schaffung eines Massensyndikalismus, einer Massenpartei, einer neuen Propaganda und einer neuen

Ideologie. Unfähig, diese Aufgaben zu erfüllen, entdeckt der revolutionäre Syndikalismus mit einemmal, daß er veraltet ist! Der bisherige Apparat der Arbeiterklasse fällt aus der Bewegung heraus, der Krieg überrascht die Führer ohne die Massen und die Massen ohne Schutz; diese jungen Menschenmengen, Opfer der Kluft, die ihre produzierende Tätigkeit vom realen Inhalt ihrer Hoffnung trennt, können für sich noch nicht sein, was sie an sich sind: ihr Radikalismus, ihre Unbeständigkeit, ihre Wut, bald gefolgt von Mutlosigkeit, drücken ganz einfach die Tatsache aus, daß die neuen Lebensbedingungen des Arbeiters unerträglich sind; der faszinierende Mythos des Krieges täuscht eine Zeitlang ihre revolutionären Hoffnungen und bringt ihnen die Gewalt zu Bewußtsein, die in ihnen steckt: doch diese Gewalt bleibt gefangen, entfremdet.

Und der Krieg sorgt auch für die Entmystifizierung. Der Krieg und nicht die Produktionsverhältnisse; nicht die Gewerkschaftsführer, sondern die Somme und Verdun zerstören das illusorische Bild, das sie von sich haben: «Als ich sie in Verdun wiedersah», schreibt Dumoulin, «waren sie auf die ganze Welt sauer: auf die Journalisten, auf die Abgeordneten, auf die Sozialisten, auf die Pariser, auf die Gendarmen, auf die Leute in der Etappe. Der stärkste und klarste Eindruck bei ihnen war der des Schwindels, der Lüge, der Übertreibung, des Irrtums.»

Als die Massen 1919 zurückströmen, außer sich vor Wut und Mißtrauen, sind sie verfügbar. Fast überall in Europa hängen die Revolutionen von der Begegnung zwischen Soldaten und Arbeitern ab. Bei uns mischen sich zwei Millionen Demobilisierte unter die drei oder vier Millionen Fabrikarbeiter. Eine unbeständige, explosive Mischung: neue Aktive blähen die Kader der CGT auf. Es sieht so aus, als sei die Revolution möglich und die Bourgeoisie bereit, «dem Proletariat die schwersten Opfer zuzugestehen». Doch der Streik vom Juni 1919 beweist, daß die Massen nicht bereit waren. Wie hätten sie es auch sein können? Wer hatte sie vorbereitet? Am 2. Juni legen die Pariser Metallarbeiter die Arbeit nieder; der Streik erstreckt sich auf drei Gewerkschaften des Departements Seine-et-Oise, man zählt 130 000 Streikende, 80 000 Gewerkschaftsausweise werden ausgestellt. Ein halb politischer, halb korporativer Streik; es gibt Forderungen, aber auch «eine große Angst ..., ein allgemeiner Gedanke, der das gesamte Proletariat erfaßt». Der Streik wird zunächst von einem *Verhandlungskomitee* geleitet, einem neugeschaffenen Gewerkschaftsorgan. Doch die große Menge der neuen Mitglieder – mehr als die Hälfte der Streikenden – mißtraut allen Delegierten, stürmt die Versammlungslokale der Gewerkschaft, beschimpft ihre eigenen Vertreter als bestochen und wählt schließlich ein Aktionskomitee, das das Verhandlungskomitee ersetzen soll. Das überwältigte Verhandlungskomitee tritt seine Befugnisse an den Metallarbeiterverband ab, der sich nun des Streiks annimmt. Am 22. Juni dringt das Aktionskomitee in die Büros der Föderation ein, verlangt, an den Sitzungen teilzunehmen, und beschimpft deren Führer als «Schwindler». Dabei wollte die Föderation den Generalstreik. Sie verlangte die Einberufung des Gewerkschaftskartells. Dieses lehnte die Ausweitung des Konflikts ab, riet jedoch den Streikenden, die Arbeit erst dann wieder aufzunehmen, wenn sie Garantien erhalten hätten. Nun hatte aber das Aktionskomitee selbst bereits am 26. Juni die Konsequenzen aus einer Mutlosigkeit gezogen, die schon lange vor der Entscheidung des Kartells bestand, und den Abbruch des Streiks angeordnet. Die Niederlage war total; man kehrte zu den Maschinen zurück, ohne etwas erreicht zu haben: die Massen hatten gegen eine Bürokratie gekämpft, deren besonnene Methoden und langfristige Prognosen sie verwirrten, und ein Komitee gewählt, dessen Entschlossenheit durch Inkompetenz und Zügellosigkeit gefährdet wurde. Das Ereignis war ein *Fingerzeig:* als jüngstes Produkt des neuen Maschinismus bedurften die Massen einer Führung und einer Disziplin, die ihrer Grundstruktur entsprachen; sie lehnten die Gewerkschafter ab, von denen sie vor dem Krieg abgelehnt worden waren, und hätten sich nur herabgelassen, sich einer eisernen Autorität zu unterwerfen, die unerbittlich das konstante Ungleichgewicht der festgefügten Formationen bekämpfte. Wo ist sie im Jahre 1919 zu finden? Die Führer der SFIO und der CGT klagen sich an, rechtfertigen sich oder legen Beichten ab; einig sind sie sich nur darin, die Neuankömmlinge zu verurteilen. Der Junistreik liefert ihnen neue «Begründungen» zur Untermauerung ihres Urteils. Der eine spricht von «Komitees des Ungehorsams und der Disziplinlosigkeit», ein anderer beklagt, daß «die Instinkte der Menge auf der Straße, die brüllt und lyncht, bis in unsere Versammlungen gedrungen sind» ... Für einen Dritten ist das schlimmste, daß er «in Frankreich eine revolutionäre Situation ohne revolutionären Geist in den Massen angetroffen hat». Und 1921 sagt Léon Blum: «Wir wissen, was unorganisierte Massen sind ... Wir wissen, hinter wem sie heute herlaufen und hinter wem sie morgen stehen ... Diejenigen, die gestern hinter euch marschierten, können morgen die ersten sein, die euch an die Wand stellen ... Man kann die Revolution nicht mit diesen Horden machen, die allen Gäulen nachrennen.»

Dennoch mußte man entweder darauf verzichten, sie zu machen, oder sie mit «diesen Horden» machen. Unorganisiert waren sie ohne allen Zweifel, doch das bewies ganz einfach, daß sie eine Organisation brauchten. Leider konnten sie sie nicht aus sich selbst schöpfen, weil sie sich ihrer Bedürfnisse noch nicht bewußt waren. Sollte die Arbeiterklasse, zerrissen zwischen einer sterbenden Aristokratie und einem Menschenhaufen, der seine Revolten in der Unordnung austobte, zur Ohnmacht verurteilt sein?

Nein, diese Zerrissenheit schien vorübergehend zu sein; unweigerlich mußte die Situation sich verändern: zwar würde die Organisation nicht urplötzlich aus der anarchischen Menge emportauchen, doch schon näherten sich die jüngsten Militanten der CGT und der SFIO den Kienthalerianern und der sozialistischen Opposition an: ihre Kriegserfahrungen hatten sie allesamt dazu gebracht, die III. Internationale zu verurteilen; sie hatten beschlossen, sich in den Dienst der Massen zu stellen und ihnen den Apparat zu geben, der ihnen fehlte.

Vor allem aber vermutete man, daß die Konzentrationsbewegung anhalten und der Arbeiteraristokratie den Rest geben werde. Um sich davon zu überzeugen, daß die angelernten Arbeiter am Ende fast die Totalität des Proletariats ausmachen würden, brauchte man um das Jahr 1925 nur einen Blick auf die Statistiken der Ford-Werke zu werfen:[97] in diesem Unternehmen verdiente nur noch ein Arbeiter von hundert die Bezeichnung Facharbeiter; von zehn Arbeitern waren acht angelernt. Dieser unerbittliche Verfall konnte Grauen erregen: er drückte die stolzen Militanten des revolutionären Syndikalismus auf die Stufe jener Entmenschten herab, von denen Marx spricht. Auf der anderen Seite aber beseitigte er den Hilfsarbeiter. Und vor allem gab er der Arbeiterbewegung ihre Kraft zurück. Sobald dieses so homogene «Neoproletariat» seine Kader und seine Kampfform gefun-

97

Prozentsatz der Arbeitenden	43 %	36 %	6 %	14 %	1 %
Dauer der Ausbildung bei Ford	Ein Tag oder weniger	ein bis acht Tage	ein bis zwei Wochen	1 Monat bis 1 Jahr	bis zu 6 Jahren

Tabelle von Julius Hirsch, *Das amerikanische Wirtschaftswunder*, Berlin 1926; abgedruckt in Georges Friedmann, *Problèmes humains du machinisme industriel*, Paris 1947 (deutsch: *Der Mensch in der mechanisierten Produktion*, übers. v. Burkart Lutz, Köln 1952, 208).

den hätte, wäre sein Zusammenhalt stärker denn je und die Arbeitereinheit nicht mehr nur ein Wort.

Man hatte die Rechnung ohne unsere Malthusianer gemacht. Indem sie die Konzentrationsbewegung stoppten, haben sie die Vereinigung auf die lange Bank geschoben. Die Großindustrie beschäftigt nicht mehr als 45 Prozent der Arbeiter, der Rest verteilt sich auf 500000 Betriebe. Natürlich sind die größten Betriebe nicht immer die am besten ausgerüsteten: in der Automilindustrie ist der Konstruktionssektor bei weitem der konzentrierteste und sehr viel weniger automatisiert als der Zubehörsektor. Trotzdem: ein mittleres Unternehmen hat nicht die Mittel, die Automation voranzutreiben, und das kleine Unternehmen bleibt handwerklich. Im Jahre 1948 sind von den 3677000 Arbeitern der verarbeitenden Industrie 1306000 Facharbeiter, 1320000 angelernte Arbeiter und 1051000 Hilfsarbeiter. Die beiden ersten Kategorien befinden sich etwa im Gleichgewicht.[98] Die dritte ist stark gespalten: im Buch- und im Baugewerbe, wo die Facharbeiter bei weitem die Mehrheit bilden, hat sich die archaische Struktur des Proletariats erhalten: der Hilfsarbeiter arbeitet unter ihrem Befehl. In der Stahl- und Textilindustrie überwiegt der angelernte Arbeiter; die Facharbeiter entfernen sich von der Fabrikation und bilden Wartungs- und Werkzeuggruppen, die keinerlei Kontakt zu den anderen Arbeitern mehr haben:[99] angelernte Arbeiter und Hilfsarbeiter bilden eine nahezu homogene Masse, zumal es nur weniger Stunden oder Tage bedarf, diese in jene zu verwandeln. Man darf jedoch nicht glauben, daß diese Umwälzung das Proletariat um eine Erfahrung reicher macht: sie führt im Gegenteil zu einem Bruch der Erfahrung und zu einer Spaltung des historischen *Subjekts:* zur großen Freude der Unternehmer läuft die Arbeiterklasse Gefahr, in zwei etwa gleich große Stümpfe geteilt zu bleiben, die weder dieselben Strukturen noch dieselben Werte, noch dieselben Interessen, noch dieselben Organisations- und Kampftechniken haben.

98 35,5 Prozent gegenüber 35,9 Prozent.

99 Oft liegen die Fabrikationsstätten mehrere Kilometer von den Werkzeugschuppen entfernt.

a) Dualität der Werte

Der Facharbeiter hat seine Forderungen stets mit der Qualifikation seiner Arbeit begründet. Er ist der wahre Produzent, die einzige Quelle allen Reichtums; er ist es, der die Rohstoffe in gesellschaftliche Güter verwandelt. Die Idee des Generalstreiks, die vor 1914 so populär war, entspringt diesem stolzen Selbstbewußtsein: um die bürgerliche Gesellschaft zu stürzen, braucht der Arbeiter nur die Hände in den Schoß zu legen; wenn er das Eigentum an seinen Arbeitsgeräten fordert, so deshalb, weil er der einzige ist, der damit umzugehen versteht. Außerdem ist in kleinen Betrieben sein technisches Wissen selten geringer als das des Unternehmers; die Gewerkschaft faßt die *Kompetenzen* zusammen und spricht sich folglich die Rechtsfähigkeit zu, die Produktion zu kontrollieren: nach der Revolution wird sie sich ganz natürlich in ein Verwaltungsorgan verwandeln. Da ihre Rechte sich von ihren Verdiensten herleiten, ist diese Aristokratie nicht weit davon entfernt, sich für das einzige Opfer des Kapitalismus zu halten. Auf dem Bundeskongreß von 1908 bringt der folgende Beitrag eines Mechanikers die allgemeine Stimmung zum Ausdruck: «Wer den beruflichen Wert des Arbeiters leugnet, gesteht der kapitalistischen Ausbeutung mehr oder weniger mildernde Umstände zu.» Woraus man bösartig mühelos schließen könnte, daß die Ausbeutung der Hilfsarbeiter letztlich gar nicht so kriminell ist. Zwar ging die Arbeiterelite nicht ganz so weit, aber es stimmt, daß sie ihre Handlanger für einen «Klotz am Bein» hielt. Gestand sie ihnen Rechte zu? Das ist zweifelhaft. Sagen wir, daß sie in ihnen die ständigen Gegenstände ihrer Fürsorge sahen. Dieser Humanismus der Arbeit ist zwiespältig: man wird zwar gerne zugeben, daß er gegenüber dem Humanismus des Reichtums einen Fortschritt bedeutet. Trotzdem ist er nur eine Etappe; wenn man dabei stehenbleibt, wird die große Mehrzahl aus der Menschheit ausgeschlossen bleiben. Ihr sagt, daß man es verdienen muß, Mensch zu sein. Ausgezeichnet, solange man Verdienste *erwerben* kann. Aber was macht ihr mit denen, die nicht die Möglichkeit dazu haben?

Der neue Proletarier kann sich nicht auf das geringste Verdienst berufen, da alles aufgeboten wurde, ihm einzureden, daß er keins hat. Dennoch drücken Erschöpfung und Elend ihn nieder: er muß verrekken oder seine Forderungen durchsetzen. Worauf also wird er seine Forderungen stützen? Nun, auf nichts. Oder, wenn man lieber will, auf diese selbst: Bedürfnis schafft Recht. Mit dem Auftauchen der

Massen hat sich eine Umkehrung der Werte vollzogen; die Automatisierung hat den Humanismus radikalisiert. Halten wir den angelernten Arbeiter nicht für einen stolzen und sich seiner Rechte bewußten Menschen: er ist ein «Entmenschter, der sich seiner Entmenschung bewußt ist» und das Recht fordert, Mensch zu sein. Infolgedessen ist der Humanismus des Bedürfnisses der einzige, der die ganze Menschheit zum Gegenstand hat: die Beseitigung des Verdienstes sprengt die letzte Schranke, die die Menschen trennte. Doch dieser neue Humanismus ist selbst ein Bedürfnis: er wird als *Hohlform* erlebt, als der Sinn einer unannehmbaren Frustration. Für die Facharbeiter ist der Mensch fertig, er muß nur noch die Gesellschaft umorganisieren; für den angelernten Arbeiter ist der Mensch erst noch zu machen: er ist *das, was dem Menschen fehlt,* was für uns alle in jedem Augenblick *in Frage* steht, das, was ohne gewesen zu sein, ständig Gefahr läuft, verlorenzugehen.

Alles stände zum Besten, wenn der Humanismus der Arbeit allmählich vor dem Humanismus des Bedürfnisses in den Hintergrund getreten wäre: und das wäre auch geschehen, wenn der Malthusianismus die industrielle Revolution nicht gestoppt hätte. Heute existieren die beiden Humanismen nebeneinander, und diese Koexistenz bringt alles durcheinander: wenn der erste erstarrt und sich für sich setzt, wird er zum Feind des anderen. Andererseits werden die Massen insgeheim von der Ideologie der Arbeiterelite angesteckt: sie schämen sich nicht vor den Bürgern, denn selbst der Beste von ihnen wird, was immer er tut, niemals die Privilegien *verdienen*, die er genießt; die Facharbeiter dagegen gehören zum Proletariat, sie werden genauso ausgebeutet wie der angelernte Arbeiter, und wenn sie auch etwas besser leben als er, so fällt der Unterschied doch kaum ins Gewicht, vergleicht man ihren Lebensstandard mit dem der Bürger. Und vor allem behaupten sie, diese geringen Vorteile ihrem Verdienst zu verdanken. Und wenn es wahr wäre? Ich sagte, daß sie zum größten Teil Söhne von Facharbeitern sind: doch schließlich steht ihnen das nicht auf der Stirn geschrieben. Der angelernte Arbeiter sagt sich, daß seine Eltern, hätten sie einige Opfer gebracht, auch ihm eine Lehre hätten ermöglichen können. Vielleicht wirft er sich auch vor, nicht genug Willenskraft und Ausdauer aufgebracht zu haben. Die offenkundige Ungleichheit der Lebensbedingungen unterstreicht in seinen Augen die Ungleichheit der Werte: wenn der Facharbeiter seinen Wert aus seiner Tätigkeit schöpft, dann ist der angelernte Arbeiter nichts wert, da er, der Definition nach, ersetzbar ist. Kurz, er schämt sich vor denen, die seine Kampfgenossen sein müßten; sein Kampfeswille läuft Gefahr, dadurch geschwächt zu werden. Um die Massen von ihrem Minderwertigkeitsgefühl zu befreien, war es notwendig, alle sozialistischen Vorkriegswerte systematisch auszumerzen; es war notwendig, ihnen begreiflich zu machen, daß sie allen Menschen die Chance gaben, den Menschen und die Gesellschaft *in ihrer Wahrheit* zu betrachten, das heißt mit den Augen des Benachteiligsten; da die Entwicklung der Technik dazu führte, die Arbeit zu disqualifizieren, diese letzte Überlegenheit des Menschen über den Menschen, war es notwendig, dieser jungen Barbarei, gegen alle Moralvorstellungen und alle Eliten, zu zeigen, daß die «Überlegenheiten» Verstümmelungen sind, daß die einzige menschliche Beziehung die des *realen* totalen Menschen zum totalen Menschen ist und daß diese Beziehung, maskiert oder verschwiegen, fortwährend in den Massen existiert und nur dort existiert. Doch in dem Maße, wie die große Menge sich diese radikale Ideologie zu eigen macht, versteifen sich die Facharbeiter auf ihre Positionen, weil sie sehen, daß man ihnen ihren *Wert* streitig macht. Die Aristokratie wird sich ihrer selbst bewußt, sobald man sie angreift: in den letzten Jahren des Ersten Weltkriegs gaben wohlmeinende Theoretiker, als Reaktion auf das Ansteigen der Massen, dem minoritären Syndikalismus den Namen »Ritterschaft» und wollten den Aktiven zu einem neuen Tempelbruder machen: als aufgeklärter Despot ist der Facharbeiter bereit, sich für die Massen aufzuopfern, verweigert ihnen jedoch das Recht, ihre Interessen selbst zu verteidigen. Die Nachkriegszeit hat für eine erneute Umwälzung gesorgt, und der revolutionäre Syndikalismus ist verschwunden. Nicht aber sein Geist: sogar innerhalb der CGTU leisten von 1921 bis 1927 die Anhänger des elitären Syndikalismus den Kommunisten heftigen Widerstand. Von 1919 bis 1934 ist die CGT von Jouhaux gezwungen, sich zu bürokratisieren, «infolge der wachsenden Komplexität der Gewerkschaftsaufgaben», doch der Gewerkschaftsfunktionär repräsentiert nur die Arbeiterelite, die Massen bleiben außerhalb der Organisation. 1936, als Sémard auf dem Kongreß von Toulouse erklärte: «In der Arbeiter- und in der Gewerkschaftsbewegung stehen sich weiterhin zwei Hauptideologien gegenüber: die von Proudhon und die von Marx», antwortete ihm Jouhaux mit Recht: «Seit 1909 habe ich niemals gehört, daß Militante, die das Wort ergreifen mußten, um ihre Standpunkte darzulegen, sich auf Marx oder auf Proudhon beriefen.» *In der Form* hat er recht, aber in Wirklichkeit ist das Demagogie. Denn die beiden Tendenzen, von denen Sémard spricht, sind nicht *von vornherein* marxistisch oder proudhonistisch: sie existieren im französischen Proletariat unabhängig von jeder philosophischen oder politischen Kultur. Fragt doch einen kommunistischen Militanten, was er von der «*Würde* des Menschen» hält: er wird die Achseln zucken. Ist es ein Zufall, daß sich unter der Führung von Jouhaux der Metallarbeiterverband sowie die CGT für die wissenschaftliche Organisation der Arbeit aussprechen, sofern sie «die Würde» des Menschen nicht verletzt»,[100] und daß man 1945 diese Worte in einer Erklärung der CFTC wiederfindet? Die «Würde» des Facharbeiters ist die Überlegenheit seiner Tätigkeit. Er ist *schon* ein Mensch – da stolz auf seine Arbeit; schon *frei* – da die Universalmaschine der Initiative breiten Raum läßt: im Namen der Freiheit und der Würde fordert er eine gerechtere Gesellschaft, die seinen Wert und seine Rechte anerkennt. Die Massen dagegen sind nicht *würdig*; sie haben nicht einmal eine Vorstellung davon, was Freiheit ist: doch ihre schiere Existenz treibt, wie einen Pfahl ins Fleisch, die radikale Forderung nach Menschlichkeit in eine unmenschliche Gesellschaft.

b) Dualität der Interessen

Es ist oft gesagt worden – und ich lasse es dahingestellt –, daß sich die Masse einem Arbeitsrhythmus beugt, der dem Facharbeiter widerstrebt. In den Citroën-Werken stellen die Streiks von 1926 und 1927 Werkzeugbau und Fabrikation gegeneinander. Die gewerkschaftlich Organisierten – lauter Facharbeiter – möchten die Leistungsnormen senken, die angelernten Arbeiter den Arbeitsrhythmus beschleunigen: da ihre Arbeit ohnehin ein Fluch ist, soll sie wenigstens etwas einbringen; ihr Stücklohn kann den Stundenlohn des Facharbeiters einholen: das ist eine Revanche. Anfangs wurde die Arbeit am Fließband und an den halbautomatischen Maschinen von den Vertretern des Proletariats verurteilt, doch auf die Dauer hat sie neue Arbeiter hervorgebracht, die von der Mechanisierung leben und sich wohl oder übel damit einverstanden erklären müssen. Es besteht ja kein Zweifel, daß das «Neoproletariat», gerade durch seine Funktion, den Erfordernissen der Serienproduktion entspricht: es tauchte in den Vereinigten Staaten auf, als die Fabrikanten unter dem Druck der Konkurrenz den

100 Bundeskongreß der Metallarbeitergewerkschaft, 1927, zitiert bei Collinet, a. a. O., 60f.

Binnenmarkt ausweiten und die Massen als Kundschaft gewinnen wollten, indem sie die Leistung erhöhten, um die Kosten zu senken. Das bedeutet sicher nicht, daß die Massen für sich selbst arbeiten: zwischen den angelernten Arbeiter als Produzenten und den angelernten Arbeiter als Konsumenten schiebt sich der Filter des Profits und der Ausbeutung. Nichtsdestoweniger geht die Steigerung der Produktivität mit der Erhöhung des Lebensstandards einher. 1949 produziert ein amerikanischer Arbeiter in einer Arbeitsstunde viermal soviel wie ein französischer Arbeiter. Im selben Jahr steigt in den Vereinigten Staaten das Nationaleinkommen pro Kopf auf 1453 Dollar gegenüber 482 Dollar in Frankreich. Bei uns besteht das Interesse des angelernten Arbeiters nicht darin, seinen Einsatz zu intensivieren oder die Zahl seiner Arbeitsstunden zu erhöhen: für denselben Einsatz und dieselbe Stundenzahl muß er die allmähliche Steigerung seiner Produktivität fordern. Das jedoch bedeutet nichts anderes als die Preisgabe der malthusianischen Praktiken: das Werkzeug müßte erneuert, die Konzentration, die Rationalisierung und die Automation vorangetrieben werden. Das Schicksal des Facharbeiters hängt nun aber von der Aufrechterhaltung der archaischen Produktionsformen ab: er hält es gewissermaßen mit dem Malthusianismus. Gewiß kann die Erhöhung des Lebensstandards die Disqualifikation der Arbeit und die Zerschlagung der Lohnhierarchie wettmachen, doch es sind die Privilegien der Elite, die auf dem Spiel stehen, ihr Stolz, ihre «Arbeitsfreude» und ihre Würde, das heißt das Bewußtsein ihrer Überlegenheit. So haben die Forderungen der Massen die Tendenz, den derzeitigen Rahmen unserer Wirtschaft zu sprengen; die Elite dagegen mäßigt die ihren, um nicht Veränderungen hervorzurufen, die ihr zum Verhängnis werden könnten.

c) Gewerkschaftlicher Pluralismus

Die berufliche Qualifikation erfordert und entwickelt beim Arbeiter Urteilsvermögen, Initiative und Verantwortungsgefühl; sie ist es auch, die ihn unersetzlich macht. Der Arbeitgeber – zumindest in kleinen Betrieben, wo die Automation gleich Null ist – steht seiner Belegschaft noch recht nahe, die in der Mehrheit aus qualifizierten Arbeitern besteht. Diese haben sich, gerade durch die Raffinesse ihrer Tätigkeit, in die Lage versetzt, einen raffinierten und beständigen Druck auf die Unternehmerschaft auszuüben; der «Kontakt» und die

Spannung werden durch die dauernde Konfrontation zwischen der Arbeiteraristokratie und den Industriellen aufrechterhalten. Auf betrieblicher Ebene kann diese Elite, gerade insofern sie schwer ersetzbar ist, durch bloße Streikdrohung und letztlich, da diese Drohung unterschwellig immer vorhanden bleibt, durch Verhandlungen viel erreichen. Der Facharbeiter hat Trümpfe in der Hand: er kann diskutieren, feilschen; zu Gewalt greift er nur im äußersten Fall. Er prescht vor und weicht zurück, droht und wird wieder versöhnlich; er paßt sich an die Haltung des Unternehmers an, an die Situation, an das stets variable Kräfteverhältnis, das Ganze *mit Worten:* Worten, die in Wirklichkeit weder Stimmengeräusche noch Handlungen, sondern *Spielmarken* sind, die man auf den Tisch legen, aber auch wieder zurückziehen kann. Bevor der Facharbeiter zur Aktion schreitet, kann er seinen Coup so oft wiederholen, wie er will; gegenseitige Erpressungen und Drohungen, Zusagen, Abbruch und Wiederaufnahme der Verhandlungen: diese abstrakten und fast symbolischen Manöver ersparen häufig eine Kraftprobe, im richtigen Augenblick kommt es zu einem Vergleich. Die Qualifikation des gewerkschaftlich Organisierten erlaubt es der Gewerkschaft, ihre Handlungsfreiheit zu bewahren.

Fügen wir noch hinzu, daß diese Elite homogen ist. Gewiß hat die Zentralisierungsbewegung eine Bürokratie ins Leben gerufen, doch der Basiskämpfer kann sich als potentiellen Führer betrachten, da er seinen Chefs weder an Erfahrung noch an theoretischem Wissen nachsteht; er übt eine wirksame und ständige Kontrolle über sie aus. Umgekehrt kann sich die Führung über die Gefühle der Basis keiner Täuschung hingeben: die Gewerkschaftsmitglieder reden, äußern ihre Ansichten, die Meinungsströmungen *manifestieren* sich: sie alle tragen persönlich dazu bei, die großen Linien der gewerkschaftlichen Aktion festzulegen. Dauernder Kontakt zwischen Führern und Basis, ständiger Druck des Arbeiters auf die Unternehmer: die beiden Voraussetzungen für eine Gewerkschafts*politik* sind gegeben.

Bei den Massen verringern sich die Verhandlungsmöglichkeiten. Die disqualifizierte Arbeit hört auf, an sich schon ein Aktionsmittel zu sein. Solange die Motoren laufen, scheint der «menschliche Faktor» belanglos. Der Arbeiter, jener Garantie beraubt, die der berufliche Wert verlieh, und die Führung, die sich täglich weiter entfernt, versinken füreinander gleichzeitig in der Anonymität. In diesem Sinne hat die neue Lage des Proletariers die Tendenz, die Kontinuität seiner Aktion zu zerbrechen: um auf die Entscheidungen der Unternehmer Druck ausüben zu können, muß der Widerstand der Arbeiter eine bestimmte Schwelle überschreiten, diesseits deren er nicht einmal wahrgenommen wird. Mit einem Wort, der Streik – das heißt die Gewalt – ist ihre einzige Zuflucht. Doch diese «spezifische Waffe der Arbeiter»[101] hat ihre Natur geändert: der Facharbeiter ist unentbehrlich; um die Produktion zu blockieren, braucht er bloß zu Hause zu bleiben. Gewiß übt er Gewalt aus, aber diese Gewalt ist legal und hat die Tendenz – zumindest im Prinzip –, abstrakt und gleichsam passiv zu bleiben. Gleichzeitig muß sich die Reaktion der Unternehmer in gewissen Grenzen halten; der Arbeitgeber mag zwar, wenn er gewinnt, Sanktionen verhängen, es wird ihm jedoch schwerfallen, Blut zu vergießen. Dagegen läßt sich der angelernte Arbeiter als Produzent, da er irgendwer ist, durch irgendwen ersetzen; es reicht also nicht aus, daß er die Arbeit niederlegt, er muß auch verhindern, daß andere sie machen. Nach zwanzig Jahren der Unschlüssigkeit und des Schwankens haben die Massen die neue Waffe gefunden, die einzige, die ihrer Lage angemessen war: den Streik mit Fabrikbesetzung. Damit verletzten sie das heiligste aller bürgerlichen Rechte und setzten sich infolgedessen dem Einschreiten der CRS aus. Warnungen, Tränengasbomben; wenn das nicht ausreicht, wird geschossen. Sollen wir sagen, daß die Massen verbissener, «bösartiger» sind als die Elite? Das wäre einfach absurd. Die Wahrheit ist, daß die Entwicklung der Technik die Gewalt radikalisiert hat: der angelernte Arbeiter muß, um seinen Lohn zu verteidigen, seine Haut riskieren.

Aus demselben Grund haben die Massen keine andere Verteidigungsmöglichkeit als die massive Aktion: es geht darum, durch auf nationaler Ebene geführte Gesamtoperationen kollektive Vereinbarungen durchzusetzen, die für ganze Industriezweige Gültigkeit haben. Doch diese Operationen sind nur möglich, wenn die Massen in einer einzigen Bewegung einer einzigen Losung zustimmen. Wie wir sahen, wird ihnen jedoch zu Unrecht so etwas wie eine wilde Einheit unterstellt: sie sind molekulare Zersplitterung, mechanisches Aggregat von Einsamkeiten, bloßes Produkt der Automatisierung der Aufgaben. Zweifellos ist die Inselstruktur eine rein ideelle Grenze der Vermassung: in Wirklichkeit stoßen die desintegrierenden Kräfte auf zahlreiche Hindernisse. Besonders wenn die soziale Spannung nachläßt, bewahrt die bloße Gegenwart des Gewerkschaftsapparats – dieses Nervensystems – dem Proletariat einen «Resttonus». Bleibt,

101 Léon Jouhaux, Vortrag am *Institut supérieur ouvrier*, 1937.

daß die Arbeitermassen schwerlich für eine wachsame Armee gelten können; gewiß hört der Klassenkampf keinen Augenblick auf: keinen Augenblick hört der Arbeiter auf, Gewalt zu erleiden und sich ihr in seiner bloßen menschlichen Realität zu widersetzen. Doch die Aktivität der Individuen beweist in keiner Weise, daß die Massen selbst aktiv sind. Zu Unrecht hält man sie, wie wir sahen, für ein kollektives *Subjekt*, dessen «Psychologie» ermittelt werden könnte. Die Verhaltensweisen der Masse sind überhaupt nicht psychologisch, und der schlimmste Irrtum wäre, sie mit den Verhaltensweisen von Personen zu vergleichen. Der Mensch der Massen ist irgendwer, Sie oder ich; und sein persönliches Verhalten hat keinerlei Gewicht; an sich selbst ist er ein bewußter Agent, doch die Dispersionkräfte, die ihm seinen Nachbarn als ein *alter ego* gegenüberstellen, das ihm seine Ohnmacht widerspiegelt und seine Einsamkeit verdoppelt, neutralisieren seine Aktivität und erzeugen ein kollektives Ensemble, das wie ein Ding reagiert, wie ein materielles Milieu, in dem Erschütterungen sich mechanisch fortpflanzen. Die Massen sind das Objekt der Geschichte: sie handeln niemals *durch sich selbst*, und jede Aktion der Arbeiterklasse verlangt, daß sie sich zunächst als Masse aufheben, um zu den elementaren Formen des kollektiven Lebens zu gelangen. Man darf nicht von «Druck» sprechen, den sie auf ihre Arbeitgeber ausüben; und ihr Einfluß kann nur negativ sein: die Unternehmer wissen, daß die Ausbeutung, wenn sie eine bestimmte Schwelle überschreitet, den Vermassungskräften entgegenwirkt und eine rasche Kristallisierung der Arbeitermassen zum Proletariat hervorzurufen droht. Doch was die tägliche Aktion des Militanten betrifft, so springt der Widerspruch in die Augen: seine Arbeit gilt den Massen-als-Objekt, um sie in Proletariat-als-Subjekt zu verwandeln; wo immer er sich befindet, bemüht er sich, ihre körnige Struktur zugunsten einer organischen Einheit zu beseitigen. Die Einheit läßt sich nun aber nur dann verwirklichen, wenn sie in irgendeiner Form anfangs gegeben ist: jeder einzelne, der seine Einsamkeit in der des anderen sieht, kann ihr nur dann entfliehen, wenn der andere ihr entflieht; mit einem Wort, wo immer man sich befindet, muß der Beginn *anderswo* sein. In den großen industriellen Zusammenballungen kann der Modus der mechanischen Fortpflanzung anfangs die Einheit ersetzen. Das nennt man Nachahmung: zwar wird man in ihr keine kollektive Aktion sehen dürfen, aber sie ist jene anonyme Bewegung, durch die die Aktion möglich wird: der Aktive hat die ansteckende Flut in eine präzise Operation zu verwandeln. Nur müssen wir hinzufügen, daß auch die Nachahmung eine gewisse vorher bestehende Einheit voraussetzt. Es stimmt, daß «die Gesetze der Nachahmung» nur diejenigen gesellschaftlichen Sektoren beherrschen, die sich im Zustand permanenter Desintegration befinden:[102] was ich an meinem Nebenmann nachahme, ist nicht der andere, sondern ich selbst, der ich mein eigenes Objekt geworden bin; ich wiederhole seine Handlung nicht deshalb, weil *er* sie ausgeführt hat, sondern weil ich selbst, in ihm, sie soeben ausgeführt habe. Kurz, ich muß seine Situation und seine Bedürfnisse als *meine* Situation und *meine* Bedürfnisse wahrnehmen, so daß sein Verhalten mir *draußen* als ein meinem eigenen Kopf entspringender Plan erscheint; der Nachahmer und der Nachgeahmte sind sowohl austauschbar wie getrennt, und das nachahmende Verhalten ist das Ergebnis einer Dialektik von Identität und Exteriorität; da der angelernte Arbeiter irgendwer ist, wird die Art der Fortpflanzung des Lohnkampfes in den Massen ansteckend sein, weil jeder den anderen wie irgendwer, das heißt wie er selbst, auf sich zukommen sieht. In dem Maße, wie die Vermassung sowohl die Isolation als auch die Austauschbarkeit hervorbringt, erzeugt sie die Nachahmung als mechanische Beziehung zwischen den Molekülen; und die Nachahmung ist weder eine *Tendenz* noch ein psychisches Merkmal: sie ist das notwendige Resultat bestimmter gesellschaftlicher Situationen. Freilich müssen diese rein mechanischen Verbindungen auf einer vorausgehenden Synthese beruhen, die zumindest die *Gegenüberstellung* von Nachahmern und Nachgeahmten erlaubt, und sei es die rein materielle Einheit des Wohnorts oder des Betriebs; es bedarf zumindest der Einheit der erlebten Gefahr oder der empfundenen Hoffnung. Die relative Zersplitterung der französischen Industrie spielt nun aber der Unternehmerschaft in die Hände. Die Entfernung verhindert zwar nicht die Fortpflanzung durch Ansteckung, erhöht jedoch ihre Schwelle; aus der Ferne gesehen wird *derselbe* zum *anderen*; damit die Einheit der Situation wahrgenommen werden kann, muß die Gefährlichkeit wachsen: nur außergewöhnliche Umstände werden den versprengten Massen die konkrete und präsente Einheit des Proletariats offenbaren. Im Jahre 1936, um nur ein Beispiel zu nennen, hat der politische

102 Die Mitglieder einer integrierten Kollektivität unterscheiden sich durch ihre Funktion (und folglich durch ihre Situation) in eben dem Maße, in dem sie durch das Gesetz der Gruppe verbunden sind: da sie innerhalb der Einheit verschieden sind, warum sollten sie einander nachahmen? Sie kooperieren.

Sieg der Volksfront in den sozialen Bewegungen die Fortpflanzung durch Ansteckung ausgelöst: die Massen erfuhren ihre Einheit, indem sie sie außerhalb ihrer im Bündnis der drei Volksfrontparteien wahrnahmen, und reagierten auf ihre Weise, fast mechanisch, mit der Identität ihrer Verhaltensweisen; wäre die Bewegung nicht gebremst worden, dann hätte sie sich früher oder später in eine revolutionäre Aktion verwandelt.

Die Umstände, die die Kristallisierung der Massen zu revolutionären Mengen herbeiführen, kann man mit Fug und Recht «historisch» nennen: sie hängen mit den gesellschaftlichen, wirtschaftlichen und politischen Veränderungen des Kontinents zusammen; das heißt, daß man ihnen nicht alle Tage begegnet. Daher weist der Übergang vom Zustand der Masse zur ursprünglichen Einheit der Menge notwendig einen sporadischen Charakter auf; die Massen sind von einer Trägheit affiziert, die sie daran hindert, auf leise Anstöße zu reagieren; man darf von ihnen nicht jene schnellen und schnell gestoppten Bewegungen erwarten, jene Machtdemonstrationen und jene Einzeloperationen, jene Finten und Manöver, die es ermöglichen, einen ständigen Druck auf den Gegner auszuüben, ohne sich auf einen offenen Kampf einzulassen. Zudem besitzen die primären Kristallisationen kein Gleichgewicht: die Mechanisierung der Arbeit hat den Arbeitern die Zukunft geraubt: wenn sie sich rühren, so deshalb, weil ihre *gegenwärtige* Lage unannehmbar ist, weil sie die Möglichkeit sehen, sie auf der Stelle zu verändern. Man kann von ihnen nicht erwarten, daß sie sich abmühen, ein langfristiges Unternehmen zu unterstützen: zur Starrheit und Diskontinuität, die die Massenbewegungen charakterisieren, kommt also noch eine gewisse Instabilität.

Daraus dürfen wir aber keinesfalls schließen, daß das «Neoproletariat» eher reformistisch als revolutionär ist: ganz im Gegenteil. Es stimmt zwar, daß sich die Massen nur für die Verteidigung unmittelbarer Interessen mobilisieren lassen, aber wenn sie sich in Bewegung setzen, wollen sie alles und sofort. Die bürgerliche Propaganda hatte ihnen eingeredet, daß man an ihrer Lage nicht das geringste ändern könne, ohne eine Katastrophe heraufzubeschwören. So wurde für sie die alltägliche Wirklichkeit zu einem strengen System von Verboten. Doch was sie aus ihrem Massenzustand herausreißt, ist eine noch grundlegendere Unmöglichkeit: nämlich die, ihre Bedürfnisse länger zu unterdrücken; angesichts dieser Unmöglichkeit brechen alle Verbote zusammen, und die Veränderung wird zu ihrer unmittelbarsten Möglichkeit; Verzweiflung erzeugt Hoffnung, und die Kristallisierung der Massen zur Menge erzeugt den Glauben, daß alles möglich ist. Der qualifizierte Arbeiter kann sich auf *einige* Forderungen beschränken; die Massen wollen *alles*, weil sie nichts haben. Eine konzertierte Aktion, die auf vielen Jahren Erfahrung beruht, sich im Vollbesitz ihrer Techniken und Traditionen befindet und weiß, daß sie ein langwieriges Unternehmen ist, kann sich für den Augenblick auf ein bestimmtes Ziel beschränken; doch da die Massen kein kollektives Gedächtnis haben und da ihr «Erwachen» sporadisch ist, ist ihre Aktion stets neu, immer ein Neubeginn, ohne Tradition und ohne Besonnenheit: nichts setzt ihr Grenzen, weder die Angst vor der Niederlage noch die Reflexion über die Geschichte; sie setzt sich in ihrem reinen Wesen, als souveräne Wirksamkeit und absolute Macht, die Welt und das Leben zu verändern. Daher werden *alle* Bedürfnisse gleichzeitig entdeckt. Das Wort «Existenzminimum» sagt genau, was es sagen will: unterhalb dieser Grenze ist der Tod. Für Menschen der Massen heißt leben gerade noch nicht sofort sterben. In «normalen» Zeiten kann der Arbeiter nur eine sehr kleine Zahl von Bedürfnissen befriedigen: diejenigen, deren Nichtbefriedigung seinen Tod bedeuten würden; und da die Dispersionskräfte ihn vom Gefühl seiner Ohnmacht durchdrungen haben, muß er eine ständige Zensur auf alle Bedürfnisse ausüben, die nicht *lebensnotwendig* sind. Halb verdrängt, halb verschleiert, sind diese Bedürfnisse nichtsdestoweniger in jedem Moment vorhanden: nur werden sie weder erkannt noch benannt. Doch sobald eine plötzliche Verschlechterung seines Lebensstandards den Arbeiter in Lebensgefahr bringt, entsteht eine Volksbewegung, und die Massen verändern sich; augenblicklich kehrt sich das Verhältnis zwischen Möglichem und Unmöglichem um, und die Bedürfnisse enthüllen sich, weil die Aktion sie zu befriedigen vermag. Wenn alles möglich ist, wird es unerträglich, «mit dem Minimum zu leben». Von nun an geht die Volksbewegung immer weiter, falls sie nicht am bewaffneten Widerstand der Unternehmerschaft zerbricht: jeder ihrer Erfolge ist eine Ermutigung, noch mehr zu fordern; immer radikaler und dennoch weiterhin unmittelbar, stellt sie notwendig das Wesen der Gesellschaft selbst in Frage. Für die Hälfte der Franzosen schwanken die Löhne um das Existenzminimum; müßte man von heute auf morgen ihre reale Kaufkraft um ein Drittel erhöhen, so würde das bürgerliche Frankreich in die Luft fliegen. Es kommt also wenig darauf an, ob die Streikenden oder die Demonstranten den Willen haben, die Revolution zu machen, oder nicht: objektiv ist jede Massendemonstration revolutionär: man beginnt sie, *um nicht zu sterben*, und setzt sie fort, *um zu leben*; und selbst wenn es möglich wäre, im Rahmen des Kapitalismus, durch eine kontinuierliche Politik, durch eine zehnjährige, zwanzigjährige Arbeit, einige ihrer Forderungen zu erfüllen, so bleibt doch die Tatsache bestehen, daß sie nicht warten können. Ein Bürger, der eine schlechte Wohnung hat, kann sich in Geduld fassen: er lebt beengt, weiter nichts; eine Arbeiterfamilie dagegen, die in einem elenden Loch zusammengepfercht ist, muß entweder krepieren oder umziehen. Doch die Wohnungen, die man ihr verspricht, existieren noch nicht: wie soll sie umziehen, ohne diejenigen zu besetzen, die bereits existieren? Um sich mit ihren Forderungen durchsetzen zu können, muß die revolutionäre Menge die Macht ergreifen.[103] Das wäre ausgezeichnet, wenn nicht das Elend sie nur in dem Fall in Bewegung setzte, da die Macht sich ergreifen läßt. Doch wie an die «prästabilierte Harmonie» glauben? Es stimmt, daß jede «Massenbewegung» ein Beginn von Revolution ist, und manchmal können die Umstände, die eine Volksaktion bestimmen, gleichzeitig den Widerstand der herrschenden Klassen schwächen. Doch die heroische und blutige Geschichte des Proletariats zeigt zur Genüge, daß die Voraussetzungen für einen Sieg der Arbeiter selten alle gemeinsam gegeben sind. Außerdem repräsentiert das Proletariat nur ein Drittel der Nation, und die Massen sind nur ein Teil dieses Drittels. Damit sie eines Tages gewinnen können, muß man ihren Sieg vorbereiten: innerhalb der Arbeiterklasse Bündnisse schließen und, notfalls außerhalb ihrer, einen Plan entwickeln, eine Strategie definieren, eine Taktik erfinden; eben dazu sind sie nicht in der Lage. Infolgedessen verändert sich die Rolle des Militanten von Grund auf.

In erster Linie ist er ein Funktionär. Collinet sagt sehr richtig: «Die Masse kann nicht selbst am Gewerkschaftsleben teilnehmen; sie schenkt den verantwortlichen Militanten ihr Vertrauen, indem sie sie nach den unmittelbaren Erfolgen beurteilt, die sie ihr bescheren.» Warum aber beschreibt er uns dann einen idealen Militanten, der als Mittler zwischen den Führern und den Massen fungieren soll? Natürlich wäre es schön, wenn dieser Vermittler sich tagsüber, wie seine Kollegen, «der rein technischen und beruflichen Arbeit» widmen und sich gleichzeitig, durch sukzessive Askesen, über sein Fachgebiet er-

103 Und wenn sie sie haben wird, müssen ihre Führer darauf bedacht sein, sie zu befriedigen, und *gleichzeitig* gegen ihre Ungeduld kämpfen. Eine neue Dialektik entsteht: es bedarf eines Unternehmens mit langem Atem, um das zu verwirklichen, was sie im Augenblick fordert.

heben würde, um, über den Berufen schwebend, die beruflichen Probleme beurteilen und «die gesellschaftlichen Probleme in ihrer Allgemeinheit» betrachten zu können. Leider hat diese «verwurzelte» und «abgehobene» Person nichts mit dem zeitgenössischen angelernten Arbeiter gemein; es ist ein alter Bekannter, und Collinet stellt uns, unter anderem Namen, ganz einfach den gewerkschaftlich organisierten Facharbeiter aus dem Jahre 1900 vor. Wir wundern uns nicht, wenn er nachträglich eingesteht, daß «der Militant unter den angelernten Arbeitern selten und nur sporadisch vorkommt». Daß einige Menschen sowohl abgehoben als auch situiert sind, ist möglich: alles hängt von den Lebensumständen, der Gesundheit, der Freizeit, der Kultur, mit einem Wort von der Art der Arbeit ab. Doch denen, die von der Last der Erde erdrückt werden, ist es nicht möglich, gleichzeitig über ihr zu schweben. Auf den ersten Blick besteht nicht die geringste Schwierigkeit, daß ein angelernter Arbeiter ein ausgezeichneter Militant sein könnte; der einzige ernstzunehmende Hinderungsgrund mag vulgär und zufällig erscheinen: die Müdigkeit. Doch leider ist diese Müdigkeit kein Unglücksfall; sie kumuliert sich, ohne zu schmelzen, wie der ewige Schnee; sie ist es, die den angelernten Arbeiter *macht*. Sie wird zwar vorbeigehen: wenn die Arbeitszeit verkürzt oder die Automation bis zum Ende getrieben sein wird. Doch mit ihr wird auch der angelernte Arbeiter verschwinden. Außerdem träumen wir nicht von den Möglichkeiten der amerikanischen oder der sowjetischen Industrie, auch nicht von der Lage des Menschen im Jahre 2000; ich spreche vom Jahr 1954 und vom malthusianischen Frankreich; ich spreche von den Arbeitern, die *gleichzeitig* von Müdigkeit und von Elend zermürbt werden. Seit 1912 klagten die von Merrheim zitierten Walzwerkarbeiter, daß sie zu erschöpft seien, um sich um die Gewerkschaft zu kümmern, und wünschten ausdrücklich, daß andere es für sie machen. Seither ist alles nur noch schlimmer geworden: um *ebensoviel* zu verdienen wie 1938, muß der Arbeiter *mehr* arbeiten. Er steht um vier oder fünf Uhr auf, verläßt das Haus um sechs, kommt gegen acht Uhr abends zurück, ißt und geht um neun Uhr ins Bett; er beschwert sich bitter darüber, daß er kein Familienleben hat: wo sollte er die Zeit zum Kämpfen hernehmen? Im übrigen haben die Arbeitszeiten den Effekt, Gewerkschaftsversammlungen zu verhindern, falls man sie nicht am Arbeitsplatz abhält; oft muß man die Arbeiter anstiften, die Arbeit niederzulegen, wenn man will, daß sie ihre Meinung zu einer Frage äußern, die sie betrifft. Was die «seltenen» Militanten betrifft, die Collinets Ansprüchen genügen, so verstehe ich sehr gut, daß sie «nur sporadisch» vorkommen: sie müssen ihren Schlaf opfern, und früher oder später klappen sie zusammen. *Falls* sie nicht die Handarbeit aufgeben und von der Gewerkschaft, das heißt von ihren Kollegen, ausgehalten werden. Es ist gewiß unerläßlich, daß der Militant aus der Masse heraustritt: und genau das tut er auch. Werdet ihr noch immer von «kommunistischem Verrat» reden? Ach was! Diese «Bürokratisierung» ist in der Zeit des *scientific management* eine Notwendigkeit; in den USA, wo die kommunistische Partei praktisch keinen Einfluß auf die gewerkschaftliche Entwicklung gehabt hat, werden alle Arbeitervertreter der großen Fabriken – einschließlich der Vertrauensleute – freigestellt und von der lokalen Sektion oder sogar vom Arbeitgeber bezahlt. Die Arbeitsteilung, die sich innerhalb der korporativen Organisationen zwischen Militanten und Arbeitern herstellt, spiegelt nur diejenige wider, die sich in der Fabrik vollzogen und den neuen Proletarier hervorgebracht hat; und die gewerkschaftliche »Bürokratie» ist nichts anderes als das genaue Gegenstück der Unternehmerbürokratie. Da «andere für den angelernten Arbeiter denken», da Spezialisten in den Betriebsbüros ihm seine Aufgaben zuweisen, müssen wohl oder übel andere Spezialisten in anderen Büros gegen dieses Denken denken und die Modalitäten des Lohnkampfs bestimmen. Die Ausrottung des Menschen durch den Menschen[104] in der Fabrik muß ihr gewerkschaftliches Gegenstück haben, das «Tandem des Technikers und des angelernten Arbeiters» kompensiert werden durch das des angelernten Arbeiters und des Berufsmilitanten. Ist das bedauerlich? Vielleicht, aber wie dem abhelfen? Die Form des Gewerkschaftsapparats wird von der Struktur des Proletariats bestimmt. Und außerdem sind diese Klagen falsch begründet. Collinet läßt die Katze aus dem Sack, wenn er das Wort «Elite» gebraucht, um seine Vermittlermannschaften zu bezeichnen: diesen Namen gaben sich die «handelnden Minderheiten» vor dem Ersten Weltkrieg; unser Autor kennt zweifellos die Massen und legt eine lobenswerte Sorge für ihre Interessen an den Tag; doch wenn er ein Urteil über sie abgeben will, gelingt es ihm nicht, die aristokratischen Vorurteile abzulegen, und auch wenn er selbst kein Proletarier ist, so gibt er uns doch die Mittel an die Hand, die Zwistigkeiten der Arbeiter zu verstehen, da er einen Teil des Prole-

104 Der Ausdruck stammt von Georges Friedmann, *Où va le travail humain?*, Paris 1950 (deutsch: *Zukunft der Arbeit*, übers. v. Burkhart Lutz, Köln 1953).

tariats mit den Augen des anderen Teils betrachtet. Ja, er kritisiert die neue Bürokratie im Namen einer alten Elite, sein Verständnis der Massen findet seine Grenze in der Verachtung, die er für sie empfindet.

Wenn wir jedoch von den Perspektiven eines Humanismus des Bedürfnisses ausgehen, ändert sich alles, und die neuen Funktionäre sind durch das Bedürfnis legitimiert, das man nach ihnen hat. Sie entsprechen den Massen besser als irgendeine Elite, weil sie nicht unter dem widerspruchsvollen Zwang stehen, sowohl das Allgemeininteresse als auch ein besonderes Interesse zu verteidigen. Vielleicht wird man einwenden, daß auch sie eine Elite sind, doch das stimmt nicht: der Elitearbeiter ist derjenige, der dieselbe Arbeit verrichtet wie seine Kollegen und *außerdem* noch aktiv ist, er ist *primus inter pares*; sein zusätzliches und freiwilliges Amt verschafft ihm Verdienste, Vertrauen, das Recht, gehört zu werden. Der Gewerkschaftsfunktionär dagegen ist aus der Arbeitsteilung hervorgegangen: er tut, was zu tun seine Kollegen keine Zeit haben, und gerade aus diesem Grund tut er nicht mehr das, was sie tun. Da sie seine Dienste entlohnen, hat er kein Anrecht auf ihre Dankbarkeit und keine anderen Befugnisse als die, die sie ihm übertragen haben. Natürlich gibt es Risiken: oft wurde auf die Tendenz der bürokratischen Organisation hingewiesen, zum Selbstzweck zu werden; doch anders, als behauptet wurde, ist dieser Fehler im Massensyndikalismus am wenigsten zu spüren. Gewiß müssen wir uns ein für allemal die romantische und partizipationistische Vorstellung einer Elite aus dem Kopf schlagen, die in den tiefen Schichten des Unbewußten des Volkes wurzele: ein Unbewußtes haben die Massen ebensowenig wie ein Bewußtsein, denn sie sind reine mechanische Zerstreuung; andererseits ist es richtig, daß sie außerstande sind, eine ständige und detaillierte Kontrolle über den Apparat auszuüben. Müssen wir daraus schließen, daß man sie führen kann, wohin man will? Ganz im Gegenteil: gerade ihre Zersplitterung entzieht sie allen Einflüssen. Die alte bürgerliche Idee des «Rädelsführers» erweist sich als so hartnäckig, daß die politischen Schriftsteller von heute sich nicht davon freimachen können. Burnham hat ganz erstaunliche Dummheiten zu diesem Thema von sich gegeben. Collinet, ein weitaus besonnenerer Kopf, kann es sich nicht verkneifen zu schreiben: «Die Masse beweist, daß sie explosive Fähigkeiten besitzt ... Doch sobald diese erloschen sind, legt sie ihr Schicksal in die Hände der Kader, in denen dann das gesamte gewerkschaftliche Leben zusammengefaßt ist.» Nichts ist falscher: gewiß haben die Massen weder den Willen noch die Möglichkeiten, die Kader auszuwechseln, sie ziehen es vor, die Führer zu behalten, die sie haben. Aber weniger aus Routine als aus Gleichgültigkeit. Vor 1914 übertrug man einem Militanten das Amt des Gewerkschaftssekretärs, weil er das Vertrauen seiner Kollegen gewonnen hatte; später jedoch gehorchte man ihm, weil er Sekretär war: im minoritären Syndikalismus ist die Quelle der Autorität zum großen Teil institutionell. Die Massen von heute pfeifen auf die Institutionen: vor allem, weil sehr viele angelernte Arbeiter am Rande der Organisationen bleiben und sich vorbehalten, ihren Weisungen zu folgen, wenn sie meinen, daß sie mit ihren Interessen übereinstimmen. Der gewerkschaftlich organisierte Facharbeiter gehorcht, weil er die Autorität der Führer, die er gewählt hat, anerkennt; wenn dagegen der angelernte Arbeiter die Autorität von Führern anerkennt, die er vielleicht nicht einmal mitgewählt hat, so deshalb, weil die Umstände ihn dazu gebracht haben, ihnen zu gehorchen. Daher kommt die Aktion einem Plebiszit gleich: die Massen revoltieren niemals, weder protestieren sie, noch fordern sie die Ablösung der Kader, und von einem Druck der Basis auf die Führer kann nicht die Rede sein: sie folgen oder sie folgen nicht, das ist alles. Das heißt, daß sie sich entweder zu einer handelnden Kollektivität organisieren oder sich auflösen und den Vermassungskräften überlassen. Und je nach den erzielten Resultaten nimmt die Zahl der Gewerkschaftsmitglieder zu oder ab: die Kader sind selbstverständlich nicht betroffen; nur kommt es zuweilen vor, daß sie alleine die Gesamtheit der Gewerkschaft bilden. Daß diese Instabilität einer Oligarchie von Funktionären Vorschub leistet, unterliegt keinem Zweifel; aber es ist falsch, daß sie die Routine fördert: im Gegenteil, sie zwingt die Führer dazu, ihre Politik unaufhörlich zu berichtigen. Selbstverständlich können diese Ebben und Fluten nicht als *Zeugnisse* für Zufriedenheit oder Unzufriedenheit herangezogen werden: es sind unwillkürliche Zeichen und Symptome. Gleichviel: sie bilden auf ihre Weise eine strenge, obwohl nicht bewußte Kontrolle; die Massen kontrollieren den Militanten, wie das Meer den Steuermann kontrolliert. Er ist Führer, wenn sie sich in Bewegung setzen; sobald sie sich zerstreuen, ist er gar nichts mehr. Falls er sich mehr um den Apparat kümmert als um seine Kollegen, wird ihm das Allgemeininteresse zum besonderen Interesse; falls er persönliche Ambitionen hat, kann er diese nur dann verwirklichen, wenn er den Massen täglich neues Vertrauen einflößt; das kann er aber nur, wenn er bereit ist, sie dahin zu führen, wohin sie selbst wollen. Mit einem Wort, er muß *alle* sein, um er selbst zu sein.

Gleichviel: er mag noch so sehr nur für sie existieren, trotzdem gehört er nicht mehr zu ihnen; er hat die Lage seiner Kollegen geteilt, doch seit er aktiv ist, teilt er sie nicht mehr. Wie könnte es anders sein: die Massen sind nichts weiter als eine falsche Einheit von Einsamkeiten, die eine ständige Zersplitterung verbirgt; wäre er bei ihnen geblieben, so wäre er zur Isolierung und zur Unwirksamkeit verdammt wie irgendwer. Im Jahre 1900 erlaubte es die Differenzierung des Proletariats den Militanten, in der Klasse zu bleiben: die beruflichen Unterschiede garantierten die Hierarchie; die Grundlage der Macht war das Band, das den Facharbeiterherrn mit den Hilfsarbeiterknechten vereinte. Die Massen sind aus Sand: wenn ich nur ein Sandkorn bin, wie könnte ich den anderen Sandkörnern Befehle erteilen? Die merkwürdige formelle Wirklichkeit, die man «irgendwer» nennt, ist lediglich eine kommutative Einsamkeit: ich bin irgendwer in den Augen von irgendwem; in meinen Augen ist irgendwer ich; damit entgeht mir dieses abstrakte Merkmal: es ist immer woanders. Das wäre belanglos, wenn ich mich durch meine besondere Tätigkeit definieren könnte; doch da der angelernte Arbeiter irgend etwas tut, reduziert er sich auf jenes abstrakte Wesen, das ihm nicht einmal gehört. Dieses ständige Entweichen meiner Realität erklärt, wie wir sahen, die Nachahmung: ich ahme nach, um meine Realität als Person zu vereinnahmen, die sich immer als Anderer und auf den Anderen gesetzt darbietet; wenn aber irgendwer mir befehlen will, verwandelt er sich in *jemand*, und ich frage ihn nach seinen Titeln. Gewiß, wenn die Massen sich regen, treten Führer aus den Reihen, aber die Massen haben dann ja aufgehört, Massen zu sein und sich zu irgendeiner primären Form von Kollektivität kristallisiert, deren diffuse Souveränität der improvisierte Führer konzentriert und verkörpert: sobald sie in den Zustand der Zerstreutheit zurückfallen, verschwindet der Führer. Der Apparat dagegen bleibt: er rechtfertigt sein Fortbestehen durch seinen institutionellen Charakter; doch die Autorität des Militanten ist nur ein Exil: wenn er den Massen in ihrem eigenen Namen Befehle gibt, so deshalb, weil er sich auf ihre gestrige oder morgige Einheit bezieht, weil er sich zum Treuhänder ihrer schwindenden Souveränität gemacht hat. Er bezeugt dieser Menge ihre Metamorphosen, indem er sie daran erinnert, daß sie eine schreckliche, gewalttätige, autoritäre Gesellschaft war, die auf jedes ihrer Mitglieder unendlichen Druck ausübte. Gleichzeitig halten die Massen ihn auf Distanz: sie bestreiten nicht seine Autorität, da sie ihm keine andere entgegenzusetzen haben und ihre zersplitterte Struktur es ihnen untersagt, eine legitime Machtquelle zu sein; dennoch *erkennen sie sie nicht an:* in der Tat kommt sie von *woanders*, von jener integrierten Gruppe, die sie nicht mehr sind. Die Einheit des Proletariats – die der Gewerkschaftsapparat permanent verkörpert – bleibt eher eine abstrakte Losung oder ein unrealisierbares Ideal als eine lebendige Synthese; es gibt sogar eine Art Gewerkschaftsfeindlichkeit der Massen: die Arbeiter mißtrauen immer ein bißchen den Funktionären, die, so aufopfernd sie sein mögen, die Lage der Arbeiter nicht gänzlich teilen. Wenn sich die Vermassungskräfte durchsetzen, verhindert die Anwesenheit des Apparats zwar die totale Desintegration des Proletariats, jedoch ohne ihm den vollständigen Klassenzusammenhalt zu gewährleisten; sie hält die Arbeiterbevölkerung in einem Zustand ohne Gleichgewicht, der ständig zwischen dem rein mechanischen Nebeneinander und der organischen Zusammensetzung schwankt. Im Strudel einer gebieterischen Strömung werden die Massen erneut eine Kollektivität werden; sie werden wieder anfangen, in der Gewerkschaftsorganisation ihre Emanation und die sichtbare Chiffre ihrer Einheit zu sehen; indem sie zu ihrer diffusen Souveränität zurückfinden, werden sie die Autorität der Funktionäre erneut *anerkennen*;[105] dann ist es unwichtig, ob die Mehrheit der Arbeiter einen Gewerkschaftsausweis hat oder nicht: man folgt den Befehlen und urteilt nach dem Erfolg. Die Geschwindigkeit fügt diese unsteten Partikel zusammen, die Praxis integriert sie, indem sie sie differenziert, und der Apparat sorgt für die Vermittlung zwischen allen und jedem. Doch der Ursprung der Strömung bleibt der Gewerkschaft äußerlich: es ist der Hunger, die Wut oder der Schrecken, die den Anstoß geben, oder manchmal, wie 1936, ein Blitzstrahl der Hoffnung. Ohne den Gewerkschaftsorganismus würden die Bewegungen vielleicht zum Stillstand kommen: seine Gegenwart erhält den Schein von Einheit aufrecht, der ihre Fortpflanzung durch Ansteckung ermöglicht: seine Zeitungen und seine Vertreter überbrücken die Entfernungen, bringen den Arbeiter aus Straßburg in unmittelbaren Kontakt mit dem aus Perpignan.[106] Doch er ist außerstande, die Bewegungen von sich

105 Mehr oder weniger. In allen großen Volksbewegungen sind latente oder offene Konflikte zwischen den improvisierten Führern und den Verantwortlichen der Gewerkschaft zu beobachten. Meistens setzen sich die «Hauptamtlichen» durch: sie haben mehr Erfahrung. Freilich müssen sie ihre Sachkenntnis in den Dienst der wahren Arbeiterinteressen stellen.

106 Die folgenden Fakten werden zeigen, welche Bedeutung der Information zukommt und welche Rolle sie spielen kann, um eine angeblich spontane

aus zu *produzieren*; wenn er sie auslöst, so deshalb, weil er ihrer wahren Sache zuvorgekommen ist. Dagegen ist er – in gewissem Maße – verantwortlich für ihre Stärke, ihr Ausmaß, ihre Richtung, ihre Wirksamkeit: es ist an ihm, die Massen über ihre eigenen Ziele aufzuklären, die lokale Entwicklung im Hinblick auf die allgemeine Entwicklung zu beschleunigen oder zu bremsen. Freilich muß er über die wirtschaftliche Lage Bescheid wissen, die gesellschaftliche Situation und das Kräfteverhältnis kennen. Und vor allem muß er in der Lage sein, die Reaktionen der Arbeiter vorauszusehen: ist die sich ankündigende Bewegung von Dauer? Muß man sie mit allen gewerkschaftlichen Mitteln unterstützen und den Arbeiter dazu anspornen, sich in ihr voll und ganz zu engagieren? Oder ist sie nur ein Strohfeuer, das man besser ausgehen läßt? Wie darüber entscheiden, wenn man nicht alle Informationen gesammelt, Umfragen durchgeführt und Statistiken zu Rate gezogen hat. Die Massen hören nicht auf, *Zeichen zu geben*: der Militant hat sie zu interpretieren; es ist keine Zeit mehr, irgendeine verschwommene Erkenntnis zu beschwören, die der Verwurzelung entspringen soll, oder die Entscheidungen auf irgendeine schöpferische Intuition zu gründen: da die Massen ihrer Natur nach Objekt sind, werden sie zum *wahren Objekt* des Militanten,[107] und es

Bewegung zu verlangsamen oder zu beschleunigen: am 11. Mai 1936 bricht in Le Havre der erste Streik mit Fabrikbesetzung aus; am 13. legen in Toulouse die Arbeiter der Latécoère-Werke die Arbeit nieder und bleiben in der Fabrik. Doch in Paris hört man nichts von diesen beiden Streiks: die Gewerkschaftspresse läßt nichts darüber verlauten. Nur in der bürgerlichen Presse, in *Le Temps*, werden sie in wenigen Zeilen und ohne Einzelheiten erwähnt. Am 14. Mai, in Courbevoie, erneuter Streik mit Fabrikbesetzung. Die Presse schweigt. Am 20. und besonders am 24. Mai schließlich vergleicht die *Humanité* die drei Streiks miteinander und hebt die Neuheit und Einheitlichkeit der Kampfmethoden hervor. Am selben Tag ziehen 600000 Demonstranten vor der Mauer der Föderierten vorbei, einberufen vom sozialistisch-kommunistischen Verhandlungskomitee und von der CGT. Die Arbeiter erfuhren also zur gleichen Zeit von ihrer neuen Stärke und von den neuen Kampfmethoden. Und vom 26. Mai an greift die Streikbewegung auf die gesamte Pariser Region und vom 2. Juni an auf ganz Frankreich über. Die Rolle der *Information* wird von diesen wenigen Daten ausgezeichnet illustriert: das fast totale Schweigen der Presse hat die Fortpflanzung der Bewegung um zwölf Tage verzögert. Sobald die Zeitungen die ersten drei Streiks erwähnten, hat sich die Bewegung verallgemeinert. Toulouse und Le Havre rückten vor die Tore von Paris.

107 Was natürlich nichts über die *persönlichen* Beziehungen aussagt, die er möglicherweise zu den Arbeitern hat.

gibt eine Technik der Massen, so wie es eine Technik der Navigation gibt. Der folgende Text aus *Force Ouvrière* ist bezeichnend:

«... Unserer Meinung nach steht außer Frage, daß sie (die Streikbewegungen von 1947) auf den schwierigen materiellen Lebensbedingungen der großen Masse der kleinen und mittleren Lohnempfänger beruhen ... Man braucht nicht den Gashebel zu bedienen, um ein bergab stehendes Fahrzeug in Fahrt zu bringen. Es genügt, die Bremsen zu lockern. Was die besonderen Merkmale dieser Bewegung betrifft – denn jeder Streikprozeß hat seine eigene –, so wird man sich sofort daran erinnern, was uns die Techniker der Nuklearwissenschaften gelehrt haben, daß nämlich der Ursprung der Atombombe im Auslösen einer Kettenreaktion besteht, durch die sich der Zerfall der Materie vollzieht und fortpflanzt.»[108]

Der offen mechanistische Charakter dieser Bilder steht in auffallendem Gegensatz zur »organizistischen» Phraseologie vor dem Ersten Weltkrieg. Die Rolle der Fortpflanzung durch Ansteckung und der außergewerkschaftliche Charakter der Ursachen der Bewegung werden ausdrücklich anerkannt. Vor allem aber gestehen diese verschreckten Gewerkschafter (die bald die CGT verlassen sollten) ungeschminkt ihre Ohnmacht ein: man kann eine Bewegung zwar bremsen oder eindämmen, aber wenn die Bremsen versagen oder der Damm bricht, rollt der Wagen den Abhang hinunter oder das Wasser überschwemmt die Ebenen. Auf diesen Seiten finden wir ein Echo des Schreckens wieder, das Blum und die alten Syndikalisten angesichts der Massen empfanden: die Abspaltung der FO ist eine panikartige Flucht.

Zentralisierung, Bürokratie, Technik: diese Züge werden dem neuen Syndikalismus von der Natur des «Neoproletariats» aufgezwungen. Und sie wird auch die gewerkschaftliche Taktik umwälzen, indem sie ihr drei neue Merkmale verleiht: man wird die gesellschaftliche Agitation schüren, die Ausweitung der Streiks jedesmal unterstützen, wenn es möglich ist, und sich bemühen, die Konflikte zu «radikalisieren».

108 Nummer vom 12. Juli 1947. *Force Ouvrière* war noch in die CGT integriert und die Stellung von Jouhaux zwiespältig: er wollte weder die Streiks billigen noch die Streikenden verurteilen.

Stets hinken die Massen ihren Führern hinterher oder eilen ihnen voraus. Doch hüten wir uns, das auf ihre Stumpfheit oder auf die Niedertracht der Bürokraten zu schieben, denn dann würden wir in den Psychologismus zurückfallen. In Wirklichkeit ist dieser Abstand nur die *zeitliche* Projektion der *räumlichen* Entfernung, die den Militanten von seinem Objekt trennt; er erklärt sich durch den hypothetischen Charakter der Technik der Massen. Der Basiskämpfer steht den Kollegen, die er zur Aktion aufruft, *gegenüber*: er spricht *zu* ihnen, und sie hören ihm zu; aber es kommt nur selten vor, daß er *mit* ihnen sprechen kann. Der Gewerkschafter Guy Thorel drückt es so aus: «Wandert durch die Fabriken, geht auf die Baustellen, plaudert in den Büros, nehmt an den schwach oder stark besuchten Versammlungen teil. Lauscht der Stimme der Militanten und beobachtet die Masse: verblüfft werdet ihr feststellen, daß es selten zu einem Dialog zwischen Militanten und Masse kommt. Es gibt einen Monolog der Militanten und eine große Passivität der Masse. Und es kommt häufig vor, daß es den Militanten nicht gelingt, dieser Passivität beizukommen. Die Masse hört zu, sagt jedoch nichts. Und wenn ihr jemanden aus der Masse direkt befragt, erhaltet ihr häufig keine Antwort, die euch aufklärt.»[109]

Das kann nicht verwundern: diese Menschen sind zusammen allein. Wer von denen, die durch Müdigkeit und Elend voneinander getrennt sind, könnte den Mut aufbringen, im Namen aller zu sprechen? Wer von denen, die durch das gemeinsame Bewußtsein ihrer Isolierung einander nahestehen, könnte es wagen, noch in eigenem Namen zu sprechen? Der Militant bleibt ihnen fremd: er spiegelt ihnen noch nicht ihre Stärke und ihre Einheit wider. Dennoch ist es an ihm, Mutmaßungen über ihre Bereitschaft, über die Wirkungen, die seine Reden hervorgerufen haben, über die objektiven Möglichkeiten der Situation anzustellen. Angenommen, seine Diagnose sei richtig; Tatsache bleibt, daß die Übermittlung die übermittelten Nachrichten entstellt: die «Zentralen» erhalten Auskünfte aus zweiter Hand, selten haben sie «direkten Kontakt», und wenn schließlich die Spitze alle Informationen zusammenfaßt, über die sie verfügt, so ist die Synthese, die sie vornimmt, nur eine Rekonstruktion, deren Wahrscheinlichkeit im besten Fall nicht größer sein kann als die einer wissen-

109 Erschienen in *Esprit* vom Juli/August 1951, 170.

schaftlichen Hypothese vor ihrer experimentellen Verifizierung. Natürlich wird es eine Gegenprobe geben: doch da die Aktion selbst als Experiment dient, kommt ein Irrtum teuer zu stehen und kann zu einem Desaster führen: zum Glück wird es in vielen Fällen nicht nötig sein, den Ausgang des Konflikts abzuwarten, um zu erkennen, daß der Kampf von Anfang an schlecht gelaufen war; der Anweisung wird bald eine Gegenanweisung folgen. Doch gerade weil die Masse *anderes* ist als die Militanten, läuft der Apparat Gefahr, sich zu isolieren, wenn er von den Truppen verlangt, was sie im Augenblick nicht leisten können, und um den Irrtum wieder gutzumachen, setzen sich die Führer der Gefahr aus, sich von den Geführten ins Schlepptau nehmen zu lassen. Sicherlich kommen auf allen Stufen Erfahrungen, Urteilskraft, persönliche Qualitäten ins Spiel: Tatsache bleibt, daß der «Autoritarismus» und das «Mitläufertum» die Skylla und Charybdis der Gewerkschaftsaktionen sind; die Funktionäre steuern die Bewegungen mittels sukzessiver Annäherungen: eine Kurskorrektur nach links, eine nach rechts. Deshalb besteht die Hauptaufgabe der Militanten darin, »den Kontakt zu den Massen zu behalten». Diese Worte hätten zur Zeit des Elitesyndikalismus nicht viel Sinn gehabt. Kann man sagen, daß sie auch heute keinen haben? Denn schließlich ist es ja gerade die Eigenart der molekularen Zerstreuung, den Kontakt unmöglich zu machen. Man tritt in Kontakt mit einer Gruppe, mittels ihrer Vertreter, nicht aber mit einer Summe von unsteten Partikeln. Wenn der Militant die Massen »kontaktieren» will, muß er ihnen zuerst eine Art Organisation geben. Ein Teufelskreis? Nein, denn für ihn handelt es sich darum, sie unablässig in eine Art kollektives Fieber zu versetzen, damit sie sich weiter verfestigen können. Und da nur die Aktion sie «schlagen» kann, bis sie »steif» werden, wird man immer neue Parolen ausgeben, um unaufhörlich Aktionsansätze hervorzurufen. Auch wenn diese Ansätze folgenlos bleiben, so rücken sie doch die Individuen einander näher, verursachen emotionale Strömungen, ermöglichen es, den Kampfeswillen der Arbeiter zu erproben und zu kontrollieren. Die Unternehmer und die Fachelite werden das zum Vorwand nehmen, der Bürokratie vorzuwerfen, daß sie den wahren Arbeiterinteressen die Unordnung vorzieht: ihr zufolge handelt der «gute» Gewerkschafter im richtigen Augenblick, führt seine Aktion sauber und anständig durch, um begrenzte Resultate zu erzielen, und beendet den Kampf in dem Moment, da diese Resultate erzielt sind. Doch dieser raffinierte und präzise Kampf, der in der Ordnung beginnt und endet, ist nur den Elitegewerkschaften möglich, die *ganz und gar Aktivität* sind. Die Trägheit der Massen dagegen bringt es mit sich, daß ihnen die Bewegung von außen geschieht; sie setzt also ihr Gegenstück voraus, die Agitation, deren Ziel darin besteht, durch ständiges Kneten dort ein Rudiment kollektiven Lebens zu bewahren, wo ständig der Tod sich einzunisten droht. Ohne Agitation wären die großen Volksbewegungen zaghafter, würden langsamer entstehen, und man würde leichter mit ihnen fertig.

Die Ausweitung

Der angelernte Arbeiter ist «austauschbar», die Konkurrenz hat dem Monopol Platz gemacht: aus diesem doppelten Grunde kann der Streik nicht mehr auf der Ebene des Betriebs Erfolg haben; er muß sich auf den gesamten Industriezweig oder auf das ganze Land ausdehnen. Damit fällt dem Arbeiter in der einzelnen Fabrik die Entscheidung aus der Hand. Oder besser, er entscheidet zwar noch, aber unter Druck: vor dem Ersten Weltkrieg beurteilte er eine lokale Situation, wog die Risiken und die Chancen gegeneinander ab, trat um konkreter Interessen willen in Aktion; heute verlangt man von ihm, sich in einer Bewegung zu engagieren, die ihn übersteigt und deren Bedeutung er vielleicht nur ahnt. Der Militant dient als Mittler zwischen dem Ganzen und den Teilen. Der Apparat hat sich mit der einsetzenden Bewegung identifiziert: daher spricht der lokale Funktionär *im Namen des Ganzen*; jeder einzelne seiner Zuhörer ist zwar noch in der Masse isoliert, aber man gibt ihnen zu verstehen, daß sich das Proletariat überall neubildet: es hängt nur von ihnen ab, sich dem allgemeinen Sog zu überlassen und der Einsamkeit zu entrinnen. Noch bevor die Integration vollzogen ist, empfinden sie die zwingende Kraft einer primären Kollektivität, die im Begriff ist, sich neuzubilden. Das geht nicht ohne eine tiefe Veränderung der Gewerkschaftsdemokratie im klassischen Sinn ab. Sobald das kollektive Subjekt[110]

110 Unter «kollektivem Subjekt» verstehe ich das *Subjekt der Praxis* und nicht irgendein «Kollektivbewußtsein». Das Subjekt ist die Gruppe, die *versammelt* ist durch die Situation, *strukturiert* durch ihre Aktion, *differenziert* durch die objektiven Erfordernisse der Praxis und durch die Arbeitsteilung, eine zunächst improvisierte, dann systematische Arbeitsteilung, die sie einführt, *organisiert* von den Führern, die sie wählt oder entdeckt und *in deren Person* sie ihre eigene Einheit findet. Was man «charismatische Kraft» nennt, beweist zur Genüge, daß die konkrete Einheit der Gruppe *projektiv*, das heißt

sich manifestiert, erkennt man es an dem Druck, den man auf seine Glieder ausübt. Die Entscheidungen werden bei hoher Temperatur getroffen. Gewiß muß beratschlagt werden, und die Massen wollen frei über die einzunehmende Haltung bestimmen. Aber sie wissen, daß die Wirksamkeit ihrer Aktion in proportionalem Verhältnis zur Integrationskraft der Gruppe steht. Jeder kann seine Meinung äußern; doch damit ein Vorschlag angenommen wird, reicht es nicht aus, daß er *praktisch* ist: da innerhalb der Einheit permanent die Gefahr der Auflösung droht, muß der gestellte Antrag die *Übereinstimmung aller* erzielen. Gelingt es einer Meinung nicht, die kollektive Einheit zu stärken, so verschwindet sie, ohne Spuren zu hinterlassen, und wird sogar von denen vergessen, die sie zuerst geäußert hatten. Man wird einwenden, daß es bei parlamentarischen Versammlungen nicht anders zugeht, da die Minderheit sich den Entscheidungen der Mehrheit beugt. Aber das stimmt nicht: sie beugt sich zwar, lebt jedoch als dauernde Versuchung neben der Mehrheit weiter und behält ihre Absicht bei, eines Tages die Mehrheit zu werden. In den Massen dagegen frißt die Mehrheit die Minderheit auf. Oder besser gesagt, es gibt Minderheiten *in Bewegung*, die sich abzeichnen und wieder verschwinden, sobald sie sich gezählt haben; und die Einheit entsteht immer wieder von neuem durch die Beseitigung der Opponenten: falls sie Widerstand leisten, wird man sich nicht scheuen, ihnen Gewalt anzutun: in den Augen der Gruppe ist der Dissident ein Verbrecher, der der einstimmigen Meinung sein besonderes Gefühl vorzieht, ein Verräter, der, statt seinen Irrtum einzusehen, das Risiko eingeht, den Zusammenhalt der Arbeiter zu zerstören. Unsere Regierung hat es verstanden, aus dieser Situation Nutzen zu ziehen, sie hat die Praxis des Referendums durchgesetzt und das Stimmrecht auf die nicht gewerkschaftlich Organisierten ausgedehnt. Es ging natürlich darum, die Menschenrechte zu schützen. In Wirklichkeit wollte man die kollektiven Bande lockern. Dieser Schwindel zeigt sonnenklar, welcher Abgrund eine bürgerliche Demokratie von einer Massendemokratie trennt. Es stimmt: mit erhobener Hand wählen heißt von

ihr notwendig äußerlich ist. Die diffuse Souveränität sammelt und verdichtet sich in der Person des Führers, der sie danach jedem der Mitglieder widerspiegelt, und jeder tritt in dem Maße, in dem er gehorcht, gegenüber den anderen und den Fremden als Treuhänder der totalen Souveränität auf. Gibt es einen Führer, so ist jeder Führer im Namen des Führers. Daher ist das »Kollektivbewußtsein» notwendig verkörpert: das heißt für jeden die kollektive Dimension, die er im individuellen Bewußtsein des anderen erfaßt.

vornherein dem kollektiven Druck nachgeben; doch die geheime Wahl stößt die Massen in ihre ursprüngliche Zerstreuung zurück. Jeder findet sich in seiner Einsamkeit wieder und bringt nur das zum Ausdruck, was er alleine denkt, da er nicht weiß, was er *in der Gruppe* denken würde; vorhin, auf der Versammlung oder in der Werkstatt, *sah* er, wie sein Denken sich formte, *hörte* er es, *las* er es auf den Lippen seiner Kollegen; jetzt ist seine Meinung, falls er eine hat, nur noch seine Unkenntnis der Meinung der anderen. Unter dem Vorwand, die Person zu retten, haben unsere Minister sie wieder auf das Niveau des Individuums zurückfallen lassen. Diese Volksbefragungen begünstigen die Trägheit: die Entscheidung zum Kampf wird gemeinsam, in der Hitze getroffen; Enthusiasmus ist ansteckend; in der Wahlzelle jedoch lebt der Zweifel wieder auf: jeder fürchtet die Schwäche der anderen, man wird wieder irgendwer. Ein Beispiel unter Tausenden: im November 1947 beschließen die Arbeiter der Citroën-Werke einen Sitzstreik. Die Polizei greift ein und läßt die Fabrik räumen. Daraufhin organisieren die Staatsorgane ein Referendum; das Ziel ist klar: man läßt die Arbeiter über eine halbe Niederlage abstimmen. Die CGT rät ihnen sofort, sich der Stimme zu enthalten. Das Referendum findet statt: von 10000 eingeschriebenen Mitgliedern enthalten sich 3821: es sind die Harten, diejenigen, die sich weigern zu kapitulieren. Und natürlich auch diejenigen, die diese Art der Befragung am heftigsten ablehnen. Von den Befragten sprechen sich 1201 für die Fortsetzung des Streiks aus: obwohl mit den ersteren über die Ziele und die Taktik einig, haben sie die Weisungen der CGT nicht befolgt; weil sie frei ihr Stimmrecht wahrnehmen wollten, selbst wenn die Regierung es war, die es ihnen garantierte.[111] Insgesamt also 5021 Befürworter des Streiks. Für die Wiederaufnahme der Arbeit stimmten 4978. Der Streik hatte nun aber ohne vorherige Abstimmung begonnen, und es liegt auf der Hand, daß man es nicht hätte wagen können, ihn mit einer so geringen Mehrheit zu beschließen. Anders gesagt, die 5000 «Harten» haben die anderen mitgezogen; die Zögernden haben sich der Gruppe angeschlossen, aus Furcht, allein zurückzubleiben, und die Opponenten haben geschwiegen und ihren Widerstand aufgegeben, weil sie seine Unwirksamkeit einsahen. Wir

111 Man könnte annehmen – doch es fehlt an Einzelheiten, so daß es lediglich eine Vermutung ist –, daß es sich um Facharbeiter handelt: sie sind sowohl «hart» als auch Verfechter eines Wahlrechts, das die individuellen Rechte garantiert.

haben also zwei ganz verschiedene Wertungen vor uns; den Unternehmern steht es frei zu behaupten, daß einzig die zweite Gültigkeit hat: in Wirklichkeit sind alle beide gültig, aber sie entsprechen zwei ganz verschiedenen Zuständen der Gruppe. Zwar hat die Räumung der Fabriken den Verfechtern des Streiks einen schweren Schlag versetzt, aber ohne das Referendum würde er noch andauern: die Unentschlossenen entschieden sich für ihn, weil sie kein Mittel wußten, ihn zu verhindern; die Abstimmung läßt die Bedenken der «Weichen» wieder aufleben und gibt den Opponenten neuen Mut. Auf diese Weise drückt der Streik die plötzliche Integration der Gruppe aus, und die Befragung verursacht ihre partielle Desintegration. Die Kampfeinheit ist eine primäre Formation, die in der Leidenschaft entsteht und oft durch Zwang aufrechterhalten wird. Die Gewerkschaftsfunktionäre sind insofern *autoritär,* als die Gruppe sie gewählt hat, um in ihrem Namen die Diktatur über jedes ihrer Mitglieder auszuüben.

Die Radikalisierung

Niemals erteilen die Massen *Vollmachten:* sie stimmen nicht für Programme; sie geben das zu erreichende Ziel an; der Militant hat den kürzesten Weg zu finden. Und ihre Forderungen sind so einfach, daß ihre Erfüllung zunächst mit Händen zu greifen scheint: Brot, Wohnungen, die Abschaffung eines schändlichen Gesetzes, das Ende eines Krieges. In Wirklichkeit aber ist ihr elementarster Wunsch von seinem Gegenstand durch das Universum getrennt und läßt sich nur durch eine langwierige Arbeit erfüllen. Brot, Wohnungen? Wir sahen, daß man mehr produzieren und folglich auf die malthusianischen Praktiken völlig verzichten müßte, was *als mindestes* voraussetzt, daß sich eine andere Mehrheit bildet und eine neue Regierung den Großunternehmern ihren Willen aufzwingt. Die «spontaneistische» Illusion verleitet naive Leute zu dem Glauben, daß die Forderung des Volks eine komprimierte Politik sei: man müßte sie nur *aufrollen,* um in ihr selbst das Mittel zu ihrer Befriedigung zu finden. Das ist falsch: das Bedürfnis ist nur ein Mangel; es kann die Grundlage sein für einen Humanismus, nicht aber für eine Strategie. Indem die Massen Brot verlangen, bringen sie ihre Vertreter dazu, gegen den Malthusianismus zu kämpfen; doch ihre Forderung schließt nicht *durch sich selbst* eine Verurteilung der malthusianischen Praktiken ein.[112] Daher nimmt der Militant den permanenten Konflikt auf sich, der der revolutionären Bewegung, deren Aufgaben unendlich sind, im Wege steht; und den revolutionären Schwung, der mit einem Schlag die Ziele setzt, um ihre sofortige Verwirklichung zu fordern. Da die Massen nicht in Bewegung geraten können, ohne die Gesellschaft zu erschüttern, sind sie durch ihre objektive Situation revolutionär: um ihnen zu dienen, müssen die Verantwortlichen eine revolutionäre Politik entwickeln. Doch gerade damit stellen sie sich ihnen in doppelter Weise entgegen: das präzise und begrenzte Ziel, das sie in diesem oder jenem Zeitpunkt der Geschichte zu erreichen sich vornehmen, ist für ihre Truppen zu entfernt und gleichzeitig zu speziell. Zu speziell: in dem Maße, in dem das Ziel, das man ihnen vorschlägt, nur ein Mittel ist, um ein anderes Mittel zu erreichen, erkennen sie in ihm nicht immer die absoluten Ziele wieder, für die zu kämpfen und zu sterben sie bereit waren. Zu entfernt: in dem Maße, in dem dieses Ziel nur ein taktisches Resultat ist, entfernt es sich von der sofortigen Befriedigung, die sie fordern. Denn für sie ist es ein und dasselbe, ob sie Brot oder die Errichtung einer menschlichen Ordnung verlangen: aber von sich aus werden sie daraus nicht den Schluß ziehen, daß man für oder gegen die gleitende Lohnskala sein muß. Mit einem Wort, das Wesen der Massen selbst verbietet es ihnen, politisch zu denken und zu handeln. Ganz ohne Zweifel ist die Politik des Apparats der praktische und zeitliche Ausdruck ihres Verlangens; und da sie genau die Kräfte repräsentieren, die das revolutionäre Unternehmen realisieren können, läßt sich sagen, daß sie in dem Maße die Mittel dieser Politik sind, in dem sie deren Ziel sind. Da jedoch die Strategie ihnen prinzipiell fremd bleibt, kann man strenggenommen nicht behaupten, daß sie diese Politik *machen*, sondern vielmehr deren Instrumente sind. Natürlich weigern sich die Führer, ihre Truppen zu *manövrieren:* unablässig mahnen sie, unablässig erklären sie und versuchen zu überzeugen. Doch die Schwierigkeit rührt weder von den Führern noch von ihren Beziehungen zu den Soldaten her: sie manifestiert ganz einfach den fruchtbaren Widerspruch, der das Sofortige mit dem Aufgeschobenen, den Augenblick mit der Dauer, das Bedürfnis mit dem Unternehmen, die Leidenschaft mit der Aktivität in Gegensatz bringt.

112 Oder wenn man lieber will: *objektiv* ist die Befriedigung dieser Ansprüche mit der Aufrechterhaltung einer depressiven Wirtschaft unvereinbar. Doch sie können *subjektiv* gestellt werden, ohne daß die Arbeiter irgendeine Kenntnis vom Malthusianismus haben.

In der Überzeugung, daß es völlig unmöglich ist, die Massen für ferne und abstrakte Ziele zu mobilisieren, machen die Führer ständig von dem Gebrauch, was man «doppelte Zielsetzung» nennt; das heißt, daß sie das allgemeinste und entfernteste Ziel mit einem unmittelbaren und konkreten Ziel begründen und andererseits niemals zu zeigen versäumen, daß hinter dem Nahziel ein Fernziel steht, das gleichsam seine politische Bedeutung ausmacht. Daher erklären sie den Lohnempfängern, daß die Aufbesserung ihrer Löhne von der Einstellung der Feindseligkeiten in Vietnam und von der allgemeinen Abrüstung abhängt. In gewissem Sinn ist dieser so verpönte Gebrauch der «doppelten Zielsetzung» nur eine Art, die Geschichte zu *erklären*: man hält den Massen die fernen Folgen ihres Lohnkampfes vor Augen, sagt ihnen, unter welchen allgemeinen Voraussetzungen ihre besonderen Forderungen erfüllt werden könnten. Und in der Tat steht es außer Zweifel, daß das Proletariat unter den gegebenen Umständen die Abrüstung durchsetzen muß, wenn es seinen Lebensstandard verbessern will, und daß es umgekehrt täglich die «Kriegsanstrengung» bremst, wenn es seinen Lohn gegen die Unternehmer verteidigt. Doch der abrupte Charakter der Volksaktion, ihre Inkongruenz, ihre Instabilität, ihre plötzlichen Versteifungen, ihre unvorhersehbaren Auflösungen sind dazu angetan, die «Politisierung» des Syndikalismus ans Licht zu bringen. Ein gewonnener Streik erscheint als totale Tatsache; seine politische Bedeutung läßt sich nicht isolieren. Bei einem verlorenen Streik ist das Gegenteil der Fall: die Arbeiter haben die Arbeit wieder aufgenommen, weil die Gewerkschaftskasse leer war? Gleichviel: immer sieht es so aus, als hätten sie ihre Führer verleugnet; und was haben sie desavouiert, wenn nicht die «Politisierung» des Streiks? Der Apparat schwebt in der Luft, ganz abstrakt, seine «Distanz zu den Massen» vergrößert sich; in aller Augen nimmt er den Aspekt einer Bürokratie mit politischen Zielen an. Die Führer sagten den Massen: wenn ihr für eure Löhne kämpft, vergeßt nicht, daß ihr *auch* gegen den Krieg kämpft. Vom Hunger besiegt, geben die Massen vorübergehend den Kampf auf: daraus zieht man den Schluß, daß sie auf die Abrüstung pfeifen.

Der Fraktionierung des Proletariats entspricht die Zersplitterung der Volkssouveränität. Für die Fachelite beruht die Souveränität auf dem Verdienst, das heißt auf der Kompetenz, der Energie und der Kultur: der Hilfsarbeiter dagegen ist nur in dem Maße «souverän», in dem er geführt, geschult, kontrolliert wird. Für den angelernten Arbeiter entspringt die Souveränität direkt aus den Massen und nur aus ihnen; sie ist eins mit der Bewegung, durch die sie unter dem Druck der äußeren Umstände zu einem *Körper* verschmelzen. Die Arbeiterklasse ist von einem Mandatskonflikt zerrissen.

Der gewerkschaftliche Pluralismus ist demnach eher eine Wirkung als eine Ursache: gewiß trägt er dazu bei, die Spaltungen der Arbeiter zu verstärken, zunächst aber spiegelt er sie lediglich wider. Vor 1936 schloß die CGT von Jouhaux im wesentlichen Facharbeiter, Beamte oder Arbeiter im öffentlichen Dienst sowie kleine Angestellte zusammen, im großen und ganzen die »Elite» des sekundären Sektors sowie einige Elemente des tertiären Sektors. Nach der Fusion von 1936, die sich in der Hitze des Gefechts und unter dem Druck der Ereignisse vollzog, wurden diese Militanten unruhig: schon sprachen sie von Kolonisierung; bei Ausbruch des Krieges beeilten sie sich, ihre Freiheiten zurückzugewinnen. Nach der Befreiung schwellen die Mitgliederzahlen der CGT von neuem an; nur die CFTC steht ihr noch gegenüber; die organische Einheit ist an der Tagesordnung. Doch fast augenblicklich klagen die ehemaligen Militanten der Jouhaux-CGT, nicht mehr daheim zu sein. «Sie wirkten wie Fremde in ihrem eigenen Haus», schreibt Bothereau 1947. Der Satz ist aufschlußreich: trotz ihres ehrwürdigen Namens trägt die CGT von 1945 alle Merkmale einer neuen Organisation, die ihren Weg noch sucht; doch die Arbeiter«elite» hält sie weiterhin für eine sehr alte Institution, die ihr gehört: hier empfängt sie die Neuankömmlinge, als wäre es ihr eigenes Haus, und beschwert sich über die schlechte Kinderstube ihrer Gäste. Natürlich haben diese Militanten nicht die Absicht, ihre Kollegen der rationalisierten Großindustrie zu beschuldigen: sie klagen vielmehr die kommunistischen Führer an; ohne sie würde die gewerkschaftliche Einheit ganz von selbst erhalten bleiben. Doch die Vorwürfe, die sie der KP machen, treffen *als erstes* die Massen. Die Kommunisten, so sagen sie, ziehen die nicht organisierten Arbeiter den erfahrenen Militanten vor: die ersteren sind leichter zu steuern als die letzteren. Doch heißt das nicht darüber Beschwerde führen, daß sie eher die Massen als die Elite repräsentieren? Die neuen Führer greifen zu leichtfertig zu Gewalt, sie schüren in den Fabriken eine ziellose Agitation, die den Interessen des Proletariers schadet, legen bei Verhandlungen eine Unbeugsamkeit an den Tag, die sie scheitern zu lassen droht? Man kann sich denken, daß diese Barbarei die erfahrenen Militanten empört. Doch die Gewalt entsteht aus der Situation selbst, wie ich oben gezeigt habe, die Agitation ist lediglich ein ständiger Kampf gegen die fortgesetzte Aktion der Vermassungskräfte; und was die Unbeugsamkeit betrifft, so hat sie zwei Hauptursachen: zum einen ist die Lage des angelernten Arbeiters unerträglich; zum anderen hat er nicht die Möglichkeit zu *manövrieren*; da seine einzige Zuflucht die Gewalt ist, bringt er seine Forderungen in einem Klima der Gewalt zur Geltung: die Fabrik wird besetzt, vielleicht werden die CRS sie räumen; sie werden schießen, wenn sie auf Widerstand stoßen; die Situation ist nicht günstig für einen Kompromiß: man braucht viel Mut und Zorn, um den Gefahren zu trotzen; die Massen sehen den Unternehmer also mit gutem Recht als den Feind an, Konzessionen, Versöhnungen halten sie für Verrat: sie fordern alles, solange sie durchhalten; wenn ihre Kräfte sie verlassen, lösen sie sich auf. Die kommunistischen Führer haben die Gewerkschaftsdemokratie erstickt? Welche denn? Die einzige, die je praktiziert wurde, war eine aristokratische. Die «Elite» hat vergessen, daß eine Demokratie autoritär sein kann, wenn die Autorität aus den Massen selbst hervorgeht. Die «Diktatur» der Gewerkschaft – wenn überhaupt von Diktatur die Rede sein kann – wird im Namen der Mehrheit über die Minderheiten ausgeübt, aber es wäre absurd zu glauben, daß sie über die Mehrheit selbst ausgeübt werden könnte: die Massen lassen sich weder mobilisieren noch manövrieren, sie bestimmen sich in der Aktion, wenn sie unter dem Einfluß äußerer Umstände zu einer handelnden Gemeinschaft werden. Die «kommunistischen» Gewerkschaften sind politisiert? Weil die Existenz der Massen als solchen mit dem Wirtschafts- und Gesellschaftssystem, das sie produziert, unvereinbar ist. Man verstehe mich recht: ich behaupte nicht, daß die derzeitige Struktur der KP, ihre Ziele und ihre Methoden ausschließlich von den objektiven Forderungen des angelernten Arbeiters bestimmt werden; diese Partei hat ihre Geschichte, ihre eigene Dialektik; sie ist von der Welt bedingt. Ich behaupte jedoch, daß diese Anschuldigungen in erster Linie den Massen gelten: sie sind es, die der Elitemilitant durch Mittelspersonen verurteilt; er hat Angst vor ihnen, und sie faszinieren ihn: morgen kann ihn die Automatisierung auf die Stufe des angelernten Arbeiters drücken.

Die Vertreter der Massen dagegen beschuldigen die FO und die CFTC, «heimlich» Politik zu machen, womit sie nicht unrecht haben. Wenn alles miteinander zusammenhängt, der Malthusianismus und das Elend, der Preisauftrieb, die Aufrüstung und die Marshallisierung, dann heißt die Politik der KP ablehnen die Politik der Regierung machen; im übrigen stützt sich die CGT-FO auf die sozialistische Partei und die CFTC auf die MRP-Minister. Die Forderungen der Arbeiter auf wirtschaftlichem und beruflichem Gebiet zügeln heißt die Wirkungen verändern wollen, ohne die Ursachen anzutasten, heißt vor allem der parlamentarischen Mehrheit die Hände freilassen. Man will im Rahmen des Systems das Maximum erreichen; man verlangt kleine Vergünstigungen, und um sie zu verdienen, verurteilt man in «apolitischen» Reden den Kommunismus und empfängt «apolitisch» die Sendboten der amerikanischen Gewerkschaften. Und trotzdem treffen die Vorwürfe, die die CGT den Führern macht, auch den Basiskämpfer: schließlich repräsentierte die *Force Ouvrière* bis 1947 nur eine minoritäre «Tendenz» in der CGT; weder Jouhaux noch seine Stellvertreter wollten den Anstoß geben, um die Einheit zu zerbrechen, es waren die Militanten aus der Provinz, die den Bruch erzwangen, indem sie drohten, ihre Gewerkschaftsausweise nicht verlängern zu lassen. Auf der Konferenz der eilig einberufenen Freunde von *Force Ouvrière* schlugen die Führer einen Kompromiß vor: man würde von den «Majoritäten» die »Demokratisierung» der CGT verlangen. Vergebens: die Militanten wollten nichts davon wissen, und der Generalstab folgte ihnen widerwillig in die Sezession.[113]

Heißt das, daß die Massen sich geschlossen hinter die CGT gestellt haben? Daß nur die Facharbeiter bei der FO oder der CFTC eingeschrieben sind? Das wäre eine Vereinfachung. Viele qualifizierte Arbeiter sind aus Klassendisziplin in der CGT geblieben.[114] Andere sind den autonomen Gewerkschaften beigetreten. Außerdem kompliziert der konfessionelle Charakter der CFTC das Problem noch zusätzlich: in einigen Regionen hat die Strömung der Entchristianisierung die Massen noch nicht erfaßt. Doch im großen und ganzen stimmt unsere Aufteilung: die CGT polarisiert die revolutionären Tendenzen des mechanisierten Proletariats der Großindustrie; die meisten anderen Gewerkschaften repräsentieren die reformistische Tendenz einer Fachelite, die gegen die Disqualifizierung kämpft. In gewissem Sinn ist der gewerkschaftliche Pluralismus legitim, da er einen tiefen Riß widerspiegelt; auf der anderen Seite ist er eine Katastrophe für die Arbeiterklasse, da die Pluralität der *Apparate* die Konflikte verschärft, indem sie jeder der Tendenzen eine Gestalt gibt und Grenzen setzt

113 Die Streiks vom letzten Sommer dagegen lassen auf eine von der Basis erzwungene Annäherung hoffen.

114 Die Buchdruckergewerkschaft hat 1947, trotz einer langen reformistischen Tradition, mit 28000 gegen 18000 beschlossen, in der CGT zu bleiben.

und jede Gruppe dazu zwingt, sich durch ihren Gegensatz zu den anderen zu definieren. Wie dem auch sei, der Riß hat eine tiefere Ursache: er ist das schönste Geschenk, das der Malthusianismus der Unternehmer[115] der Arbeiterklasse gemacht hat.

April 1954

115 Dieser Malthusianismus ist heute überholt (1964). Doch es wird noch lange dauern, bis die gesellschaftlichen Strukturen, die daraus folgen, neuen Strukturen Platz machen können und bis der Gewerkschaftskampf sich den neuen Erfordernissen anpaßt.

Verzeichnis der Abkürzungen

CFDT	Confédération Française et Démocratique du Travail (der PSU – Parti Socialiste Unifié – nahestehender Gewerkschaftsbund)
CFTC	Confédération Française des Travailleurs Chrétiens (dem MRP – Mouvement Républicain Populaire – nahestehender christlicher Gewerkschaftsbund)
CGT	Confédération Générale du Travail (der PCF – Parti Communiste Français – nahestehender Gewerkschaftsbund)
CGTU	Confédération Générale du Travail Unitaire (1921 aus der CGT ausgeschlossener linker Flügel, seit 1936 mit der CGT wieder vereinigt)
CRS	Compagnies Républicaines de Sécurité (kasernierte Bereitschaftspolizei)
FO	Force Ouvrière (der SFIO – Section Française de l'Internationale Ouvrière – nahestehender Gewerkschaftsbund, seit 1947 von der CGT abgespalten)
MRP	Mouvement Républicain Populaire (Christdemokraten)
PCF	Parti Communiste Français (Kommunistische Partei Frankreichs)
RGR	Rassemblement des Gauches Républicains (ursprünglich eine Sammlungsbewegung, seit 1956 Partei Edgar Faures)
RPF	Rassemblement du Peuple Français (Sammlungsbewegung und später Partei de Gaulles)
SFIO	Section Française de l'Internationale Ouvrière (Sozialdemokraten)

Politische Chronologie Jean-Paul Sartres 1945–1952

1945	
1. Oktober	Erscheinen der ersten Nummer von Sartres Zeitschrift *Les Temps Modernes.*
Dezember	*Portrait de l'antisémite* in: *Les Temps Modernes* Nr. 3.
1946	
Mai	Sartre beteiligt sich nicht am Referendum über die Verfassung der Vierten Republik.
Juni	*Matérialisme et révolution* (Materialismus und Revolution) in: *Les Temps Modernes* Nr. 9.
	Raymond Aron und Albert Ollivier scheiden aus der Redaktion von *Les Temps Modernes* aus.
1. November	Vortrag in der Sorbonne über die Verantwortung des Schriftstellers anläßlich der Gründung der UNESCO (*Les conférences de l' U.N.E.S.C.O.*, 1947).
20. November	*Réflexions sur la question juive* (Überlegungen zur Judenfrage), Gallimard.
November/Dezember	*La guerre et la peur* in: *Franchise* Nr. 3.
13. Dezember	Vortrag über das Problem der Minderheiten in Amerika.
Dezember	Sartre wird aktives Mitglied der *Ligue française pour la Palestine libre*, die der Irgun und Menachim Begin nahesteht.
1947	
24. Januar	D. Zaslavski, *Smercjakinyi wo Frantsji* in: *Prawda.* Scharfe Attacke gegen den Französischen Existentialismus. (französische Übersetzung *Les Smertchiakine en France* in: *Les Temps Modernes* Nr. 20, Mai 1947).
8. Februar	*Le procès historique* in: *La Gazette de Lausanne.* Sartres Antwort auf diese Attacke (siehe dazu: Anonymus, *Où M. Sartre dit son mot à un éditorialiste de la «Pravda»* in: *Le Figaro littéraire* vom 19. April 1947).

29. März	Protest von 25 Intellektuellen gegen die Verleumdungskampagne der KPF gegen Paul Nizan in: *Le Figaro littéraire.*
31. Mai	Vortrag über *Kafka, écrivain juif* unter der Schirmherrschaft der *Ligue française pour la Palestine libre* (siehe dazu: Anonymus, *Une conférence de J.-P. Sartre* in: *La Nef* Nr. 32, Juli 1947).
Juli	Sartre unterschreibt eine Petition zur Exodus-Affäre.
	Le cas Nizan in: *Les Temps Modernes* Nr. 22.
Oktober/November	Radiosendung *La Tribune des «Temps Modernes»* (6., 20. und 27. Oktober und 10., 17. und 24. November).
18. Oktober	*À la veille de reprendre ses émissions à la radio, Jean-Paul Sartre déclare à «Combat»: «Il es nécessaire de faire campagne contre la croyance en la fatalité de la guerre russo-américaine»*, Interview mit Louis Pauwels.
22. Oktober	*De Gaulle et le «gaullisme» vus par Jean-Paul Sartre* in: *L'Ordre de Paris* (vollständiger Text der Radiosendung *Tribune des «Temps Modernes»* vom 20. Oktober).
22. Oktober	*Tempête à la radio: J.-P. Sartre répond à Guillain de Bénouville et à Henry Torrès qui avaient refusé un débat contradictoire sur le R.P.F.*, Interview-Artikel von Louis Pauwels in: *Combat.*
22. Oktober	*Mise en cause pour son émission anti-gaulliste d'hier, Sartre m'a dit: «Mon but est d'empêcher les auditeurs d'adhérer à l'un ou à l'autre des blocs»*, Interview in: *France-Soir.*
23. Oktober	*Une mise au point de Sartre* in: *Libération.*
23. Oktober	*L'affaire des «Temps Modernes» à la radio* in: *Combat.*
28. Oktober	*J.-P. Sartre parle de l'anticommunisme à la Tribune des «Temps Modernes»* in: *Combat.*
November	*Jean-Paul Sartre répond à ses détracteurs: L'existentialisme est la politique* in: *Pour et contre l'existentialisme*, Éditions Atlas 1948.

	Text einer der Sendungen vom November 1947 mit Jean-Baptiste Pontalis, Jean Pouillon, Francis Jeanson, Julien Benda, Emmanuel Mounier, Roger Vailland.
November	*Gribouille* in: *La Rue* Nr. 12.
November/Dezember	*Présence noire* in: *Présence africaine* Nr. 1 (unter der Schirmherrschaft von Gide, Camus, Mounier, Leiris u. a.).
November	Appell an die Weltmeinung, durch die Schaffung eines unabhängigen vereinigten sozialistischen Europa die Gefahr des Krieges zu bannen (siehe dazu: Anonymus, *Jean-Paul Sartre adhère à l'idée de la troisième force* in: *Le Populaire* vom 20. Dezember 1947).
3. Dezember	*L'émission des «Temps Modernes» a été «interdite ou supprimée»* in: *Combat.*
1948	
14. Februar	Madeleine Jacob, *Le problème juif? Un problème international, déclare Jean-Paul Sartre au procès des amis du Stern* in: *Franc-Tireur.*
27. Februar	Aufruf des Komitees für das Rassemblement Démocratique Révolutionnaire (RDR).
10. März	Erste Pressekonferenz des RDR.
11. März	*La France peut proposer au monde une révolution à faire dans la liberté,* Interview mit Georges Altman in: *Franc-Tireur.*
	Les fondateurs du R.D.R. aux représentants de la presse: «Voici ce que nous sommes et ce que nous voulons ...» in: *Franc-Tireur.*
12. März	Erste Vollversammlung des RDR.
19. März	Erste Kundgebung des RDR in der Salle Wagram.
2. April	Uraufführung von *Les mains sales* (Die schmutzigen Hände). Kommunistische Kampagne gegen das Stück.
Mai	*C'est pour nous tous que sonne le glas* in: *Caliban* Nr. 16. Stellungnahme für die Gründung eines palästinensischen Staates und die Bewaffnung der Juden durch die UNO nach Abzug der englischen Truppen.

Le R.D.R. et le problème de la liberté in: *La Pensée socialiste* Nr. 19, 1. Trimester; Auszüge davon unter dem Titel *La faim au ventre, la liberté au cœur* in: *La Gauche R.D.R.* Nr. 1, 15.–30. Mai und unter dem Titel *Avoir faim, c'est déjà vouloir être libre* in: *Caliban* Nr. 20, Oktober 1948.

2. Juni — *Revolutionary Democrats*, Interview mit Mary Burnet in: *New York Herald Tribune* (Pariser Ausgabe).

11. Juni — Kundgebung des RDR.

18. Juni — Gespräch über die Politik mit David Rousset.

16.–30. Juni — *Jeunes d'Europe, unissez-vous! Faites vous-même votre destin!* in: *La Gauche R.D.R.* Nr. 3.

Juli — *De partout, aujourd'hui, on veut nous mystifier* in: *La Gauche R.D.R.* Nr. 4.

September — *Entretien sur la politique* in: *Les Temps Modernes* Nr. 36.

Oktober — Mitglied des Solidaritätskomitees für Gary Davis (zusammen mit Albert Camus, Raymond Queneau und Richard Wright).

18. November — Protestkundgebung gegen die koloniale Unterdrückung in Marokko.
Jean-Paul Sartre aux Marocains: «Ceux qui vous oppriment, nous oppriment pour les mêmes raisons» in: *La Gauche R.D.R.* Nr. 8.

24. November — Gespräch über die Politik mit David Rousset und Gérard Rosenthal.

10. Dezember — *Il nous faut la paix pour refaire le monde* in: *Franc-Tireur*.

13. Dezember — Aktionstag auf Einladung des RDR in der Salle Pleyel (4000 Anwesende): Es sprechen David Rousset, Jean-Paul Sartre, André Breton, Albert Camus, Richard Wright, Carlo Levi, Georges Altman, Claude Bourdet, Gérard Rosenthal, Simone de Beauvoir, Abdallah Ibrahim u. a.

20. Dezember — *Il faut que nous menions cette lutte en commun* in: *La Gauche R.D.R.* Nr. 10.

1949

Januar	Petition des RDR für den Frieden in Indochina und Verhandlungen mit Ho Tschi Minh.
März	J.-P. Sartre – David Rousset – Gérard Rosenthal, *Entretiens sur la politique*, Gallimard.
24. April	Vortrag im *Centre de Politique étrangère* über die Verteidigung der französischen Kultur durch die europäische Kultur.
25. April	François Mauriac, *La politique de M. Sartre* in: *Le Figaro*.
30. April	Sartre, Merleau-Ponty und Richard Wright nehmen nicht an dem «Internationalen Tag des Widerstands gegen die Diktatur und den Krieg» teil, der vom RDR zusammen mit anderen Organisationen veranstaltet wird, weil die Kundgebung eine antikommunistische und proamerikanische Tendenz hat.
7. Mai	*Réponse à François Mauriac* in: *Le Figaro littéraire*.
16. Juni	*Le noir et le blanc aux États-Unis* in: *Combat*.
18./19. Juni	*Jean-Paul Sartre ouvre un dialogue* in: *Peuple du Monde* Nr. 11. Sartre kritisiert den utopischen Idealismus der Bewegung *Citoyens du Monde* von Gary Davis zugunsten einer Weltregierung.
30. Juni	Sartre beruft auf eigene Kosten eine außerordentliche Vollversammlung des RDR ein, auf der über die weitere Linie diskutiert werden soll.
Juni	*Naissance d'Israel* in: *Hillel* Nr. 7.
Juni	*Défense de la culture française par la culture européenne* in: *Politique étrangère* 14. Jg., Nr. 3.
4. Oktober	Protesttelegramm zum Gary-Davis-Prozeß.
12. Oktober	Austritt aus dem RDR wegen der antikommunistischen und proamerikanischen Tendenz.

1950

Januar	*Les jours de notre vie* in: *Les Temps Moder-*

nes Nr. 51 (zusammen mit Maurice Merleau-Ponty): Protest gegen die sowjetischen Straflager.

April — Vorwort zu Juan Hermanos, *La fin de l'espoir.*

8. Juni — *Réponse à un questionnaire: «La neutralité est-elle possible»* in: *L'Observateur* Nr. 9.

26. Juni — Ausbruch des Koreakriegs. Politische Divergenzen mit Merleau-Ponty.

Juli — Vorwort zu Louis Dalmas, *Le communisme yougoslave depuis la rupture avec Moscou.*

30. Dezember — *The Chances of Peace* in: *The Nation.*

1951

Januar — *L'Affaire Thorez* in: *Les Temps Modernes* Nr. 63 (zusammen mit Roger Stéphane). Über die Empörung der französischen Presse, daß sich der Generalsekretär der KPF in der SU operieren läßt.

6. Juni — Baylot, der Polizeipräfekt von Paris, erklärt in *Paris-Presse/L'Intransigeant:* «Ein Kommunist ist ein russischer Soldat ... Ich bin der Meinung, wenn ich es mit einem Kommunisten zu tun habe, habe ich es mit einer kommunistischen Kriegshandlung zu tun.»

7. Juni — Sartre erklärt in *Paris-Presse/L'Intransigeant:* «Bis auf weiteres stellt die kommunistische Partei in meinen Augen das Proletariat dar, und ich sehe nicht, wie sich das in absehbarer Zeit ändern könnte ... Es ist unmöglich, eine antikommunistische Position einzunehmen, ohne gegen das Proletariat zu sein.»

Sommer — Heftige kommunistische Proteste gegen die Aufführung der Verfilmung von *Les mains sales* (Die schmutzigen Hände), die in einigen Gemeinden unter Polizeischutz läuft.

1952

Januar — Beteiligung an der kommunistischen Kampagne zur Freilassung des Matrosen Henri Martin, der wegen der Verteilung von Flugblättern gegen den Indochinakrieg inhaftiert worden war. Sartre überreicht zusammen mit

	anderen Staatspräsident Auriol ein Gnadengesuch, dem stattgegeben wird.
24. Januar	*Il faut rétablir la justice*, Interview über die Affäre Henri Martin mit G.-A. Astre in: *Action*.
April	*Sommes-nous en démocratie?* in: *Les Temps Modernes* Nr. 78. Eröffnung einer Umfrage über die französische Demokratie.
Juni	Sartre erfährt in Rom von der Verhaftung des kommunistischen Fraktionsvorsitzenden Jacques Duclos im Anschluß an die verbotene kommunistische Demonstration gegen US-General Ridgway vom 28. Mai.
Juli	*Les communistes et la paix I* in: *Les Temps Modernes* Nr. 81.
Oktober/November	*Les communistes et la paix II* in: *Les Temps Modernes* Nr. 84/85.
April 1954	*Les communistes et la paix III* in: *Les Temps Modernes* Nr. 101.

Quellennachweis

La guerre de la peur (Der Krieg und die Angst) in: *Franchise* Nr. 3, November/Dezember 1946. Wiederabgedruckt in: Michel Contat/Michel Rybalka, *Les écrits de Sartre*, Gallimard, Paris 1970. *Erstübersetzung.*

Appel du Comité pour le Rassemblement Démocratique Révolutionnaire (Aufruf des Komitees für das Rassemblement démocratique révolutionnaire) in: *Combat* vom 17. Februar 1948. Wiederabgedruckt in: Michel Contat/Michel Rybalka, *Les écrits de Sartre*, Gallimard, Paris 1970. *Erstübersetzung.*

La faim au ventre, la liberté au cœur (Hunger im Bauch – Freiheit im Herzen) in: *La Gauche* No. 1, 15.–30. Mai 1948. *Erstübersetzung.*

Il nous faut la paix pour refaire le monde (Wir brauchen den Frieden, um die Welt zu erneuern) in: *Franc-Tireur* vom 10. Dezember 1948. Wiederabgedruckt in: Michel Contat/Michel Rybalka, *Les écrits de Sartre*, Gallimard, Paris 1970. *Erstübersetzung.*

Naissance d'Israel (Geburt Israels) in: *Hillel* Zweite Serie Nr. 7, Juni 1949. Wiederabgedruckt in: Michel Contat/Michel Rybalka, *Les écrits de Sartre*, Gallimard, Paris 1970. Wiederabgedr. unter dem Titel *L'URSS et les camps* in: Merleau-Ponty, *Signes*, Gallimard, Paris 1960. *Erstübersetzung.*

Les jours de notre vie (Die Tage unseres Lebens) in: *Les Temps Modernes* Nr. 51, Januar 1950. *Erstübersetzung.*

«La fin de l'espoir» («La fin de l'espoir») in: Juan Hermanos, *La fin de l'espoir*, Julliard, Paris 1950. Wiederabgedruckt in: Jean-Paul Sartre, *Situations, VI*, Gallimard, Paris 1964. *Erstübersetzung.*

Faux savants ou faux lièvres (Falsche Wissenschaftler oder falsche Hasen) in: Louis Dalmas, *Le communisme yougoslave depuis la rupture avec Moscou*, Sulliver, Paris 1950. Wiederabgedruckt in: Jean-Paul Sartre, *Situations, VI*, Gallimard, Paris 1964. *Erstübersetzung.*

Sommes-nous en démocratie? (Sind wir in der Demokratie?) in: *Les Temps Modernes* Nr. 78, April 1952. Wiederabgedruckt in: Jean-Paul Sartre, *Situations, VI*, Gallimard, Paris 1964. *Erstübersetzung.*

Les communistes et la paix (Die Kommunisten und der Frieden) in: *Les Temps Modernes* Nr. 81, Juli 1952; Nr. 84–85, Oktober-November 1952; Nr. 101, April 1954. Wiederabgedruckt in: Jean-Paul Sartre, *Situations, VI*, Gallimard, Paris 1964. *Erstübersetzung.*

Bibliographie

Zur Geschichte Frankreichs in der Epoche des kalten Krieges:

Werth, Alexander, *France 1940–1955*, Robert Hale Ltd., London 1956. Deutsch: *Der zögernde Nachbar. Frankreich seit dem letzten Weltkrieg,* Übers. v. Wilhelm und Modeste Pferdekamp, Droste Verlag, Düsseldorf 1957.

Zur Politik der Existentialisten:

Aron, Raymond, *L'opium des intellectuels*, Gallimard, Paris 1955.
Burnier, Michel-Antoine, *Les existentialistes et la politique*, Gallimard, Paris 1966, collection *idées* 116.
Caute, David, *Communism and the French Intellectuels 1914–1960*, André Deutsch, London 1964.
Ritsch, Frederick, *The French Left and the European Idea. 1947–1949*, Pageant Press, New York 1966.

Zu Krieg im Frieden 1

a) *Deutsch*

Benckiser, Nikolas, *«Klebrige Ratte». Wie steht Jean-Paul Sartre zum Kommunismus?* in: *Wort und Wahrheit* Nr. 8, 1953, 74–76.
Buhl, Wolfgang, *Der Finstere von Paris* in: *Erlanger Universität* Bd. 4, Nr. 5, 1950.
Chiaromonte, Nicolà, *Der verhinderte Sartre* in: *Der Monat* 6. Jg., Nr. 66, März 1954, 657–659.
Krauss, W. M., *Sowjetrussische Meinung über Sartre* in: *Berliner Hefte für geistiges Leben* 2. Jg., 1947.
Merleau-Ponty, Maurice, *Sartre und der Ultra-Bolschewismus* in: Maurice Merleau-Ponty, *Die Abenteuer der Dialektik*, Übers. v. Alfred Schmidt, Suhrkamp Verlag, Frankfurt 1968, stw 105, 115–244.
Wolff, Egon, *Politik à la Sartre* in: *Der Ruf* 3. Jg., Nr. 11, 1948.

b) *Andere Sprachen*

1) Zur Radiosendung *La Tribune des «Temps Modernes»*:

Anonymus, *Quand Jean-Paul Sartre joue «l'irrespectueux» à la Radio-diffusion française* in: *L'Europe* vom 22. Oktober 1947.
Anonymus, *Remous autour d'une émission de Sartre* in: *Libération* vom 22. Oktober 1947.
Anonymus, *Après l'incident Sartre à la radio française* in: *Le Figaro* vom 22. Oktober 1947.
Anonymus, *Une demande d'interpellation sur l'affaire J.-P. Sartre* in: *Le Figaro* vom 26. Oktober 1947.
Anonymus, *Sartre à la crème ... ou la p. ... irrespectueuse* in: *La France au Combat* vom 29. Oktober 1947.

Franck, Dominique, *L'émission contradictoire Sartre-Henry Torrès n'a pas pu avoir lieu* in: *L'Ordre de Paris* vom 22. Oktober 1947.
Galante, Pierre, *Sa querelle avec Sartre* in: Pierre Galante, *Malraux*, Plon, Paris 1971, 224–228.
Hervé, Pierre, *Sophie a des malheurs* in: *Action* vom 5. November 1947.
J., P., *Nouvel incident sur les ondes. Jean-Paul Sartre attaque le général de Gaulle* in: *Le Parisien libéré* vom 22. Oktober 1947.
Ollivier, Albert, *L'existentialisme au micro. Jean-Paul Sartre vous parle ...* in: *Carrefour* 4. Jg., Nr. 163 vom 29. Oktober 1947.

2. Zum *Rassemblement Démocratique Révolutionnaire:*

Anonymus, *Au Rassemblement Démocratique Révolutionnaire* in: *Le Figaro* vom 11. März 1948.
Anonymus, *Le Rassemblement Démocratique Révolutionnaire R.D.R.* in: *Franc-Tireur* vom 13. März 1948.
Anonymus, *M. J.-P. Sartre quitte le R.D.R.* in: *Le Figaro* vom 27. Oktober 1949.
Bourdet, Claude, *Un Rassemblement* in: *Combat* vom 27. Februar 1948.
Hervé, Pierre, *La clique de ceux qui ont rejeté en bloc la Révolution* in: *L'Humanité* vom 15. Dezember 1948.
Jeanson, Francis, *Pris d'une nausée politique, Sartre quitte le R.D.R.* in: *Samedi Soir* vom 13. Oktober 1949.
Just, Claude, *Lettres* in: *La Bataille socialiste* vom 19. März 1948.
Martinet, Gilles, *Parti ou Rassemblement* in: *La Bataille socialiste* vom 19. März 1948.
Mauriac, Claude, *Pour un dialogue de bonne foi* in: *Liberté de l'Esprit*, Februar 1949.
Mauriac, François, *La politique de M. Sartre* in: *Le Figaro* vom 25. April 1949. Wiederabgedruckt in: François Mauriac, *Mémoires politiques*, Grasset, Paris 1967.
Mouillard, Maurice, *Quand MM. Sartre, Rousset et Rosenthal parlent de politique* in: *La Nouvelle Critique* 1. Jg., Nr. 10, November 1949, 15–24.
Mounier, Emmanuel, *Premier signe: R.D.R.* in: *Esprit* 16. Jg., Nr. 3, März 1948, 462–464.
Roure, Rémy, *Nouvelle nuance dans l'éventail* in: *Le Monde* vom 28. Februar 1948.

3. Zu *Les communistes et la paix*:

Aron, Raymond, *Jean-Paul Sartre et le prolétariat ou la grande peur du mal-pensant* in: *Le Figaro littéraire* vom 27. September 1952.
Aron, Raymond, *Jean-Paul Sartre, le prolétariat et les communistes*, in: *Revue de Paris* 61. Jg., Juni 1954, 88–99.
Carat, Jacques, *Le déchirement des «Temps Modernes»* in: *Preuves*, Juni 1954.
Kanapa, Jean, *Jean-Paul Sartre, les communistes et la paix* in: *La Nouvelle Critique* 4. Jg., Nr. 39, September/Oktober 1952, 23–42.
Lefort, Claude, *Le marxisme et Sartre* in: *Les Temps Modernes* Nr. 89, April 1953, 1541–1570.

Mauriac, François, *La seconde épître de Sartre* in: *Le Figaro* vom 23. Dezember 1952. Wiederabgedruckt unter dem Titel: *Les tribulations d'un «rat visqueux»* in: François Mauriac, *Mémoires politiques*, Grasset, Paris 1967.
Merleau-Ponty, Maurice, *Sartre et l'ultra-bolchévisme* in: Maurice Merleau-Ponty, *Les aventures de la dialectique*, Gallimard, Paris 1955, 131–271. (Siehe dazu: Jean-Jacques Sorel, *Merleau-Ponty contre Sartre* in: *France-Observateur* vom 26. Mai 1955, 16–18; Simone de Beauvoir, *Merleau-Ponty et le pseudo-sartrisme* in: *Les Temps Modernes* Nr. 114/115, Juni/Juli 1955, wiederabgedruckt in: Simone de Beauvoir, *Privilèges*, Gallimard, Paris 1955, 201–272; J. Francis, *Jean-Paul Sartre relu ... et corrigé* in: *Dimanche-Matin* vom 19. September 1955.)
Pharazyn, André, *Jean-Paul Sartre et le peuple* in *Chantiers* 17. Jg., Nr. 2, November 1952, 24–26.
Soukhomline, V., *Le prolétariat et la liberté d'expression* in: *Cahiers Internationaux* Nr. 45, April 1953, 15–26.

4. Allgemeines

Alvarez del Vayo, J., *Politics and the Intellectuel* in: *The Nation* vom 28. September 1946 (Band 163), 346–349.
Anonymus, *Jean-Paul Sartre adhère à l'idée de la troisième force internationale* in: *Le Populaire* vom 20. Dezember 1947.
Anonymus, *Dirty Hands* in: *Time* vom 22. Dezember 1952.
Aron, Raymond, *Réponse à Jean-Paul Sartre* in: *Liberté de l'Esprit* Nr. 5, Juni 1949, 101–103 und Nr. 6, Sommer 1949, 137f.
Audry, Colette/Stéphane, Roger, *Lisez «Les Temps Modernes»* in: *Arts*, 26. September/2. Oktober 1952.
Boisdeffre, Pierre de, *Témoignages en marge d'une enquête* in: *Liberté de l'Esprit*, Sommer 1949.
Boisdeffre, Pierre de, *Sartre face au communisme* in: *L'Âge Nouveau* Nr. 79, Februar 1953, 34–50.
Boisdeffre, Pierre de, *Sartre et le communisme* in: *Des vivants et des morts. Témoignages 1948–1953*, Éditions Universitaires, Paris 1954, 219–248.
Chazal, Jean, *Situation de Jean-Paul Sartre* in: *Prétextes*, Mai/Juni 1950, 2–5.
Chiaromonte, Nicolà, *Letter from Paris: Gide, Sartre and Café Communism* in: *The New Republic* Nr. 124 vom 1. Mai 1951, 16–18.
Chiaromonte, Nicolà, *Il dogmatico senza chiesa* in: *Il Mondo* 4. Jg., Nr. 45 vom 8. November 1952.
Daix, Pierre, *Situation et intention de Monsieur Sartre* in: *Les Lettres françaises* 1949.
Dansereau, Claude, *«Situations, VI» de Jean-Paul Sartre* in: *Le Devoir* (Montreal) vom 20. März 1965.
Domarchi, Jean, *Questions du communisme* in: *Confluences* 8. Jg., Nr. 18/20, 1947, 111–119.
Flanner, Janet (Genet), *Letter from Paris* in: *The New Yorker* vom 13. Dezember 1952.
Gest, André, *Jean-Paul Sartre: «Situations, VI»* in: *Démocratie* Nr. 64 vom 26. November 1964.

Gorer, Geoffrey, *Pompous Pilot* in: *The Listener* 43. Jg., Nr. 1117 vom 22. Juni 1950.
Jacomella, S., *La conversione di Pittigrilli e la condannazione di Sartre* in: *Civitas* 4. Jg., Nr. 4, 1948, 166–174.
Jeanson, Francis, *Sartre et le monde noir* in: *Présence africaine* Nr. 7, 1949, 189–214.
Lemaître, Gabriel, *Choisir l'espoir* in: *Études* Nr. 262, 1950, 216–226.
Maulnier, Thierry, *Une ligne compromettante* in: *La Table Ronde* Nr. 60, Dezember 1952, 19–33.
McCarthy, Mary, *Sartre and the McCoys* in: *Politics* Bd. 6, Nr. 42, Winter 1949, 49–51.
Mouillard, Maurice, *Jean-Paul Sartre ou le trafiquant des lettres* in: *La Nouvelle Critique* 2. Jg., Nr. 15, April 1950, 32–43.
Parain, Brice, *Il suffisait d'y penser* in: *Le Cheval de Troie* Nr. 1, Juni 1947.
Parquin, Jean, *Le cheval en est mort* in: *La Table Ronde* Nr. 43, Juli 1951, 161–166.
Périer, François, *Sacré Sartre* in: *Caliban* Nr. 31, September 1949.
Somit, *Sartre's Existentialism As a Political Theory* in: *Social Science* Nr. 14, Januar 1950, 40–47.
Woodle, Gary, *Sartre's Political Development 1929–1952*, University of Colorado, 1970 (Dissertation).

Personenregister

Abbé Pierre, Henri Grouès, gen. 255
Altman, Georges, ehem. Trotzkist 11, 78 ff, 83, 305 f
Archimedes 43
Arnauld, Antoine Arnauld, gen. der Große 182
Aron, Raymond 90 f, 303
Artaud, Antonin 131
Astre, G.-A. 309
Auriol, Vincent, SFIO, 1947–54 Staatspräsident 309

Baće, Maksimilijan, Mitglied des ZK und des Politbüros der jugoslawischen KP, Mitglied der jugoslawischen Bundesregierung 58
Baylot, Polizeipräfekt von Paris 76, 135, 145, 308
Beauvoir, Simone de 306
Bebel, August 44
Begin, Menachim 303
Beloyannis, Nikos, griechischer Kommunist, 1952 hingerichtet 101
Benda, Julien 305
Bénouville, Guillain de 304
Bergson, Henri 202
Bidault, Georges, Gründer des MRP, 1944–48 Außenminister, 1946 und 1949/50 Ministerpräsident 119
Billoux, François, PCF, Mitglied mehrerer Nachkriegsregierungen 87, 96 f
Bloch, Joseph 188
Blum, Léon, seit 1920 Führer der Sozialisten, 1936/37 und 1938 Chef der Volksfrontregierungen, 1946/47 Ministerpräsident 83, 120, 124, 252 f, 267, 289
Bony, Mitarbeiter von *L'Aurore* 118
Borgius, W. 54
Bothereau 298
Boulanger, Georges, General 235
Bourdet, Claude, Neutralist, Gründer von *L'Oberservateur* 61, 66, 185, 306
Boyer, Charles 78
Breton, André 306
Briand, Aristide 114
Brisson, Pierre, Direktor von *Le Figaro* 121
Brune, 1951/52 Innenminister 76, 118
Bucharin, Nikolaj 167, 172
Burnet, Mary 306
Burnham, James 284

Cachin, Marcel, Mitglied des ZK und des Politbüros der PCF, Parlamentsabgeordneter 120
Camus, Albert 305 f
Cavaignac, Louis Eugène 223
Chapuis 77
Clark, Colin 242
Clark, Mark Wayne, US-General 88
Claudel, Paul 50, 105, 216
Collinet, Michel, kommunistischer Publizist 157, 262, 273, 281 ff
Cromwell, Oliver 207
Caillois 142

Daix, Pierre 20, 23, 30, 32
Dalmas, Louis 35, 59, 62, 66 f, 308
Davis, Gary 306 f
De Gasperi, Alcide 97
Depeyre 106
Descartes, René 51, 140
Duclos, Jacques, Mitglied des ZK und des Politbüros der PCF, 1945–58 Fraktionsvorsitzender der PCF in der Nationalversammlung 75 f,

96f, 118, 121 f, 135 ff, 141, 143 f, 148, 159, 180, 183, 309
Dumoulin, Georges 266
Duverger, Maurice 98, 121 ff

Eisenhower, Dwight D. 75, 132
Engels, Friedrich 39, 41 f, 51, 54, 124f, 153, 162, 171 f, 182, 188

Fajon, Étienne, führendes Mitglied der PCF 87, 96 ff, 116
Ford, Henry 194, 264
Fraisse, Paul, Mitarbeiter von *L'Esprit* 11
Franco, Francisco 30, 33, 101
Frank, Pierre, Trotzkist 185
Franz Joseph I. 15
Freud, Sigmund 178
Friedmann, Georges 268, 283

Galliffet, Gaston Marquis de, Unterdrücker der Pariser Commune 223 f
Gaulle, Charles de 122, 179 f, 184, 187
Germain, alias Ernst Mandel 179 f, 182 ff, 191
Gide, André 38, 305
Goldmann, Lucien 167
Gomulka, Wladislaw 48
Griffuelhes, Victor, 1902–09 Generalsekretär der CGT 100, 112, 114, 179, 260
Guérin, Daniel 28
Gurvitch, Georges 167

Halbwachs, Maurice 167
Hegel, Georg Wilhelm Friedrich 39, 53
Hermanos, Juan, Pseudonym eines spanischen Verfolgten des Francoregimes 33, 308
Hirsch, Julius 268
Hitler, Adolf 16, 78, 101, 144, 175
Hook, Sidney 28
Ho Tschi Minh 307

Ibrahim, Abdallah 306

Janvion, führender Gewerkschafter 108
Jaurès, Jean 248
Jeanson, Francis 305
Jouhaux, Léon, 1948–50 Vorsitzender der Force Ouvrière 272f, 276, 289, 298, 300

Kafka, Franz 304
Kant, Immanuel 100, 151, 204
Kardelj, Edvard, führendes Mitglied des Bundes der Kommunisten Jugoslawiens und Außenminister der jugoslawischen Bundesregierung 63
Kautsky, Karl 54, 115 f
Kayser 194
Kleopatra 57
Koestler, Arthur 25, 155
Kostow, Traitsche, führender Kommunist Bulgariens, Opfer der stalinistischen Schauprozesse 48, 59, 66
Krawtschenko, Viktor A., Regierungsmitglied der UdSSR, 1944 in den Westen übergegangen 24 f, 31
Kugelmann, Ludwig 57

Lagardelle, Hubert 261
Lamartine, Alphonse de 223
La Morandière 234
La Rochefoucauld, François, Duc de 85
Laurat, Lucien 177
Lecœur, Auguste, führendes Mitglied der PCF 158, 188
Leibniz, Gottfried Wilhelm 182
Leiris, Michel 305

Le Léap, Alain, Sekretär der CGT 148, 150
Lenin, Wladimir Iljitsch Uljanow, gen. 23, 25, 31, 43, 46, 61, 63f, 66, 78, 84ff, 91, 94, 107, 115f, 119, 125, 149, 182, 190, 202, 225, 250
Leroy-Beaulieu, Paul 229, 232
Levi, Carlo 306
Lukács, Georg 44ff
Lussy, Charles, Vorsitzender der sozialistischen Fraktion in der Nationalversammlung 119
Luxemburg, Rosa 39f, 43f, 63f
Lyautey, Louis Hubert, Marschall 136
Lyssenko, Nikolaj Witaljewitsch 102

Machiavelli, Niccolò 136, 138
Mallarmé, Stéphane 50
Mao Tse-tung 101
Marchal 258
Marshall, George C. 113
Martin, Henri 113, 139, 308f
Martinet, Gilles, Mitarbeiter von *France-Observateur* 96
Marx, Karl 11, 23, 25, 29, 39ff, 44, 47, 57, 63, 65, 106ff, 149, 153, 162, 167, 171ff, 176, 180, 182, 188, 190, 192, 268, 272
Mauriac, François 76f, 307
Maurras, Charles 139
Mauss, Marcel 249
Merleau-Ponty, Maurice 32, 35, 37, 183, 307f
Merrheim, Alphonse, führendes Mitglied der CGT 107, 114, 262, 265, 282
Millerand, Alexandre, 1920–24 Präsident der Republik 115
Mollet, Guy, seit 1946 Generalsekretär der SFIO, 1956/57 Ministerpräsident 117
Molotow, Wjatscheslaw Michailowitsch Skrjabin, gen. 60, 95f
Monatte, Pierre, führendes Mitglied der CGT 262, 265
Monmousseau, Gaston, alias Jean Brécot, führendes Mitglied der CGT 179
Monnerot, Jules 186
Montesquieu, Charles de Secondat, Baron de 144
Morny, Graf 79
Mossé, Robert 104, 110f
Mounier, Emmanuel 305

Napoleon I. 54
Napoleon III. 235
Navel, Georges 197, 259
Nenni, Pietro, 1943–63 Generalsekretär der PSI, 1946/47 Außenminister 97
Niel, führendes Mitglied der CGT 108, 112
Nietzsche, Friedrich 101
Nizan, Paul 304f

Ollivier, Albert 303

Paul, Marcel, PCF, Industrieminister in der ersten Nachkriegsregierung von de Gaulle 91
Pauwels, Louis 304
Péguy, Charles 21
Pelloutier, Fernand, führendes Mitglied der CGT 260, 262
Petsche, Maurice, unter Pleven Finanzminister 119
Pinay, Antoine, 1952 Ministerpräsident 119, 121f, 134ff, 141f, 144f, 148, 150
Plechanow, Georgi Walentinowitsch 54
Pleven, René, 1950/51 und 1951/52 Ministerpräsident 76, 136
Pokrowski, Michail Nikolajewitsch 57
Pontalis, Jean-Baptiste 305

Popović, Koča, führendes Mitglied des Bundes der Kommunisten Jugoslawiens und Außenminister der jugolawischen Bundesregierung 58, 62
Pouget, führendes Mitglied der CGT 262
Pouillon, Jean 305
Proudhon, Pierre Joseph 272

Queneau, Raymond 306

Rajk, László, führender Kommunist Ungarns, Opfer der stalinistischen Schauprozesse 48, 53, 57, 59, 66
Ravachol, François-Claudius Königstein, französischer Anarchist, gen. 229
Renan, Ernest 232
Rhee, Syngman 101
Ribbentrop, Joachim von 95
Richelieu, Armand Jean du Plessis, Cardinal de 209
Ridgway, Mathew B., US-General 75, 82, 103, 129, 132, 134, 309
Robinet, Mitarbeiter von *Le Figaro* 76, 83, 121, 162, 168 f
Rosenthal, Gérard 306 f
Rous, Jean 11
Rousseau, Jean-Jacques 174
Rousset, David 11, 20 f, 23, 29 ff, 306 f

Saint-Just, Louis de 11
Sauvy, Alfred 232
Schneider, Eugène, Industrieller 224
Schweitzer, Johann Baptist von 172
Sémard, Pierre, führendes Mitglied der CGT 272
Sokrates 193
Sorel, Georges 160, 226
Sorokin, P. Alexandrowitsch 167
Stalin, Jossif Wissarionowitsch Dschugaschwili, gen. 16, 38, 43, 54, 56, 61, 67, 78, 81, 94, 98, 179, 182 f, 188, 207
Stéphane, Roger, Mitarbeiter von *France-Observateur* 308
Stil, André, Chefredakt. d. komm. Tagesztg. *L'Humanité* 75, 134

Taine, Hippolyte 232
Taylor, Frederic Winslow 264
Thibault, Pierre, Mitarbeiter von *France-Soir* 98, 115 f
Thiers, Adolphe 224
Thorel, Guy, führendes Mitglied der CGT 290
Thorez, Maurice, 1950-64 Generalsekretär der PCF 96 f, 124, 146, 175, 308
Tito, Josip Broz, gen. 35 ff, 39, 45, 53 ff
Togliatti, Palmiro, 1945–64 Generalsekretär der KPI 97, 146
Top, William 110
Torrès, Henry 304
Trotzki, Lew Davidowitsch Bronstein, gen. 23, 175, 185, 190 f
Tschagin, Boris Alexandrowitsch 43
Tschiang Kai-schek 101
Turgot, Anne Robert Jacques, Baron de 105

Umberto I. 229

Vailland, Roger 134, 305
Vaillant, Édouard 202
Vallon, L., Gaullist 122

Weil, Simone 175
Wilhelm II. 15
Wosnessenski, Nikolaj A. 60
Wright, Richard 306 f
Wurmser, André 22

Xoxe, Koçi, albanischer Kommunist, der als Titoist hingerichtet wurde 48

Zaslavski, D. 303

Inhalt

Der Krieg und die Angst 7
Aufruf des Komitees für das Rassemblement Démocratique Révolutionnaire 9
Hunger im Bauch – Freiheit im Herzen 12
Wir brauchen den Frieden, um die Welt zu erneuern 15
Geburt Israels 19
Die Tage unseres Lebens 20
«La fin de l'espoir» 33
Falsche Wissenschaftler oder falsche Hasen 35
Sind wir in der Demokratie? 69
Die Kommunisten und der Frieden 75
I. Die Demonstration vom 28. Mai 1952 83
1. Für die UdSSR die Kastanien aus dem Feuer holen 83
2. «Moskau will den Krieg» 87
3. «Die KP und die CGT zermürben die Arbeiter, indem sie ihnen politische Demonstrationen aufzwingen» 103
4. «Die KP treibt die Arbeiter auf den Weg der Illegalität und der Gewalt» 120
II. Der Streik vom 4. Juni 1952 131
1. Sie kann nicht erduldet werden 164
2. Die Einheit der Arbeiter entsteht nicht spontan 174
III. Die Ursachen 206
a) Dualität der Werte 270
b) Dualität der Interessen 273
c) Gewerkschaftlicher Pluralismus 274
Die permanente Agitation 290
Die Ausweitung 292
Verzeichnis der Abkürzungen 302
Politische Chronologie Sartres 1948–1956 303
Quellennachweis 310
Bibliographie 311
Personenregister 315

Jean-Paul Sartre

Gesammelte Werke in Einzelausgaben.
In Zusammenarbeit mit dem Autor
herausgegeben von Traugott König

In dieser Ausgabe werden im Laufe der nächsten Jahre (in den Reihen *rororo* und *das neue buch*) Neuauflagen der Werke in durchgesehenen Übersetzungen sowie zahlreiche bei uns noch unbekannte Texte erstmals in deutscher Übersetzung erscheinen.

Romane und Erzählungen: Der Ekel · Zeit der Reife · Der Aufschub · Der Pfahl im Fleische · Die letzte Chance (Fragmente) · Erzählungen und Entwürfe.

Theaterstücke und Drehbücher: Stücke: Bariona · Die Fliegen · Bei geschlossenen Türen · Tote ohne Begräbnis · Die respektvolle Dirne · Die schmutzigen Hände · Der Teufel und der liebe Gott · Kean · Nekrassow · Die Eingeschlossenen von Altona · Die Troerinnen. *Drehbücher:* Das Spiel ist aus · Die falschen Nasen · Im Räderwerk · Die Hexen von Salem.

Philosophische Schriften: Die Transzendenz des Ego · Das Imaginäre · Das Sein und das Nichts · Bewußtsein und Erkenntnis · Kritik der dialektischen Vernunft · Determination und Freiheit.

Schriften zur Literatur: Der Mensch und die Dinge · Baudelaire · Was ist Literatur? · Sankt Genet, Komödiant und Märtyrer · Schwarze und weiße Literatur · Was kann Literatur? · Der Idiot der Familie, Gustave Flaubert 1821–1857.

Schriften zu Theater und Film: Mythos und Realität des Theaters.

Schriften zur bildenden Kunst und Musik: Die Suche nach dem Absoluten.

Politische Schriften: Paris unter der Besatzung · Überlegungen zur Judenfrage · Krieg im Frieden · Der Kolonialismus ist ein System · Der Intellektuelle und die Revolution.

Autobiographische Schriften: Die Wörter · Sartre über Sartre · Sartre. Ein Film.

Reisen: USA, Skandinavien, Italien, Sowjetunion, China, Kuba.